未来很远，但我们的目光更远……

新时代国际事务教材教参系列
主编：黄日涵

国际关系
实用手册
（第二版）

黄日涵 姚玉斐 编著

PRACTICAL HANDBOOK OF
INTERNATIONAL
RELATIONS

天津出版传媒集团
天津人民出版社

图书在版编目(CIP)数据

国际关系实用手册 / 黄日涵,姚玉斐编著. -- 2版
. -- 天津 : 天津人民出版社,2025.1
新时代国际事务教材教参系列 / 黄日涵主编
ISBN 978-7-201-19875-0

Ⅰ.①国… Ⅱ.①黄… ②姚… Ⅲ.①国际关系-研
究生-入学考试-自学参考资料 Ⅳ.①D81

中国国家版本馆CIP数据核字(2023)第192843号

国际关系实用手册(第二版)
GUOJI GUANXI SHIYONG SHOUCE(DI ER BAN)

出　　版　天津人民出版社
出　版　人　刘锦泉
地　　址　天津市和平区西康路35号康岳大厦
邮政编码　300051
邮购电话　(022)23332469
电子信箱　reader@tjrmcbs.com

策划编辑　王　康
责任编辑　王　玲
封面设计　李　一

印　　刷　天津新华印务有限公司
经　　销　新华书店
开　　本　710毫米×1000毫米　1/16
印　　张　24
字　　数　350千字
版次印次　2025年1月第1版　2025年1月第1次印刷
定　　价　69.80元

政治学与国际关系论坛 出品

本册主编：黄日涵　姚玉斐

副 主 编：丛培影　张　华

撰写成员：（以姓氏笔画排序）

　　　　　　方婧菲　丛培影　邱培兵　张　华

　　　　　　张　勇　陈欣怡　姚玉斐　黄日涵

丛书总序

没有一个冬天不可逾越,没有一个春天不会到来!

我们常说,一切景语皆情语,人们的心情往往随着环境的变化而改变。"心晴"的时候,雨也是晴;"心雨"的时候,晴也是雨。对于学习国际关系与国际事务专业的学子而言,也同样如此,选择什么样的心态来对待学习、对待未来,将决定一个人成功与否。无论面对怎样的国际环境,我们都要始终保持积极向上的心态。国际关系很有趣,许多变化往往在一瞬间就会发生,不到最后,绝不能轻言放弃。"得意失意切莫在意、顺境逆境请勿止境",我常用这句座右铭来提醒我自己,也将这句话送给所有的朋友们。

当今世界正处于百年未有之大变局,国际局势波谲云诡,世界充满了巨大的不确定性。毫不夸张地说,我们这一代人将面临国际环境巨变带来的挑战。中美之间的结构性矛盾,在相当长的一段时间内并不可能改变;美国为了实现霸权护持,将长期对中国进行遏制打压,这一状况在短期内很难彻底转变,未来我们可能经受风高浪急,甚至是惊涛骇浪的重大考验。国际关系与国际事务这个学科正是维护世界和平的重要依托力量,每位学人都有责任和义务为国家发展、世界和平做出自己的贡献。毫无疑问,生命的广阔不历经磨难怎能感受得到,命运它无法让我们跪地求饶,生命的闪耀不坚持到底怎能看到。希望这份质朴的力量也可以鼓舞每位前行的学子。

2024年初春的布鲁塞尔,在中国驻欧盟使团的老馆,"大清帝国钦差大臣李"这几个字震撼到了我。这座老楼是1890年所盖,1892年清政府购买,1896年,李鸿章奉旨前往欧美国家调研时来到此处。令我好奇的是,当年的李鸿章看到欧美发达国家的高楼大厦及先进的技术,内心是怎样的一种感受?这些年,我造访了近百个国家,去的地方越多,我觉得我越不够了解世界。这个世界有200多个国家和地区、80多亿人,有太多未知的事物,我们往往囿于自身的知识和眼界,陷入"幸存者偏差"之中,导致一些判断和决策出现偏差,要想让我们这个学科更加良性的发展,就需要有更多的学人能够"走出去、走进去",以脚踏实地的田野调研突破自己的"信息茧房",将所学的理论知识通过实践,让我们这个学科迸发出更大的活力,既可以服务于国家发展,也能服务于社会进步。"读千卷书,行万里路",用脚底丈量世界,让我们的知识更加接地气,才能在激烈的国际竞争中取得优势。

毋庸讳言,未来的大国博弈将变得更加激烈。20年前出版这套书的时候,我就有一个判断,未来的中国将快速崛起,走向国际,我们需要有更多的国际化人才。现如今,我仍然坚信这一观点,现在的中国不是人才太多,而是人才远远不够。近些年我在全球范围内讲好中国故事,更多的感叹还是能讲的,会讲的中国学者太少。了解国际关系、深入研究区域国别,更好地维护国家安全,将是中国新一代学人的必由之路,我坚信中国新一代的学人可以助力我们的国家更加国际化,更加繁荣富强,屹立在世界之巅。要想实现中华民族的伟大复兴,我们必须深入研究国际关系、了解世界主要大国,深入挖掘区域国别研究的新领域,我们才能未雨绸缪,随时能够应对国际局势的突变。

感谢中央统战部领导的关怀和帮助,感谢华侨大学给我一个良好发展的环境、一个科研成长的平台、一个展示青春的舞台,感谢徐西鹏书记、吴剑平校长、林宏宇副校长的鼓励和支持,也感谢华侨大学的同事们和学生们对我的启发。近些年,对我本人来说,也是一个全新的收获,通过一段时间的行政工作,走出了舒适区,虽然很忙很累,但让我对许多问题看得更加透彻。作为学者不能长期生活在象牙塔中,两耳不闻窗外事,对于社会的了解太少,往往最终会影响自己的研究和决策。不得不说,对于社会科学领域的学人来说,不能仅坐在书桌前。一个学人的成熟,一定包括他读过的书,走过的路,经历的事,唯有如此才能帮助你更好地理解世界,理解人性、助力决策。期待我们这一套丛书能够给大家一点点小小的启发,那就是一件非常荣幸的事情。期待我们新一代的学人,能够更多的到国际上走走看看,多在研究对象国深入蹲点，了解更多的实际情况，真正能做到"找得上人，说得上话，办得了事"，让国际关系学科能够顶天立地。

2023年，在武夷山拍摄《实践π—中国式现代化》特别节目时，我站在朱熹先生的紫阳祠前，望着窗前的万亩荷塘，不禁想起朱子著名的诗句"问渠那得清如许，为有源头活水来"。唯有坚持解放思想、实事求是、开放进取、不断汲取新知，才能有日新月异的进步，对人生如此，对国家亦如此。

甲辰年春

黄日涵于布鲁塞尔

第二版序

天下事有难易乎？为之，则难者亦易矣；不为，则易者亦难矣。

人之为学有难易乎？学之，则难者亦易矣；不学，则易者亦难矣。

——彭端淑

尽人皆知，戏剧是综合的艺术，但人生之为综合的艺术，似乎还没有被人充分认识，实际上其综合意义更完满、更广大。在戏剧舞台上，演员得扮演各种角色，追求演技上的成功、经历悲欢离合的情绪。但在人生舞台上，我们得扮演更多角色，追求更多方面的成功，遇到的情形也是千差万别。即使在长途跋涉、忧患遍尝之后，也不一定能尝到甘美的果实——我们称之为人生艺术的结晶、幸福。虽然如此，在追寻幸福的过程中，我们得到的东西却是一辈子也难以忘怀的，求学算是其一。

首先申明一下，这本书不是万能的，并非所有知识点都囊括在内。升学考试是一项长期的工程，修内功是必须的。所谓修内功，就是必须有一定的底子和基础，这样才能在考试时得心应手，下笔千言。

未来的十年仍然是大国崛起的十年，也是大国博弈最为激烈的十年，是国际关系人才奇缺的十年，中国急需此类人才。希望所有的同仁能为国家和自己的理想而奋斗。考试不是投机，国际关系需要许多真正热爱它的人为之努力，而不是简单地将其当作跳板，希望中国多一些愿意为国家付出的人，中国的未来就不是梦。

本书不是学术著作，而是一本实用手册，主要为大家提供一些引导性的建议。希望能给在茫茫求学路上的大家点亮一盏灯，对报考国际关系相关专业的同学有所帮助，同时也希望能对从事相关职业的新闻工作者和推动国际化的同仁有所帮助,提供一些有价值的内容。

时光如白驹过隙,《国际关系实用手册》问世已经有20个年头了,书的初版发布时我还是一名大学四年级的学生,时光转瞬即逝,如今我已经成为一名大学教授。本书再版之际,心中仍有许多忐忑,感谢20年来关心和支持我们的老师和同学们,正是得益于各位的批评指正我们才一步一步地走到了今天。我们经常用爱因斯坦和小板凳的故事来鼓励和劝诫自己,我们已经修订过无数次,也帮助了成千上万的学子求学成功。也许我们走得很慢,但我们从没有原地踏步,通过反复和不断地修改,尽量使这个"小板凳"能够发挥更多的作用。

此书编辑过程中联合了包括北京大学、清华大学、复旦大学、中国人民大学、外交学院、国际关系学院、对外经贸大学、上海外国语大学、华侨大学等高校的老师和同学们。因此,对于全国报考国际关系、国际政治和外交学专业的同学都是有普遍适用性的。

在资料的总结上,要特别感谢国际关系学院、中国现代国际关系研究院的老师们以及清华大学国际关系研究院孙学峰教授,他们的精彩讲授对我们有很大的启发。在本书的编辑过程中,林宏宇教授和孙学峰教授给予了很大的鼓励并提出了宝贵的意见,在此表示深深的谢意。

本书第一版分工情况如下:第一章、第三章、第六章、第七章名词解释,黄日涵负责;第二章,丛培影负责;第四章,姚玉斐负责;第五章,张华负责;第六章导论部分由中共中央党校(国家行政学院)张勇教授负责。在本次修订过程中感谢我的两位学生陈欣怡、方婧菲的积极参与。第二版的分工如下,黄日涵、丛培影、姚玉斐负责全文的审校工作;其中,丛培影负责新增词条的统筹工作,方婧菲负责战前国际关系史、战后国际关系史的词条修订;陈欣怡负责当代中国外交、政治学原理、国际政治学概论、国际关系理论的部分词条修订。在本书的编写过程中参考了许多老师的著作,没有逐一列出的部分请参见附录中的参考书目,在此向各位老师表示衷心的感谢。孔祥龙、马可、宋依璇、崔巍、张程、何一轩、吴贤军曾参与了前期的部分组稿和编辑工作,在此一并表示感谢。

特别感谢天津人民出版社原总编辑王康女士，她现在是南开大学出版社的社长、总编辑，也是本书首版的责任编辑，相识廿载，在我初出茅庐之时，曾给予我很多关照，让本书得以出版。

"海内存知己，天涯若比邻。"愿你我的情谊在这本书中得到增长，愿你我都能为助力中华民族伟大复兴贡献一份力量。面对日益激烈的大国博弈，新一代学人更应该咬定青山不放松，在复杂严峻的国际博弈中经风雨、见世面、壮筋骨，真正锻造成为烈火真金。

书中有部分的材料来源于网络，谨代表政治学与国际关系论坛向为此书做出过贡献的所有同仁表示深深的谢意。著名学者、中国国际关系学会前副会长顾关福研究员在百忙之中为本书第一版作序，谨此向顾老师表示诚挚的谢意。

由于时间仓促，编者水平有限，失误错漏之处在所难免，请各位同仁批评指正。

甲辰年夏

黄日涵于北京

第一版序

国际关系学院的年轻教师黄日涵最近来看我,希望我为他们的《国际关系实用手册》写序。从事国际关系研究与教学是我的本行,而且为学生做一点事,自然是不能推辞。

国际关系专业在我们国家是一门新兴学科。在新中国成立之后为适应对外交往和研究国际形势的需要而发展起来,尤其改革开放三十年来,随着我国国际地位的迅速提升和对外关系的迅猛扩展,一方面政府各个部门要同各国打交道,另一方面中国人大量走出国门并进入国际社会,需要方方面面的知识来了解国外,国际关系学科便成为显学。全国很多高校实现专业升级,将国际政治学系升格为国际关系学院,学生人数成几倍地扩大。我们这所地处北京颐和园旁的国际关系学院原本是全国独一无二的,现在变成了众多国际关系学院中的一所,而我们每年招收的本科生和研究生同样地大大扩充了。

国际关系专业的主要内容包括国际关系史、国际关系理论、国际问题、国际组织等诸多方面的知识。它同外交学、宗教学、民族学、国际政治学和经济学之间有着非常密切的联系,很多知识是交叉的。正是由于这门学科在我们国家尚"很年轻",在不少方面存在不足是很自然的。但它一直是我们党和国家的一项重要事业,新中国成立前后已经有许多前辈和老一代学者在这个领域从事研究工作和开展国际学术交流,发表了很多文章和著作,改革开放后的三十年更是成绩显著。最明显的是在国际关系史研究方面,我们有了系统性的大部头著作,譬如出版了由中国国际关系学会主持编写的《国际关系史》十二卷本,这是一部几百万字的巨著,时空跨度从17世纪中叶到20世纪末,是我国长期从事国际关系教学与研究工作的学者们的共同研究成果。除此之外，很多高校和研究机构的同行还编写了多种版本的国际关系史教材和专著。应该说在国际关系史学这个领域，无论是研究或教学都已经奠定了较坚实的基础。

说到国际关系理论研究，新中国成立后的几十年来也出版了基础理论知识的著作，当然在这个领域很成熟的和有创建性的理论还没有形成。而在应用理论方面，相关出版物对国际形势和各种问题进行分析，不断地提出我们国家的看法。我们的特点是重大的论断由领导人提出，学者们主要做"注释"工作。即便如此，系统化的应用理论著作也还并不多见，这说明理论研究确实有很大的难度，这项工作任重而道远，可能要经历相当长时期的探索。但必须相信中国人研究问题历来有自己的视角，即通常所说的运用历史唯物主义、中国的传统文化、实事求是的科学方法，以中国人的立场、观点和智慧来创新中国特色的理论。同时，还应该想到论从史出，在历史学研究发展的过程中也会提炼、发掘和总结出新的理论，可以期待中国国际关系的理论创新一定会来临。

近些年来，青年学生投身学习国际关系专业的热潮不减，说明这个行业的兴旺与诱人，后继力量在不断壮大，学科建设的前景广阔。尤其在每年招收研究生的时候，有很大比例的非国际关系专业本科毕业生前来报考，其中包括原先读理工科的学生。正是因为报考的人数很多，每年总有相当一部分人落选，有的连考几年也未能如愿。鉴于这样的情况，黄老师、姚老师主编了这本《国际关系实用手册》，目的就是要帮助准备报考国际关系专业的学生，给他们提供一本专业复习的资料，使他们复习起来省时省力，尤其对于那些不知道如何着手复习的学生会产生更好的效果。

《国际关系实用手册》根据教科书的内容编写成许多条目，学习这些条目有利于记忆，而且每个条目的编写都参照了有关的读本和参考书，内容上简明扼要且完整，解决了学生在复习时找不到重点或掌握不了要领的困难。说得确切一点，这本手册是专供考生使用的名副其实的复习资料。当然，如果要想了解国际关系历史发展的全貌，还需要读国际关系史的教科书，只知道词条的内容是无法使知识结构系统化的,两者结合起来能使复习的效率更高、效果更好,记在脑子里的东西也会更加牢固。

衷心期待国际关系专业这块园地花开满园,人才辈出,在建设中国特色社会主义的事业中能有更大的贡献。

顾关福

2012年12月20日

目　录

音序目录

A

B

E

F

G

H

K

L

M

N

O

P

Q

R

S

# #

‖第一章‖
素质要求

毋庸置疑的是,要成为一名合格的国际关系研究人员及外交外事人员,必须具备良好的个人素质。在个人素质方面,对于国际关系研究人员及外交外事人员的主要要求,涉及自身条件、交际能力等。在这些方面,无论是全部还是部分存在不足,都不适合从事国际关系研究及外交外事工作。如果揠苗助长、勉为其难,对于国家和个人而言,都不会有任何益处。美国著名学者拉·法拉戈认为,一个国际关系研究人员应该是个博学的人,有丰富的历史、地理常识;要善于思考,也要善于表达;应该有哲学家的气质,也要带点嘲世的思想;应该有卓越的技术和敏锐的政治嗅觉,同时也应该小心谨慎。①

一、扎实广博的文化修养

20世纪90年代,江泽民曾经语重心长地提出:中国的外交人员应当成为"杂家",而国际关系研究人员也应如此。因为这些工作都要求相关人员所拥有的知识具有广泛性、综合性和渗透性,必须使自己成为"专才"中的"通才"、"专家"中的"杂家",尽量做到见多识广、博学多才。

实践证明,要想既快又好地成为一位良好的国际关系研究人员及外交外事人员,必须基本具备以下三方面文化科学修养:

第一,文学、历史、地理方面的知识。国际关系研究人员及外交外事人员平时应该尽量多读些中外文学名著和文艺方面的书籍,以增强自己的形象思维能力。此外,要多学些中外历史知识,了解和掌握历史发展的重要线索和基本规律;多读些中外地理、风土人情方面的书籍,了解我国和世界主要国家及地区的自然概况、经济文化、物产资源与风俗习惯。对于一个即将考研进

---

① [美]拉·法拉戈:《斗智》,何新译,群众出版社,1962年。

入国际关系研究领域和外交外事领域的人员而言,如果连最基本的知识都不知道的话,是无法成为一名合格的专业人才的。大家应该尽量提高自身素质,避免出现一些低级错误,从而做一名合格的专业人才。

第二,数学、物理、化学等自然科学方面的知识。随着科学技术的高速发展,伴随着生成式人工智能的出现,人文科学与自然科学交叉的内容越来越多,从事人文科学研究的人员及相关的工作人员如果不懂得一些必备的自然科学方面的知识,那么将越来越受到限制。同时,掌握一定的数、理、化方面的知识,还有助于提高研究人员的逻辑思维能力。[1]

第三,其他相关的社会科学方面的知识。国际关系研究人员及外交外事人员,应具备较为丰富的社会科学方面的知识,比如社会学、心理学、行为科学、美学、传播学、经济学、金融学等,这些知识将提供很大的借鉴。

二、全面丰富的专业知识

要提高我们的专业知识水平,就要多学习积累相关的基础理论和专业知识。具体包括:西方国际关系理论,世界各国的历史和现状,国际机构和国际组织的名称和职能,各国的风土人情、外交外事礼仪,各国的地理、人口、主要通讯社、主要报纸和杂志、政府首脑外交政策等情况,近现代国际关系史上发生的重大事件、资本主义发展史、社会主义革命和建设的情况,以及一些政治、经济、军事、科技、社会、文化等方面的常识。所学的知识不一定很深,但面一定要广。

三、扎实稳定的外语水平

做一名专业的国际关系研究人员及外交外事人员,除了具备深厚的中文功底外,还必须有很高的外语水平。应该说,外语水平越高,在国际关系研究领域越容易出成绩。[2]一般来讲,要做到说、听、读、写全能,这四项缺一不可。

---

① 林宏宇:《国际问题研究理论与实践》,中国科学文化出版社,2005年,第237页。
② 林宏宇:《国际问题研究理论与实践》,中国科学文化出版社,2005年,第240页。

国际关系研究人员及外交外事人员所掌握的外语种类固然多多益善，但就其实际运用而言，精通一门外语，往往比掌握几门外语重要得多。

当然要达到上述的素质要求，我们必须扎扎实实地遵循循序渐进的原则，持之以恒地练好各项基本功。要有计划、有步骤地进行学习，要有重点、有次序地提高自己的知识水平，要避免不计轻重缓急地一把抓。同时还要处理好博与精的关系，要以博求精、以精促博，努力实现一专多能、博精结合。只有这样，才能提高自己的政治思想素质和业务研究素质。[①]

与此同时，对于新时代的学人来说，也要具备扎实的田野调研能力，从而真正获得新知。国别和区域研究不是纸面上的理论研究，也不是碎片化的信息收集，它要求以大量的、长期的、活跃的实地田野调查保证研究的真实性、可信性，同时还要在抽象层面有概念创新和理论构建，保证研究的科学性、规范性，因此是一项极为消耗人力、物力、财力、知识创造力的科学研究。[②]要想做出更好的研究成果，需要一代又一代学人持之以恒的努力，真正"走出去、走进去"，才能让国际关系这个学科做到接地气，为助力伟大民族复兴贡献更多的力量。

总而言之，国际关系研究人员及外交外事人员的素质分为基本素质和专业素质两方面。它们是相辅相成、互为补充、互相促进的关系：基本素质是提高专业素质的保证，而专业素质则是提高整体素质的基础，两种素质都需要在实践中培养和提高，不可偏废一方。同时，我们还要培养强烈的爱国主义精神并强化国家利益重于一切的观念。

---

① 金正昆：《外交学》，中国人民大学出版社，2004年，第239页。
② 赵裴、姜锋：《区域国别学的特殊性与普遍性问题》，《外语教学》2024年第4期。

‖第二章‖
战前国际关系史

一、导读

近现代国际关系史是国际政治研究的基础学科。自主权国家诞生之日起,国际关系史就开始向前不断发展。顾名思义,国际关系史是研究主权国家之间纵横捭阖、错综复杂的关系及其发展规律的学科。随着世界历史的发展与演进,除主权国家外,国际社会又出现了新的行为主体,比如政府间国际组织、非政府间国际组织等。它们的出现与不断发展,拓展了国际关系史的研究领域与范畴。为了便于叙述与研究,按照时间顺序可以将二战前国际关系史划分为近代和现代两部分。国内国际关系史学界对近代和现代国际关系史的断代,一般按照如下标准:近代国际关系史是以1648年结束的欧洲三十年战争及签订《威斯特伐利亚和约》为开端的,其下限是1918年一战结束;而现代国际关系史则是以1919年一战结束时召开的巴黎和会为起点,下限是1945年二战结束。

近现代国际关系史导源于欧洲,在相当长的一段时间里,欧洲国际关系是研究重点。近现代国际关系的演进与发展呈现出一定的规律性。探求历史的发展规律对于学习国际关系具有重要的意义。一方面,从学科层面上讲,历史研究追求最大限度地复原事实,发现看似毫不相干的事件之间的关系,也就是社会科学讲求的探求事物发展规律的过程;另一方面,从培养个人学术素养角度看,在探求规律的过程中能培养一个人广阔的眼界、总体性的想象和超越时空的合理联想,也就是我们常说的宏观思维。理解掌握近现代国际关系史要点,力求围绕历史主线,即国际关系体系的发展与变化:从三十年战争结束后的威斯特伐利亚体系,到拿破仑战争后的维也纳体系,到德意志统一后的俾斯麦大陆结盟体系,到两大军事集团对峙体系,到一战后的凡尔赛—华盛顿体系,直至二战后的雅尔塔体系。每个国际体系的基本内容、主要矛盾、本质特征及转换动力,都是近现代国际关系史研究的重中之重。

近代国际关系史发轫于欧洲三十年战争。三十年战争是一场过渡性战争,具有承前启后的作用。它结束了中世纪神权高于俗权的历史,奠定了主权国家作为国际关系法律主体的理论和现实基础。战后通过召开和会签订了《威斯特伐利亚和约》,使法国成为当时欧洲大陆实力最强的国家。当时担任法国首相的红衣主教黎塞留,从"国家利益至上"的观念出发超越了狭隘的宗教束缚,为实现法国称霸欧洲而采取了富有远见卓识的国家战略。在《威斯特伐利亚和约》基础上形成的、调整欧洲国家关系的威斯特伐利亚体系,实际上是近现代国际关系史上第一个均势体系。体系的主角是英、法两国。法国通过三十年战争奠定了霸权基础,不断追求实现所谓的天然边界,无论是路易十四还是拿破仑都在为法国称霸欧洲而不懈努力。在英国国内革命期间,法国面对欧洲大陆国家对它的制衡;光荣革命完成后,整个体系转变为英、法之间的对抗。英国在欧洲大陆一直扮演着"离岸平衡手"的角色,其最为著名的政治家皮特为其后继者开创了外交先例,即英国要防止欧洲大陆出现霸权,全力维系大陆的均势。西班牙王位继承战争、奥地利王位继承战争、英法七年战争,实际上都凸显了英法之间的矛盾;法国大革命和拿破仑战争时期拿破仑同七次反法同盟之间的战争,以及在帝国最辉煌时期颁布的大陆政策,也体现了英法之间全面的霸权争夺。

拿破仑战败后,英、俄、普、奥等主要大国于1815年召开维也纳会议,会上确立了以"欧洲五强共管"为主要特征的维也纳体系。维也纳体系从性质上讲虽然是旧式的封建反动体系,但它的构建与运转具有一定的进步意义,是欧洲集体安全机制的最初构想:《神圣同盟条约》《四国同盟条约》作为体系维系、运转的实体,维也纳会议期间召开的四次国际会议使大国之间形成了有效的协调机制。维也纳体系最合理的政治安排在于使战败的法国以平等、和平的方式融入体系之中,维系了整个欧洲内部的稳定。当然,维也纳体系内部存在重大矛盾,英国与俄、普、奥三国在对待欧洲革命问题上的矛盾逐渐累积。最终,东方问题和欧洲风起云涌的民族解放运动冲垮了维也纳体系运转的基础——正统与秩序。随着克里米亚战争的爆发,整个体系瓦解,欧洲各主要力量实现重组。

俾斯麦是影响近代国际关系史的最为重要的历史人物之一。他主政时期的普鲁士通过三次王朝战争的方式实现了德意志统一。受此影响,意大利最终也完成了统一。德意志和意大利的统一使整个欧洲格局发生变化。此前,主权实体林立的中南欧地区使得大国维系多极格局变得十分容易,然而德、意的统一使整个欧洲国家数量整体减少,强权之间的实力对比关系和体系内部矛盾都发生重大变化。德、法矛盾成为影响一爆发的主要因素。构建防范法国的结盟体系便成为俾斯麦的首要战略选择。

俾斯麦构建的结盟体系十分复杂、内部充满矛盾,同时又带有强烈的个人色彩。防范并孤立法国、避免两线作战、构建对德国安全有利的外围环境,是结盟体系的目标。具体的实施措施包括:将与奥匈帝国的传统关系作为结盟轴心,通过两次《三皇同盟条约》和《再保险条约》将俄国拉入结盟体系当中,利用《三国同盟条约》拉拢意大利,借助两次《地中海协定》将英国纳入结盟体系中。俾斯麦的结盟体系因其自身的缺陷需要外力维系。俄奥矛盾是结盟体系中的死结,因其复杂性而不易操作,使结盟体系难以延续。随着俾斯麦辞职,维系德国外围安全的结盟体系也随之走入历史。

俾斯麦离任后的德国放弃了与俄国结盟的传统外交政策,两线作战的梦魇成为现实。威廉二世一改前首相灵活、谨慎的外交方式,采用冒进且不计后果的威胁、恐吓政策,使俾斯麦苦心经营二十多年的结盟体系,在短短几年内崩溃瓦解。法、俄不断接近,最终缔结了军事同盟条约。同时,德国咄咄逼人的发展态势,迫使英国改变了"光辉孤立"的传统,实现了与法、俄之间的和解。欧洲两大军事集团就此形成,并逐渐转变为一种僵化的两极格局,双方都十分关注盟友的政策取向。两大军事集团的主导国家刻意保持克制,避免擦枪走火,却无法约束盟友的冒险举动。最终还是在萨拉热窝事件这样的局部危机影响下,双方走向了全面对抗与战争。

一战以协约国的胜利告终,美国的加入对战争胜负走向产生直接的影响。一战后,美国的实力极大增强。与之相反,欧洲主要大国因战争而遭到不同程度的削弱。十月革命的胜利更是打破原有的资本主义国际体系,苏联的诞生动摇了当时的国际秩序。一战后,世界权力中心开始从传统的欧洲向它的两翼转移。

战争最大受益方美国,迫切希望利用这一历史机遇构建本国主导下的世界秩序。在这样的战略目标指导下,美国总统威尔逊借助构建民主、和平的世界新秩序使美国成功地参与了世界体系构建的进程。美国举足轻重的国际地位,使战后"十四点原则"对战后国际体系的构建产生了重要影响。以《凡尔赛条约》为代表的一系列针对战败国的条约体系重新调整了欧洲秩序。最初倡导成立国际联盟的美国,受到国内孤独主义思潮的影响,没能加入。英、法作为战胜方,也是国际联盟的创始会员国,主导欧洲局势。虽然没能加入国联,但美国以维系世界和平的大国的身份,主导召开了旨在调整远东太平洋格局的华盛顿会议。在会议中,美国利用其在战争中获取的实际利益及确立的地位,通过签订《四国条约》拆散英日同盟,制约了日本在远东、太平洋地区的扩张;通过签订《五国海军协定》,平衡了英国的海上霸主地位;通过达成《九国公约》,确立其在远东、太平洋地区的特殊地位。《凡尔赛条约》和华盛顿会议达成的一系列条约共同构成了在当时历史条件下旨在维系世界"和平与发展"的凡尔赛—华盛顿体系。

然而凡尔赛—华盛顿体系却是一个名不副实的矛盾体系。在其内部,战胜国之间、战胜国与战败国之间、协约国与苏俄之间、殖民国与被殖民国之间,都存在着难以调和的矛盾。体系确立后,首先需要解决两个非常棘手的问题,即赔款问题和安全问题。在赔款问题上,在美国的主导下,该问题通过《道威斯计划》和《杨格计划》得到了暂时解决。在安全问题上,围绕德法之间及德国同东欧各国之间的安全问题,欧洲各国签订了《洛加诺公约》《非战公约》和在国联主导下的裁军协定,暂时缓解了欧洲安全压力。

1929—1933年席卷全球的经济危机改变了整个世界格局。在经济危机的冲击下,各国政局动荡,希特勒借机在德国建立了法西斯独裁体制。德国在反对共产主义、实现公正和平的旗号下,开始不断地突破《凡尔赛条约》的束缚,走上公开侵略扩张的道路。这一时期的主要特征表现为英、法等国的绥靖政策和德国公然突破束缚、走向侵略。《慕尼黑协定》是英、法将其绥靖政策推向巅峰的标志。苏联作为第一个社会主义国家,一直受到西方国家的排挤与孤立。在现实情况下,苏联既要实现自身的发展壮大,又要时刻提防西方国家的颠覆阴谋。在几次尝试与英、法构建集体安全体系失败后,苏联最终选择了与德国妥协,通过侵略扩张手段建立了"东方战线"。

1936年至二战结束是世界反法西斯同盟形成和发展时期,这一时期的主要矛盾是法西斯国家同反法西斯同盟之间的矛盾。1936年,德、意、日三国轴心形成后,法西斯国家相互勾结,加速其对外侵略的步伐。1939年,德国入侵波兰标志着二战爆发。在战争初期,美国国内反战情绪高涨,罗斯福总统通过其高超的外交智慧逐步打破国内舆论的束缚,开始援助英、法、苏等国抗击德、意法西斯。在远东太平洋地区,1931年九一八事变后,日本加紧了对亚洲的侵略步伐。1937年,日本侵略中国的战争全面爆发。1941年,珍珠港事件的爆发,使美国直接参加到反法西斯同盟的战争中。1941年《大西洋宪章》及次年《联合国家宣言》的发表,逐步完成了世界反法西斯统一战线的建立,同时战时召开的一系列会议对加强反法西斯同盟团结具有重要意义。雅尔塔会议的召开确立了美、苏两大国的国际地位,对战后国际格局的走向产生了重要影响。

民族主义是世界历史发展的动力之一。早在1848年,席卷欧洲的革命浪潮冲垮了梅特涅一手构建的欧洲封建王朝体系,国际关系史随着资本主义制度的发展与完善不断向前推进。民族主义独立运动也穿插于近现代国际关系发展历史中。一战结束后,亚、非、拉各国都出现了民族解放运动。二战结束后,随着德、意法西斯的覆灭和英、法等殖民大国的衰落,在世界范围内形成了第二次民族独立浪潮。民族独立浪潮的兴起与发展对国际关系发展影响深远,催生了除东西方两大阵营之外的第三种力量。

世界反法西斯战争的胜利开启了国际关系历史发展的新篇章。不同社会制度、意识形态国家联合在一起,建立的世界反法西斯统一战线,是取得大战胜利的决定性因素。同时,间隔只有20年的两次世界大战推动了传统中心衰落与侧翼大国兴盛的历史进程。以两大阵营随即以美、苏为首的两大阵营逐渐形成,全面对峙为主要特征的冷战时期。

二、名词解释

1.三十年战争

三十年战争是发生在1618—1648年的以德意志为主要战场的一次席卷欧洲的战争。战争起因于德意志新教诸侯和天主教诸侯、神圣罗马帝国皇帝之间在政治、经济及宗教上的矛盾,以及欧洲诸强争夺欧洲事务主导权的矛盾。战争以德意志新教诸侯和法国、瑞典、丹麦为一方,得到了荷兰、英国、俄国的支持;另一方以神圣罗马帝国皇帝为首,包括奥地利、西班牙和在宗教改革中失去土地的与被削弱实力的德意志天主教诸侯。三十年战争的导火索是"掷出窗外事件"。整个战争大致分四个阶段:波希米亚—普法尔茨时期(1618—1625年)、丹麦时期(1625—1629年)、瑞典时期(1630—1635年)、法兰西—瑞典时期(1635—1648年)。战争以法国和瑞典联盟取得优势告终。

战争结束后,双方签订了《威斯特伐利亚和约》。条约的主要内容有:欧洲领土的变更问题。法国和瑞典从中获得了一部分领土及军事赔款,德意志几大诸侯邦扩大了领土,而荷兰和瑞士获得了独立。帝国的宗教关系问题。和约规定路德教与加尔文教同天主教具有同等的权利和地位。德意志国家体制问题。皇帝的权力受到了限制,承认各诸侯享有外交权,从政治上分裂了神圣罗马帝国。

三十年战争和《威斯特伐利亚和约》削弱了哈布斯堡王朝的统治地位,加剧了德意志境内分裂割据的局面;为法国称霸欧洲准备了条件;西班牙的国力受到削弱;瑞典的实力增强,成为北欧强国。这场战争和战后签订的《威斯特伐利亚和约》深刻改变了欧洲的政治、社会和宗教格局,肯定了国家主权原则和新教、天主教的平等权利,创立了一系列国际关系准则,成为近代国际关系的开端。

2."掷出窗外事件"

波西米亚(捷克)于1526年被并入神圣罗马帝国版图,当时德意志皇帝兼任波西米亚国王,此时波西米亚人享有宗教自决、政治自治等权利。而到了德意志三世皇帝马提亚时,他派遣耶稣会教士深入波西米亚,企图在其境内恢复天主教的统治地位,并指定奥地利大公斐迪南为波西米亚国王。斐迪南是一个狂热的天主教耶稣会士,他一上台,便残酷地迫害新教徒,新教的教堂被拆毁,做新教礼拜的人被投入监狱。这些措施激起了波西米亚人民的强烈反抗。1618年5月23日,一群武装群众和新教徒冲进王宫,国王仓皇逃窜,愤怒的群众把两名德意志帝国使者掷出窗外。"掷出窗外事件"使得欧洲统治者们大为震惊,斐迪南说服哈布斯堡家族发动战争,此事件因此成为三十年战争的导火索。

3.威斯特伐利亚和会

威斯特伐利亚和会被认为是欧洲最早的一次国际会议,参加会议的代表包括神圣罗马帝国的皇帝,法国、西班牙、瑞典、德意志天主教诸侯,以及新教诸侯的代表。三十年战争进行期间,交战双方从1643年起开始和谈,直到1648年才签订和约,史称《威斯特伐利亚和约》。它的签订是在新教势力取得相对优势的情形下进行的,合约主要涉及领土问题、宗教问题和帝国的政治安排。

和约内容包括:欧洲领土的变更,重新划定了大国疆界;宗教问题,重申"教随国定"原则,天主教、路德宗和加尔文宗同为官方承认的宗教;德意志的国家体制问题,皇帝的权力受到了限制,承认各诸侯享有外交权,从政治上分裂了神圣罗马帝国。

威斯特伐利亚和会与和约对近现代国际法的发展起了促进作用:和会本

身开创了以国际会议解决国际问题的先例;承认了德意志各诸侯享有独立的主权,承认了荷兰、瑞士为独立国;规定缔约国不得破坏条约的条款,创立了对违反国家可以施予集体制裁的先例;承认新教和天主教享有同等的权利,打破了罗马教皇神权下的世界主权论;和约缔结后,各国逐渐建立了常驻使节制度,增进了相互之间的交往。

和约尽力调节了各种错综复杂的利害关系,结束了此前一个世纪的混乱,给欧洲大陆带来了相对和平。建立了威斯特伐利亚体系,以主权国家为基础的欧洲大陆的外交秩序初步建立起来,国际法和均势原则成为国家间交往的行为准则,在欧洲大陆形成了一个力量相对均衡的政治格局,欧洲国际新秩序由此诞生。

4.《比利牛斯和约》

三十年战争结束后,西班牙不仅不肯在《威斯特伐利亚和约》上签字,而且还利用各种机会同法国进行战争。法国联合英国于1658年在沙丘战役中大败西班牙军队。1659年,双方签订了《比利牛斯和约》。其主要内容有三点:法国波旁王室与西班牙哈布斯堡王室联姻,西班牙向法国割让领土,法国赦免投石党领袖孔代亲王。法西联姻为以后西班牙王位继承问题埋下了隐患。

《比利牛斯和约》维护了法国在《威斯特伐利亚和约》中获得的权益,同时进一步扩展了其疆界,为其称霸欧洲准备了条件。另一方面,该条约的一些条款对法、西两国以后的对外政策产生了深刻的影响,甚至影响到整个欧洲的国际关系。

5.《航海条例》

英国政府在重商主义时期,为保护本土航海贸易垄断,于1651年和1660年先后颁布的两个条例,目的是打击荷兰的海上优势。

1651年,英国颁布《航海条例》,提出英国与其他国家的经贸往来需要用英国的商船运输。因荷兰不接受这一要求,英荷谈判破裂后,第一次英荷战争爆发,实质是英荷争夺海上霸权。荷兰战败。1654年双方签订《威斯敏斯特和约》,几乎是《航海条例》的翻版。此后,荷兰作为海上大国的地位受到削弱，英国开始踏上了争夺海上霸权的殖民帝国之路。

1660年斯图亚特王朝复辟后，英国国王查理二世为了进一步打击荷兰，扩大其在海外的商业利益，颁布了比1651年内容更严苛的《航海条例》。其目的是控制殖民地经济的发展，独占殖民地市场，禁止殖民地和其他国家直接进行贸易。1665年，英国发动了第二次英荷战争。

6.天然疆界

法国国王亨利四世曾提出了扩疆拓土的宏伟规划，并使之成为法国的传统政策。路易十四则将其具体化为天然疆界政策，企图把法国的边疆扩展到比利牛斯山、地中海、阿尔卑斯山、莱茵河、北海、英吉利海峡和大西洋的比斯开湾等天然疆界。为此他发动了多次战争，同西班牙作战，1668年签订《亚琛和约》；对荷兰战争，1678年签订《奈梅亨条约》。经过这些战争，法国虽取得了很多土地，向天然疆界扩展的设想不断迈进，但在追求"天然疆界"的过程中与许多国家的关系趋于紧张。

7.《乌得勒支和约》

1700年11月，西班牙国王查理二世死后无嗣，法国与奥地利争夺西班牙王位，引发了战争。战争吸引了欧洲列强的注意力，英国、荷兰趁机与法国作战，神圣罗马帝国鼓动德意志诸邦与丹麦、瑞典结成反法同盟，战争形势对法国十分不利。但后来由于同盟内部的分歧和法国路易十四之孙费利佩五世在西班牙地位的稳固，各国不得不妥协，于1713年10月签订《乌得勒支和约》。其主要内容有四点：一是法国在领土和殖民地方面向欧洲国家做出了较大让步；二是费利佩五世保留了西班牙王位，但放弃对法国王位的继承，法、西两国永远不得合并；三是英国在和约中受益最多，保住了海上优势，国际地位逐步上升；四是法国的霸权不复存在，尽管保住了大陆强国地位，但海上实力被大大削弱。

《乌得勒支和约》重新分配了欧洲国家的力量，建立了新的大陆均势，第一次将"实力均衡"概念写入了条约。英国的获益最大，占领了不少的战略要地，并开始了夺取法国在美洲殖民地的进程。同时，该和约肯定了普鲁士的存在,为其日后争夺德意志的领导权奠定了基础。

8.奥地利王位继承战争

这是由德意志内战引发的一场国际性战争。1740年,神圣罗马帝国皇帝查理六世去世且没有男性继承人,其长女玛丽亚·特蕾莎继位,其他国家伺机瓜分奥地利领地。普鲁士侵入西里西亚,战争爆发,其规模和范围不断扩大,变成以英奥和法普为核心的两个联盟的战争,在性质上已接近于英法争霸,在范围上也逐渐扩大到海上。

战争双方最终达成了停战协议,于1748年缔结了《亚琛和约》。英国和普鲁士的力量得到了加强,而法国和奥地利则被削弱。但引发战争的两个主要矛盾——英法矛盾和普奥矛盾并没有得到根本解决,相反还加深了,为七年战争埋下了导火索。

9.七年战争

七年战争是1756—1763年英国—普鲁士联盟和法国—奥地利联盟之间发生的战争。1748年因奥地利王位继承战争签订的《亚琛和约》不仅没能解决英法之间与普奥之间的旧有矛盾,而且还增添了许多新矛盾。于是英普集团和法奥俄瑞(典)集团双方发生了这次混战,史称"七年战争"。战争的实质:一是普、奥争夺德意志的领导权,二是英、法争夺殖民地与海上霸权。全局性战争基本在欧洲大陆进行,局部性的即英法之间的战争则在海上与殖民地进行。由于法国海军远远落后于英军,法国的海外殖民地绝大部分被英国夺去,法国的舰队几乎全军覆没,最后法国在欧陆退出了战争。战争历时七年,最后以《巴黎和约》和《胡贝尔图斯堡和约》的签订而告终。

这次战争在欧洲没有引起疆界的变化,但对列强的地位和此后欧洲局势产生了三点重大影响:一是奥地利地位削弱,普鲁士地位上升,两国仇恨加深,争夺更加激烈;二是战争为俄国进一步向欧洲扩张创造了条件,在东北欧的未来事务中,俄国地位进一步提升;三是法国失去了欧洲大陆的霸主地位,英国最终确立了海上霸权。由此,欧洲国际政治斗争的重心由西欧转向东欧。

10.大北方战争

17世纪下半叶,彼得一世经过了一系列改革,使俄国成为一个强大的中央集权国家。大北方战争是彼得一世为争夺波罗的海出海口,发动的对瑞典的战争,亦称第三次北方战争。

当时,欧洲的局势有利于俄国实现打通出海口计划,俄国与丹麦、萨克森结成反对瑞典的"北方联盟"。1700—1721年,俄国和瑞典进行了长达二十年的战争,最后俄军取得胜利。1721年,俄国、瑞典达成《尼什塔特和约》,结束了北方大战。

瑞典经历此次战争后,实力地位受到严重削弱,进一步走向了衰落,丧失了欧洲强国的地位。俄国在波罗的海站稳了脚跟,使其从一个内陆国家扩张为濒海强国,作为一个强国加入欧洲国际体系,导致欧洲地缘政治的变迁。

11.俄、普、奥三次瓜分波兰

1772—1795年,俄罗斯、普鲁士、奥地利三次瓜分波兰。波兰从17世纪开始走向衰落,至18世纪中叶,其封建农奴制危机和无政府状态发展到了极点。面对严重民族危机,部分波兰贵族掀起爱国革新运动,以加强中央政权、维护国家独立,结果引起外国的干涉,导致波兰陷入被瓜分的危机之中。

第一次(1772年):1772年8月,俄、普、奥三国在圣彼得堡签订瓜分波兰的条约。波兰最终在1773年被迫承认条约,失去了约三分之一的领土与人口。

第二次(1793年):18世纪80年代,波兰中小贵族和新兴的资产阶级代表又一次掀起爱国革新运动,却引起了俄国不满。1792年,俄军进入波兰,占领华沙,波兰战败。普鲁士借口防止法国大革命蔓延,也进军波兰。1793年,俄、普两国在圣彼得堡签订瓜分协议。

第三次(1795年):1794年波兰的起义爆发后,俄军在普、奥配合下,将起义镇压下去。为了铲除波兰剩余势力,1795年三国再次签订瓜分条约,将剩余的波兰联邦国土全部瓜分。

至此,存在了八百多年的波兰国家灭亡了,俄、普、奥的大国地位得到巩固,而波兰就此在欧洲地图上消失了长达123年,直到一战后复国。俄、普、奥三国通过瓜分波兰,扩展了各自的领土,维持了东欧的均势,提升了东欧在欧洲事务上的重要性,深刻改变了欧洲的局势,挤压了法国的扩张空间。

12.武装中立同盟

在北美殖民地进行反英独立战争期间,俄国联合丹麦、瑞典结成以武装保护中立国船只在交战国海岸自由航行进行贸易的同盟。1778年2月,法国同美国签订同盟条约。次年,法国又同西班牙及荷兰缔结联盟,共同反对英国。英国在同三国作战时,实行海上封锁,拦截中立国船只。1780年2月,俄国为保护战时与交战国进行贸易顺畅,向英、法、西等国宣布如下原则:中立国船舶可以自由地在交战国港口之间及其沿岸航行;除战时禁运物资外,交战国不得夺取中立国船舶上的货物。同年7月和8月,俄国先后同丹麦、瑞典订立条约,约定装备若干战舰,用以保证上述原则的实施,形成以武力保护中立权利的同盟。之后其他中立国如荷兰、普鲁士、奥地利、葡萄牙等也陆续加入。1783年,美、英缔结《凡尔赛和约》,该同盟解体。

武装中立同盟的成立在客观上起到了帮助海运相对较弱的美、法、西一方的作用,有利于美国人民争取独立的斗争。

13.《亚眠和约》

1802年3月27日,英、法、西、荷等国在法国北部的亚眠签订和约——《亚眠和约》,标志着第二次反法联盟的最终破产,和约中英法对一些地区的归属做了规定。该和约是拿破仑统治时期英法长期战争中的一次暂时休战,也是英法两国在1793—1814年的战争中所缔结的唯一和约。双方虽然都做了让步,但都没有认真履行各自应承担的条约义务。到1803年5月,英法之间又恢复了战争状态。

14.莱茵同盟

1806年,拿破仑在奥斯特利茨战役中打败俄奥联军后,为巩固胜利,先严惩哈布斯堡王室,后建立莱茵同盟。该同盟是德意志西部和南部共16个小邦以同法国缔结攻守同盟为基础,在拿破仑的保护下组成的联合。1807年,法俄《提尔西特和约》签订后,又有20个德意志小邦加入联盟。其使命有以下四点:一是作为法国东部莱茵河边的军事和政治的屏障,也是法国与普、奥之间的缓冲地带;二是拿破仑以保护者的身份成为该联盟的领导者,加强了法国对德意志诸小邦的政治统治;三是联盟提供兵员并修建战略道路,分担了战争重荷;四是联盟各国与法国在经济上互通有无,为法国资产阶级工商业的发展提供了销售市场与工业原料。

15.《提尔西特和约》

1805年第三次反法联盟失败,俄国受到重创,这时俄国又准备同土耳其开战,不得不把注意力转向南方。普鲁士、英国、俄国等组成第四次反法联盟。1806年6月,俄军在战场上遭法军大败,继而立即同法国由交战国变为同盟国,这不仅是由当时复杂的国际矛盾决定的,也是由两国皇帝在政治目标上的相同点促成的,此时两国都希望联合起来打击英国。

俄法两国于1807年7月签订《提尔西特和约》,俄国进而退出了反法同盟。俄国在和约中牺牲盟友普鲁士换取自己的利益。随后,普鲁士也与法国签订了《提尔西特和约》,接受了领土变更和赔款的条件。

《提尔西特和约》标志着第四次反法联盟的失败,也标志着拿破仑帝国走向顶峰,却给欧洲各国之间的关系留下了纷争的因子。这是由于以下四点:和约过分压制了一些反法联盟国家,激起了这些国家的反感;俄、普加入大陆封锁体系招致了国内的不满;法国把波美拉尼亚归还瑞典,借此操纵瑞典政治;拿破仑允许俄国占领土耳其属地,为俄土日后的争端埋下了隐患。总之,和约中存在着很多纷争的因素,不能持久维系,因此俄法联盟也不会牢固。

16.大陆封锁政策

1806—1814年,法国皇帝拿破仑一世为反对英国而采取了一项重要经济政治措施——大陆封锁政策。1805年,拿破仑直接登陆英国的计划失败以后,决定用经济封锁摧毁英国。1806年11月,颁布《柏林敕令》,规定:所有隶属于法国的各国,与英国不仅不得发生贸易关系,而且要断绝一般来往;对法国统治下的欧洲的英国侨民,一律宣布为战俘;所有英国的货物和商船,全部没收。1807年,拿破仑为强化大陆封锁政策,签署了《米兰敕令》,主要内容:

把所有英国支配的船只都与英国船只同等看待,都要拿捕;而且封锁扩展到所有英国出产的货物,不问其所有者是谁。1810年的《枫丹白露敕令》完成了大陆封锁政策的立法措施,根据这一敕令,凡在大陆发现的一切英国货物必须焚毁。与此同时,大陆封锁政策也对法国本国贸易和一些工业部门造成了破坏,拿破仑被迫想出了"允许违禁物输入执照"的办法,直接削弱了政策的作用。

大陆封锁促进了法国某些工业部门的发展,但是当时整个法国工业的发展水平不能代替英国去满足欧洲各国的需求,因而使许多国家特别是与英国有着传统贸易关系的国家的经济状况大大恶化、经济萧条、进出口停滞,从而引起它们的不满。同时,英国采取反封锁措施,并进行大规模的走私活动。因此,实行大陆封锁没有达到从经济上摧毁英国的目的。

17.《肖蒙条约》

英国、俄国、奥地利、普鲁士四国为最后战胜拿破仑一世,于1814年3月在肖蒙签订攻守同盟条约——《肖蒙条约》。1813年底,联盟各国的军队攻入法国境内,但对法国未来的政治体制及战后领土分割等问题存在许多分歧,影响联合军事行动的进行。加之1814年初拿破仑一世又取得了几次军事胜利,在英国提议下,英、俄、奥、普四国签订了该条约。条约规定:缔约国继续同法国作战直到彻底胜利,非经全体同意,不得与法国单独议和;每国提供15万军队对法作战,英国除外,但英国需负担战费;条约有效期为20年。在条约的秘密条款中,对战后欧洲的政治安排和某些重大的领土归属问题做出一些规定。这些规定在1814—1815年召开的维也纳会议上基本得到确认。《肖蒙条约》的缔结加强了联盟各国在共同对拿破仑作战中的团结,对加速拿破仑一世的失败和解决处理战后欧洲问题起到一定作用。

18.两次《巴黎和约》

《巴黎和约》是法国与反法联盟成员国签订的和平条约。第一次《巴黎和约》是第六次反法联盟成员国与法国于1814年5月30日在巴黎签订的。后来瑞典、西班牙和葡萄牙也加入和约。和约规定:法国保留1792年的疆界,恢复荷兰、瑞士、德意志诸公国和意大利各国(奥地利统治地区除外)的独立;拿破仑战争时期,各国占领的法国在海外的殖民地(英国控制的多巴哥等岛屿除外)归还给法国,马耳他岛归英国所有;宣布莱茵河和希尔德河自由航行,对于法国放弃的领土归属问题与涉及除法国以外的欧洲其他国家的问题,另外召开国际会议解决。和约的签订标志着拿破仑帝国称霸欧洲的计划失败。

和约签订后不久,拿破仑从流放地厄尔巴岛潜回法国,建立百日王朝。面对共同的敌人,英、俄、奥、普等国将彼此间的矛盾暂时搁置,它们组织了第七次反法联盟,并在滑铁卢战役中打败法军,拿破仑一世第二次退位。1815年11月20日,英、俄、普、奥与法国签订了第二次《巴黎和约》。其内容更为苛刻:规定法国只能保留1790年的疆界,致使法国又丧失了许多具有重要战略意义的地区;法国要偿付7亿法郎的赔款,以发行公债的办法分15次在五年内还清;在赔款还清以前,联盟各国派兵15万人驻扎在法国东北的要塞,军费由法国负担;法国归还拿破仑战争时期从战败国掠走的珍贵艺术品。总之,第二次《巴黎和约》使法国损失重大。

19. 维也纳会议及《最后议定书》

维也纳会议是1814—1815年欧洲第六次反法同盟在打败拿破仑后举行的一次国际会议,包括英、俄、普、奥在内的几乎所有欧洲国家都参加了这次会议。

会议的指导思想是均势原则、正统主义原则和补偿原则等。会议上起主要作用的是英、俄、普、奥四国,列强无视各国人民由法国革命所激起的民族意识和民主改革的要求,牺牲弱小国家利益作为政治交易筹码。会议名义上是恢复欧洲和平、重建欧洲秩序,实际上是战胜国重新划分欧洲政治疆域和瓜分殖民地、复辟封建王朝、镇压民族运动的分赃会议。

维也纳会议最后通过了《最后议定书》,涉及欧洲疆界和领土的重新划分。从此,确立了欧洲统治秩序和国家体系——维也纳体系。欧洲重新恢复了封建割据的均势局面,是一种历史的退步。会议后,欧洲君主专制国家极力维护维也纳体系,镇压欧洲革命。与此同时,维也纳会议确立的维也纳体系给欧洲带来了较长时间的和平。

20.神圣同盟

拿破仑战争之后,为了维护欧洲的既有制度和基督教教义,反对革命运动和民族独立运动,也为了维持现存政治疆界和均势,俄、奥、普三国于1815年签订了《神圣同盟条约》,互相保证欧洲的正统统治、维持欧洲的均势。到1815年底,除了英国、教皇国和土耳其外,所有欧洲国家都签字加入了这一同盟。这个条约既未规定有效期限,也不受任何约束,具有宗教意味,故称"神圣同盟"。俄罗斯和奥地利在神圣同盟中处于领导地位。在1830年法国七月革命和1848年欧洲资产阶级民主革命的冲击下,同盟瓦解。

神圣同盟是欧洲国家的专制君主们在欧洲革命形势蓬勃发展的大背景下,为了维护欧洲的专制制度而成立的一个反动组织。它的存在在一定程度上阻碍了欧洲革命的前进步伐,是镇压欧洲革命的反动堡垒。神圣同盟是欧洲协调的重要组成部分,它具有保守性,但注定无法抵挡欧洲革命的浪潮。

21.四国同盟

英、俄、普、奥四国为保证1815年《巴黎条约》的实施而缔结四国同盟。在第七次反法同盟打败拿破仑一世军队后,同盟国同战败的法国于1815年11月20日签订《巴黎和约》。与此同时,又签订了《四国同盟条约》,有效期20年。条约主要内容有三点:拥护1815年《巴黎条约》;如任何一方受法国攻击,盟国各出兵6万相助;定期举行会议,协商各国的共同利益及维持欧洲和平的方法。四国同盟与神圣同盟相配合,目的在于防止法国再起,反对新的革命运动。法国遵守1815年《巴黎条约》规定,按期偿付赔款。1818年,法国也加入同盟,并发表共同宣言,声明五强维持欧洲和平,即按欧洲各大国统治者的利益和目的,处理欧洲事务。随着欧洲革命运动蓬勃发展,四国同盟内部矛盾重重,在许多问题上已不能一致行动,最终导致同盟瓦解。

22.门罗主义

1823年,美国总统门罗在国情咨文中提出美国对外政策的原则,史称"门罗主义"。它是美国对外扩张政策的重要标志,主要针对拉丁美洲事务。

1823年门罗总统在致国会的咨文中宣称:美国将不干涉欧洲列强的内部

事务或它们之间的战争,欧洲列强不得再在美洲开拓殖民地,欧洲任何列强控制或压迫美洲国家的任何企图都将被视为对美国的敌对行为,同时提出了"美洲是美洲人的美洲"的口号。

显而易见,门罗主义实际上是宣布拉丁美洲属于美国的势力范围,是一种为防止欧洲大国染指拉美并使美国独霸美洲的政策。应当承认,门罗主义在客观上起到了防止已独立的拉美国家再沦为欧洲列强殖民地的作用,它也极大地冲击了维也纳体系,具有一定的进步意义。尽管如此,门罗主义在实际中变得日益具有侵略性,并充当了美国对外扩张的工具。

23.东方问题

东方问题又称近东问题,指的是近代欧洲列强为争夺在奥斯曼土耳其及其属国的领土和权益所引起的一系列国际问题,其实质就是"对土耳其怎么办"的问题。

18世纪,奥斯曼帝国逐渐衰落,到19世纪,奥斯曼帝国统治下的巴尔干及其东南端成为欧洲列强必争的战略要地。其中,俄国关心其黑海出海口问题,英国最关心的是通向印度的航道。这两个国家是19世纪东方问题最主要的角逐对手,东方问题成为全欧性质的问题和国家间政治纷争的中心。

经历了1828年俄土战争和两次埃土战争,列强在土耳其得到了各自利益。

1854—1856年克里米亚战争后,奥斯曼帝国虽然保住了其帝国地位,实际上却在一步步地走向衰落。1877年,俄土又发生战争,后签订了《圣斯特法诺和约》,使土耳其帝国进一步走向衰落。到20世纪初,经过两次巴尔干战争和一战,土耳其帝国彻底崩溃瓦解,几乎失去了其在欧洲的全部领土,至此,东方问题才退出了国际关系舞台。

24.《亚得里亚堡条约》

1821年,奥斯曼帝国统治下的希腊爆发了独立战争,土耳其苏丹调集军队进行残酷镇压。1826年,希腊独立运动形势危急,欧洲列强为了各自的利益,纷纷插手希腊问题。英、俄两国在1826年签订了《彼得堡议定书》,以协调彼此对希腊的政策。1827年,英、法、俄三国又缔结了《伦敦条约》,要求希、土双方停战。遭土耳其拒绝后,三国舰队在纳瓦里诺湾歼灭了土埃联合舰队。土耳其断绝同俄、英、法的外交关系,并号召进行"圣战"。沙俄以此为借口,于1828年正式对土耳其宣战,1829年占领亚得里亚堡,直接威胁土耳其都城君士坦丁堡。俄国的胜利引起土耳其苏丹的惊惶和欧洲其他列强的不安,英国、法国及普鲁士为了阻止俄军前进和防止奥斯曼帝国崩溃,出面调停。1829年9月,俄、土缔结了《亚得里亚堡条约》。希腊获得独立。由此,土耳其进一步丧失了领土和主权,并付出巨额赔款,俄国扩大了在巴尔干的势力,进一步向黑海海峡推进,加剧了同英、法、奥的矛盾。

25.《安吉阿尔—斯凯莱西条约》

1833年,俄国利用第一次土耳其与埃及战争的机会,迫使土耳其签订共同防御条约——《安吉阿尔—斯凯莱西条约》。1831年11月,第一次土埃战争爆发。土耳其无力抵抗埃及的进攻,向欧洲列强求援,英、法等国未予支持。俄国为增强对土耳其的政治影响,维护俄国在黑海海峡的利益,立即表示愿意提供援助,随即出兵海峡地区。俄国对于土耳其的援助使英、法等国极为恐慌,它们两次调解土、埃冲突。在英、法两国的压力下,土耳其同埃及签订了《屈塔希亚和约》,结束了第一次土埃战争,迫使俄国退出海峡地区。沙俄由于没有达到在海峡地区扩张的目的,于1833年撤军前,迫使土耳其签订了《俄土同盟条约》,即《安吉阿尔—斯凯莱西条约》。条约的公开条款规定:俄、土两国将永远保持和平、友好关系,在有关双方的和平与安全问题上,两国将采取一致态度,并给予彼此充分的帮助和最有效的支持;确认1829年的《亚得里亚堡条约》和俄、土间的其他条约与协定;在土耳其需要的时候,俄国将派出必要数量的军队以供调度。条约有效期为8年。作为交换条件,条约的秘密条款规定,土耳其承担俄国要求的封闭达达尼尔海峡的义务,即不得以任何借口允许任何一艘外国军舰出入该海峡。该条约巩固了俄国在巴尔干和海峡地区已经取得的权益,特别是保证了俄国在黑海地区的安全,但招致了英、法两国的反对。

26.《伦敦海峡公约》

《伦敦海峡公约》是关于管理黑海海峡(即博斯普鲁斯—达达尼尔海峡)的国际公约。1841年7月13日,由英国、俄国、奥地利、普鲁士、法国、土耳其六国在伦敦签订。公约确认了奥斯曼帝国的《古代规则》。按照这个规则,博斯普鲁斯和达达尼尔两海峡在和平时期禁止任何外国军舰通行,土耳其有权准许友好国家所辖的轻型军舰通过。公约使俄国丧失了从1833年《安吉阿尔—斯凯莱西条约》签订后所取得的在海峡的优势地位,第一次把黑海海峡置于国际监督之下,但公约只字未提海峡在战时的地位问题。公约激化了俄国和其他欧洲大国争夺海峡的矛盾。

27.黑海海峡问题

黑海海峡是黑海和地中海之间唯一的交通水道和战略要地。17世纪末时,这里原本是奥斯曼帝国的内海,但1696年俄国在取得亚速后成为黑海国家之一,使黑海海峡问题国际化,此后这一问题又成为东方问题的一部分。黑海海峡问题的演变过程分为四个阶段。

第一阶段,1696—1840年。18世纪后期,沙俄对土耳其发动战争,侵占了黑海北岸大片领土并获得海峡,只对沙俄一国军舰开放特权,海峡实际上处于沙俄控制之下。

第二阶段,1841年至一战。1841年,《伦敦海峡公约》作为对海峡制度作国际规定的第一个多边条约,根据《古代规则》废除了沙俄的特权。克里米亚战争后签订的《巴黎和约》、1871年《伦敦海峡公约》、1878年柏林会议,重申战时海峡对外国军舰不开放的原则。1915年,沙俄同英国达成《君士坦丁堡和海峡问题秘密协定》,规定战后俄国有权兼并君士坦丁堡和海峡,随后法国参加了这一秘密协定。

第三阶段,1920—1935年。十月革命后,苏维埃俄国政府宣布废除1915年的《君士坦丁堡和海峡问题秘密协定》。1920年,协约国一度占领君士坦丁堡,利用其在海峡的优势对苏俄进行武装干涉。1923年签订的《关于海峡制度公约》规定:平时和战时一切军舰可自由通过海峡,仅对军舰的数量和吨位作限制。苏俄政府未批准这一协议。

第四阶段,1936年迄今。1936年召开蒙特勒会议,签订《蒙特勒公约》,规定:黑海国家平时有权自由通过海峡;非黑海国家派遣进入黑海的军舰类型、吨位和在黑海停留时间则受到限制;交战国军舰不得通过海峡;若土耳其参战或受到战争威胁时,有权允许或禁止任何军舰通过海峡。《蒙特勒公约》是关于海峡制度的现行国际公约。

28.1848年欧洲革命

1848年革命是欧洲各国政治和经济发展的必然结果。革命的任务是在各国国内继续反对封建制度及其残余,为资本主义的发展扫清障碍,在国际上则是要反对维也纳体系。

1848年1月,西里西亚首先爆发起义,成为欧洲革命的信号,引起了欧洲各国的连锁反应,革命运动风起云涌。2月,法国爆发了革命。3月,维也纳爆发起义,同时布达佩斯展开了争取民族独立的斗争,柏林也爆发了起义。但各国革命遭到了俄、奥等国的镇压,均以失败告终。

1848年革命失败的原因在于,各国国内资产阶级自由派的背叛、同反动阶级妥协,以及国外反动势力的镇压。尽管起义多以失败告终,但欧洲正统秩序已在不断冲击中逐渐瓦解。因英国与列强在镇压革命问题上分歧严重,欧洲协调内部矛盾突出。1848年革命是对维也纳体系致命的一击,在这场革命的冲击下,该体系的彻底崩溃瓦解只是时间问题。

29.克里米亚战争与《巴黎和约》

维也纳体系确立后,沙皇俄国加快了对日趋衰落的奥斯曼土耳其帝国攻占和瓜分的步伐,英法两国与俄国争夺近东霸权,导致了1853—1856年的克里米亚战争。

战争的主要原因是沙俄与英、法之间在近东的利益争夺,导火索是争夺圣地和宗教保护权问题。克里米亚战争爆发后,英法与土耳其结盟,撒丁王国也加入英法同盟与俄作战。俄军战败,交战双方召开和会,签署《巴黎和约》,使俄国失去了在土耳其境内的所有优势。

克里米亚战争充分暴露了沙俄封建专制和农奴制度存在的巨大缺陷,加速了其国内革命形势的高涨,促成了1861年农奴制的改革。克里米亚战争也建立了欧洲国际关系新格局,标志着四国同盟的瓦解。克里米亚战争是继拿破仑战争之后的又一次大国争霸战争,将所有欧洲大国都直接、间接地卷了进去。欧洲政治格局也暂时由英、俄居优势转变为英、法占主导的均势。维也纳体系由于未能阻止大国战争的爆发,走向瓦解。

30.普法战争

1870年,法国和普鲁士王国之间爆发了一场重大战争,这是普鲁士统一德意志三场王朝战争的最后一场。普法矛盾由来已久,法国的传统政策就是反对一个统一且强大的德意志出现,俾斯麦很清楚这一点,便积极煽动了普鲁士的民族主义,拉响了战争警报。战争的导火索是西班牙王位继承问题,因此法对德宣战。

法军在普法战争中大败,1871年双方签订《法兰克福和约》,法国赔款、割让阿尔萨斯和洛林。法德之间相互仇视,为一战的爆发埋下了种子。普法战争改变了欧洲政治及军事格局,法国势力受到削弱,国际地位下降;普鲁士支配全德意志,成为强国,开始在欧洲拥有优势,打破了欧洲的均势格局,促使维也纳体系的崩溃。

31.三皇同盟

德意志统一后,俾斯麦为了孤立和打击法国,策划德皇与俄奥两皇结成同盟。1872年,德、俄、奥三国首相在会晤后议定:维持欧洲现状,协同解决东南欧的纠纷。1873年,德、俄、奥三国皇帝结成同盟,史称第一次三皇同盟。

柏林会议后,德俄关系恶化。但俾斯麦为了防止俄法联合而使自己两面受敌,同时俄国也想联合德国在近东和两海峡与英国抗衡,因而1881年又签订了三国协定,史称第二次三皇同盟。

三皇同盟是一个旧式王朝外交的产物,它所维护的是君主之间的协作关系。该同盟是德国和俄国在外交上孤立自己主要对手的需要,同时它反对欧洲的革命运动及所有社会主义组织,以维护三国王室的利益。从此俄国能全力以赴在中亚应付英国,而德国则可利用它对法国进行侵略。

32.《柏林备忘录》

1876年,俄国、德国和奥匈帝国为寻求巴尔干事件的解决方案在柏林草拟的《柏林备忘录》。1875年,巴尔干半岛爆发波斯尼亚和黑塞哥维那反对土耳其的民族起义,邻近的塞尔维亚和黑山均表示支持。俄、奥、英、德都想趁机获利。奥匈帝国企图吞并波斯尼亚和黑塞哥维那,并防范塞尔维亚进行干涉和俄国采取单独行动,于同年12月由外交大臣安德拉希照会签署1856年《巴黎条约》的各国政府,要求土耳其在波、黑两省实行改革,包括土地、税收和宗教改革等,以平息起义。1876年5月,俄国外交大臣戈尔恰科夫同安德拉希、俾斯麦在柏林举行会谈,寻求解决办法。5月13日,通过了《关于巴尔干事件的备忘录》,通称《柏林备忘录》。备忘录仍坚持在改善两省居民的命运时,不破坏政治现状,并在必要时制止威胁现状的危机。其内容实为安德拉希照会的扩大版本。法国和意大利同意三皇方案,但英国为制止俄国势力的扩张,唆使土耳其予以抵制。

33.《圣斯特法诺条约》

1877—1878年俄土战争结束后,俄国强迫土耳其在圣斯特法诺签订条约。1875年,黑塞哥维那人民发动起义反对土耳其苏丹,而后巴尔干半岛的土耳其领地相继发生起义,土耳其苏丹采取残酷手段镇压,沙俄以保护土境内斯拉夫人的名义对土宣战,意图南下打通通往地中海的海路。1877年4月,俄土战争爆发。1878年3月,俄土签订《圣斯特法诺条约》。条约规定:第一,俄国取得南高加索的卡尔斯、阿尔达罕、巴统、巴亚泽特等地和比萨拉比亚的南部。第二,建立大保加利亚公国,其版图北起多瑙河,南至爱琴海,东起黑海,西至奥赫里德湖,并包括几乎全部的马其顿,隶属于土耳其苏丹,由俄军占领两年。第三,塞尔维亚、黑山、罗马尼亚独立。罗马尼亚获得北多布罗加,但被迫将比萨拉比亚南部割让给俄国。第四,波斯尼亚、黑塞哥维那自治,由俄、奥监督实行。第五,黑海海峡在战时和平时均须对来往于俄国港口的商船开放。第六,土耳其赔款14.1亿卢布,其中大部分以割让上述土地代替。

条约的签订使俄国在巴尔干半岛的势力大大加强。俄国势力在巴尔干半岛的扩张,引起英、奥等国的强烈不满。同年,德、俄、英、奥、法、意、土在柏林举行会议,1878年7月13日签订了《柏林条约》取代了《圣斯特法诺条约》。

34.柏林会议

俄土战争后双方签订了《圣斯特法诺条约》,这引起了欧洲列强尤其是英国和奥匈的不满。俄国被迫同意重新召开会议审议修改条约。

1878年,柏林会议召开,讨论保加利亚问题和波斯尼亚、黑塞哥维那问题等重要议题。会议签订了《柏林条约》,划分了列强在近东地区的势力范围,结束了持续三年之久的近东危机。柏林会议的结果是,巴尔干问题变得更为复杂,为欧洲各大国日后的冲突埋下了祸根。

会议的实质是在修改《圣斯特法诺条约》基础上的一种大国权力的再分配,会议后英、俄、奥三国的势力在近东形成了一种新的平衡和均势。英国打击了俄国,俄国外交失败,俄德关系被笼罩了阴影。

35.德奥同盟

1879年,德国和奥匈帝国在维也纳结成秘密军事同盟。普法战争以后,德国宰相俾斯麦为孤立和打击法国,力图联合奥匈帝国,拉拢沙皇俄国,阻止法俄接近。在1878年柏林会议上,俾斯麦偏袒奥匈和英国,使沙俄失去了战胜土耳其所获得的权益。会后,德国借口检疫禁止俄国牲畜入口,又提高了粮食进口税,使俄国遭受严重的经济损失,德俄关系急剧恶化。俾斯麦觉察到法俄接近的迹象,为应付东西两线可能的进攻,选择奥匈为伙伴。奥、俄在巴尔干的利益冲突不可调和;俄国对君士坦丁堡所造成的威胁,也将奥匈推向德国。1878年10月,德国驻奥匈大使劳斯亲王和奥匈外交大臣在维也纳签署了同盟条约。条约主要内容为:一是缔约国一方遭到俄国的进攻,另一方应以全部兵力援助,并不得单独媾和。二是一方遭到第三国(指法国)进攻,另一方应采取善意的中立;如进攻的国家得到俄国支持,缔约双方应共同作战。三是条约的有效期暂定为5年。四是缔约国双方对条约应保守秘密。事实上,条约一直存在到一战结束。

《德奥同盟条约》成为德国外交政策的基石,也是俾斯麦大陆政策的轴心。后来的德奥意三国同盟是德奥同盟的扩大。然而德奥同盟带来的严重后果则是法俄同盟的建立。《德奥同盟条约》实际上成了欧洲列强分裂为两大对峙的军事同盟体系的开端。

36.三国同盟

19世纪后半叶,德国、奥匈帝国和意大利结成秘密的三国同盟。在普法战争后,德国为了防止法国复仇,开始积极拉拢欧洲各国对法国进行外交上的孤立。德国首先在1879年同奥匈帝国签订《德奥同盟条约》,结成军事同盟,约定相互抵御俄国的进攻。德奥结盟后,由于《德奥同盟条约》并没有实现孤立法国的目的,同时又因意大利在和法国争夺突尼斯的冲突中失败并开始转向德奥对抗法国,俾斯麦因此积极拉拢意大利入盟。1882年,德、奥、意三国在维也纳签订同盟条约。条约主要内容有:第一,若意大利遭到法国进攻,德奥两国应全力援助;若德国遭受法国侵略,意大利也担负同样的义务。第二,缔约国的一国或两国遭受两个或两个以上的大国(指法、俄)进攻,则缔约三国应协同作战。意大利对此附有一个保留条件:若英国攻击德国或奥匈,意大利将不负担援助自己盟国的义务。第三,当一大国(指俄国)攻击缔约国一方时,其他两缔约国应取善意的中立,即一旦发生俄奥战争,意大利将严守中立。条约有效期为5年。

三国同盟的缔结标志着欧洲列强两大对峙军事集团的一方初告形成。这个同盟是俾斯麦同盟体系的主要组成部分。三国同盟的成立使德国在一定程度上达到了孤立法国维护自身安全与利益的目的,但同时由于三国同盟的成立使得法国加快了寻找同盟的步伐,法俄同盟最终形成,使欧洲开始朝着两大军事集团对峙的方向发展,欧洲各国开始了激烈的军备竞赛。

37.保加利亚危机

保加利亚危机是因保加利亚统一问题和欧洲列强争夺在保加利亚的势力范围而引起的一场政治危机。1878年柏林会议后,不仅原奥斯曼帝国欧洲属地部分地区获得独立,也使未独立地区的民族解放运动日益壮大。1885年9月,土耳其东鲁美利亚省发生起义,宣布合并于保加利亚,并获得保加利亚亚历山大大公的同意。但由于东鲁美利亚起义由反俄势力领导,因而俄国反对这种要求并谴责亚历山大大公违反《柏林条约》。同时,由于事态开始向其他土耳其欧洲属地蔓延,也引起了临近的奥匈帝国和塞尔维亚的关注。1885年10月,各有关国家在君士坦丁堡举行大使级会议。德、奥、法、意支持俄国的方案,即由土耳其收复东鲁美利亚。英国反对,提出由土耳其苏丹任命保加利亚大公为东鲁美利亚行政长官,并使保加利亚保持事实上的统一。后来在英国的策动下,土耳其与保加利亚大公亚历山大谈判达成协议,双方同意采纳英国的建议。沙皇被迫同意土保协定,但仍旧反对亚历山大大公。1886年8月,部分保加利亚军官在俄国支持下废黜了亚历山大大公。此举引起保国内的不满,部分军政界人士发动反政变,敦促亚历山大大公复位。沙皇政府反对,扬言要占领保加利亚。9月,亚历山大大公被迫弃位出走。1887年7月,保议会选出亲德奥的斐迪南为大公,保加利亚危机平息。

俄国在这场国际冲突中遭到失败,丧失了1877—1878年俄土战争后在保加利亚取得的政治优势。德奥势力在保加利亚站稳了脚跟,但加深了两国同俄国之间的矛盾,促使俄国与法国接近,促成了法俄同盟的形成。

38.两次地中海协定

意大利和法国争夺北非,奥匈和沙俄争夺巴尔干,而法俄都是英国在地中海的劲敌。因此,德国首相俾斯麦为了完成其孤立法国的同盟体系,竭力鼓励英国和意、奥合作,力图把英国拉进德、奥、意三国同盟共同对付法、俄。

1887年,英、意和奥以互换照会的形式两次订立《地中海协定》,旨在维持地中海现状。其中,《第一次地中海协定》主要针对法国,《第二次地中海协定》主要针对俄国。

两次地中海协定基于共同对付法国和俄国的目的,加强了英国和三国同盟之间的联系。但后来随着英德矛盾的发展,英国转向法俄,并先后和法俄签订协定,两次地中海协定丧失意义。

39.《再保险条约》

1887年,德国为进一步孤立法国而同俄国订立中立条约。由于1879年《德奥同盟条约》已经保证奥国在德法战争中保持中立,这一条约又保证俄国的中立,德国因而获得了双重保险,故名《再保险条约》。该约规定:缔约国一方如与第三国(法国和奥匈帝国除外)交战时,另一方应保持善意的中立并尽力使战争局部化,德国承认俄国在保加利亚和东鲁美利亚占优势的合法性。双方约定维持巴尔干半岛的现状并重申在1881年已经同意的原则,即俄、德共同对土耳其苏丹施加压力,不许外国军舰进入博斯普鲁斯和达达尼尔海峡。在附加的议定书里,俾斯麦同意在俄国采取行动保卫黑海入海口时,德国保证持善意的中立,并给俄国以道义的和外交的支持。条约有效期为3年。这意味着,德国支持俄国占领海峡甚至君士坦丁堡。但是俾斯麦清楚,如果俄国有这种行动,英、奥必然反对。

俾斯麦去职后,威廉二世改变了拉拢俄国对抗法国的方针,转而寻求同英国结盟,遂德国政府后来拒绝续订该条约。

《再保险条约》的订立在一定程度上使德国避免了法俄结盟同时进攻德国的可能,也使俄国避免了在国际上处于孤立地位,标志着俾斯麦大陆同盟体系最终形成。

40.法俄同盟

法国和俄国为对抗三国同盟于1891—1893年形成秘密的军事同盟。法国自普法战争以来,长期陷于德国的外交包围中,急需结束这种孤立困境。1887年,德俄关系由于保加利亚危机而急剧恶化。沙皇政府购买军火、推销公债及共同对付英国都需要依靠法国。同时,德俄《再保险条约》的终止、《三国同盟条约》的再次续订和英国同三国同盟的接近,都迫使沙俄政府向法国靠拢。1892年8月,法、俄两国在圣彼得堡签订军事协定。主要内容为:当法国遭到德国或意大利攻击时、俄国遭到德国或奥匈帝国攻击时,双方都以全部兵力相互支援;如果三国同盟或其中一国动员兵力,法、俄一经得知,不需任何事先协议,应立即将兵力调到边境;法国用于对付德国的兵力应为130万人,俄国用于对付德国的兵力应为70万或80万人,这些军队应尽快全部参加战斗,迫使德国在东西两线同时作战。协定原定有效期限与三国同盟相同,但自1899年以后就无限延期,一直存在到1917年。

法俄同盟的确立极大地改变了法国和俄国在欧洲的孤立局面和安全困境。同时,法俄同盟使欧洲大陆形成了两个实力大致相当的军事集团,一战的脚步因此临近了。

41."光辉孤立"

19世纪60年代到20世纪初年,英国政府所奉行的外交政策被称为"光辉孤立"。具体来说,就是英国在战略上不同任何大国结成军事同盟以维持欧洲大陆的均势,从而使英国成为各个国家之间的调解者与仲裁者,从而在最大限度上维护英国的国家利益。当欧洲形成德奥意三国同盟和法俄同盟两个对峙的军事集团时,虽然英国的主要竞争者是法国和俄国,并且它同奥匈帝国和意大利订立两个《地中海协定》,但由于秉承此项外交政策,因而坚决拒绝参加三国同盟。进入帝国主义时代后,随着综合实力的下降,英国不得不改变原有的外交政策,1902年英国和日本结盟,后来又同法国、俄国签订协定,"光辉孤立"宣告结束。"光辉孤立"政策的执行使得英国在欧洲诸强并立的形势下,最大限度地维护了自身的国家安全和殖民利益,并在一定程度上使英国成为欧洲事务真正的主宰者。

42.法绍达事件

法绍达事件是指1898年,英、法两国为争夺非洲殖民地而在小镇法绍达发生的冲突。19世纪末,欧洲列强掀起了瓜分非洲的狂潮。英、法两国在非洲都抱有极大的野心。法国政府推进"V-S计划",试图建立横穿非洲的法属殖民帝国。英国积极推行"C-C计划",试图建立纵贯非洲的英属殖民帝国。从地图上看,英、法两国的扩张路线,必须在尼罗河上游地区接触,因此两国间的冲突不可避免。

英法双方因此在争夺苏丹的法绍达时相持不下,形势异常严峻。后因法国政府考虑到自己在法绍达的兵力有限,尤其在法德对抗的形势下不宜再同英国发生冲突,遂决定对英妥协,两国以尼罗河及刚果河的中心线作为双方势力范围的分界线,英、法之间避免了一场争夺殖民地的战争。

法绍达冲突的和平解决为后来英、法两国进一步妥协和接近、共同对付德国开辟了道路。此外,英法两国由于法绍达事件的掣肘和牵制,分散了两国在远东和中国的注意力;俄国在英法对峙冲突期间没有伸出援助之手,暴露了法俄同盟脆弱的一面,法国开始考虑重新调整其对外政策。

43.美西战争

1898—1899年,美国为夺取西班牙殖民地而发动了一场重新瓜分世界的最早的帝国主义战争——美西战争。这是美国垄断资产阶级为扩大商品销售市场、取得廉价原料和新的投资场所而发动的一场帝国主义战争。1895年2月,古巴爆发反抗西班牙殖民统治的大起义。西班牙殖民当局进行血腥镇压,但未能扑灭起义。这些暴行受到美国人民的谴责,美国的扩张主义者趁机制造舆论,加强战争宣传。1898年2月,派往哈瓦那保护侨民的美舰"缅因"号在该港爆炸沉没。美国以这个事件为借口,对西班牙正式宣战。战争主要在古巴、波多黎各和菲律宾同时进行,以美国胜利而告终。1898年12月,两国签订了《巴黎和约》。和约规定:美国从西班牙手中取得波多黎各和关岛等殖民地,还以2000万美元的代价取得菲律宾宗主权;西班牙承认古巴独立。

通过美西战争,美国大大加强了它在加勒比海和太平洋远东地区的军事和政治、经济地位,为进一步扩大对拉丁美洲和中国的侵略创造了有利的条件。此后,美国积极参与了列强对远东及太平洋地区霸权的角逐。

44.英布战争

英布战争一般指第二次布尔战争,即1899—1902年英国同布尔人建立的德兰士瓦共和国和奥兰治自由邦,为争夺南非领土和资源而进行的一场战争。

进入19世纪90年代,英、德为了争夺南部非洲展开了激烈的角逐,英国政府力图兼并布尔人领地,实现"C-C计划"。布尔人为维护其自身殖民利益,靠拢德国,对抗英国。

战争持续了三年多,最终布尔人战败,英国也在战争带来的巨大损失与国际舆论压力下,与布尔人签订《费雷尼欣条约》。根据条约,英国确立了在南非的最高统治权;德兰士瓦、奥兰治两个布尔共和国丧失了独立,承认臣属于大不列颠王国,但保有相当大的自治权;英国还向布尔人保证维持其剥削非洲原住民的地位与权益。

这场战争促使了南非联邦的形成,确立了英国在南部非洲的殖民统治。战争使英国对世界其他地区的事务无暇多顾,且受到舆论的谴责。英国为了摆脱外交孤立状态,开始调整"光辉孤立"政策,转向结盟的道路。

45.英日同盟

1902年,英国和日本为对抗俄国在远东的扩张而结成军事同盟——英日同盟。20世纪初,英国为了对抗俄国,提升在远东的地位,力图假日本之手遏制俄国在远东的扩张;而日本为侵占朝鲜和中国东北时急于寻求反俄的同盟者。1902年1月,英日两国签订了《英日同盟条约》。英日同盟是针对俄国的军事攻守同盟,也是侵略中国和朝鲜的战争工具。同盟订立后,日本加紧扩军备战,发动了1904—1905年的日俄战争。1905年,两国签订了第二个同盟条约,英国承认日本对朝鲜的"保护权",重申在遭到任何第三国进攻时,应提供军事援助。1911年,两国签订第三个同盟条约。在华盛顿会议后,英日同盟被四国同盟取代。

英日同盟的建立使日本在发动对俄战争中不用顾虑欧洲大国会因为与俄国有同盟关系而插手,为战争的胜利提供了保证,也为日本在东亚和太平洋地区的扩张提供了依靠。同盟的建立同样遏制了俄国在远东地区的扩张势头,维护了英国在远东殖民体系中的主导地位。

46.三国干涉还辽

1894—1895年,中日之间爆发了甲午海战。战争之后,日本强迫中国割让了辽东半岛,立即引起了沙俄的干涉,因为俄国认为辽东半岛是俄国传统的势力范围,并已成为其垄断市场。德国为把俄国的注意力引向远东地区,缓解德国东部边境的压力,削弱法俄联盟,因而对俄国干涉表示赞同,而法国为防止德国和俄国的接近也赞同俄国干涉。日本为三国在远东的军事实力所吓倒,遂决定放弃辽东半岛,但还是想保留大连和旅顺两海港,亦遭到了俄国的反对。1895年5月,日本决定放弃辽东半岛,但中国需增加对日赔款白银三千万两。

三国干涉还辽揭开了帝国主义国家瓜分中国的序幕。1898年,德国强租胶州湾,英、法、俄、日也分别划分了各自在华的势力范围,美国提出"门户开放"政策。至此,中国面临着被帝国主义彻底瓜分的危机,中华民族的灾难空前深重。

47.日俄战争

1904—1905年,日本和俄国为争夺在朝鲜和中国东北的权益进行了以中国东北为主要战场的帝国主义战争。19世纪末20世纪初,日、俄两国针对中国东北和朝鲜的地位及权益进行了一系列外交协商和谈判,却争持不下。1902年英日结成同盟对抗俄国,美国也积极支持日本,日俄矛盾进一步激化。1904年,日本偷袭俄国舰队,日俄战争爆发,中国领土是战争的主战场。由于不利的外交环境,加上缺乏战争准备,俄国在陆、海战场均遭失败。日本也感到国力枯竭,希望停战。

1905年日俄在美国的调解下进行和谈,签订了《朴次茅斯和约》,作出分割中国东北的决定。日俄战争是日本和俄国在中国东北进行的侵犯中国主权的非正义战争,使中国人民遭受深重的灾难。日本通过日俄战争全面崛起。战败的沙皇俄国危机重重,终于导致了1905年爆发革命。

48."大棒政策"和"金元外交"

美西战争后,美国对拉丁美洲的扩张活动进一步加强。美国在拉丁美洲有巨大的经济和战略利益,为了排斥其他各国对拉丁美洲的染指,达到独霸美洲的目的,美国在20世纪初先后提出了"大棒政策"和"金元外交"。

"大棒政策"是西奥多·罗斯福提出的,即美国必须在手中握有一根结实的大棒,他认为如果美利坚民族说得温和一些,同时却建立一支训练有素的十分强大的海军,那么门罗主义就可以做更多的事。其实质是:美国倚仗其日益增强的军事经济实力,向拉美实行武力威胁和战争讹诈的外交政策。

"金元外交"是塔夫脱提出并实行的,他宣称美国对外政策的特点就是用美元代替枪弹,利用经济渗透来施加压力,这是一项旨在鼓励金融资本向海外投资以实现海外扩张的对外政策。拉丁美洲是"金元外交"所指向的主要地区,中国也是美国推行"金元外交"的重要场所。

到20世纪初期,美国推行"大棒政策"和"金元外交"的外交政策,导致拉美各国在不同程度上成为美国的附庸者。

49."门户开放"政策

19世纪末,帝国主义列强在中国掀起了瓜分狂潮,划分势力范围。美国决定利用自己经济上的优势,同各国在中国展开竞争。

1899年,美国先后向英、俄、德、法、日、意六国提交针对中国的"门户开放"照会。从内容上看,美国以承认和维护列强在华的势力范围和既得权益为前提,要求在中国境内享有与列强相同贸易地位。1900年,美国再一次提交照会,主张保持中国领土和主权的完整,维护各国在中国公正平等的贸易原则。这两次照会结合在一起,形成了"门户开放"政策。

"门户开放"政策标志着美国随着自身实力的增强而提出了独立的对华政策,体现了美国积极向远东渗透和扩张势力的战略意图。"门户开放"政策使得美国的垄断资本得以进入中国,为美国在中国取得了一定的殖民利益,成为后来美国对华政策的基石,更是对中国主权严重、粗暴的侵犯。

50.两次摩洛哥危机

第一次摩洛哥危机:《英法协约》侵犯了德国在摩洛哥的利益,德国试图在摩洛哥挑起事端。1905年法国要求摩洛哥苏丹在法国监督下进行改革,企图使摩洛哥成为法国的"保护国"。德国立即对此表示反对。面对德国的挑战,英国坚定地支持法国与德国对阵。最终德国做出让步,满足了法国的大部分要求,危机结束。德国挑起的危机反而巩固了英法协约,俾斯麦担心的"联合的梦魇"在第一次摩洛哥危机中出现了。

第二次摩洛哥危机:1911年,阿尔赫西拉斯会议后,法国派兵占领摩洛哥,加紧了对摩洛哥的控制,随即德国派出炮舰开往摩洛哥进行军事威胁,这一被称为"豹子的跳跃"的事件是对法国的直接挑衅并酿成第二次摩洛哥危机。英国担心其在直布罗陀海峡的利益受到损害，因此态度强硬。适逢国内发生金融危机，德国选择退让，与法国签订了《法德关于摩洛哥条约》，承认摩洛哥受法国保护，法国则给予德国一部分法属刚果领土作为补偿。危机后，英法加强军事同盟关系，法俄同盟强化，德国国内舆论谴责德皇和政府软弱，刺激了德国进行军事冒险的倾向。

通过两次危机，英、法两国联系更加密切，而英、德之间关系更加恶化，促使英、德两国加紧扩军备战，一战一触即发。

51.三国协约

英国、法国、俄国为对抗三国同盟，通过1904—1907年签订一系列协议而结成一个帝国主义集团。进入帝国主义时代，列强实力对比发生了新的变化，经济实力高速膨胀的德国，要同英国等老牌资本主义国家分享"阳光下的地盘"。拥有强大陆军的德国大力扩充海军，使英国对其自身安全非常担心。

英布战争发生后，英国放弃了传统的"光辉孤立"政策，逐步同法国接近。法、德之间的矛盾也促使法国向英国靠拢。1904年4月8日，英法签订《英法协定》。由此，英、法之间所谓的"衷心协约"（协约国由此得名）即告建立。

英法协约签订后，英、俄也开始接近。虽然英、俄在近东、中亚和远东地区都有利益冲突，但这时英、德矛盾的发展程度已超过英、俄矛盾；俄国与德奥在近东和巴尔干地区的矛盾也超过了俄、英的矛盾。1907年，英俄签订《英俄协定》。

《英法协约》和《英俄协约》，加上法俄同盟，组成了"三国协约"或"协约国"。与三国同盟不同，三个协约国没有签订一项共同条约，只有俄、法两国是负有军事义务的同盟国，而英国却拒绝承担军事义务。一战后随着协约国之间的矛盾不断加深，协约国集团逐步瓦解。

三个条约的签订使得英、法、俄三国结成了对抗同盟国集团的协约国集团。至此，欧洲的全面战争一触即发。

52.海牙和平会议

1899年和1907年在荷兰海牙召开了两次国际和平会议,又称海牙会议。19世纪末,在各帝国重新瓜分殖民地、争夺欧洲和世界霸权与军备竞赛中,俄国因国内财政拮据、工农运动蓬勃发展而力不从心。为了赢得时间、制约对手,1898年8月24日,俄皇尼古拉二世建议在海牙召开和平会议,并邀欧、亚及北美各独立国家参加,各国为了实现自身的外交目的,都没有表示拒绝。第一次海牙和平会议的与会国有中、俄、英、法、美、日等26国。由于德国等国的反对,军备限制与裁减都没有取得任何成果,只签订了《和平解决国际争端公约》《陆战法规与惯例公约》和《日内瓦公约诸原则适用于海战的公约》3个公约;规定在海牙设立一个永久的仲裁法庭,以处理国际争议,但争议提交与否的权利在于各个国家。会后,帝国主义国家的军备竞赛愈演愈烈,重新瓜分殖民地的战争连绵不断,美国总统罗斯福建议,由尼古拉二世出面再次召集和平会议。第二次海牙和平会议有44个国家参加,限制军备问题仍无进展,会议重新审定了1899年的3个公约,通过了有关中立问题、海战法的10个新公约。此外,会议还通过了几个宣言、决议和8年后召开第三次和平会议的建议(因一战爆发这项建议未能实现)。两次海牙会议所通过的13个公约和文件,被总称为《海牙公约》或《海牙法规》,海牙会议确立的和平解决国际争端的原则和方法被称为海牙体系。

53.波斯尼亚危机

日俄战争与俄国国内革命削弱了俄国的力量,奥匈帝国趁机加紧向巴尔干地区扩张。其目的是正式兼并波斯尼亚与黑塞哥维那,继而吞并整个塞尔维亚。

1908年9月,奥匈帝国与俄国进行会谈,俄国同意奥匈帝国兼并波斯尼亚与黑塞哥维那两省,奥匈帝国同意黑海海峡向俄国开放。然而对俄开放黑海海峡的问题并未得到其他各国的支持。1908年10月,奥匈帝国正式宣布兼并波斯尼亚与黑塞哥维那,危机爆发。俄国要求召开国际会议,重新讨论波黑两省问题。但奥匈帝国态度强硬,因为它得到了德国的支持。面对德奥同盟的战争威胁,俄国只能让步,塞尔维亚也屈服了。

这次危机使相关几国间的矛盾进一步加深,它加剧了协约国和同盟国在巴尔干的争夺,使巴尔干成为引发一战的"火药桶"。

54.两次巴尔干战争

1912—1913年,为争夺土耳其在巴尔干属地发生了两次巴尔干战争。

第一次巴尔干战争(1912—1913年):意土战争敲响了土耳其帝国的丧钟,巴尔干国家纷纷利用这一时机扩大自己的势力。在俄国的协调下,巴尔干同盟成立。1912年,黑山向土耳其宣战,第一次巴尔干战争爆发。1913年土耳其战败,签订《伦敦和约》。

第一次巴尔干战争使得土耳其丧失了几乎所有的欧洲领土,并且由于在战争中巴尔干同盟得到了俄国的支持,使得土耳其进一步靠近了同盟国集团,为一战后奥斯曼帝国的瓦解埋下了伏笔。

第二次巴尔干战争(1913年):《伦敦和约》签订后,巴尔干各国因所得领土不均而争执不休,形成了反保同盟。1913年6月,保加利亚在奥匈帝国的支持下向塞尔维亚宣战,第二次巴尔干战争爆发。战争的结果是保加利亚战败乞和,参战各方签订了《布加勒斯特条约》。与第一次巴尔干战争不同的是,这次战争不是争取民族独立与解放的战争,而是一次争霸战争。

第二次巴尔干战争使巴尔干国家分裂为两个相互对立的阵营,一个是俄国控制下的塞尔维亚、希腊、罗马、黑山等国,而保加利亚和土耳其因战败而心存不满,最终倒向同盟国集团一方,巴尔干的态势成为欧洲两大军事集团相互对峙的一个缩影,巴尔干半岛成为欧洲的"火药桶"。

两次巴尔干战争虽然是局部战争,但集中反映了帝国主义时代各种矛盾的对立,真正的祸首是争霸的两大军事集团。战争的结果未能使双方斗争缓和,反而更加激烈。

55.巴尔干同盟

巴尔干同盟是保加利亚、塞尔维亚、希腊和黑山为反对土耳其而建立的政治军事联盟。1911年意土战争的爆发,加速了巴尔干各国建立反土联盟的步伐。塞尔维亚和保加利亚于1912年3月签订了《塞保同盟条约》，双方互相保证各自国家的独立和领土完整，若其中一方遭到他国侵犯时，另一方应全力予以支援；双方还约定，当任何大国（暗指奥匈帝国）企图兼并巴尔干领土时，双方应以全部武装力量彼此援助。同年5月，保加利亚和希腊签订了《希保防御同盟条约》。条约规定，当土耳其攻击缔约国的一方领土，或者破坏根据条约或国际法基本原则所享有的权利时，双方以一切武装力量彼此帮助。9月，黑山和塞、保也达成共同对土作战的协议。至此，以保加利亚为核心的巴尔干同盟遂告形成。本来俄国基于对付奥匈帝国的目的，希望巴尔干国家结成对抗奥匈的联盟，但最后结成的却是针对土耳其的联盟。

这个联盟的目的是使巴尔干各国及整个巴尔干半岛摆脱土耳其的统治，反对大国对巴尔干的兼并。在第一次巴尔干战争中，同盟各国联合对敌，取得了反土战争的胜利，结束了土耳其在巴尔干半岛长期的封建统治。但在反土战争胜利后，同盟各国因争夺领土，于1913年爆发了第二次巴尔干战争，致使同盟瓦解。

56.萨拉热窝事件

1914年，奥匈帝国皇储在萨拉热窝被塞尔维亚民族主义者刺杀，史称萨拉热窝事件。进入帝国主义阶段后，帝国主义国家之间尤其是新老帝国主义国家之间对于世界殖民霸权的争夺空前激烈，在欧洲表现为两大军事集团的对抗，战争一触即发。作为同盟国集团的奥匈帝国为了对与俄国结盟的塞尔维亚进行军事恫吓，在波斯尼亚首府萨拉热窝举行军事演习。塞尔维亚民族主义组织派普林西普去暗杀了指挥这次演习的好战分子奥匈帝国皇储斐迪南大公。萨拉热窝事件的爆发使得德奥同盟找到了对协约国发动全面战争的借口。经过"七月危机"，两大军事集团的矛盾进一步激化，一战于同年8月初全面爆发了。

57.《和平法令》

《和平法令》是苏维埃俄国政府成立后公布的第一个重要的对外政策文件，由列宁亲自起草。1917年11月，其由全俄工农兵苏维埃第二次代表大会通过并颁布。法令揭露并谴责了一战交战双方参与战争的掠夺目的,以及战争的帝国主义性质和战争的罪责,向一切交战国政府和人民建议"立即缔结停战协定""立即就公正的民主和平进行谈判",立即实现"不割地(即不侵占别国领土、不强迫合并别的民族)、不赔款的和平",反对兼并或侵占别国领土,宣布废除资产阶级的秘密外交,并着手公布沙俄政府所签订的所有秘密条约且予以废除。

《和平法令》是一个纲领性文件,在人类历史上第一次公布了社会主义国家对外政策的基本原则,它促使政府反对并退出正在进行的帝国主义战争,号召各国人民掌握自己的命运,支持被压迫民族独立和民族解放,表明了社会主义国家与资本主义国家的根本区别,开启了国际关系史上的新篇章。

58.《布列斯特和约》

1918年3月,苏维埃俄国与德国及其盟国缔结了屈辱性和约——《布列斯特和约》。为了巩固政权,新生的苏维埃政府急需退出仍在进行的对德国及其盟国的战争。但1917年11月苏俄在《和平法令》中对参加一战的交战国缔结正义、民主和约的建议遭到协约国的拒绝。同时,同盟国集团两线作战,国内革命危机严重。协约国则企图借德国力量摧毁苏俄或使其两败俱伤。12月,苏俄被迫单独与同盟国集团在布列斯特开始停战谈判。最后于1918年3月在德军大军压境的情况下,以列宁为首的俄共(布)党和政府为使初建的苏维埃国家退出帝国主义战争,保障国家的安全和独立,在条件极其苛刻的《布列斯特和约》上签了字。和约规定:波兰、立陶宛、库尔兰和埃斯特兰脱离俄国,乌克兰和芬兰独立,俄军撤出在一战中占领的地区,俄国军队全部复员。同年8月,在柏林签订苏德间三个附加条约,规定苏俄必须以各种形式赔款60亿马克。1918年11月,苏俄政府利用德国在大战中的失败宣布废除《布列斯特和约》。

苏俄因和约的签订而退出了一战,得到了喘息的机会,巩固了新生政权。而德国由于和约的签订,也避免了两线作战的困境。

59.威尔逊十四点纲领/计划

一战还没有结束时,各协约国就对战后世界的新秩序作出了有利于自己的安排。1918年,美国理想主义的代表人物伍德罗·威尔逊总统在国会发表演讲,提出了美国关于一战后世界和平的十四点纲领。

十四点纲领代表了新兴的美国对世界秩序的基本构想。核心是主张在民族自决、公开外交等原则下,建立一个比较普遍的国家间联盟以维持世界和平,同时也包括对于各国领土的重新划分。由于这些条款中理想主义色彩比较浓厚,没有考虑到一战后错综复杂的利益纠葛,因此其中的绝大部分没有产生实际意义。美国这一战后世界蓝图既是对英、法等老牌帝国主义的挑战,也是对新生的苏维埃政府的威胁。协约国最终同意以美国的十四点纲领作为对德和谈的基础。

这一和平计划实际上反映了美国欲按照自己的意志重新绘制战后世界地图,进而称霸世界的要求。前五点是整个十四点纲领的核心,其中对俄国问题的看法和处理,表明了当时帝国主义国家反革命的强烈愿望。建立国联是美国的主要目标,这是美国争夺世界和巩固霸权的制度保证。

60.巴黎和会

1919年,一战的27个战胜国云集法国巴黎,召开关于结束战争、安排战后国际秩序的和平会议,史称巴黎和会。这是历史上第一次具有世界规模的缔结和约的会议,是一战后主要帝国主义战胜国重新确立欧洲政治秩序和瓜分战败国利益的一次会议。会议中,美、英、法三国决定着一切重大问题,苏俄未被邀请。

德国的疆界和战争赔款问题、殖民地委任统治问题、阜姆港问题和中国山东问题是巴黎和会上争论最为激烈的问题。另外,威尔逊提议成立国际联盟。"俄罗斯问题"也引起了和会的重视,列强的计划与设想暴露了它们对第一个社会主义国家的仇视与恐惧。

巴黎和会签订了《凡尔赛条约》,凡尔赛体系得以确立,欧洲的政治版图和势力范围得到了重新划分。但体系并没有考虑到战败国和中小国家的利益,因此带有很深的大国政治的烙印,这也为二战的爆发埋下了伏笔。

61. 国际联盟

国际联盟简称国联,是一战结束后建立的国际组织。1919年1月,巴黎和会通过建立国联的决议。1920年1月,国联正式成立,总部设在瑞士日内瓦。中国为国联创始会员国之一。美国总统威尔逊在其参加巴黎和会中所提出的十四点当中第一次提出了建立国际联盟的主张,企图把国联作为美国建立世界霸权的工具。但巴黎和会最后通过的决议,并没有完全体现美国的要求。因此,美国国会拒绝批准签订《凡尔赛和约》,因而美国未参加国联。苏联于1934年9月加入国联。国联成员最多时达58个。德、意、日三国为发动侵略战争的需要,分别于1933年3月、10月和1937年12月退出国联。

国联标榜的宗旨为“促进国际合作,保证国际和平与安全”。实际上它是帝国主义列强,尤其是英、法维护其世界霸权和殖民利益的政治工具。国联正是为满足战胜的帝国主义国家维持战后国际体系的需要而产生的,不仅用来压制战败国,并且用以反对无产阶级革命运动和民族解放运动。由于帝国主义之间的利害冲突,国联在审理和解决国际争端方面成效很少,尤其是没有阻止二战的爆发。二战后,国联为联合国所代替。

62. 华盛顿会议

一战后,美、英、日等帝国主义国家为重新瓜分远东和太平洋地区的殖民地及势力范围,由美国建议召开国际会议,史称华盛顿会议,亦称太平洋会议。1921年11月至次年2月,在美国华盛顿举行。有美国、英国、法国、意大利、日本、比利时、荷兰、葡萄牙和中国参加。华盛顿会议实质上是巴黎和会(1919年)的继续,其目的是要解决《凡尔赛和约》未能解决的帝国主义列强之间关于海军力量对比和在远东、太平洋地区,特别是在中国的利益冲突,进一步完善一战后的帝国主义国际体系。会议期间签订了《四国条约》《五国海军条约》《九国公约》3项条约。

华盛顿会议使美国在远东、太平洋地区获得了极大的利益。首先,通过签订《四国条约》,美国拆散了原本是针对俄国后来针对美国在该地区扩张的英日同盟,取得了该地区的战略主导权。其次,通过《五国海军条约》使得美国可以拥有同英国海军一样强大的实力。最后,通过《九国公约》改变了日本独霸中国的局面。

华盛顿会议签订的各项条约和通过的决议案构成了华盛顿体系。这一体系是在承认美国占优势的基础上,确定了凡尔赛体系未能包括的远东、太平洋区域的帝国主义国际关系体系。它是凡尔赛体系的补充,但它并未消除帝国主义国家之间的矛盾。此后,美、日两国在远东及太平洋地区的争夺愈演愈烈。

63.《四国条约》

《四国条约》是英、美、法、日在华盛顿会议期间签订的调整太平洋势力结构的条约。主要讨论的内容为:限制军备问题、太平洋及远东问题、英日同盟。

美国召开华盛顿会议的主要目标之一就是废除英日同盟。英国提出以英、日、美三国之间的协定来取代英日同盟,打算在保留英日同盟的同时,防止与美国关系的恶化,但被美国拒绝。为了增强美国与英日抗衡的地位,美国把法国拉进来,四国签订了《四国条约》。条约生效后,英日同盟解散。

《四国条约》是美、日、英、法妥协与勾结的产物,使四国在太平洋地区的势力划分固定下来,缓和了它们之间的矛盾与冲突。同时,该条约在形式上形成了反苏和镇压民族解放运动的新联盟,帝国主义在远东的矛盾得到了暂时的缓和。

64.《五国海军条约》

一战刺激了西方强国和日本的海军发展,激烈的海军军备竞赛给各国带来了沉重的财政负担,同时各国都认为别国海军力量的增强威胁了本国的利益。

美国在这一情况下提出限制海军竞赛方案,1922年2月6日,美、英、法、意、日五国签订了《关于限制海军军备的条约》,又称《五国海军条约》,条约规定了美、英、日、意、法的主力舰吨位比例是5:5:3:1.75:1.75。

《五国海军条约》是美国外交的又一次胜利,美国取得了与英国同等的海上地位,实现了召开华盛顿会议的主要战略目标,英国的海上优势开始丧失,同时使日本的野心受到了一定的限制。但另一方面,英、美对日本也作出了一定的让步,日本海军在太平洋仍占有利地位。《五国海军条约》只是解决了海军实力分配的问题,只对主力舰和航空母舰的吨位作出规定,对其他的军备没有限制,因而不能真正起到限制海军军备竞赛的作用。

65.《九国公约》

华盛顿会议的另一重要议题就是"远东和太平洋问题"。中国在远东的战略位置相当重要,因此帝国主义在远东争夺的主要目标就是中国。1922年2月,出席会议的九国(英、法、美、日、意、中、荷、比、葡),签订了《关于中国事件应适用的各项原则及政策的条约》,即《九国公约》。条约以美国代表所提出的意见的核心内容为第一条:尊重中国的主权与独立及领土与行政完整,发展一个有力的、巩固的政府,但是并没有对这一条实际进行保证。条约的第二、三、四、七条从不同程度上规定了各国不得利用中国的状况趁机谋求特别权利,而损害友邦的权利与安全,这为美国排挤日本与英国在华势力提供了条件。

《九国公约》虽然在形式上表示尊重中国的领土与主权完整,实际上只是把美国门户开放、机会均等的原则变成了帝国主义暂时承认的共同政策,这是美国在各列强争夺中国中的一个胜利。《九国公约》没有改变中国半殖民地半封建社会的状况,在很大程度上更利于帝国主义列强在中国的竞争与渗透。

66.凡尔赛—华盛顿体系

以《凡尔赛和约》为核心的一系列条约是一战后战胜国根据各自实力的重新对比,经过斗争和妥协暂时达成的协议,由这些条约构成的战后欧洲国际关系的新体系被称为凡尔赛体系,这是全球化时代的第一个国际体系。1919年,在关于结束战争、安排世界新秩序的巴黎和会上,战胜国与德国签订了《凡尔赛和约》,此后,战胜国又与奥匈帝国签订了《圣日耳曼条约》,与保加利亚签订了《纳依条约》,与匈牙利签订了《特里亚农条约》,与土耳其签订了《色佛尔条约》。条约内容涉及国联、赔款、限制军备和领土划分等一系列规定,构成了对战败国领土及其殖民地再分割的体系。由于这一体系严重损害了战败国和弱小国家的利益且包含着各种矛盾因素,在20世纪30年代就走向了瓦解。

1921—1922年在华盛顿会议上签订的一系列条约则确立了在远东和太平洋地区以美国为主导的华盛顿体系。华盛顿会议上讨论了限制军备和远东及太平洋问题,通过了《四国条约》《五国海军公约》《九国公约》。华盛顿体系是对凡尔赛体系的补充,二者共同构成了凡尔赛—华盛顿体系。

凡尔赛—华盛顿体系的建立只是暂时缓和了一战结束后西方强国的若干主要矛盾,但这一体系播下了更多纷争的种子。另外,新建立的苏维埃俄国更与其格格不入、水火不容。

67.热那亚会议

1922年4—5月,在意大利热那亚城召开讨论欧洲经济问题的国际会议,称为热那亚会议,亦称热那亚国际经济会议。参加会议的有英、法、德、意、日、苏等29国代表,美国派观察员列席会议。

苏俄粉碎外国武装干涉后,力争巩固已经取得的和平共处局面,转变不利的外交局面,于1921年12月照会英、法、意、日、美等国建议召开国际会议讨论列强和苏俄的关系并缔结和约。而一些帝国主义国家鉴于武装干涉未能扼杀苏维埃政权,转而以外交与经济压力迫使苏俄屈服。在会议中,英、法等国要求苏俄归还十月革命后被没收的本国企业和其他财产,并偿还沙皇和临时政府时期所借的债务,取消对外贸易的垄断等。苏俄指出,协约国的要求有损苏俄的主权,拒绝接受,如果协约国赔偿苏俄在受到武装干涉时的一切损失,苏俄就同意偿还一切债务。会议最后无疾而终。

热那亚会议虽然没有成功,但是它的召开使苏俄的和平外交政策挫败了帝国主义国家的外交和经济压力,增强了资本主义国家工商界同苏维埃俄国发展经济贸易的愿望。会议后,苏俄同一系列资本主义国家签订了贸易协议,为苏俄同各资本主义国家建立政治和经济关系创造了良好条件。

68.《拉巴洛条约》

一战后,苏俄和德国签订了恢复两国外交和经济关系的《拉巴洛条约》。

在热那亚会议中,德国作为战败国,对其他国家过分削弱德国不满,与其他帝国主义之间矛盾很大。同时,苏俄也急于改变十月革命后所面临的不利外交局面,所以建议在平等的基础上建立同德国的关系。1922年4月16日,两国于热那亚会议期间,在热那亚近郊拉巴洛签订了《拉巴洛条约》。条约决定,两国自订约之日起在法律上互相承认,恢复外交关系;规定双方相互放弃赔偿要求,根据最惠国待遇原则发展贸易并进行经济合作。

《拉巴洛条约》打破了帝国主义国家的反苏统一战线,使它们企图以损害苏俄来复兴欧洲的计划破产了。它是《凡尔赛和约》后,德国同大国签订的第一个平等条约,使德国摆脱了孤立状态。

69.洛桑会议

一战后,为重新讨论并签订对土耳其和约而召开了一场国际会议——洛桑会议。1920年,协约国将奴役性的《色佛尔条约》强加给了战败的土耳其。土耳其人民在凯末尔的领导下击败英国支持的希腊干涉军,迫使协约国重新讨论对土和约。1922年11月,以英国、法国、意大利、日本、希腊、罗马尼亚、南斯拉夫等协约国为一方,土耳其为另一方,在瑞士洛桑召开和会。英、法排斥苏俄参加对土和会,仅邀请苏俄、保加利亚等国代表出席关于黑海海峡问题的讨论。

在会议期间,协约国企图保持对土耳其的某种控制。土力争巩固自己的胜利成果,以取得在本土范围内的独立。苏俄则力图通过支持土独立并维护其主权,以保证自己在黑海地区的安全。1923年7月,相关国家签订了《洛桑条约》和《关于海峡制度的公约》。

《洛桑条约》的签订使土耳其摆脱了《色佛尔条约》的枷锁,赢得了国家主权和民族独立,为土耳其建立现代国家奠定了基础。《关于海峡制度的公约》使海峡地区完全控制在帝国主义大国的手中,未能完全保证土耳其对黑海海峡的主权,也没有充分照顾黑海沿岸国家尤其是苏俄的安全需要,因此苏联拒绝批准这个公约。1936年,该公约被《蒙特勒公约》所替代。

70. 鲁尔危机

1923年,因法国和比利时军队占领德国鲁尔区所导致的国际争端,史称鲁尔危机。

按照《凡尔赛和约》的规定,决定由英、法、美、意、比五国成立赔偿委员会来解决在和会中没有解决的德国赔款问题,法国在赔偿委员会中起支配作用。德国表示其财政困难,请求延期支付赔偿;英国从其传统的欧洲均势政策和经济利益出发,不愿过分削弱德国,赞成德国的要求;法国、比利时和意大利反对缩减德国赔偿总数。法比军队于1923年1月占领鲁尔地区,鲁尔危机爆发。德国在英、美的支持下消极抵抗,宣布不同法比占领当局合作,停止向法国和比利时支付一切赔偿。德国由于丧失鲁尔重工业区,以及对占领区的巨额津贴,财政经济愈加困难,马克币值暴跌,德国经济与社会临近崩溃的边缘。英、美害怕德国发生革命,与此同时法国在占领鲁尔期间付出了巨大的代价。在此情况下,各方达成妥协,重新确定德国的赔款数额。1924年4月的《道威斯计划》,为协约国和德国政府所接受,从而暂时地解决了德国赔偿问题。1924年,法比军队逐渐从鲁尔撤军。

法国在这场危机中不但付出了巨大的经济损失,而且丧失了在德国赔款问题中的主导地位,为英、美所取代。鲁尔危机的解决使得德国的赔款数额得到减少,在一定程度上促成了德国经济的恢复。这场危机加深了帝国主义国家之间,尤其是英、法之间的矛盾。

71.《道威斯计划》

经一战和1920—1921年的世界性经济危机,世界经济尤其是欧洲各国的经济严重衰落。德国国内政局动荡,经济情况严重恶化,直接影响到赔款计划的执行。

在英美的策划下,成立了研究赔款问题的专家委员会。1924年,专家委员会向赔款委员会提交了建议书,即《道威斯计划》。它没有规定德国的赔偿总额,只规定前五年的具体赔偿额。

《道威斯计划》的实施,标志着法国政策的失败,法国在赔款问题上丧失了主导权,日益被英、美排挤。同时《道威斯计划》是对《凡尔赛条约》的重大修改,德国经济得到了迅速的发展和恢复,从而为它进一步摆脱《凡尔赛条约》的束缚提供了物质基础,最重要的是美国利用赔款在经济上向欧洲渗透,从而使其在欧洲政治事务中取得了更大的发言权。

72.《杨格计划》

《杨格计划》是一战后战胜国因德国无力执行《道威斯计划》而提出的替代方案。《道威斯计划》实施后不久,德国借口经济困难,要求修改《道威斯计划》,重新确定赔款总额和赔款年限,以减轻其经济负担,并要求取消外国对德国财政监督,撤出莱茵河西岸的占领军。1929年,以美国银行家杨格(Allyn Abbott Young)为主席的专家委员会成立之后提出了一份新的德国赔款计划,即《杨格计划》。主要内容有三点:一是规定了赔款总额为1139亿金马克,在59年内清偿,赔款总额被削减了13.7%,前37年每年赔款为20亿金马克,后22年每年15亿金马克;二是每年缴付的赔款分为无条件赔款(不得延期)和有条件赔款(有困难可以延期);三是设立国际清算银行,管理有关德国赔偿的金融业务。同时,《杨格计划》还取消了协约国对德国财政经济的监督,并规定1930年6月底前协约国从莱茵区撤军。《杨格计划》进一步放松了对德国的限制,美国通过国际清算银行,进一步扩大了它对欧洲事务的影响。后德国停付赔款,计划因而结束。该计划的通过是德国外交的重大胜利,为其进一步摆脱《凡尔赛和约》的限制创造了条件。

73.洛迦诺会议

20世纪20年代,欧洲国家为解决地区安全问题而召开国际会议——洛迦诺会议。1925年10月,英、法、德、意、比、波、捷7国代表在瑞士洛迦诺举行会议。一战之后如何避免欧洲再次爆发大战,确保各国安全成为焦点议题。在这种背景下,会议召开。在会议中,各与会国达成妥协。同年12月,在伦敦签署《洛迦诺公约》。其中最主要的是《莱茵保证公约》,规定:德、法、比互相保证不破坏《凡尔赛和约》,德比、德法之间保持边界现状,互不侵犯,遵守《凡尔赛和约》关于莱茵非军事区的规定;承认《道威斯计划》;通过外交途径或和平方式解决一切争端;英、意两国充当公约的保证国,承担援助被侵略国的义务等。

公约的签署从形式上保证了法国的国土安全,在一定程度上缓解了法国惧怕德国复仇的心情。但由于英国的反对,公约对波兰和捷克与德国的边境不予保护,使得法国的威信大受影响,地位进一步下降。同时,对这两国与德国的边界不予保护,实际上是鼓励德国向东扩张。洛迦诺会议暂时调整了西欧各国的关系,并恢复了德国在欧洲的大国地位。

74.《非战公约》

1928年,由63个国家参加签订的"废弃以战争作为推行国家政策的工具"的条约,被称为《白里安—凯洛格公约》,亦被称为《非战公约》。一战后,法国为了防止德国再度崛起而威胁到自身的国家安全与利益,积极构建其安全同盟体系,其中与美国的结盟尤为重要。法国外长白里安建议法、美缔结条约,永恒友好,互不作战。美国国务卿凯洛格提出反对建议,要求先由六大强国签署非战公约,然后邀请各国参加,目的是企图通过多边非战公约的缔结使美国居于领导地位,贬低由英、法操纵的国际联盟的作用。1928年8月,美、英(包括英联邦7个成员国)、法、德、比、意、日、波、捷15国代表在巴黎签订《关于废弃战争作为国家政策工具的一般条约》,即《非战公约》。主要内容是:废弃以战争作为推行国家政策的工具,只能用和平方法解决国际争端或冲突。苏联于1928年9月6日宣布正式加入这一公约。截至1933年,加入《非战公约》的有包括中国在内的63个国家。

该公约是在世界人民反对帝国主义战争的强大压力下签订的,只是一般地反对战争而不区分战争的性质。在订约的同时,美、英、法等大国都先后发表备忘录或声明,对公约提出保留条件,声称有权根据实际情况决定是否"诉诸战争",因而公约既不能解决任何国际纠纷,更不能废除帝国主义战争。但该公约宣布在国家相互关系中废弃以战争作为执行国家政策的工具,主张和平解决国际争端,并以国际条约的形式否定侵略战争的合法性,树立了不侵犯原则的法律基础,因此是有一定积极意义的。

75.《胡佛延债宣言》

《胡佛延债宣言》是美国总统胡佛在经济危机背景下于1931年发表的缓解战债赔款问题的文件。1929—1933年,一场空前的经济危机席卷了整个资本主义世界,使得德国的赔款问题和战债问题面临危机。1931年6月,德国总理呼吁协约国关注德国日益恶化的经济形势,并同意德国延期还债。德国总统致电美国总统,希望美国支持德国延债。为了稳定德国这个重要的出口市场,美国总统胡佛于1931年6月20日发表了《胡佛延债宣言》。其要点为:各国间债务、赔款及战债均延期一年;德国赔款问题是欧洲问题,与美国无关;其他各国欠美国的战债不能取消。

《胡佛延债宣言》只是暂时缓和了赔款和战债问题,后来于1932年6至7月召开的洛桑会议才将这一问题具体地解决了。

76."睦邻政策"

在经济大危机之后,美国为巩固其在拉丁美洲的优势地位而提出了一项外交政策,即"睦邻政策"。1929—1933年的经济危机使得帝国主义列强疯狂地寻找海外商品市场,以缓解国内的经济危机的压力,因而加强了对拉美的争夺。针对这种压力,罗斯福上台后,开始在外交上推行"睦邻政策"。具体做法为:在经济上与拉美各国签订贸易协定,相互减免关税;在政治上放弃了一些在拉美各国的政治权利,以改善美国在拉美的国家形象。

"睦邻政策"的执行并不表明美国放弃了对拉美的帝国主义野心,该政策的实质就是企图通过一种经济和思想文化的手段来加强美国在拉美世界的领导地位。通过"睦邻政策"的实施,美国在一定程度上稳定了在美洲的主导地位。

77.《田中奏折》

《田中奏折》是1927年由日本首相田中义一呈给昭和天皇关于日本对外侵略具体战略的秘密奏章。1927年,日本首相兼外相田中义一大将在东京主持召开了"东方会议",会议通过了《在华政策纲领》作为未来日本对外侵略战略的指导计划,并呈送天皇。在奏折中,田中认为日本如要称霸世界,必须先征服中国;而若要征服中国,必须先征服满蒙。这份纲领通常被称为《田中奏折》。

《在华政策纲领》勾画出田中内阁企图攫取"满蒙"和武力侵华的"积极政策"的基本轮廓,"满蒙特殊论"则成为后来日本侵略中国和亚洲的理论根据。东方会议预示着一系列重大的武力侵华行动即将展开。

《田中奏折》充分暴露了日本帝国主义对外侵略,尤其是对中国的侵略野心。《田中奏折》的曝光造成日本与美国、中国关系的恶化。

78.不承认主义

不承认主义是1932年美国国务卿史汀生向中日两国发出的政策声明,又称"史汀生主义"。1931年9月18日,日本制造了九一八事变,侵占了中国东北,进而影响了美国在华利益。1932年1月7日,美国政府照会中、日两国政府,主旨是美国政府不承认日本通过暴力手段获得的权利,以及中、日之间有可能达成的关于重塑远东国际秩序的任何协议。照会的主要内容为:"凡是损害美国的条约权利及其在华的公民,损害中国的领土主权、独立和行政的完整或者损害通称的'门户开放政策',对华国际政策的任何新情况,美国不予以承认。"照会的第二天,美国发出声明:一是美国不干涉日本在东北合法权益;二是美国不干涉日本对任何事件的解决,只要不损害美国利益,美国允许日本在中国东北自由行动。

不承认主义重申了美国在中国推行的"门户开放政策"的原则,但是未能使美国承担对日采取任何行动的义务,只是警告日本,使其不要继续南行,以维护美国在华的基本利益。

79.《李顿调查团报告书》

1932年10月,国际联盟派往中国东北调查日本侵占东北一事的调查团发表了正式调查结果文件,该文件通常被称为《李顿报告书》或《李顿调查团报告书》,其正式名称为《中日纷争调查委员会报告书》。

九一八事变发生后,由于蒋介石推行"攘外必先安内"的政策,日本迅速占领了整个中国东北。国民政府在国联向日本提出抗议,要求日本撤出东北,国联决定派以英国前代理印度总督李顿为团长的调查团前往东北调查。

1932年10月,该调查团发表了最终的调查结果。报告书共10章,主要内容有:一是尊重日本在满洲(中国东北)的利益,允许其对该地区的占领;二是不承认伪满洲国独立,但作为中国的一部分,允许其拥有自治权;三是主张"国际共管"中国东北地区。

报告书主要反映了英、法等帝国主义的利益诉求,既不承认日本单独占领中国东北,也不希望东北恢复原状,而是希望由国联共管,也就是由各帝国主义国家共同支配中国东北。但报告书没有满足日本在中国东北的利益诉求,导致日本于1933年3月退出国联。

80.集体安全政策

20世纪30年代,苏联为制止法西斯国家侵略、维护世界和平与各国安全而提出重要的外交政策——集体安全政策。30年代初,在欧洲和远东形成两个战争策源地,德、日法西斯的扩军备战和侵略扩张不但威胁着苏联和广大中小国家的安全,而且危及了西方资本主义大国的根本利益。这就为建立除法西斯国家之外的区域性和世界性的反侵略阵线提供了客观条件。

1933年,苏联根据和平不可分割和进行集体抗击侵略的原则提出集体安全政策,建议缔结多边或双边的互助条约,共同遏制法西斯的侵略扩张。苏联政府为推行这一政策,采取了许多积极的步骤。1934年6月,苏联和法国共同倡议签订对被侵略的签字国提供军事援助的《东方公约》。1934年9月,苏联参加国联。1935年,苏联分别同法国和捷克斯洛伐克签订互助协定。

慕尼黑事件后,战争迫在眉睫。1939年,苏联倡议进行英、法、苏三国关于缔结军事互助协定的莫斯科谈判。但英、法执行绥靖政策,希望将德国的进攻方向引向苏联,拒绝与苏联合作共同遏制法西斯的侵略和扩张。在此情况下,苏联为维护自身国家安全,与纳粹德国签订《苏德互不侵犯条约》,集体安全政策由此破产。

集体安全政策的破产使得德国在发动战争时不再顾虑一战中所面临的两线作战问题,发动战争的态度更加坚决,二战一触即发。

81.《东方洛迦诺公约》

1934年,苏、法两国为防止法西斯侵略,联合拟订《集体互助公约草案》。准备邀请德国、捷克斯洛伐克、波兰、芬兰、拉脱维亚、爱沙尼亚、立陶宛等有关国家参加,亦称《东方洛迦诺公约》。

在法西斯战争危险日益加剧的形势下,1933年12月,苏联政府建议缔结一个建立在集体安全原则基础上共同防止德国侵略的区域性协定,这是苏联积极推行集体安全政策的一项重大措施。英国出于均势外交的考虑,表面上支持,实际上反对这种欧洲集体安全体系的建立。对德国法西斯威胁越来越感到不安的法国政府,认为保卫法国和防止法西斯危险,应依靠同波兰、捷克斯洛伐克等国家建立同盟体系。

在此背景下,苏、法共同主张签订了一项集体反击侵略者的条约,作为1925年《洛迦诺公约》的补充。两国经过谈判,于1934年6月底,拟定了《东方洛迦诺公约》的联合草案。草案提出签订两项公约,从而形成一个互助协定体系,即苏、波、捷三国及波罗的海沿岸国家参加的互助公约和苏法互助公约。规定当任何一个缔约国受到进攻时,其他缔约国应自动向遭受进攻的一方提供军事援助。但条约草案没有得到德国等有关国家的支持。1934年10月,支持《东方洛迦诺公约》的法国外长巴都在马赛迎接南斯拉夫国王亚历山大时,两人同时遇刺,《东方洛迦诺公约》因此夭折。

《东方洛迦诺公约》是在法西斯德国试图改变凡尔赛体系、积极准备对外侵略的态势下提出的,是苏联集体安全政策的体现,也符合大部分欧洲大陆国家的利益。但不幸的是,欧洲国家没有抓住这次机会。条约的流产使得德国在对外扩张时更加没有顾虑,欧洲逐步走向全面战争。

82.斯特莱沙阵线

20世纪30年代后半期,英、法、意在反对德国破坏凡尔赛体系的基础上形成所谓的联合阵线——斯特莱沙阵线。1933年,希特勒掌握德国政权后,想摆脱凡尔赛体系对德国的束缚。1935年4月,在法国的倡议下,英、法、意三国首脑在意大利的斯特莱沙举行会议,会后发表了联合公报。主要内容为:对德国单方面违反《凡尔赛条约》表示遗憾;英、法、意三国政策的目的就是在国际联盟机构下集体维护和平;三国一致同意要采取各种可行的办法反对"危及欧洲和平的单方面违反和约的行为,并将为这一目的而采取密切、真诚的共同行动"。通过这次会议,英、法、意形成了所谓的反德联盟,被称为斯特莱沙阵线。

事实上,斯特莱沙阵线内容空洞,在阻止德国破坏凡尔赛体系、逐步走向发动战争的方面没有起到任何作用,随着意大利加入轴心国集团,斯特莱沙阵线彻底瓦解。

83.《英德海军协定》

《英德海军协定》是英国和德国于1935年6月签订的关于两国海军军备力量的条约。进入20世纪30年代,欧洲危机四伏。为了将法西斯德国的注意力引向东方,英国积极向德国妥协,执行绥靖政策。斯特莱沙会议后,英国开始试探同德国缔结海军协定。1935年6月,英、德双方在伦敦签订了《英德海军协定》。条约规定:英国确认同意德国舰艇的总吨位数永不超过英联邦各成员国的35%,在这个前提下,德国可增加和减少各种类型的军舰;德国潜艇的总吨位数不超过英联邦各成员国的45%,如果形势所迫,德国可造与英联邦国家总吨位数相同的潜艇,只要事先通知英国即可。

该协定是英、德两国对凡尔赛体系的破坏,英国的举动鼓舞了德国进一步破坏《凡尔赛和约》有关条款的勇气。该协定合法地解除了《凡尔赛和约》对德国海军军备的限制。

84.《中立法》

20世纪30年代,美国国会为防止美国卷入西半球以外的战争,订立《中立法》。30年代,在欧洲战事一触即发的态势下,孤立主义势力占据了美国国内的政治话语权。1935年,在美国国会内外孤立主义势力的推动下,国会于8月通过第一个《中立法》,规定:在两个或若干个外国之间发生战争时或在战争过程中,总统应宣布此项事实,此后凡由美国或其属地之任何地点把武器、弹药及军事装备输往交战国港口,或输往中立国以转运至交战国者,均属违法;

禁止美国船舶运载军用品至交战国,禁止美国公民搭乘交战国船只旅行,但不禁止其他物资包括战略物资出口。到1936年2月底该法有效期期满时,国会随即通过第二个《中立法》,将第一个《中立法》的有效期延长到1937年5月1日,并补充了禁止向交战国提供贷款的条款。1937年4月,国会通过第三个《中立法》,除前两法规定的内容以外,又规定该法适用于发生内战的国家,授权总统判定战争状态是否存在,不仅有权禁止武器输往交战国,而且可以禁止任何货物输往交战国。

1939年欧洲战争爆发前后,在罗斯福总统的多次要求下,国会经过长期争论,于1939年11月3日通过修正的《中立法》,废除武器禁运的条款,允许交战国在美国购买军火,但实行"现购自运"的原则。

1941年3月11日,国会通过罗斯福提出的《租借法案》,《中立法》至此名存实亡。12月,美国对德、意、日宣战后,《中立法》正式被废除。

美国的《中立法》是在世界大战一触即发、美国国内孤立主义势力抬头的态势下通过的,客观上纵容了法西斯的侵略行径。

85.《蒙特勒公约》

1936年6月,在瑞士蒙特勒召开讨论修订黑海海峡制度公约的国际会议,被称为蒙特勒会议。参加国有土耳其、英国、法国、日本、希腊、保加利亚、南斯拉夫、罗马尼亚、苏联9国,意大利拒绝出席。20世纪30年代中期,由于德、意法西斯国家扩军备战,欧洲和地中海局势日趋紧张。土耳其为维护本国安全,急欲收回对黑海海峡的主权与控制权,1935年,土耳其正式倡议修改《关于海峡制度的公约》,并得到苏联的积极支持。英、日出于巩固其在东地中海的地位和加强英、土关系的愿望,也表示赞同。1936年7月,与会各国签订《蒙特勒公约》。主要内容为:各国商船可以自由通过海峡;在平时,黑海沿岸国家军舰自由通过海峡(主力舰仅限1艘),非黑海沿岸国家军舰通过海峡时,在同一时间内总吨位不得超过3万吨,其中一个国家不得超过1.5万吨,数量不得超过9艘,军舰在黑海停留期不得超过三周;在战时,如土耳其中立,交战国军舰不得通过,如土耳其参战,允许通过与否,由土酌情决定。公约有效期20

年,但如果参加国任何一方在公约期满两年内未提出废除公约,则有效期自动延长。

公约恢复了土耳其对黑海海峡地区的主权,加强了土耳其对海峡的控制权。公约也扩大了黑海沿岸国家通过海峡的航行权,并对非黑海国家通过海峡的权利作了比洛桑会议关于海峡制度公约更多的限制,有利于维护黑海沿岸国家的权利和安全。

86.不干涉主义

不干涉主义,广义上指二战前,英、法、美等国以"不干涉"或"中立"为名,姑息和纵容法西斯国家侵略他国的政策取向,也被称为绥靖政策;狭义上指英、法、美在西班牙内战期间纵容德、意支持佛朗哥反政府军的政策取向。

1936年,得到德、意支持的佛朗哥反政府军发动了反对左翼人民阵线政府的内战。西班牙的地理位置对英、法来说都具有极其重要的战略意义:西班牙是法国南部的邻国,一旦德国控制西班牙,就可以从德、意本土和西班牙两面进攻法国;西班牙还是英国进入地中海的门户,是英国通往中东、印度的必经之路。德、意干涉西班牙内战的行为无疑极大地侵害到了英、法的利益,但英、法出于把法西斯祸水引向东方,并阻止西班牙左翼人士掌权的目的,对德、意的行为采取了纵容的态度,对西班牙内战打起"不干涉"的旗帜。美国政府根据《中立法》,也未理会。1936年9月,以英、法为首的27个欧洲国家缔结了《不干涉协议》,并成立了"不干涉委员会"。《不干涉协议》规定:禁止向西班牙输出武器和军用物资、禁止西班牙购买武器过境、各参加国必须交换为此目的所采取措施的情报。

英、法、美的不干涉政策使西班牙共和国政府得不到应有的援助,而佛朗哥反政府军却可从德、意手里源源不断地得到援助,客观上支持了反政府军,使得在西班牙建立起了法西斯制度,同时助长了德、意的侵略气焰,加速了二战的爆发。

87.广田三原则

日本外相广田弘毅在1935年10月对中国驻日大使提出"对华三原则",

即"广田三原则":中国应先彻底取缔排日,并抛弃依赖英美的政策,采取亲日政策;中国应正式承认"满洲国",暂时可对"满洲国"为事实上之默认;来自"外蒙"之赤化,为日、满、支三国之共同威胁,应协力抗之。"广田三原则"实质上就是要求中国停止抗日,接受日本的侵略,承认日本对华北的权益。

88.《有田—克莱琪协定》

《有田—克莱琪协定》亦称《英日初步协定》,是英国和日本有关中国问题的协定。日本发动全面侵华战争后,英国在华权益受到损害,两国矛盾不断加剧。但当时德国在欧洲给了英国很大的压力,英国没有足够的力量来遏制日本,同时也是出于将日本的注意力引向苏联的绥靖考虑,英国亟欲与日本达成协议,调整两国关系。1939年7月,英国驻日大使克莱琪和日本外相有田八郎达成《英日初步协定》。主要内容为:英国承认日本侵华的"实际局势";承认日军在华有"特殊要求",亦即有镇压和消灭中国抗战力量的权力;英国申明"无意鼓励任何有损于日军达到上述目的的行动或措施"。

日英谈判和日英协定,是英国"东方慕尼黑"活动的重要表现,是张伯伦政府自慕尼黑会议以来在远东对法西斯侵略者的又一次重大妥协和投降。

89.《反共产国际协定》

《反共产国际协定》是二战前德、意、日等一系列法西斯国家相互勾结(加强对外侵略)的协定。1936年11月25日,德、日签订了《反共产国际协定》,规定:缔约国对于共产国际的活动相互通报;缔约国对于受到共产国际威胁的第三国应据本协定的宗旨,采取防止措施或邀请其加入本协定;缔约国任何一方未经对方同意不得与苏联订立违背此协定的条约。这个协定是在反对共产主义的基础上企图建立一个政治军事同盟。这个协定表面上反对共产国际,实际矛头指向了苏联。1937年11月6日,意大利加入《反共产国际协定》,三国达成协议:德、意赞同日本侵略中国,日本支持意大利侵略埃塞俄比亚。至此,德、意、日形成了柏林—罗马—东京轴心,三国妄图瓜分世界。协定以反共目标掩人耳目,在一定程度上致使西方帝国主义养虎为患。

90.《慕尼黑协定》

1938年9月,在德国慕尼黑举行的英、法、德、意四国以牺牲捷克斯洛伐克为代价谋求妥协的国际会议。

五月危机之后,面对希特勒侵占捷克斯洛伐克的战略计划,英、法采取绥靖政策,为了祸水东引不惜出卖捷克苏台德地区以安抚德国,英、法、德、意四国首脑在没有捷克代表参加的情况下召开了会议,并签订了《慕尼黑协定》。这一做法粗暴地践踏了国际法和国际关系的基本准则,是大国牺牲小国进行妥协的一次交易,是绥靖政策登峰造极的表现。

对德国来说,吞并苏台德地区不仅大大增强了经济军事实力,而且提高和巩固了希特勒个人独裁的权力和威望。协定使英、法本身也受到了沉重打击,加剧了那些本来依附于两国的欧洲小国对英法的离心倾向,也给苏联所倡导的集体安全战略以致命一击。慕尼黑会议及协定助长了法西斯国家进一步发动侵略战争的野心,加速了二战的爆发。

91.《德意同盟条约》

1939年德国和意大利签订的军事政治同盟条约被称为《德意同盟条约》。因德、意称其为"钢铁般的条约",故又被称为《钢铁盟约》。1937年,德、意、日的《反共产国际协定》并没有包括军事方面的内容,不能满足其对外侵略扩张的需要。1937年初,德、日开始了关于缔结军事同盟的谈判,后来意大利加入。但由于日本同德、意之间在关于如何对待美国和苏联的态度上发生了分歧,日本退出。德、意于1939年5月在柏林签订《德意同盟条约》,有效期10年,主要内容是:在缔约国一方的安全或其他重大利益受到外来威胁时,另一方将在政治和外交上给予充分支持,以消除威胁;如缔约国一方卷入与其他一国或数国的军事冲突时,另一方应立即以三军支援;缔约双方保证一旦共同作战时,如缔结停战协定或和约,彼此必须完全一致;为保证履行上述义务,两国决定在军事和经济范围内加强合作,并为此设立常设委员会。条约的缔结使得两个法西斯国家在对外侵略方面更有底气,也是两个法西斯国家进一步勾结、准备发动世界大战的重要步骤,世界大战更加迫近。

92.英法苏谈判

从1939年4月中旬到8月下旬，为应对法西斯的威胁，英、法、苏三国进行的关于缔结互助条约和军事协定的谈判，被称为英法苏谈判。

法西斯德国出兵完全吞并捷克斯洛伐克的举动，引起了欧洲各国政府和人民的恐慌与不安，英、法、苏都切实感受到了法西斯的威胁和战争的临近。为了维护自身的国家安全，在苏联的倡议下，英、法、苏三国开始进行缔结军事同盟的谈判。在谈判中，英、法并没有放弃绥靖政策，也没有放弃将法西斯国家的注意力引向东方使苏、德相争的企图。在英、法、苏谈判进行的同时，英、法还同德国进行军事谈判，因缺乏与苏联谈判的诚意，最终导致了谈判的失败。

英法苏谈判的失败使得欧洲国家阻止战争爆发的努力归于失败。谈判失败后，苏联为了避免本国成为法西斯的目标，同德国签订了《苏德互不侵犯条约》。但这一举动却使得德国可以不用两线作战，德、意法西斯的侵略气焰更加高涨，世界大战一触即发。

93.《苏德互不侵犯条约》

德国入侵略波兰后，苏联采取了中立和不卷入的立场。苏联对英法推行绥靖政策和希望祸水东引的图谋有很强的戒心，并对英法的反苏活动予以针锋相对的斗争。同时，因战备不足，对德表面迁就以赢取时间，加强建立东方战线的活动。

1939年8月，苏、德在莫斯科签订了《苏德互不侵犯条约》。主要内容为：缔约双方保证绝不单独或联合其他国家对彼此进行任何武力行动、任何侵略行为或者任何攻击；如果缔约一方成为第三国敌对行为的对象时，缔约另一方将不给予第三国任何支持；双方都不加入直接或间接旨在反对另一方的任何国家集团；双方以和平的方式解决争端。条约有效期为10年。

《苏德互不侵犯条约》的签订是苏联保障自身安全的重要步骤，它粉碎了英法"祸水东引"的阴谋，打破了德日反苏联统一战线，摆脱了受东西两面夹击的危险，赢得了宝贵的备战时间。条约的签订使德国免除了东西两线作战的危险,可以按照计划进攻波兰,侵略欧洲。但苏联通过《秘密附加议定书》同德国划分势力范围,有悖其基本原则,是强权政治和大国沙文主义的表现。

94.二十年危机

爱德华·卡尔将1919—1939年期间的国际关系历史形容为"二十年危机",指出了凡尔赛—华盛顿体系的不稳定性、脆弱性、短暂性特点。作为第一个全球化时代的国际体系,凡尔赛—华盛顿体系主要包含着三层危机:一是传统的自由资本主义国家形态及其主导的国际秩序危机。19世纪下半叶,第二次工业革命和扩张性的民主主义意识形态动摇了自由资本主义赖以存在的物质和意识基础。1929年开始的世界经济大萧条彻底破坏了这种秩序。二是现代国际体系从欧洲扩展到全球所造成的大国权力失衡问题。特别是德、意、日这三个修正主义国家,它们对凡尔赛—华盛顿体系不满,要求改变现状,重新确立其在战后经济和政治秩序中的地位和作用。三是亚非拉民族主义的觉醒和要求建立主权平等的民族国家等一系列问题。

95.东方战线

东方战线,指苏联用于防御德国侵略的前线地区。二战初期,苏联对外政策的根本目的是避免过早卷入战争,为本国赢得宝贵的备战时间。根据《苏德互不侵犯条约》的秘密附加协定,苏联在自身的对外政策指导下,于1939年9月至1940年8月,通过扩大西部疆域而建立起了防御德国侵略的东方战线。

出兵波兰是苏联的第一步。接着苏联从保障西北部边境的角度出发,割占了芬兰领土并租借军港。然后苏联为了封闭德国入侵的波罗的海通道,加紧了对波罗的海三国的控制。最后,苏联占领罗马尼亚等地区,以控制多瑙河的下游地区。至此,苏联最终建成了东方战线。

但事实证明,这道防线在德国大举进攻面前不堪一击,没有起到预期作用,苏联用武力扩大疆界的大国沙文主义极大伤害了其西邻各国的民族感情,也损害了其自身的国际形象。

96.《苏日中立条约》

苏联外交部部长莫洛托夫与日本外相松冈洋右于1941年4月在莫斯科签订《苏日中立条约》。1939年5月,日本在中蒙边境制造了诺门坎事件,遭到苏、蒙军队的沉重打击,日本北进计划无法实现。随着与美、英两国在太平洋地区矛盾的激化,日本决定南进。1940年10月,日本向苏联建议缔结中立条约;11月,苏联提出以不签订有关北库页岛权利转让的附属议定书为条件。经谈判,1941年4月签订《苏日中立条约》和《满蒙声明书》,并递交了由松冈署名的关于调整库页岛权益的机密函件,条约有效期5年。内容规定:缔约双方保证维护和平友好关系,相互尊重领土完整和互不侵犯;当一方成为第三者的一国或几国的战争对象时,另一方在整个冲突过程中将保持中立。《满蒙声明书》的主要内容是:苏联保证尊重"满洲国"的领土完整和不可侵犯,日本保证尊重蒙古国的领土完整和不可侵犯。1945年4月,苏联政府根据《雅尔塔协定》宣布废除这一条约。

《苏日中立条约》的签订使苏联在同德国作战时避免了两线作战的困境,同样也使日本暂时缓解了北方的后顾之忧,加速推进其南下战略。但《苏日中立条约》中涉及对中国主权的严重侵犯,显现出大国强权政治的印记。

97.《租借法案》

《租借法案》正式名称为《进一步促进美国防御及其他目的法案》,是美国在正式参加二战前,由中立主义转变为支持英、法等反法西斯国家的物资保障而出台的法律。

1940年,英国鉴于国内的财政困难,要求美国全面援助;罗斯福发表了著名的"炉边谈话",应对美国国内的孤立主义;出于英国没有资金购买美国物资,1941年《租借法案》被提出并获得通过。美国实行《租借法案》的根本目的在于御敌于国门之外,保卫美国本土安全。

《租借法案》的出台是美国走向反法西斯战争的重要一步,意味着美国完全放弃中立政策,实际上介入欧洲国家的反法西斯战争。《租借法案》构成了世界反法西斯的经济纽带,对打击法西斯势力起到了积极作用。它标志着英、美开始结成反法西斯同盟,世界反法西斯的力量得到壮大,加速了法西斯国家的灭亡。

98.巴巴罗萨计划

1940年7月,希特勒召集了一次高级军事会议,会上宣布了一个蓄谋已久的作战计划:突然袭击苏联,一举将这个苏维埃社会主义国家摧毁,尽管当时两国政府已经签署了《苏德互不侵犯条约》,希特勒仍坚持此计划。为实施希特勒这一作战计划,德军总参谋部立即着手拟订对苏联作战的具体行动方案。该方案于12月底完成,并被定名为"巴巴罗萨计划"。

该计划主要内容有:在对英作战结束之前,以一次快速的战役,在一个半月到两个月的时间内打垮苏联;先以突袭的办法歼灭苏联西部各军区的部队,使其无法退往内地,然后以坦克部队为先导,并辅之以空军支援,分三路向苏联腹地进攻,占领莫斯科、列宁格勒(今圣彼得堡)和顿巴斯。

1941年6月22日,德国突然不宣而战,大举进攻苏联。德军如同在进行军事演习一样,十分顺利地实施着"巴巴罗萨计划",而苏联方面毫无防备。德军航空兵对苏联西部的重要城市、交通枢纽、陆海空军基地及部队营房施以毁灭性轰炸,致使苏联几乎瘫痪。德军还空袭了苏联西部地区的66个机场,使苏军损失了1200架作战飞机。苏军面对敌人狂风暴雨般的猛烈突袭,差不多完全丧失抵抗能力,只好向内地撤退。

99.《大西洋宪章》

《大西洋宪章》亦称《丘吉尔罗斯福联合宣言》,是二战期间英、美两国政府首脑会晤后宣布对德作战目的的纲领性文献。1941年8月9日至12日,英国首相丘吉尔和美国总统罗斯福在大西洋北部纽芬兰阿金夏湾的美国重型巡洋舰上举行会晤。8月14日,两国发表了联合宣言,史称《大西洋宪章》。主要内容为:两国不追求领土或其他方面的扩张;不承认法西斯国家的侵略所造成的领土变更;尊重各民族自由选择其政府形式的权利,恢复被剥夺权利的国家;努力促使一切国家取得世界贸易和原料的平等待遇;促成一切国家在经济方面最全面的合作;在彻底摧毁纳粹暴政后确立和平,以使各国人民都能在其疆土之内安居乐业,使全体人类自由生活,无所恐惧,不虞匮乏;公海航行自由;放弃使用武力,在永久的普遍安全制度建立之前,解除侵略国的武装,以减轻爱好和平人民对于军备的沉重负担等。

《大西洋宪章》对鼓舞世界人民的反法西斯斗争、促进反法西斯联盟的形成起到了积极的历史作用,并为日后《联合国宪章》的成型奠定了基础。但《大西洋宪章》也反映了美、英的现实考虑和长远利益,暴露了它们之间的利害冲突。罗斯福力图把"机会均等"和"航行自由"等原则列入宪章,图谋介入并控制英国殖民地,遭到丘吉尔的强烈反对。

100.苏美英莫斯科会谈

苏美英莫斯科会谈是二战期间英、美、苏三国为共同抗击法西斯在莫斯科举行的会谈。1941年6月22日,苏德战争爆发后,美、英着手对苏联提供援助,以对抗法西斯德国。在大西洋会议上,美、英两国因此提议召开一次三国会议商讨援苏事宜。1941年9月29日至10月1日,苏、美、英三国在莫斯科举行会谈,研究相互援助和物资分配问题。会议最后签署的《秘密议定书》规定:1941年10月1日至1942年6月10日期间,美、英每月向苏联提供400架飞机、500辆坦克和其他各种原料武器及军用物资并协助运输,苏联供应美、英一定数量的军工生产所需的原料。随后,罗斯福宣布给予苏联10亿美元无息贷款,又宣布《租借法案》适用于苏联,为向苏联提供军事援助给予更加有利的条件。

莫斯科三国会谈在协调苏、美、英战时合作方面起了十分重要的作用,为反法西斯同盟的建立奠定了物质基础,对加速法西斯德国灭亡有着重要的意义。

101.《德意日三国同盟条约》

二战中德、意、日三个法西斯国家组成政治和军事侵略性同盟,签订了《德意日三国同盟条约》。1938年初至1939年夏,德、意、日分别进行多次谈判,酝酿在德、意、日《反共产国际协定》基础上建立三国同盟。1939年5月,德国和意大利于柏林订立同盟条约,此为法西斯轴心国军事同盟之始。日本和德国的侵略目标与步骤差异明显,致使谈判停滞不前。1939年8月《苏德互不侵犯条约》订立后,日本一度中断与德国缔结同盟的谈判。德国进攻波兰后,日本曾表示不介入欧洲战争的立场。到1940年夏,德国武装侵略势力席卷西欧、北欧后,日本为加紧侵华战争并准备发动太平洋战争,对建立三国同盟又趋积极。同年9月,三国在柏林签订《德日意三国同盟条约》(亦称《柏林条约》)。其主要内容为:日本承认并尊重德、意在欧洲建立新秩序的领导权;德、意承认并尊重日本在大东亚地区建立新秩序的"领导地位";三国中一国受到未参加欧战或"中日冲突"的国家攻击时,相互给予政治、经济和军事援助。

该条约是《反共产国际协定》和《德意同盟条约》的进一步发展,标志着德、意、日军事同盟正式形成,加速了苏德战争和太平洋战争的爆发。

102.珍珠港事件

日本的南进战略严重损害了美国的利益,日美矛盾不可调和。1941年11月,美国对日本提交了《赫尔备忘录》,要求日本无条件地从中国和印度全面撤军。1941年12月7日,日军对美国在太平洋的最大海军基地和战略枢纽——珍珠港发动了突然袭击,史称"珍珠港事件"。日军以微小的损失为代价,重创了美国太平洋舰队。12月8日,美英向日本正式宣战,太平洋战争爆发。随即,澳大利亚、新西兰等二十多个国家也对日宣战。

日本偷袭珍珠港,促成了美国长期以来的孤立主义外交和对日绥靖政策的终结。美国的参战壮大了世界反法西斯的力量,并最终促成了世界反法西斯联盟的形成,法西斯国家从此陷入四面楚歌之中。

103.《联合国家宣言》

《联合国家宣言》是二战中反法西斯盟国对德、意、日法西斯国家作战的第一个共同纲领性文件。1941年12月,日本侵略者发动了太平洋战争,英、美两国在亚洲和太平洋地区的利益蒙受重大损失,被迫对日宣战。为了商讨对策、拟定作战计划、提高国际声望,1941年12月,罗斯福与丘吉尔在华盛顿举行会谈,倡议对法西斯国家作战各国签署一项宣言。1942年1月,美、英、苏、中等26个国家的代表在华盛顿签署了《联合国家宣言》。宣言表示赞同《大西洋宪章》的宗旨和原则。该宣言宣告各国政府保证使用全部的军事和经济资源，对抗与之作战的德、意、日三国及其附庸国；每个国家的政府保证互相合作，不与敌人单独缔结停战协定或和约。宣言最后表示，凡在"战胜希特勒主义斗争中给予物质上援助和贡献的国家"，均可加入本宣言。

宣言的发表标志着国际反法西斯统一战线的最终形成，表明了在世界范围内实现了一切反法西斯国家的政治、经济、军事的大联合，改变了两大集团之间的力量对比，对打败德、意、日法西斯起了决定性作用。

104.第二战场

第二战场，是指二战时期，新开辟的除苏联战场外，以欧洲为主要区域的战场。1941年6月，德国进攻苏联后，苏联战场成为反法西斯的主要战场。7月，苏联要求英国在西欧开辟反击德国的第二战场，以减轻对苏军的压力并从东西两面夹击德国，但未能成功。随后，苏联分别与美、英两国就1942年在欧洲开辟第二战场达成了全面谅解。但此后美、英两国借口各种困难继续拖延。1943年5月，美、英两国首脑在华盛顿会议上决定：1944年春，在法国北部诺曼底地区开辟第二战场，代号为"霸王行动"。1943年11月，苏、美、英三国首脑在德黑兰会议上就这一问题取得一致决议。1944年6月6日，英、美军队在诺曼底登陆，欧洲第二战场终于开辟。第二战场的开辟，实现了反法西斯国家对德国的东西夹击，加速了德国法西斯的灭亡。

105.斯大林格勒战役

斯大林格勒战役是二战中法西斯德国对夺取苏联南部城市斯大林格勒（今伏尔加格勒）而进行的战役，时间自1942年6月至1943年2月，又称斯大林格勒保卫战，是苏联卫国战争的主要转折点、二战的转折点，也是人类历史上最为血腥和规模最大的战役之一。战役进程为：德军横扫苏联西南地区，逼近斯大林格勒→德国空军对苏联南部城市斯大林格勒实施大规模轰炸行动→德军攻入市区→市区巷战→苏联红军反击→最终合围全歼轴心国部队。

轴心国一方在这场战役中损失了其在东线战场四分之一的兵力，并从此一蹶不振直至最终溃败。斯大林格勒战役的胜利,提高了社会主义苏联的国际地位,巩固了国际反法西斯统一战线;鼓舞了正在进行反法西斯战争的世界人民,激化了法西斯内部矛盾。总之,斯大林格勒的胜利,不但是苏德战争的转折点,也是世界反法西斯战争的转折点。

106.卡萨布兰卡会议

1943年1月,罗斯福、丘吉尔及美、英两国将领在摩洛哥卡萨布兰卡举行会议,"战斗法国"领导人戴高乐及北非法军总司令吉多也参加了会议。1942年底,整个反法西斯战争呈现出根本性转折,美、英两国为了协调各自的欧洲和太平洋战略、制定下一步作战计划,举行此次会议。主要议题有四:一是盟军下一步的作战计划。美、英确定了1943年的作战计划,重申了首先打败纳粹德国的战略思想,确定将发动西西里岛战役,同时继续保持太平洋战场上的攻势。二是法国问题。建议由吉多领导的帝国委员会与戴高乐领导的"战斗法国"合并,由二人共同领导。三是土耳其问题。决定由丘吉尔说服土耳其参战。四是关于战后殖民地前途问题。美国试图利用其膨胀的实力从大英帝国庞大的殖民体系中分得一杯羹,而丘吉尔断然拒绝了以此为目的的经济援助计划。

卡萨布兰卡会议是在战争主导权开始转移到盟国方面的形势下召开的,可以说是一次要求法西斯国家无条件投降的会议。会议协调了美、英的军事战略,确定了新的作战计划,对巩固反法西斯同盟的团结,迅速打败轴心国有着重要意义。

107."三叉戟"会议

1943年5月,美、英首脑及美、英联合参谋长委员会成员在美国华盛顿举行会议,代号为"三叉戟",因此这次会议被称为"三叉戟"会议。

会议的主要议题为:"哈斯基"行动计划(西西里岛战役)后,美、英军队在欧洲的作战重点和方向;在亚太战场上援华抗日(罗斯福强调中国作为抗日基地的必要性,而丘吉尔不相信中国是个重要的基地)问题。

会议结果为:英国同意于1944年5月登陆法国,实施"霸王计划";作为回报,美国同意指示艾森豪威尔在实施"哈斯基"计划时,考虑加强各种军事行动的办法,迫使意大利退出战争;美、英达成妥协,规定了1943年援华的两项计划,暂缓"安纳吉姆"计划;提出"全面战略思想",即在欧洲同苏联等盟国合作,尽早促成德国无条件投降,在亚洲与中国等有关国家合作,维持对日本的攻势,削弱日本的军事力量,造成迫使日本投降的有利形势;打败德、意后,继续与太平洋国家及苏联合作,充分发挥美、英的力量,促成日本无条件投降。

108. 中途岛海战

二战期间,日、美军舰在中途岛海域附近进行的海战被称为"中途岛海战"。中途岛是美国在中太平洋地区的重要军事基地和交通枢纽,是夏威夷群岛的门户和屏障。1942年初,日本海军司令山本五十六提出进攻中途岛的作战计划。目的是夺取中途岛作为进攻南太平洋的前进基地,并引诱美国的太平洋舰队进行决战,企图一举予以歼灭,为进攻南太平洋各岛创造条件。为进攻中途岛,日本出动了联合舰队的全部主力。美国军力虽稍弱于日本,但美国情报机关事先破译了日军的作战计划,提前进行了部署。1942年6月4日,中途岛海战爆发。严阵以待的美国海军给日军以沉重打击。6月5日,山本被迫取消了中途岛海战。此次战役是太平洋战场上的转折点,从此日本丧失了在太平洋战场的战略主动权。

109. 魁北克会议

二战期间,美国总统罗斯福、英国首相丘吉尔及两国高级军政官员,在加拿大魁北克举行两次战略会议,被称为"魁北克会议"。

第一次魁北克会议,指1943年8月,罗斯福和丘吉尔率领各自三军参谋长在魁北克举行的会议。会议代号"四分仪",中国外长宋子文以观察员身份参加会议。会议在墨索里尼下台和西西里岛战役即将胜利结束的背景下进行。会议的主要议题是讨论"霸王"作战计划问题:英国坚持优先进军意大利和巴尔干,企图拖延"霸王"计划,美国则力主应横渡英吉利海峡进攻欧洲大陆。会议结果是,再次确认了"霸王"计划应比地中海计划占有优先地位;同时,英国接受了美国在太平洋的作战方案,重申了"三叉戟"会议的决定,在缅北发动攻势;会议双方还一致决定在对德战争胜利一年内击败日本。

第二次魁北克会议,指1944年9月11日至16日英、美两国政府首脑及美国财长摩根索、英国外交大臣艾登和两国军事参谋人员参加的会议。当时,美、英等国已在西欧开辟第二战场,苏军正在东欧、中欧挺进,德军面临三面围攻的形势。会议着重讨论对德、对日作战战略和战后处理德国的问题。会议决定:盟军应在西线全速挺进,突击鲁尔和萨尔,攻占德国的心脏地区;在意大利保持盟军原有兵力以牵制德军;战事如转至中欧,则应抢在苏军之前攻占维也纳;美、英就占领德国区域达成协议——东部为苏占区、西北部为英占区、西南部为美占区。会议还讨论了摩根索计划,但由于美国国内反对和英国提出不同意见,不得不放弃。第二次魁北克会议协调了美、英战略关系,但在协调东欧政策方面没有较大进展。

110. 开罗会议

二战期间的1943年11月,中、美、英三国政府首脑在开罗举行国际会议,被称为"开罗会议"。1943年是二战发生根本性转变的一年,为了加强反法西斯同盟国之间在军事和政治上协调行动的程度,为讨论制定联合对日作战计划和解决远东问题,决定举行这次会议。会议签署了《中美英三国开罗宣言》,简称《开罗宣言》。宣言声明:对日作战的目的在于制止并惩罚日本的侵略行径,决不为签署国自身谋利,亦无拓展领土之意;剥夺日本自一战开始后在太平洋地区所夺得或占领的一切岛屿;日本攫取的中国领土,如满洲(中国东北)、台湾、澎湖列岛等归还中国,将日本逐出其以暴力或贪欲所掠夺的所有土地;在适当的时候使朝鲜自由独立。宣言最后声称:将坚持长期作战以迫使日本无条件投降。

开罗会议是二战期间中国参加的唯一一次盟国首脑会议。它对国际反法西斯力量团结一致,加速打败日本的进程起了积极作用。《开罗宣言》严厉谴责了日本帝国主义对中国和其他弱小民族及国家的侵略,明确而具体地承认了中国收复失地的权利,是战后处理日本问题的法律依据。但是开罗会议也有消极的一面,即损害了中国东北的部分主权。

111. 德黑兰会议

1943 年 11 月至 12 月,苏、美、英三国政府首脑在伊朗首都德黑兰举行国际会议。1943 年,反法西斯国家开始反攻,法西斯国家转为防御和退却,但仍在负隅顽抗。苏联政府希望美、英尽快在西欧开辟第二战场,早日结束战争。美国则期待苏联参加对日作战,以减轻其在太平洋战场的损失;英国则更多地关心自身在欧洲的政治影响和经济利益。为了加强合作和协调对德、日作战问题,召开了此次会议。

会议着重研究在西欧早日开辟第二战场。苏联要求优先讨论并落实第二战场的具体实施。丘吉尔却坚持其"地中海战略",后又提出从西路进入西欧的新方案。罗斯福不赞成英国方案,主张实施西欧登陆。最后会议决定苏、美、英三国从东、西、南三面向德国发起进攻。为此,美、英军队将于 1944 年 5 月在西欧开辟第二战场,而苏军将在差不多同一时间发动攻势,以阻止德军从东战场调到西战场。关于战后波兰的边界问题,会议同意波兰国土应向西移,即将德国东部的一些地区并入波兰。三国首脑就战后德国处置问题交换了意见,同意战败后的德国由盟军分区占领。罗斯福介绍了战后建立维持和平机构(即后来的联合国组织)的设想。斯大林表示,打败德国后苏联愿参加对日作战。会议秘密签订了《苏美英三国德黑兰总协定》。会后发表了苏美英三国《关于伊朗的宣言》和《德黑兰宣言》。《德黑兰宣言》宣布三国决心在战争方面及战后的和平方面进行合作,声明三国已就从东面、西面和南面进行军事行动的规模和时间,达成完全的协议。

德黑兰会议是二战史上一次极其重要的国际会议,在反法西斯战争中产生了巨大的作用和影响。它是反法西斯同盟团结和壮大的重要标志,对于彻底打败法西斯,加快二战胜利的进程,起了积极作用。但是这次会议也带有强权政治色彩,它是新的大国政治的开端。

112. 敦巴顿橡树园会议

美、英、苏、中四国为筹建联合国而举行了敦巴顿橡树园会议。在德国法西斯即将全面崩溃之际,美国邀请英、苏、中三国在华盛顿附近的敦巴顿橡树园召开会议,讨论并拟定新的国际组织章程。1944年8月至10月,在第一阶段美、英、苏举行会议通过了《关于建立普遍性国际组织的建议案》,建议新的国际组织定名为联合国,并规定了联合国的宗旨、原则及主要机构等,成为后来《联合国宪章》的基础,但仍有问题未能解决。第二阶段由美、英、中三国进行讨论,中国提出三点重要建议:一是在调解国际争端时,国际组织应坚持正义和国际法之原则;二是大会应承担促进国际法的编纂和发展任务;三是经济和社会理事会的活动应扩大到教育和其他文化领域。这三条建议经美、英讨论并征得苏联同意后,作为四国建议提交给联合国旧金山成立大会。敦巴顿橡树园会议为筹建联合国奠定了坚实的基础。

113. 雅尔塔会议

1945年2月,德、日法西斯的失败已成定局,盟国首脑为了协调盟国关系,商讨最后打败德、日的计划及研究处置战败的德国,安排欧洲事务及战后和平等重大事项,在雅尔塔举行会议。美、苏、英三国首脑都想按照自己的意愿,重新安排战后世界,最大限度地维护本国利益。

雅尔塔会议讨论了德国问题、法国是否参加对德占领的问题、德国赔偿问题、波兰问题、日本问题、联合国的建立问题等。会议签署的《雅尔塔协定》规定在德国投降及欧洲战争结束后两个月或三个月内,苏联将参加同盟国方面对日作战,但其条件有损中国的主权利益。

该会议是二战期间一次重要的国际会议,其一系列决定有利于以同盟国的联合力量最后击败德、日法西斯,制裁德国并维护战后的世界和平。但《雅尔塔协定》中有关中国的条款,是背着中国人民做出的有损中国主权和利益的决定,是大国主义和强权政治的表现。会议反映出苏、美、英三国对二战后世界安排问题上的不同意图和矛盾,对二战后国际关系的格局产生了深远影响。

114. 旧金山会议

旧金山会议即《联合国宪章》制宪会议,1945年4月25日至6月26日在美国的旧金山举行。会议根据1945年2月雅尔塔会议的决议,由中、苏、美、英四国发起,邀请《联合国家宣言》的签字国和参加国参加,参加会议的有50个国家。经过63天的讨论,会议基本上根据1944年敦巴顿橡树园会议所准备的建议案,制定《联合国宪章》和《国际法院规约》。宪章规定联合国的宗旨主要是:"维护国际和平及安全","促成全球人民经济及社会之进展"。其基本原则主要是:主权平等,真诚地履行国际义务,和平解决国际争端,禁止以武力相威胁或使用武力,不干涉他国内政等。同时,宪章规定了联合国的六个主要机构设置。6月26日,举行了签字仪式。10月24日,联合国宪章正式生效,联合国从此正式建立。

115.波茨坦会议

波茨坦会议是二战期间苏、美、英三国首脑举行的最后一次会议,亦称柏林会议。德国战败后,日本虽然顽固抵抗,但已无力改变局面。面对世界反法西斯战争的最后胜利,盟国间在处理有关战后事务上却表现出了巨大的分歧。为了商讨处置德国及欧洲等其他问题的安排,苏、美、英三国首脑于1945年7月在柏林近郊波茨坦举行会议。

会议的主要议题为:德国问题,波兰问题,设立外长会议,研究对意、保、芬、匈、罗的政策,会议期间还发表了敦促日本投降的公告。

在波茨坦会议期间,苏、美、英三国首脑讨论了结束对日本作战的条件和战后处置日本的方针,并通过一项决议,即《中、美、英三国促令日本投降之波茨坦公告》,亦称《波茨坦公告》,敦促日本政府应立即宣布无条件投降。

波茨坦会议对敦促日本早日投降,巩固反法西斯战争的胜利成果,维护战后世界和平起了积极作用。这次会议是战时苏、美、英等国争吵最激烈的一次会议,会上苏联与西方国家之间在国际事务中的分歧和矛盾已有明显表现,这对战后国际关系格局的发展有重大影响。

战后国际关系史①

一、导读

二战后的国际关系史也称为当代国际关系，是现代国际关系史在二战之后的延续。本书中的二战后国际关系史部分从 1945 年持续到 21 世纪初。这一阶段的国际关系史大致可以分为两个时期：冷战时期和后冷战时期。

冷战时期的国际关系以美、苏争霸和两大集团的对抗为主要特征。二战后世界各地民族解放运动兴起，第三世界作为独立的政治力量登上国际舞台，社会主义阵营和资本主义阵营内部的矛盾与分化，以及美、苏两国之间实力的消长，使战后的国际关系错综复杂，在不同阶段呈现不同特点，但主要是围绕着大国关系展开的，在中、美、苏这个大三角关系中演绎发展。

第一阶段：1945—1949 年，始于二战结束，截至中华人民共和国成立，这一阶段是战后国际关系格局的确立时期。随着战争的结束，美、苏联盟的基础已经不复存在，两国的矛盾日益突出。美国为了遏制苏联，先后抛出了"杜鲁门主义"和"马歇尔计划"，并策划组织北约，发动了对苏联的冷战。面对美国的遏制，苏联也积极应对，成立了共产党和工人党情报局、经互会，加强了与社会主义阵营国家的合作。1949 年新中国的成立，极大地改变了世界政治力量的对比，标志着社会主义阵营的形成。以美、苏为首的两大阵营的对立和斗争正式开始。

---

① 本章导论部分参考方连庆主编：《国际关系史》（战后卷），北京大学出版社，2006 年。战后国际关系史部分词条由编者根据国际关系学院国际政治系赵晓春教授讲授的《战后国际关系史》课程加工提炼而成，特此向赵老师致谢。赵老师的讲授帮我们提高了全文的立足点，这仅靠我们是无法达到的。虽然如此，文中如有错误与不足，由编者负责。

第二阶段:1950—1959年,这一阶段是两大阵营对抗和激烈斗争的时期,也是民族解放运动迅速发展的时期。两大阵营对抗的实质是美、苏对抗,对抗在亚洲的主要表现是朝鲜战争,在欧洲是两大对立军事集团的形成。这一阶段最具世界历史意义的事件是亚、非、拉民族解放运动的迅猛发展。1955年4月召开的万隆会议,并由此诞生的万隆精神,标志着亚非国家作为一支崭新的、独立的政治力量登上了国际舞台,这是被压迫民族反帝斗争史上一个重要的里程碑。

第三阶段:1960—1969年,这一阶段的主要标志是国际政治力量的大分化、大调整、大改组。社会主义阵营不复存在,资本主义阵营四分五裂。社会主义阵营解体的主要标志是中苏同盟的破裂,中、苏分歧始于20世纪50年代中期,主要根源是苏联推行大国沙文主义,把自己的意志强加于别的社会主义国家上。

在资本主义阵营中,由于资本主义经济政治发展不平衡规律和世界革命风暴的冲击,阵营内部也发生了分裂。其中最突出的表现是法、美矛盾的激化。美、苏关系也很复杂,美、苏之间既勾结又争夺。1962年发生的古巴导弹危机是二战后美、苏两国第一次大规模碰撞。结果是苏联以冒险主义开始,以投降主义告终。这一阶段的民族解放运动也出现了新的高潮,主要特点是革命风暴中心从亚洲转到了非洲。

第四阶段:1970—1979年,这一阶段是美、苏争霸和第三世界联合反霸的时期。20世纪70年代美、苏争霸的特点:一是在战略态势上苏攻美守,二是在"缓和"的烟雾下进行。1979年,苏联入侵阿富汗,直接威胁了美国在中东波斯湾的战略利益,美国对此作出了强烈反应,两个超级大国开始展开了新一轮的对抗和争夺。第三世界国家在斗争中不断发展壮大,成为反帝、反殖、反霸的主力军。

第五阶段:1980—1989年,这一阶段是美、苏关系既对抗又对话,以及世界多极化趋势进一步发展的时期。美国政府在这一阶段为了拖垮苏联、加强对苏联的遏制,提出了"星球大战计划",目的是利用自己的经济实力和空间技术优势,同苏联在太空领域展开新一轮竞赛,并在军备竞赛中拖垮已经陷入困难的苏联经济。苏联长期推行霸权主义政策,使自己背上了沉重的包袱。面对美国的政策,1985年戈尔巴乔夫上台后,不得不在对外政策上实行战略收缩,缓和对美的僵硬态度。1987年,美、苏签订《中导条约》,标志着双方关系由对抗走向缓和。

这一阶段东欧国家同苏联之间长期存在着争取独立自主与强化控制的激烈斗争。进入20世纪80年代,苏联自身的经济困难不断加剧,对盟国的控制能力日益减弱。加上苏联的"新思维"和政策误导,加剧了东欧局势的不稳,1989年,东欧国家相继发生了震惊世界的社会剧变。南方发展中国家为了克服经济困难,协调同北方发达国家对话中的立场,把重点转向加强集体自力更生,实现南南合作。

1991年7月,华沙条约组织解体。同年12月,苏联解体。这标志着美、苏两个超级大国的激烈争夺和东西方两大集团的对抗结束,雅尔塔体系宣告瓦解。二战后国际关系史揭开了新的一页,进入了冷战时代。这一阶段的国际关系和世界格局战略发生了巨大的变化,出现了一系列不同于冷战时期的特点。一是世界多极化趋势加速发展。随着冷战的结束,世界上各种力量出现新的分化和组合。欧洲、中国、日本开始作为重要的政治力量在国际舞台上发挥重要作用。二是经济全球化进程不断加快。随着科技的进步,信息和人才的快速流动变得更加便捷,各国经济联系日益紧密,相互依存度增加,同时区域经济集团化的进程也在加快发展。三是世界总体潮流是和平与发展,但局部冲突依然存在。两极格局的终结,使得一些原本被掩盖的民族矛盾、宗教冲突、领土争端不断发生,成为一些新的热点。

二、名词解释

1.布雷顿森林体系

布雷顿森林体系,是指二战后以美元为中心的国际货币体系。1944年7月,美、英、法、苏、中等44个国家在美国布雷顿森林举行国际货币金融会议,最终通过了《国际货币基金组织协定》和《国际复兴开发银行协定》。前者将美元和黄金直接挂钩,将各国货币与美元以固定的比例联系起来,从而建立了以美元为支柱的资本主义世界货币体系,确立了美国在国际金融领域的霸主地位;后者则更有利于美国的资本输出。1945年12月,44个出席会议国家中的29个国家代表在华盛顿签署了《布雷顿森林协定》,同时国际货币基金组织与国际复兴开发银行也于同日成立。

布雷顿森林会议确定了以美国为首的布雷顿森林体系的建立,其运转在战后一段时期内对资本主义世界经济的发展起到了一些积极的作用。1971年,因石油危机而造成的美元贬值导致以美元为中心的国际货币体系的瓦解。

布雷顿森林体系的形成,暂时结束了战前货币金融领域的混乱局面,维持了战后世界货币体系的正常运转;在相对稳定的情况下扩大了世界贸易,有助于生产和资本的国际化;由于汇率的相对稳定,避免了国际资本流动中引发的汇率风险,有利于国际资本的输入与输出。

2.富尔敦演说/铁幕演说

二战结束后,由于在战略目标、意识形态和社会制度方面的根本对立,美苏之间的矛盾迅速激化。在美国遏制政策正式出台之前,英国前首相丘吉尔应邀访问美国,在富尔敦发表了名为《和平砥柱》的反苏联、反共产主义的演讲。

丘吉尔在演说中运用"铁幕"一词,攻击苏联和东欧社会主义国家"用铁幕笼罩起来",铁幕之后的东欧、中欧国家都处于苏联的势力范围之内,而共产党的"第五纵队"则遍布世界各国。因此,该演说亦称铁幕演说。为了应对这种威胁,丘吉尔呼吁建立英美军事同盟,号召西方民主国家团结一致。

铁幕演说引起了极大的轰动,它表达了英国企图借助美国的力量在欧洲抗衡苏联的愿望。美国政府借丘吉尔之口说出了自己不便公开的主张,铁幕演说被认为是美英对苏联发动"冷战"的信号,反映了美国企图遏制苏联和称霸世界的需要。

3.纽伦堡审判

二战结束后,1945年11月21日至1946年10月1日,在德国纽伦堡国际军事法庭对犯有战争罪、破坏和平罪和违反人道主义罪的24名战犯进行了审判。法庭还宣布纳粹党领导机构、秘密警察(盖世太保)和法西斯党卫军及其保安勤务处、法西斯突击队、帝国内阁、德国参谋本部及国防军最高统帅部为犯罪集团和组织。

纽伦堡审判的判决书是国际刑法史上第一部非常重要的文件,揭露了希特勒法西斯主义所犯的罪行,并且宣布了侵略战争是最严重的罪行。纽伦堡审判是历史上第一次对侵略战争的组织者、阴谋者、煽动者和计划执行者进行的国际审判,开创了将战犯押上国际法庭接受法律制裁的先河。美英苏法等国在审判中意见相对一致,因此对纳粹德国的罪行进行了较为彻底的清算。它是世界反法西斯斗争胜利的延续,它的公正判决使纳粹德国战犯受到应有的制裁,发展了国际法的原则。但也存在不足之处,如宣判德军参谋总部无罪,并宽容了德国金融寡头集团及法西斯宣传机构等。

4.东京审判

二战结束后,严惩战争罪犯、肃清法西斯势力的影响、处理战败国及缔结对战败国的和约,是巩固反法西斯战争的胜利成果、维护国际和平与安全的当务之急,也是反法西斯战后合作的重要内容。1946年1月19日,东京盟军最高统帅部颁布设置远东国际军事法庭的告令和该法庭的组织宪章,对东条英机等28名战犯进行审判。远东国际军事法庭参加者有美国、苏联、中国、英国、法国、荷兰、加拿大、澳大利亚、新西兰、印度、菲律宾11国。从1946年5月3日至1948年11月12日,审判历时两年半,最后做出宣判:东条英机、广田弘毅、土肥原贤二、板垣征四郎、松井石根、武藤章、木村兵太郎被处以绞刑,木户幸一等16人被判处无期徒刑,东乡茂德被判处20年徒刑,重光葵被判处7年徒刑。但自1950年起,美国不顾世界舆论的反对,将判刑的首要战犯陆续释放出狱。这次审判虽然并不能代表所有被侵略国家人民的意志,但确认侵略战争为国际法上的犯罪,策划、准备、发动或进行侵略战争者被列为甲级战犯,是对国际法战犯概念的重大发展。

东京审判并没有彻底清算日本在二战中的罪行,发动战争的天皇没有被惩处,而众多日本战犯也逃脱了应有的惩罚,日本未能对自身的战争罪责进行深刻反省。

5.遏制理论

二战后,美、苏之间的矛盾和斗争不断尖锐,因此美国奉行遏制共产主义的战略方针。

美国驻苏联大使馆代办乔治·凯南于1946年发回的8000字电报中首次提出了对苏联遏制的思想,后又于1947年7月在美国《外交季刊》上,发表了一篇题为《苏联行为的根源》的文章,提出了一整套遏制苏联的理论。其主要内容有五点:一是苏联人那种传统的和本能的不安全感是其行动的根源;二是马克思主义理论是苏联行为的理论依据;三是苏联的政策目标是从所有方面致力于提高本国的实力和威信,力求分裂和削弱资本主义国家的实力和影响,并在一切认为合适和有希望的地方努力扩大苏联的势力范围;四是美国的对外政策是必须把苏联当作对手而不是伙伴,时刻保持警惕以遏制苏联的扩张;五是遏制苏联的目标是美国应遏制苏联扩大势力范围,把其影响限制在其本土及东欧内,阻止其进一步向外发展,并促使其内部发生变化,从而导致苏联政权垮台或逐渐弱化。

凯南提出的遏制理论在美苏关系从合作到敌对的转折时期,为美国政体提供了一条政策路径。它的特点是既不触发两国之间的全面战争,又能对苏联的"侵略"行为进行有效对抗。凯南的遏制思想奠定了美国对苏联政策的理论基础。

6.杜鲁门主义

二战结束后,由于在战略目标、意识形态和社会制度方面的根本对立,美苏之间的矛盾迅速激化。丘吉尔的铁幕演说为杜鲁门主义的出台拉开了序幕,希腊和土耳其危机为杜鲁门主义的出台创造了机会。

1947年,杜鲁门提交了一篇要求国会批准向希腊和土耳其提供经济和军事援助的咨文并得以通过。该咨文提出了以遏制共产主义作为国家意识形态和对外政策指导思想,被称为"杜鲁门主义"。

杜鲁门主义是美国对外政策的重大转折点,它与马歇尔计划共同构成了美国对外政策的基础,表明了美、苏两国由战时的盟友关系转变为战后敌对关系,标志着美国政府第一次公开宣布将冷战作为国策。此后25年中,杜鲁门主义一直支配着美国的对外政策。

7.三环外交

三环外交是由丘吉尔提出的二战后初期的英国外交战略,主旨是企图通过英国与英联邦、美国和联合起来的欧洲这三个环节中的特殊联系,充当三者的纽带,以维护英国的传统利益和大国地位。1948年,处于在野地位的保守党领袖丘吉尔提出了三环外交的概念。第一环是加强英国与英联邦的力量;第二环是加强英、美特殊关系,借助美国的力量重建世界大国地位;第三环是重建欧洲大家庭,使欧洲联合起来。这三个大环同时并存,一旦它们连接在一起,就没有任何力量或结合的力量足以推倒它们,或者敢于向它们挑战。同时,强调英国是在这三环中每个环里都占有重要地位的唯一国家。

丘吉尔的这一外交思想,就是试图以英、美特殊关系为基础,希望法、德和解,恢复欧洲均势,并利用原有的殖民地体系,挽救和恢复在二战中被削弱的英国的国际地位。它是一个国力日趋衰微的大国在外交战略上的一种无奈选择,表明英国外交既想努力适应环境的变化,又试图在变化的环境中不改变其传统的利益观。然而英国政治家们在推行三环外交的过程中,始终背着"世界大国地位"的沉重包袱,不得不面对实力有限与战线过长的矛盾。这也是导致英国外交战略不得不逐步收缩,从大国全球外交逐步朝重点面向欧洲转变的一个重要原因。三环外交曾对英国外交政策产生了重大影响,战后初期的工党政府基本上奉行这一外交思想。

8.马歇尔计划

在美国遏制共产主义的全球战略中,欧洲占有极其重要的地位。在苏联事实上已经控制东欧的情况下,西欧的稳定成为美国遏制苏联的战略基点。

欧洲是二战的主战场,战争使西欧的社会经济遭到了极其严重的破坏,而美国国内出现了生产过剩的危机。1947年,美国国务卿马歇尔公开提出了美国对欧洲进行援助的设想，即马歇尔计划。1948年，美国国会通过了《对外援助法》，马歇尔计划以法律的形式被确定下来。

在马歇尔计划的帮助下，西欧经济逐步恢复。美国通过马歇尔计划稳定了西欧的资本主义政权，增强了美国对抗苏联的力量，美国对西欧的政治和文化影响也进一步增强。此外，马歇尔计划在客观上为西欧的经济一体化提供了有利条件。它同时也削弱了共产主义的影响，为西方的政治军事同盟的形成奠定了基础。

9.国家安全委员会68号文件

1949年发生了两件影响美国政策的重大事件，一是8月苏联首次成功爆破了原子弹，二是10月中华人民共和国成立。这两件事改变了东西方力量对比，对资本主义体系产生了不利影响。此时，美国国内麦卡锡主义迅速兴起，进一步推动了美国政府修改遏制战略的形成，强化并升级遏制共产主义的目标和手段。

1950年，以保罗·尼采为主席的特别委员会完成了对文件的起草，并提交国家安全委员会，此即68号文件。文件对苏联的根本意图、目标与能力进行了重点分析，强调"苏联图谋统治世界"。文件强调，苏联会把自己的强权政治强加于其他国家，并强调苏联对美国的重大威胁。文件得出结论，美国对苏联推行的遏制政策需要进一步加大力度。朝鲜战争的爆发使该文件提出的苏联威胁思想进一步占了上风。

国家安全委员会68号文件首次全面地阐述了战后美国国家战略，对战后美国历届政府的外交政策产生了不同程度的影响。

10.第四点计划

在美国战后称霸世界的全球战略中，亚、非、拉地区无论是在经济上、政治上还是战略上，对美国都有至关重要的意义。为达到全面控制亚、非、拉的目的，美国需要制定一个着眼于长远的总体计划。1949年1月20日，杜鲁门在其第二个任期总统就职演说中，提出了美国外交方面的四点主要行动原则：支持联合国；继续推行欧洲经济复兴计划（即马歇尔计划）；加强与爱好自由国家的合作,反对侵略威胁(成立北大西洋公约组织);对不发达地区进行技术援助。为推行第四点计划,美国派出大批技术人员到国外进行技术"合作",并接受许多国家的人员到美国培训,主要项目领域是农业、原料开发、运输、职业教育等。

第四点计划是美国打着反共产主义和技术援助的旗号,大规模向亚、非、拉渗透的一项重要措施,是二战后初期美国推行新殖民主义的一个步骤。它带动了美国私人垄断资本的资本输出,并为美国工业发展取得了销售市场和原料供应地。

11. 北大西洋公约组织

北大西洋公约组织是美国与西欧、北美主要发达国家为实现防卫协作而建立的一个国际军事集团组织,简称北约。1949年北大西洋公约组织成立,由美国、加拿大和12个西欧国家签订条约,总部设在比利时布鲁塞尔。北约是一个完备的机构,既是二战后美欧遏制苏联的工具,也是美国用以从军事上、防务装备上操纵西欧各国的工具。北约的防务权和指挥权操纵在美国手中,军事战备一直是以美国的军事战略为依据,并随美国军事战略的变化而变化。美国通过这一组织把西欧的防务完全控制在手中。北约拥有统一的军事指挥系统,它的最高权力机构是理事会。

北约的建立,标志着以美国为首的大西洋联盟的形成。它加深了美、苏之间的对立,推动冷战向纵深方向发展。此外,北约内部一直存在着美、欧间控制与反控制的斗争。

20世纪50年代中期,联邦德国加入北约,建立以美国为盟主、以西德为支柱的西方军事防务体系,在欧洲长期与华约组织对抗。苏联解体、华约解散和冷战结束后,北约迅速调整战略,以"全方位应付危机战略"取代"前沿防御战略",通过北约东扩和推行"和平伙伴关系计划",竭力向中东欧和原苏联地区拓展影响,在欧洲安全事务中发挥着日益重要的作用。

12. 大西洋联盟政策

二战后,美国杜鲁门政府对西欧的总政策被称为"大西洋联盟政策",形成于1946年冬至1947年春。这项政策的要点有二:支持西欧的复兴与联合,而这样的一个西欧要与美国密切合作;美国要帮助建立一个在军事上和其他重大问题上同美国和加拿大紧密结合的、繁荣统一的欧洲,使它作为一个强大的力量重新回到世界舞台,同北美洲进行广泛合作。

美国推行这个政策的目的是遏制苏联、控制西欧,进而称霸世界。作为推行这一政策的重要步骤和具体体现便是马歇尔计划的提出和实施,以及北约的建立。

13.欧洲共产党九国情报局

1947年,以美国为首的西方国家向苏联展开了激烈的冷战攻势。面对如此严重的国际局势,苏联提出要组织力量进行对抗:一方面加速东欧国家政权的建设和巩固,帮助它们恢复战后经济,另一方面提出加强意识形态领域的斗争。后来在苏联要求和波兰出面的情况下,1947年9月22日至27日,苏、波、匈、保、罗、南、捷、法、意九国共产党和工人党的代表在波兰西里西亚的维利扎古拉举行会议,决定成立情报局,由与会九国共产党和工人党的代表组成。其任务是组织交流经验,并于必要时在相互协议的基础上配合各党的活动,总部设在贝尔格莱德。1956年4月,情报局决定结束活动。

情报局在开展反对美国的侵略战争政策,提高各国共产党和人民群众对战争的认识,组织投入反对侵略战争、维护和平的斗争中起到了积极的作用。但是后来其把相当的精力放在了处理成员党之间的意见分歧和矛盾方面,造成了社会主义国家的内耗,且苏联试图通过情报局控制东欧国家行径也造成了严重的结果。

14.经济互助委员会

经济互助委员会简称经互会。二战后,以美国为首的西方国家对苏东社会主义国家实行经济封锁,发动冷战。苏东国家面临战后恢复和发展国民经济的迫切任务,需要相互支持。苏联为了巩固其在东欧的地位,对抗美国的冷战与遏制,遂于1949年4月在莫斯科成立经互会。当时参加国有苏联、保加利亚、匈牙利、波兰、罗马尼亚、捷克斯洛伐克六国,随后有民主德国、蒙古国、古巴、越南加入。1990年10月德国统一后，民主德国的成员国身份失效。至1991年共有9个成员国。总部设在莫斯科。经互会的活动主要是通过协调计划、生产专业化与协作、共同建设联合项目，以及科技合作和对外贸易等进行的。它的建立奠定了社会主义国家广泛的多边经济合作的基础，扩大了苏联和东欧国家的经济技术交流，但是苏联后来利用经互会推行经济一体化，忽视甚至践踏其他成员国的利益和主权，在某种程度上有碍于东欧国家经济的发展。经互会的成立标志着欧洲在政治上、经济上的双重分裂，出现了两种世界经济体系的对立。1991年经互会解散。

15.阿拉伯国家联盟

阿拉伯国家联盟，简称阿盟，是阿拉伯国家的区域性组织。1944年9月，在埃及的提议下，阿拉伯各国外长在埃及亚历山大港举行会议，拟订了《亚历山大议定书》，决定成立阿拉伯国家联盟。1945年3月22日，叙利亚、约旦、伊拉克、沙特阿拉伯、黎巴嫩、埃及、也门7个独立国家的代表在开罗举行会议，与会代表签订了《阿拉伯国家联盟公约》（又称《阿拉伯联盟宪章》）。阿拉伯国家联盟的宗旨是：加强成员国之间的紧密合作关系，协调彼此间的政治活动，捍卫独立和主权，全面考虑阿拉伯国家的事务和利益等。1950年4月，在开罗签订《阿拉伯国家间联合防御和经济合作条约》。理事会是其最高机构，由各成员国的代表组成，每年3月和9月举行例会，并有常设秘书处。总部原来设在开罗，从1979年起，因埃及的成员国资格被中止，遂迁至非洲的突尼斯。至1986年，成员包括20个国家和巴勒斯坦解放组织。阿盟成立后，逐渐成为一支不可忽视的国际政治力量，有力地推动了阿拉伯地区民族解放运动的发展。

16.巴鲁克计划

巴鲁克计划是联合国原子能委员会美国代表伯纳德·巴鲁克于1946年6月14日提出的一项计划，亦称为"原子能管制计划"。其主要内容是：设立原子能发展总署，作为国际原子能监督机构，管制原子能的发展和利用，甚至包括原料生产，任何利用裂变材料来发展原子弹的违反管制的行为都将受到严厉制裁；该机构可以派遣代表到各国"观察"，以确保有效的管制；该机构不受大国一致原则的约束，联合国常任理事会对其决议无否决权；在机构确立了有效管制后，停止核武器生产，并销毁一切现存核武器。同年12月30日，联合国原子能委员会表示同意该计划。由于这一计划要求先建立有效的管制，然后处置现存核武器，所以并不能确保销毁现存核武器，这势必有利于美国保持其核垄断地位。这是巴鲁克计划的目的和实质内容。为此，苏联在1946年6月18日提出反对建议，要求先缔结一个国际公约，缔约国首先应承诺负有在任何情况下不得率先使用核武器的责任，然后在公约生效后3个月内，销毁现存的一切核武器。美国于同年7月1日在比基尼岛进行了二战后第一次核试验，表明对该计划并无诚意。

17. 蒙巴顿方案

蒙巴顿方案即"印巴分治"方案，因1947年6月由英国驻印度总督蒙巴顿提出而命名的。二战后，英帝国主义迫于印度民族解放运动的强大压力，提出"分而治之"的方案。主要内容为：根据居民宗教信仰，英属印度分为印度联邦和巴基斯坦两个自治领，分别建立自治政府；巴基斯坦由东巴基斯坦和西巴基斯坦构成；王公土邦在"移交政权"后享有独立地位，可分别谈判加入印、巴任何一个自治领。这个方案为当时的主要政党——印度国大党和穆斯林联盟所接受。1947年8月15日，英国把在印度的政权分别移交给印度国大党和巴基斯坦穆斯林联盟，其在印度的殖民统治从此告终。英国在印度的经济利益实际上基本未受影响，而印度独立法规定的内容却在印度和巴基斯坦之间形成了一些争端，其中最严重的是克什米尔问题，为印、巴日后的长期冲突埋下了祸根。

18. 克什米尔问题

克什米尔谷地是人口最密集的地区之一，大多数为穆斯林，查谟则是印度教徒占多数的地区。克什米尔原是英属印度的一个土邦，拥有相对独立性。1947年印、巴分治时，印度教王公控制了土邦议会，印度利用议会通过决议将克什米尔划入印度，引起巴方和穆斯林居民的不满。从1947年起，印、巴双方为此进行了三次印巴战争。1949年1月,通过联合国的调停,印、巴划定了实际控制线。第一次印巴战争后,双方开始在实际控制线沿线和控制区内重兵布防。经过三次印巴战争,双方目前仍在争夺对该地区的主权,并时有军事摩擦发生。克什米尔问题是影响南亚地区安全的一个重要的不稳定因素。

19. 五次中东战争

第一次中东战争。1947年11月,联合国大会通过了《巴勒斯坦分治决议》,决定结束英国的委任统治,成立犹太国家与阿拉伯国家。犹太人对决议感到欢欣鼓舞,而阿拉伯人则表示强烈反对。1948年5月14日,以色列宣告独立。次日,埃及、外约旦、伊拉克、叙利亚、黎巴嫩五国对以色列宣战,第一次中东战争爆发。战争初期,以色列面临的局势非常严峻,但由于参战的阿拉伯国家内部不团结及联合国在此期间通过的两次停火决议,以色列扭转了不利的局面,最终取得了战争的主动权。1949年2月至7月,埃及、黎巴嫩、外约旦、叙利亚同以色列签订了停战协定。以色列在战争结束时控制了2.085万平方公里的土地,占巴勒斯坦总面积的80%,在分治决议的基础上多占领了6000多平方公里土地。战争激化了阿拉伯国家与以色列、英国、美国的矛盾,从此中东战乱不断,成为恐怖主义的热土。

第二次中东战争,又称苏伊士运河战争。1955年,埃及将苏伊士运河收归国有,触动了英、法在该地区的传统利益,为此,英、法两国制定了周密的军事计划,准备武力夺回失去的特权。1956年10月,英、法两国支持以色列入侵西奈半岛,挑起了第二次中东战争。随着战争的不断升级,英、法对埃及采取了进一步的军事行动。英、法两国对埃及的侵略行动遭到国际社会的普遍谴责。后来由于美、苏两国利用联合国向英、法两国施加压力,11月6日,英、法被迫接受了停火;12月,英、法和以色列的军队先后从埃及撤出。苏伊士运河战争最重要的影响就是美国从此取代英、法在中东的地位,苏联也开始积极向该地区扩展势力。美、苏之间的争夺使中东局势进一步复杂化。

第三次中东战争,又称"六五战争"。第二次中东战争后,美苏在中东的对抗更加激烈,美国支持以色列,苏联支持阿拉伯国家。以色列为削弱阿盟的力量、消灭巴勒斯坦解放组织,决定发动战争。1967年6月5日,以色列先后对埃及、外约旦、叙利亚发动了猛烈的空袭。随后发动了地面进攻,挑起了第三次中东战争。战争持续了6天,因此也被称为"六天战争"。战争期间,阿拉伯国家在人员、物资补给等方面都处于劣势,进而受到了严重的损失,以色列占领了阿拉伯国家6万多平方公里的土地。1967年11月22日,联合国安理会通过了242号决议,要求以色列撤出占领的阿拉伯国家的领土,要求交战双方承认对方主权独立及领土完整。但是决议遭到了阿拉伯国家的反对,阿以关系进入了一种不战不和的状态。

第四次中东战争。1973年,埃及、叙利亚同时在南北向以色列发动进攻,随后其他九国也陆续参战,第四次中东战争由此爆发。由于其发生在10月,又被称为"十月战争""斋月战争""赎罪日战争"。战争开始后,以色列由于战前毫无准备而处于劣势,但是由于美国向其提供了大量的战略援助并及时地调整了战略布局,很快扭转了战争的局势,又一次掌握了战争的主动权。10月,在美、苏两国的主导下,联合国安理会通过了338号决议,要求各方就地停火,执行242号决议,并开始谈判以建立中东地区持久的和平。战争期间,阿拉伯国家发动了一场震撼世界的石油斗争,分化了西方阵营。第四次中东战争打破了以色列不可战胜的神话,显示了阿拉伯国家维护自身利益的决心。

第五次中东战争,又称"黎巴嫩战争"。1982年6月,以色列以其驻英大使被刺为由,大举入侵黎巴嫩,故又称"黎巴嫩战争"。这主要是基于三个目的:一是要摧毁巴勒斯坦解放组织(简称巴解)的基地,二是赶走驻黎的叙利亚军队,三是在黎巴嫩南部建立保障以色列安全的"安全区"。以色列从一开始就取得了战争的主动权,巴解在黎巴嫩南部的基地全部失守,巴解总部被迫撤到突尼斯,叙利亚在以军强大的地面攻势面前不得不撤退。1983年5月,黎巴嫩和以色列在美国的干预下达成了撤军协议。黎巴嫩同意以色列在其南部45公里内设置安全区。由于以军在黎的占领受到当地人民的反对,以色列伤亡不断上升。从1985年1月开始,以色列开始单方面撤军,到2000年撤军才全部完成。

20.石油危机

第一次石油危机。1973 年,第四次中东战争爆发,石油输出国组织(OPEC,亦称欧佩克)为了打击对手以色列及支持以色列的国家,宣布石油禁运、暂停出口,造成油价上涨。这次石油危机对美国等少数依靠廉价石油起家的国家产生了极大冲击,加深了世界经济危机。但这次石油危机之后,巨额财富潮水般地涌入中东,使阿拉伯国家的石油收入大量增长。

第二次石油危机,又称 1979 年石油危机,发生在 1979 年至 20 世纪 80 年代初。1978 年伊朗发生推翻巴列维王朝的革命,社会和经济出现剧烈动荡。1980 年两伊战争爆发,两国石油生产完全停止,世界石油产量受到强烈冲击,产量剧减,打破了当时全球原油市场上原有的供求关系。欧佩克提高原油价格,造成了西方严重的经济危机。通过第一次、第二次石油危机,资本主义不公正的石油体系逐渐打破,欧佩克对世界石油市场的影响力达到巅峰。但过高的油价引起了石油需求量的下降,价格的上涨,有助于促进能源节约和新能源的开发。

21.《世界人权宣言》

《世界人权宣言》是 1948 年联合国大会通过的一份保护人权的文件,是世界上第一份保护人权的正式多边性文件,根据联合国的宗旨而制定。其主要内容为:承认人类的政治、经济、社会、文化等方面的权利,承认人类的生存权利和发展权利,并对这些权利予以尊重和保护。各国政府和国际社会为促进人权的保护而共同努力,虽然人权宣言具有道义上的力量,没有法律上的约束力,但它促使一系列人权保护的条约得以建立,并促成了一个人权保护的国际条约体系。宣言突破传统人权概念,除公民、政治权利外首次规定了个人经济、社会和文化权利,成为人权发展的重要里程碑。然而宣言的主要内容是根据西方工业国家标准制定的,同发展中国家的实际情况有差异,造成在当今国际社会中发达国家和发展中国家在人权问题上的矛盾与冲突。

22.巴黎统筹委员会

巴黎统筹委员会是二战后美国等西方资本主义国家专门负责对社会主

义国家实施封锁和禁运的机构,1948年由美国发起,1949年11月成立,总部设在巴黎,参加国有美、英、法、西、德、日、意等15个国家。基本宗旨是:限制成员国与社会主义国家发展经贸关系,特别是限制对社会主义国家的出口贸易。委员会设立以下机构:咨询小组是决策机构,调整委员会是负责对苏东国家实行进口管制的机构,中国委员会是对中国实行禁运的执行机构。对华禁运的项目比对苏东国家多300余种。中美关系解冻后,该组织对中国的禁运不断放宽。苏联解体、东欧剧变后,该组织的作用不断下降。1994年7月,对武器及有关产品和技术采取出口限制的新的国际协定——《瓦瑟纳尔协定》将其取代。

23.《布鲁塞尔条约》

二战后,英、法、荷、比、卢五国缔结互助同盟条约——《布鲁塞尔条约》。二战后,西欧国家主要关心的是两个安全问题:一是防止德国的东山再起,二是认为苏联是他们的主要威胁。英国试图通过丘吉尔提出的"三环外交"控制西欧联盟,法国也积极恢复大国地位。

1948年3月17日,上述五国签订了《布鲁塞尔条约》。主要内容为:组织并协调相互间的经济活动,磋商有关社会问题,促进文化交流;若任一缔约国在欧洲成为攻击目标,其他缔约国应提供它们所能及的一切军事的或者其他援助;建立一个咨询理事会,以便共同磋商本条约所涉的一切实际问题。8月25日起条约生效,成立了该条约组织,并成立了协商委员会作为最高领导机构,为处理防务问题设立了西方联盟防务委员会。《布鲁塞尔条约》是一项以军事同盟为核心的多边军事条约。这实际上是在美国操纵下建立欧洲军事集团的第一步,是北约建立的前奏曲。

24.舒曼计划

1950年5月9日,法国外交部长舒曼提出了建立欧洲煤钢共同体的舒曼计划。这一计划选择将德国鲁尔区的煤钢资源置于法、德两国共同参与管理的联合机构之下,并向西欧所有国家开放,使之成为通向欧洲联合的突破口。根据舒曼的建议,1951年4月18日,法国、联邦德国、意大利、比利时、荷兰、卢森堡6国达成协议,签订了为期50年的《欧洲煤钢联营条约》。舒曼计划所要达到的首要目的并不是经济的,而是具有重大的政治意义。因为重整军备首先是从煤、钢的增产过程中显现端倪,而法、德两国任何一国都能够从中觉察到重整军备的初步迹象,因此舒曼计划将起着极大的安定人心的效果。这样,煤钢基础工业的联营为消除法、德之间的一切争端创造了一个真正的前提,为西欧联合开辟了广阔的道路。

25.欧洲一体化

欧洲一体化开始于1951年欧洲煤钢共同体的建立。1950年舒曼计划出台后,法、德、意、荷、比、卢六国便成立了欧洲煤钢共同体。1957年,六国又成立了欧洲原子能共同体和欧洲经济共同体。1967年,欧洲各国将前三个组织合并组成了欧洲共同体(简称欧共体),实现了统一农业政策和统一关税。至此,欧洲一体化进程有了质的飞跃。欧洲各国清醒地认识到只有联合自强才能在未来世界占有优势,在欧共体扩大的同时注重从经济一体化到政治一体化的转变。1993年《马斯特里赫特条约》签署后,欧盟成立,截至2022年,已有成员国27个。在欧盟成立的基础上,欧洲于2002年1月1日正式启用共同货币——欧元,并制定了共同的安全防务政策。在尼斯会议上,欧盟更是对内部机制进行了改革,为东扩做好了准备,并突出了独立防务的重要性,规定了欧洲快速反应部队与北约的关系,推动了政治一体化的进程。欧盟从此进入了政治一体化与扩大并举的时期,但其国家联盟的性质在短期内不会改变。欧洲一体化是当今世界上最典型、最成功的区域性组织的形成过程,不仅有利于欧洲各国的联合自强,更有力地推动了世界经济全球化和政治多极化的进程,必将随国际形势发展继续深化与拓展。

26.《日台条约》

冷战之后,日本顺应本国利益和美国利益要求,出于"以台制华"的战略考虑,提升与台湾当局的实质关系,给中、日关系及海峡两岸的和平统一造成了许多阻碍。美国操纵下的《旧金山和约》把中华人民共和国排斥在外,非法赋予台湾蒋介石集团代表中国政府对日媾和的权力。《旧金山和约》生效的同一天,日本吉田政府和蒋介石集团签订了非法的《日台条约》。日本与台湾当局依照美国的战略,在遏制中国大陆的目标下结成同盟关系。从20世纪50年代到70年代初,在中、日官方关系处于敌对的状态下,日本与台湾当局的关系却取得了很大的发展。日本首相不时造访台湾,赞扬蒋介石集团"在保卫民主和经济文化建设中的业绩",并公然支持其"反攻大陆"。双方还保持着密切的经济联系,日本是当时台湾最重要的贸易伙伴。

27.《欧洲防务集团条约》

朝鲜战争爆发后,美国十分重视重新武装德国,以加强西欧防务。在1950年9月美、英、法三国外长会议上,美国国务卿艾奇逊提出应尽快建立一支以联邦德国军队为骨干的欧洲军。法国对重新武装联邦德国疑虑甚多,后采取法国总理普利文的变通建议,联邦德国以参加欧洲防务集团的方式加入北约,集团对联邦德国武装问题作一定的限制。1952年5月27日,法国、联邦德国、比利时、荷兰、意大利、卢森堡六国外长在巴黎签署《欧洲防务集团条约》,又称《欧洲军条约》,把缔约国各有关兵种一定数量的部队统一在一个"超国家"的防务集团之内,属于北约最高统帅部,规定3年内建立欧洲防务集团部队55个师,其中40个常备师、15个后备师。条约签订时,美、英对法国安全作了保证,但英国没有正式参加防务集团。朝鲜战争停战后,国际形势出现缓和,法国国内主张否决欧洲防务集团的力量扩大,国民议会于1954年8月拒绝批准《欧洲防务集团条约》,致使条约未能生效。

28.《共同安全法》

《共同安全法》是20世纪50年代美国国会通过的一组对外援助法案,以通过向"友好国家"提供军事、经济和技术援助来达到"确保美国安全和促进它的对外政策"的目的。根据1951年《共同安全法》规定,美国国会以前通过的《经济合作法》(1948年)、《共同防御援助法》(1949年)和《国际开发法》(1950年)均被包括在这个共同安全计划之内。因此,它是美国在这一段时间对外援助的法律依据。该安全法于1961年初被美国国会通过的新的《对外援助法案》所取代。

29.《日美安全保障条约》

1951年,日本与美国在旧金山签订军事同盟条约——《日美安全保障条约》。二战后,美国从其全球利益出发,把日本纳入了美国遏制政策的远东轨道。条约的主要内容:日本承认美国在日本驻扎陆、海、空军;驻日美军为维护远东和平与安全和保障日本的安全,应日本政府的请求,可用武力镇压内乱和暴动,以及对付外来的武力攻击;美军驻扎日本的条件依照日、美两国间的行政协定规定。此条约不仅构成规定日本从属于美国的法律依据,而且使美国可以在日本几乎无限制地设立、扩大和使用军事基地。其后,日美为加强两国间的军事同盟,从1958年起,就修改条约问题进行谈判,并于1960年签订《新日美安全条约》。

30.多米诺骨牌理论

1954年4月,艾森豪威尔提出所谓的多米诺骨牌理论,声称如果印度陷入共产党统治,东南亚其他地区将会像多米诺骨牌一样,很快陷落。他警告说,这种局势对西方来说,后果不堪想象。鉴于多米诺骨牌效应,艾森豪威尔在1954年法国撤离印度后,开始大幅度援助并扶持1954年建立的吴廷琰政府,直接插手越南内战,将美国卷入不能自拔的越南战争。

31.《伦敦—巴黎协定》

由于马歇尔计划的执行、北约成立及西欧经济一体化进程,二战后联邦德国的地位日益突出。在美国的积极策动下,美、加、英、法、卢、比、荷、德、意九国在1954年9月和10月的伦敦会议和巴黎会议上达成了一系列协议,统称为《伦敦—巴黎协议》。主要内容有六点:美、英、法结束对联邦德国的占领,但三国军队留驻联邦德国直至1998年止;联邦德国建立一支50万人的军队加入北约;在《布鲁塞尔条约》的基础上建立西欧联盟,并吸收联邦德国和意大利参加,删除原《布鲁塞尔条约》中一切有关防止德国重新侵略的词句;规定西欧联盟六国的军事力量水平,各国要扩军需要经所有缔约国的一致同意;英国在欧洲大陆保持四个师和一个战术空军联队,作为欧洲安全的保证;联邦德国在其境内不能制造原子武器、生物武器和化学武器。此条约于1955

年5月5日生效。

《伦敦—巴黎协定》的正式生效,使联邦德国正式获得了国家主权并加入北约,从而完善了美国从20世纪40年代末以来精心构建的遏制苏联和东欧社会主义国家的军事集团,加剧了东西方的对立。

32.万隆会议

二战后许多亚非国家获得了政治独立,并面临着维护国家独立、争取和平与发展的共同利益。

1955年,第一届亚非会议在印尼万隆召开,会议讨论了殖民主义问题、世界和平与合作问题、如何确定亚非国家间建立友好合作关系的共同原则等问题。周恩来总理在大会发言中阐述了中国政府的基本政策主张,提出求同存异的方针,为会议的成功奠定了基础。会议通过了《亚非会议最后公报》,确立了和平共处、国际安全、裁军和反殖民主义等第三世界国家的合作方向。

在国际关系史上,亚非国家第一次在没有西方列强参加的情况下召开了会议。万隆会议后,亚非拉民族解放运动迅速发展,并促进了不结盟运动的产生与发展。第三世界通过联合逐渐成长为冷战中的另一股力量,对冷战形成了很大冲击。

33.日内瓦会议

日内瓦会议是1954年美、苏、英、法、中五国讨论朝鲜问题和越南问题解决方案的会议。在美、苏战略微调的背景下,东西方冷战也趋于缓和,1954年,五国在日内瓦召开会议。会议的第一阶段主要讨论朝鲜问题的和平解决,第二阶段讨论越南问题。会议通过了《日内瓦协议》,决定结束在越南的敌对行动,划定越南临时分界线。与会各国保证尊重越南、老挝、柬埔寨三国的民族独立、主权、统一和领土完整,并对其内政不予任何干预;法国军队将从印支三国撤出。在日内瓦会议上,亚洲国家第一次以平等身份同西方国家进行了直接谈判,会议达成的协议对国际局势的缓和具有积极作用。

34.华沙条约组织

二战后,美国对苏联发动了冷战,并加紧重新武装德国。苏联对美国重新武装联邦德国的计划始终保持高度警惕,并于1954年11月联合东欧七国一起在莫斯科举行欧洲和平与安全会议,宣布如果西方国家坚持批准联邦德国恢复主权、重建军队、加入北约的《巴黎协定》,与会国将"在组织武装力量和司令部方面采取共同措施",以保障自身安全。1955年5月5日,《巴黎协定》批准生效后,苏东国家在华沙举行第二次欧洲和平与安全会议,并于1955年5月14日缔结了《友好合作互助条约》,简称《华沙条约》。华沙条约组织的成立是苏东国家对联邦德国加入北约作出的公开反应,巩固了苏东国家间的军事同盟关系,标志着欧洲正式出现了两个对立的军事集团。同时,《华沙条约》的签订也为苏联在东欧国家长期驻军提供了新的法律依据,华沙条约组织逐渐成为苏联推行其外交政策的工具与手段。华约的建立,使苏联加强了与北约抗衡的实力,也加强了苏联对东欧各国的控制,标志着社会主义阵营在东欧的形成。

1989年东欧剧变,华沙条约组织赖以建立和维系的政治社会制度和意识形态基础已不复存在。1990年,民主德国退出华沙条约组织。随即华约6国领导人于1991年6月在布拉格举行最后一次会议,宣布华沙条约组织解体,从而结束了欧洲两大军事集团对峙的局面。

35. 苏共第二十次代表大会

苏共第二十次代表大会是苏联历史乃至国际共产主义运动史上的一个重要转折点。会上主要批判了对斯大林的个人迷信,还提出了"三和"的新理论,对世界形势产生了重大影响。会议于1956年2月14日在莫斯科举行。赫鲁晓夫提出:"和平共处是社会主义国家外交政策的总路线",是处理不同社会制度国家关系的准则;社会主义过渡形式的多样化,既有暴力革命的形式,也有议会道路的形式,但无论哪种都必须坚持无产阶级领导;和平过渡是可能的,取决于统治阶级的抵抗程度:在发展重工业的前提下,努力发展与人民生活密切相关的轻工业和农业。在大会闭幕日午夜,赫鲁晓夫作了《关于个人崇拜及其后果》的"秘密报告",揭露了斯大林个人崇拜的危害性及给党和人民带来的损失。苏共二十大的积极影响主要有四点:批判了个人迷信和个人崇拜;有助于其他各国共产党摆脱教条主义的束缚;推动了苏联国内建设事业的发展;"三和"理论中关于世界战争可以避免等观点对缓和国际紧张局势、保卫世界和平有积极意义。消极影响主要有四点:帝国主义在世界范围掀起了反苏、反共、反社会主义的浪潮;被击溃的机会主义分子趁火打劫;资本主义国家的工人运动出现了混乱;赫鲁晓夫的秘密批判形式引起世界震动。

36.中央条约组织

中央条约组织前身为巴格达条约组织,是20世纪50年代中期,英、美两国为控制中东地区和遏制苏联而筹组的军事集团,成员国包括伊朗、伊拉克、土耳其、巴基斯坦和英国,美国以"观察员"身份参加。1955年,伊拉克和土耳其在巴格达签订《互助合作公约》,即《巴格达条约》,英国、巴基斯坦和伊朗分别在该条约上签字。同年,巴格达条约组织正式成立,其最高机构为常设理事会,其中部长理事会由缔约国总理或外长参加,每年召开一次会议;大使级理事会由部长助理或大使参加。该组织在英、美操纵下与北约、东南亚条约组织一起,形成对社会主义国家的包围圈。1958年,伊拉克爆发革命,推翻了亲西方的费萨尔王朝,巴格达条约组织总部迁往安卡拉。1959年,伊拉克正式宣布退出该组织,而后巴格达条约组织易名为现称。美国虽为非缔约国,但先后分别与伊朗、土耳其、巴基斯坦签订双边军事合作协定,享有正式成员地位,参加常设理事会。从20世纪60年代后半期开始,成员国之间在关于以色列侵略、与社会主义国家的经济和技术合作等一系列国际问题上的分歧日益扩大,组织内部趋于瘫痪,1979年解体。

37.大规模报复战略

大规模报复战略是美国艾森豪威尔政府推行的一种军事战略。侵朝战争的失败使美国政府意识到自身力量的局限性,而且在世界各地维持庞大的地面部队使其在经济上也力不从心。1953年,艾森豪威尔担任美国总统不久即着手制定大规模报复战略。1954年1月12日,国务卿杜勒斯发表演说,公开而详尽地对大规模报复战略进行阐述。他宣称,美国需要建立并拥有一支庞大的报复力量,"使其能够用我们选择的武器在我们选择的地方马上进行报复"。这一战略重点在核武器上,主张削减常规兵力、重点扩充导弹核力量和武装空军,在外交上提出要执行比杜鲁门的遏制政策更有利、更主动的"解放"政策,即把社会主义国家从共产党的领导下"解放"出来。该战略建立在美国具有核垄断和核优势的基础之上,但随着核垄断地位的丧失及苏联核力量的迅速增长,美国自己也被置于核武器的威胁之下。20世纪60年代初,该战略被灵活反应战略所取代。

38.《奥地利国家条约》

《奥地利国家条约》全称《重建独立和民主的奥地利的国家条约》,亦称《维也纳国家条约》,是1955年5月15日,由苏、美、英、法四国与奥地利的外交部部长在维也纳签订的和平条约。1938年奥地利被纳粹德国吞并,后作为德国的组成部分参加了二战,1945年作为战败国被苏、美、英、法四国分区占领。本条约确认奥地利重新独立并对有关战后问题作了规定。主要内容有:恢复奥地利的主权、独立和1938年1月的边界;禁止奥地利同德国合并或缔结任何形式的政治和经济同盟;奥地利应组成民主政府;不得拥有、制造核试验原子武器;盟国对奥管制自条约生效之日起废止;驻奥盟军在条约生效后90天内,最迟在1955年12月31日撤退完毕。该条约于1955年7月27日生效。此后,奥地利议会通过了确定奥永久中立的法案,使奥地利重新获得了自由和独立。《奥地利国家条约》的签署结束了美、苏、英、法对奥地利的军事占领与管制,确立了它的中立地位。条约的签订主要是苏联对外政策调整的结果,苏联虽然在中欧地区失去了一个前沿军事基地,却阻止了美国把奥地利拉入西方军事集团,并为四国首脑会议的召开铺平了道路,有助于缓和欧洲的紧张局势。

39.西欧联盟

西欧联盟成立于1955年5月6日,由布鲁塞尔条约组织扩大而成,是英国、法国、联邦德国、意大利、荷兰、比利时、卢森堡七国组成的一个政治和军事联盟。1948年《布鲁塞尔条约》签订以后,法、比、荷、卢等国多次提出加速西欧政治、经济一体化的建议。英国出于自身利益的考虑,拒绝这些建议,引起美国和西欧各国不满。布鲁塞尔条约组织五国决定撤销西方联盟总司令部,使英国失去"西欧防务一体化"的领导地位。但是美国加紧武装联邦德国,又引起法国的疑惧。英国利用法国担心联邦德国过分强大而需要英国充当中介人的机会,兜售"艾登计划",即修改《布鲁塞尔条约》,吸收联邦德国和意大利参加。1954年9月28日至10月3日,在伦敦召开外长会议,讨论加强和扩大《布鲁塞尔条约》及联邦德国参加北约问题。10月21日至23日,继续在巴黎开会。25日,签订《巴黎协定》,其中关于西欧联盟的文件主要内容有六点:原《布鲁塞尔条约》五国邀请联邦德国、意大利加入经过修改和补充的《布鲁塞尔条约》;原条约序言中有关"采取万一德国侵略政策复活时所认为必要的措施"一句,改为"采取必要措施,以促进欧洲的团结并鼓励其逐步统一";《布鲁塞尔条约》协商委员会改称西欧联盟理事会;规定各成员国对北约防务的分摊额的最高限度,以及成员国在欧洲大陆的国内防务部队和警察部队的人数和军备;联邦德国保证不在它领土之内制造原子武器、化学武器、远程火箭、导弹和3000吨以上水面舰只、战略轰炸机等;英国保证将继续在欧洲大陆保护由欧洲盟军最高司令部统辖的四个师和第二战术空军连队。关于西欧联盟的文件于1955年5月6日生效,正式宣告西欧联盟成立。

40.哈尔斯坦主义

哈尔斯坦主义是联邦德国20世纪五六十年代推行的一项对外政策,又被称为"东方政策"。1955年9月,联邦德国与苏联达成建交协议,但同时造成苏联一个国家出现了两个德国大使馆。为了避免其他国家效仿苏联同时与东西德建交,联邦德国政府提出一项对外政策原则:德意志联邦共和国政府单独代表整个德国,不承认德意志民主共和国,不同与德意志民主共和国建交的任何国家(作为四个战胜国之一而对德国统一负有责任的苏联除外)建立或保持外交关系。这一政策由外交部国务秘书哈尔斯坦建议制定,故名"哈尔斯坦主义"。根据这一政策,当南斯拉夫与古巴先后于1957年和1963年同德意志民主共和国建交时,德意志联邦共和国就同这两国断交。1969年,社会民主党上台后,宣布推行"新东方政策",哈尔斯坦主义被其取代。

41.欧洲经济共同体

欧洲经济共同体又称欧洲共同市场。1957年3月25日,欧洲煤钢共同体成员国法国、联邦德国、意大利、比利时、荷兰、卢森堡六国在意大利首都罗马签订《建立欧洲经济共同体条约》和《建立欧洲原子能共同体条约》(通称《罗马条约》),欧洲经济共同体与欧洲原子能共同体同时成立,总部都设在布鲁塞尔。1967年7月1日,欧洲经济共同体与欧洲原子能共同体及1952年成立的煤钢共同体的主要机构合并,统称欧洲共同体。

欧洲经济共同体的决策机构是部长理事会,负责协调成员国的一般经济政策,代表各国政府讨论并决定与共同体有关的所有问题,拥有共同体的绝大部分立法权。欧洲经济共同体的宗旨是通过建立共同市场,使各成员国经济政策逐步接近,来推动整个共同体经济活动的协调进行,促进共同体不断地、平衡地和稳定地发展,提高其生活水平并在各成员国间建立更加紧密的联系,长远目标是建立经济联盟。

42.国际原子能机构

国际原子能机构是联合国监督下的自主的政府间国际组织,致力于和平利用原子能。该机构于1957年10月成立,总部设在维也纳。该机构主要负责国际原子能领域的政府间科学技术合作及地区原子能安全的测量检查。

宗旨是谋求加速和扩大原子能对全世界和平、健康及繁荣的贡献;并尽其所能,确保由其本身或经其请求,或在其监督或管制下提供的援助不用于任何军事目的。机构有理事会和秘书处。总干事是最高行政领导,由理事会推荐,大会批准任命,任期4年。每年召开一次大会,其主要职能是:选举理事国;核准年度报告,批准计划和预算;审议理事会根据机构《规约》建议的事项等。每年向联合国大会提交工作报告,必要时直接向安理会报告。截至2022年3月,共有175个成员国。1984年1月1日,中国正式成为国际原子能机构成员国。同年6月,机构理事会接纳中国为指定理事国。其主要活动如2004年1月至11月对伊朗的核检查。

43.欧洲共同体(欧共体)

欧洲共同体简称欧共体,是欧洲联盟(简称欧盟)的前身,包括欧洲煤钢共同体(又名欧洲煤钢联营)、欧洲原子能共同体和欧洲经济共同体3个相互独立的组织。欧共体创立于1957年3月25日,创始国为法国、德国、意大利、比利时、荷兰和卢森堡6国。

1952年6月,欧洲煤钢共同体正式成立。1957年3月25日,上述6国领导人聚会罗马,签署了《建立欧洲经济共同体条约》和《建立欧洲原子能共同体条约》等文件,这些文件统称为《罗马条约》。1958年1月1日《罗马条约》生效。六国又在布鲁塞尔签订了《布鲁塞尔条约》,决定将欧洲煤钢共同体、欧洲经济共同体和欧洲原子能共同体合并,统称欧洲共同体,但原来的三个组织仍继续存在,各以独立的名义活动。《布鲁塞尔条约》于1967年7月1日生效,欧洲共同体正式成立。这个共同体主要致力于欧洲经济方面的合作与联合,是欧洲区域性的经济组织,对战后欧洲经济的发展和欧洲国际地位的提高起到了非常重要的作用。

欧共体的组织机构主要有欧洲理事会、欧洲委员会、欧洲议会、欧洲法院、欧洲审计院。1991年12月11日,欧共体在荷兰马斯特里赫特举行特别首脑会议,通过了以建立欧洲经济货币联盟和欧洲政治联盟为目标的《欧洲联盟条约》,简称《马约》。1993年11月11日,《马约》正式生效,欧共体于是更名为欧洲联盟,简称欧盟。

44.艾森豪威尔主义

美国总统艾森豪威尔在冷战时期提出的一项对外政策。20世纪50年代,为了排挤英、法传统势力,镇压中东民族解放运动,抵制苏联势力的渗透,进而独霸中东,美国急需制订一项新的中东政策。

1957年,艾森豪威尔正式向国会提交了一份关于中东问题的特别咨文,要求国会授权他为"保护"中东国家的"独立"而使用美国武装部队,以对付"国际共产主义的武装侵略",还要求国会在两年内额外拨款向中东国家提供经济援助。这个军事援助和合作计划被称为艾森豪威尔主义。美国国会通过决议。

1958年,根据艾森豪威尔主义,美国出兵黎巴嫩,干预该国国内事务。西欧国家认识到美国与西欧利益的一致性并不适用于任何地区,进而促进了西欧的一体化。

45."三和路线"

二战结束后不久,冷战爆发,美、苏处于全面对抗时期。斯大林逝世后,赫鲁晓夫开始调整对外政策,缓和紧张的国际局势。

"和平共处""和平竞赛""和平过渡"的"三和路线",是苏联新外交政策的核心。赫鲁晓夫认为,社会主义阵营的出现使和平力量具备了防止侵略的物质手段,同时资本主义国家内部拥护和平的运动已成为防止战争的一个有利因素。在"战争可以避免"的理论基础上,赫鲁晓夫提出社会主义和资本主义之间可以和平共处,通过和平竞赛,实现和平过渡,也就是向社会主义过渡。"三和路线"以缓和取代全面对抗,从而使苏联赢得了外交上的主动权与较大的活动空间。赫鲁晓夫把苏、美之间的"和平共处"作为所有社会主义国家外交政策的总路线,要求其他社会主义国家的对外政策服从于苏联的国家利益,其大国主义思想暴露无遗。

46.灵活反应战略

灵活反应战略是美国在20世纪60年代推行的军事战略,1959年由美国前陆军参谋长马克斯韦尔·泰勒上将倡导,60年代初为肯尼迪政府采纳。由于核垄断地位的丧失,艾森豪威尔政府奉行的大规模报复战略对美国造成"瘫痪性影响"。1961年肯尼迪政府上台后制定灵活反应战略,抛弃大规模报复战略中片面依赖核武器的观念,规定应当建立多样化的军事力量,即在发展核武器和导弹的同时,加强常规兵力,增加在常规战争中使用的空军和海军力量,扩充陆军,以便能打各种类型的战争,包括常规战争、核战争、特种战争、局部战争和世界战争。它以常规战争作为到处挥舞的"剑",以核力量为"盾",打算以足够的非核部队同时在欧洲和亚洲分别同苏联和中国打两场大战,并在其他地方对付规模不大的称为"半个战争"的紧急情况,这就是所谓的两个半战争。为了修改灵活反应战略,1965年约翰逊政府提出"逐步升级战略",它是灵活反应战略的具体化。但是美国侵越战争的失败,宣告灵活反应战略和逐步升级战略的破产。

47."新边疆"

"新边疆"是美国总统肯尼迪1960年7月在洛杉矶接受民主党总统候选人提名演说中提出的政治口号,后被历史学家用来称呼其国内施政纲领。在接受提名演说中,肯尼迪说:"我们今天站在新边疆的边缘。这是20世纪60年代的边疆,充满吉凶难卜的机会和危险的边疆,充满希望而又遍布威胁的边疆。"他要求美国人民必须准备作出牺牲来面对"一系列需要应对的挑战"。执政后,面对日益恶化的经济形势,肯尼迪采用凯恩斯的经济理论,坚持刺激经济发展的方针;从1961年起,他通过区域发展条例和开发阿巴拉契亚山区的一系列计划,着手解决"贫困之源"问题;同时提出了在60年代末登上月球的空间计划。1962年,放宽申请设备折旧补贴和投资信贷的限制,颁布把工资增长率保持在生产率增长速度之内的"工资—物价"准则,并施加压力迫使美国钢铁公司把上涨的钢材价格压平。1963年,提出全国减税建议和要求取消种族隔离和种族歧视的《民权法案》。但其控制剩余农产品的供应管理计划及《教育法案》《医疗保健法案》等则在国会中被反对势力击败。

48.匈牙利事件

1956年10月23日至11月4日在匈牙利发生动乱,史称匈牙利事件。1948年,匈牙利劳动人民党执政后一味照搬苏联模式,致使本国政治、经济陷入混乱,国民经济比例失调,人民生活水平下降,造成本国人民不满。赫鲁晓夫上台后,插手匈牙利国家内部事务,干预其党内斗争,造成匈领导集团内部不稳。1956年的波兰事件则对匈牙利政局产生了直接影响。受其影响,匈牙利一批知识分子组织了裴多菲俱乐部,要求政府进行改革。10月22日,裴多菲俱乐部向匈牙利政党提出了关于修改第二个五年计划、实行工人自治、恢复纳吉总理职务、开除拉科西等十点要求;23日,在布达佩斯举行了20万人的大规模游行。政府请苏军援助镇压的决定使局势进一步恶化。24日,劳动人民党中央委员会通过了改组政治局和政府的决定,纳吉任总理,卡达尔任第一书记。11月1日,内阁会议决定匈牙利退出华约,宣布中立,并向联合国呼吁要求四大国保护匈牙利中立。这一举动超出了苏联的容忍限度。2日午夜,苏军大规模进入匈牙利,控制了局势。4日,以卡达尔为首的新政府接管了政权,历时13天的匈牙利骚乱至此结束。匈牙利事件表明,由于苏联在社会主义国家内部推行大国沙文主义、大党主义,东欧国家不愿再效仿苏联模式,要求走自主的路,显示了社会主义阵营的分裂倾向。

49.U-2飞机事件

1960年5月1日,一架美国U-2侦察机奉命从巴基斯坦出发前往苏联进行侦察,在苏联领空被苏军击落,飞行员被扣押。最初美国政府否认该机目的和任务性质,谎称飞机是在进行高空气象研究的活动中因为事故造成了飞机失控最终进入苏联领空并失事的,当苏联向外界展示被俘的飞行员和U-2侦察机残骸时,美方终于承认该机进行的是间谍活动。

U-2飞机事件使得美国极为尴尬,美国坚持不在此事件上向苏联道歉,美苏缓和的气氛被打破,随后的巴黎四国首脑会谈也因此以失败收场。U-2飞机事件也严重损害了巴基斯坦的安全,恶化了苏联和巴基斯坦的外交关系,苏联开始与印度接近。巴基斯坦也感到被美国所欺骗,迫使美国最终关闭了在巴情报部门。

50.吉隆滩事件

吉隆滩事件又被称为"猪湾事件",即1961年4月美国雇佣军入侵古巴,后被古巴军民击退的事件。革命后的古巴成为美国进一步控制拉美的障碍,1961年2月3日,美国总统肯尼迪下令进行扶植和利用古巴流亡分子颠覆古巴新政权的"九点计划"。在采取断绝外交关系、经济封锁等措施之后,又直接实行军事卷入。4月15日,一批伪装成古巴飞机由古巴流亡者驾驶的美制战斗机侵入古巴,试图摧毁古巴空军。古巴军民奋起抵抗,在72小时内一举击败了占领吉隆滩和长滩等地的雇佣军。4月20日,古巴政府把美国雇佣军已被击溃一事公布于世。美国总统肯尼迪于24日被迫宣布承认美国参与了这次入侵事件,并表示由他"单独承担责任"。吉隆滩事件是60年代初美国干涉美洲国家事务的一次严重失败。古巴军民在吉隆滩取得的胜利,对于巩固古巴新政权具有重大历史意义,也给其他反抗美国霸权的国家起到了鼓舞作用。

51.古巴导弹危机

古巴革命胜利后,古美关系迅速紧张,古巴加紧发展对苏关系。美国不能容忍古巴的革命政权,更不能容忍苏联染指这一地区,于是策划了猪湾入侵,但是遭到了失败。

古巴担心美国再次发动武装入侵,请求苏联给予军事援助。于是1962年赫鲁晓夫着手在古巴部署导弹。美国发现后,宣布武装封锁古巴,要求苏联撤走部署在古巴的进攻性武器,同时在加勒比海部署军事力量。经过双方博弈,苏联同意撤走在古巴的导弹和轰炸机,美国宣布解除对古巴的海上封锁,古巴导弹危机就此平息。

古巴导弹危机是战后美苏较量中最危险的一次,把冷战推到了核战争的边缘,对美苏冷战进程产生了巨大影响,它也成为国际力量分化的催化剂。古巴导弹危机也成为危机管理的典型案例。

52.《四月提纲》

《四月提纲》即1964年4月发表的《罗马尼亚工人党关于国际共产主义和工人运动的立场的声明》(以下简称《声明》)。1962年后,苏共、中共两党之间的论战趋于激化,并扩大到国家关系的各个方面。罗马尼亚工人党坚持维护国际共运团结的立场,决定尽自己的努力调停中、苏分歧。1964年3月,罗共党政代表团访问中国和苏联,向双方陈述他们关于停止论战的愿望和关于国际共产主义运动的一些基本观点。在调停没有取得成功的情况下,罗马尼亚工人党的中央全会于4月22日通过,并于26日发表《声明》。它被迅速译成英、俄、西、法、德等文散发。《声明》在全面阐述罗共观点的同时着重强调党和国家关系中的独立自主原则,认为"经济一体化""劳动分工"等不符合社会主义国家关系准则,"由于社会主义建设的条件的多样性,不可能存在统一的模式或处方,谁也不能为别的国家或别的党决定是非"。这一事件表明,社会主义阵营开始进一步分化,也说明了中、苏两国关系的破裂已经无可挽回。

53.日本新中东政策

新中东政策是日本为确保中东石油供应而实行的政策。第四次中东战争爆发后,阿拉伯产油国利用"石油武器"对亲以色列的西方国家实行禁运,日本面临"油断"的危境,最终其不顾美国的压力,宣布实行新中东政策:不得以武力获得或占领别国领土,以色列部队从1967年战争中所占领的全部占领区撤退,承认并尊重基于《联合国宪章》的巴勒斯坦人的正当权利。这是战后日本第一次采取与美国不同的外交政策,是日本中东政策的巨大转变。随后,阿拉伯产油国放宽了对日本的石油限制。

54.布拉格之春

"布拉格之春"是1968年春在捷克斯洛伐克掀起的一场改革运动。捷克斯洛伐克本身经济较为发达,战后实行了两个五年计划,经济上获得进一步发展。但从20世纪50年代中期起,高度集中的经济管理模式日益阻碍着其生产力的发展,人民要求改革的呼声越来越高。1959—1962年,捷共尝试改革,但效果不好,改革中断。60年代中期,捷的经济情况进一步恶化,改革之声又起。1968年1月,杜布切克当选为捷共中央第一书记。3—4月,改革运动达到了高潮,4月,捷共中央公布了改革的《行动纲领》,提出要建立一个新的民主的符合捷克斯洛伐克自身条件的社会主义模式,要改革政治、经济体制,对外奉行独立自主的方针。《行动纲领》受到人民的高度拥护。党内外人士积极展开讨论,提出各种改革方案,整个社会充满民主气氛,故而称之为"布拉格之春"。捷的改革触怒了苏联,苏联认为这是"复辟资本主义"的颠覆活动。1968年8月20日晚,苏联空降兵袭击布拉格机场,随后侵捷军队以华沙条约组织的名义入侵捷克斯洛伐克,捷共领导人被劫持到莫斯科进行会谈。8月26日,双方达成协议,主张改革的领导人均被撤换,改革政策停止实施,捷克斯洛伐克的改革运动夭折。

55.第一次柏林危机

二战后初期,由于苏联封锁西方占领区通向柏林的通道而引起的国际危机被称为第一次柏林危机。德国问题一直是美英与苏联矛盾斗争的焦点。冷战爆发后,美国为了实现控制欧洲和对抗苏联的目的,采取了分裂和扶植德国的政策。

根据二战期间苏、美、英、法四国的协议,四国分区占领德国及柏林。柏林位于苏占区,其中东柏林为苏联占领,西柏林为美、英、法三国占领。美、英为了进一步分裂德国,1948年6月18日在西占区实行货币改革,发行"B"记马克。苏联针锋相对,22日在东柏林发行"D"记马克,并作为整个柏林的流通货币。西方于23日下令将"B"记马克引入柏林西区。针对美、英、法在政治上和经济上分裂德国的阴谋,苏联决定采取反击措施。国际局势顿时紧张,爆发了柏林危机。6月30日,苏联切断西占区和柏林之间的水陆交通,西方国家对西柏林实行空中运输供应,封锁失去实际意义。双方经过长期斗争后,于1949年5月达成妥协。5月13日,封锁结束。至此,长达11个月的柏林危机暂时得到了解决,西方国家不得不同意通过外长会议来讨论德国问题,但是大柏林市分裂却已成为现实。

56.第二次柏林危机

20世纪50年代末,美、苏力量对比出现了显著的变化。从苏联方面看,赫鲁晓夫取代了布尔加宁。苏联在军事和外交上频频取得突破,而相反美国正处于衰退期。针对上述情况,赫鲁晓夫为了争取和美国平起平坐,与美国展开反复交锋。赫鲁晓夫首先抓住柏林问题和对德和约问题发动攻势。1949年9—10月,东西德分别成立了德意志民主共和国与德意志联邦共和国。西柏林驻有英、法军队,在政治经济上与联邦德国关系密切。西方国家利用西柏林特殊的地理位置,不断地对民主德国和东欧国家进行渗透,西柏林成为冷战的"前哨城"。1958年末,赫鲁晓夫提出要把西柏林变成非军事化的"自由城市",限定西方三国在6个月内撤军。艾森豪威尔毫不退让,形势一度紧张,出现新的柏林危机。1959年5月,美、苏、英、法四国外长会议在日内瓦开幕,两德各派代表参加,但双方未能就德国和柏林问题达成任何协议。不过在会议上苏联未再提出6个月期限,在会议期间,美国主动提出请赫鲁晓夫访美,他欣然接受了邀请,这样柏林危机暂时缓解了。

57.柏林墙

二战以后,德国和柏林被苏联、美国、英国和法国分成四区。1949年,苏联占领区包括东柏林在内成立德意志民主共和国,首都定在东柏林,而美、英、法占领区则成立德意志联邦共和国,首都设在波恩。美、英、法、苏的占领协定保证联邦德国和西柏林之间的空中走廊。

1958年第二次柏林危机爆发后,大量民主德国居民经柏林西逃,给民主德国政府造成巨大压力和经济损失。在华约国家的支持下,民主德国政府于1961年沿西柏林边界筑成了长150多公里的隔离建筑,包括高墙、铁丝网等,并称之为"反法西斯防卫墙""柏林墙",它建立的目的是隔离东柏林和西柏林,从而阻隔东西柏林之间市民的来往。柏林墙的建立使欧洲一度被战争的气氛所笼罩,它也成为战后德国分裂、东西方两大阵营对峙的重要标志。1990年柏林墙被拆除,两德重归统一。

58.《埃维昂协议》

《埃维昂协议》又称《阿法协议》,即法国承认阿尔及利亚独立的协议,1962年3月18日,由阿尔及利亚共和国临时政府和法国政府的代表在法国东部埃维昂城签订。1830年,法国入侵阿尔及利亚。1905年,阿尔及利亚全境沦为法国的殖民地。阿尔及利亚人民为了摆脱法国殖民统治、争取民族独立,进行了长达一个多世纪的斗争。1954年11月至1962年3月,在阿尔及利亚民族解放阵线的领导下,阿人民经过7年半艰苦的武装斗争,终于迫使法国同意谈判,以结束战争。1962年3月7日至18日,双方在埃维昂经过几轮谈判后签署《法阿协议的总声明》,惯称《埃维昂协议》。协议主要内容有:自1962年3月19日12时起,在阿尔及利亚全境结束军事行动,法国承认阿尔及利亚人民有权行使自决权,成立一个独立和主权国家,承认阿尔及利亚民族解放阵线为新的合法政治组织;3~6个月之内,举行公民投票,决定阿尔及利亚是否独立;在此之前的过渡时期,阿尔及利亚的行政管理权移交给临时行政委员会,该委员会的成员由双方政府同意的阿尔及利亚人和法国人担任;法国在3

年内分批从阿尔及利亚撤出全部军队,但保留米尔斯克比尔的海军基地,租借期为15年,同时在一定期限内保留其他军事基地。协议中还列有双方实行经济和文化合作的方案,法国承担向阿尔及利亚提供为期3年的经济援助,后者同意仍留在法郎区内。法国公司保持在阿尔及利亚的石油租借权,并可以优先取得新租借地。同年7月3日,阿尔及利亚进行自决公民投票后宣布正式独立,终结了法国在阿尔及利亚133年的殖民统治。

59.《部分禁止核试验条约》

古巴导弹危机发生后,美、苏认识到双方在避免核对抗、维持核垄断方面有着共同的利益,一直陷在争吵中的关于禁止核试验的日内瓦谈判取得了新的进展。

由于1960年法国核试验成功,中国也在加快核试验的步伐,美、苏均感到核垄断地位受到了威胁。1963年,美、苏、英三国签署了《禁止在大气层外层空间和水下进行核武器试验条约》,即《部分禁止核试验条约》。条约规定禁止缔约国在大气层和水下进行任何核试验,并保证不引起或以任何方式参与上述核试验。由于条约回避了监督和检查问题,也没有禁止地下核试验,且主要是为了维护美苏的核垄断地位,并阻止中、法拥有战略核力量,因而遭到了有关国家的抵制。

中国至今没有在该条约上签字,但于1996年签署了《全面禁止核试验条约》,从而禁止了一切核爆炸试验。

60.戴高乐主义

20世纪50年代末至60年代末,法国总统戴高乐制定的法国独立自主外交政策的基本构想和指导原则,被称为戴高乐主义。戴高乐主义就其本质而言可被称为法兰西民族主义,包括三方面思想:民族主义思想、集权主义思想和独立自主思想。戴高乐主义以谋求法国在国际政治中的独立自主和世界大国地位为政治目标。具体实施有五:撤出北约军事一体化组织,改变法国在联盟中对美国的从属地位,维护民族独立;建立法国独立的核威慑力量,打破美国的核垄断;同苏联及其他社会主义国家建立"缓和、谅解、合作"的关系,在东西方关系中发挥作用,积极推动中、法建交;建立一个摆脱美、苏控制,以法国为中心的,以法德联合为支柱的,由欧洲主权国家联合起来的"大欧洲联合";实行非殖民化,在第三世界推行"积极存在"的政策,以求保持和增进法国在第三世界的利益和影响。

戴高乐主义的实施对于维护法国的主权和独立,提高法国的国际地位,推动欧洲联合和世界多极化发展有积极作用。但限于实力对比,它不可能从根本上改变法国的国际地位。

61.德国"新东方政策"

联邦德国政府总理、社会民主党领导人勃兰特于20世纪60年代提出的,对苏联和东欧实现关系正常化和同民主德国接触的建议政策,被称为德国"新东方政策"。60年代,面对美苏关系的微妙变化,民主德国获得越来越多国家的承认,联邦德国决定调整"哈尔斯坦主义",在作为北约和欧共体成员的前提下与东方和解,推行"新东方政策"。主要内容为:承认并保证战后欧洲边界不可侵犯,特别是承认民主德国和波兰在战后划定的奥德—尼斯边界,以便于改善与苏东的关系,改善和发展同民主德国的关系,承认民主德国是第二个德意志国家,主张建立"一个民族、两个国家"的特殊关系,在欧洲和平环境中对民主德国用"通过接近促其演变"的方法实现德国统一。

在"新东方政策"的指导下,联邦德国通过与苏联、波兰、民主德国等国签订一系列双边条约,全面实现了同苏东国家关系的正常化。这在客观上满足了苏联巩固战后欧洲现状的要求,使欧洲紧张局势开始缓和,也为德国的最终统一准备了条件。"新东方政策"也表明了联邦德国对美国的离心倾向。

62.预防性外交

预防性外交亦称预防冲突,由联合国前秘书长哈马舍尔德于1960年提出的一种联合国外交。其定义是:作为联合国的一项政策,联合国应及时干预那些处于东西方阵营以外的争端和危险局势,以填补实力真空,防止东西任何一方插手,从而缓和紧张局势。该理论曾用于苏伊士、黎巴嫩等地的国际争端的解决中,联合国曾向这些地区派遣维和部队等。20世纪90年代初,加利多次提出预防性外交设想,认为一些冲突是可以预见的,应采取行动在发生武装冲突之前解决争端,包括预警、调解、实施调查、建立信任等。作为其一部分的预防性部署是指在国际或国内争端发生时,若双方或某一方认为联合国派出人员在其领土上可以抑制敌对行动,联合国即可进行预防性部署。1992年11月,根据安理会295号决议,首次在马其顿部署"联合国预防性部署部队"。

63. 不结盟运动

二战后,民族解放运动蓬勃开展,万隆会议的召开鼓舞了世界人民的反帝斗争。随着美、苏冷战加剧,双方开始争夺第三世界。为了摆脱大国控制,1956年,铁托、纳赛尔和尼赫鲁在南斯拉夫会谈后的联合声明中提出不结盟的主张。1961年,在南斯拉夫总统铁托、印度总理尼赫鲁、印尼总统苏加诺的倡议下,在贝尔格莱德召开了第一次不结盟运动国家首脑会议,不结盟运动正式形成。参加不结盟的标准有两点:执行独立自主不结盟政策;不卷入外国军事集团,不缔结双边军事协定。随着世界人民反帝、反殖、反霸斗争的发展,不结盟政策的内容也在不断发展,包括以下四点:奉行独立、自主和非集团的原则;支持各国人民争取和维护民族独立、捍卫国家主权和发展民族经济和民族文化的斗争;反对帝国主义、新老殖民主义、种族主义和一切形式的外来统治与霸权主义;呼吁第三世界国家加强团结,主张国际关系民主化和建立新的国际经济秩序。不结盟运动未设总部,无常设机构,主要机构为:不结盟国家首脑会议、不结盟国家外长会议、由第四次首脑会议决议设立的协调局、纽约协调局,还有不定期召开的一些会议等。中国一贯支持和重视不结盟运动,赞赏其坚持的独立、自主和非集团政策,高度评价其在国际事务中的积极作用。

不结盟运动的成立是发展中国家走向联合自强的新开端,在支持和巩固成员国民族独立和经济发展、维护成员国权益等方面发挥了重要作用,成为国际社会的重要力量。随着冷战结束,不结盟运动存在的必要性开始受到质疑。进入21世纪,世界政治和经济格局发生了巨大变化,不结盟运动尝试对自身进行重新定义。在新形势下,不结盟运动着重强调维护世界和平与安全,推行平等、互不侵犯、多边主义等原则,并为来自不发达地区的成员国在国际谈判中争取权益。

64.石油输出国组织

石油输出国组织(Organization of Petroleum Exporting Countries,OPEC),英文简称音译为欧佩克。1960年9月,伊朗、伊拉克、科威特、沙特阿拉伯和委内瑞拉的代表在巴格达开会,决定联合起来共同对付西方石油公司,维护石油收入。4日,五国宣告成立石油输出国组织。随着成员的增加,欧佩克发展成为亚洲、非洲和拉丁美洲一些主要石油生产国的国际性石油组织。欧佩克总部设在维也纳。现在,欧佩克旨在通过消除有害的、不必要的价格波动,确保国际石油市场上石油价格的稳定,保证各成员国在任何情况下都能获得稳定的石油收入,并为石油消费国提供足够、经济、长期的石油供应。欧佩克组织为稳定国际石油市场而发挥了积极作用,并将继续为保证市场供求贡献力量。

65.大赦国际

大赦国际为国际人权组织,1961年5月在伦敦成立。其宗旨主要有两点:动员公众舆论,促进国际机构保障人权宣言中提出的言论和宗教自由;致力于为释放因信仰而被监禁的人及为其家属发放救济等方面的工作。该组织成员达70万人,分布在世界100多个国家和地区,设有国际理事会、国际执行委员会等。主要活动是以联合国《世界人权宣言》为基础,在世界范围内努力实现以下三点目标:释放"未使用也未宣扬使用暴力"的政治犯;反对继续扣押在合理时间内未受审理的政治犯,反对与保证公正审判原则不符的审判程序;对所有囚犯实行人道主义,反对死刑。该组织曾获得联合国人权奖和诺贝尔和平奖。

66.七十七国集团

七十七国集团是发展中国家为维护自身的经济利益、反对不合理的国际经济旧秩序而形成的国际经济组织。长期以来,亚、非、拉发展中国家在国际经济领域一直处于被剥削的无权地位。1961年第一届不结盟国家首脑会议提出,发展中国家应联合行动以抵制不平等的国际贸易。在发展中国家的呼吁下,1964年4月,在日内瓦召开了第一届联合国贸易和发展会议,七十五国集团扩大为七十七个国家和地区并发表了《七十七个发展中国家联合宣言》,七十七国集团由此得名。该组织没有常设机构和章程,宗旨是使其成员国在国际经济领域内加强接触和协商,协调立场,统一行动,逐步打破旧的国际经济秩序,建立平等互利的国际经济新秩序。在每届联合国贸易和发展会议召开之前,该组织都要举行部长级会议。1974年,联合国大会特别会议通过了七十七国集团起草的《建立新的国际经济秩序宣言》。七十七国集团是发展中国家最大的经济组织,在国际经济领域为维护发展中国家的经济权益发挥着重要作用。不结盟运动和七十七国集团出现后,广大的第三世界国家团结起来,推动着世界格局向多极化方向发展。

67. 勃列日涅夫主义

勃列日涅夫时期苏联奉行的一整套为其对外扩张侵略、争夺世界霸权服务的理论被称为勃列日涅夫主义。1964年勃列日涅夫上台后,积极推行侵略扩张政策,争夺世界霸权。为掩盖侵略行为,为霸权主义辩护,并适应日后对外扩张的需要,勃列日涅夫提出新的对外政策理论,被称为勃列日涅夫主义。其内容有:一是"有限主权论",即"社会主义国家的共同利益,高于各国的个别利益",保卫社会主义共同利益是"最高主权",苏联有权决定其他社会主义国家的命运;二是"国际专政论",要求东欧各国不折不扣地接受苏联的指挥;三是"国际分工论",即旨在通过经济职能划分,把东欧各国牢牢地拴在苏联身上;四是"大国特殊责任论",苏联领导人通过"大国特殊责任论"宣扬苏联的世界大国地位,并由此认为苏联"对外活动负有特殊责任",对任何地区都不能漠不关心。在勃列日涅夫主义的指导下,苏联在东欧增加驻军,并控制了东欧国家军队的指挥权,也常常任意干涉别国内政。

勃列日涅夫主义实际上是打着国际主义旗号,推行霸权主义和强权政治。在社会主义国家间推行大国沙文主义政策,以便同美国争夺霸权。

68.非洲联盟

非洲联盟简称非统,是非洲国家为了争取和捍卫民族独立、加强彼此之间的合作和团结、共同反对新老殖民主义和帝国主义,而成立的国际组织。1963年5月,31个非洲独立国家的元首或政府首脑及代表在埃塞俄比亚首都亚的斯亚贝巴举行会议,通过了《非洲统一组织宪章》,决定成立非洲统一组织。其宗旨是:促进非洲国家的统一和团结,加强非洲国家在政治、外交、经济、文化、军事等各方面的合作,保卫非洲国家的主权、领土完整与独立,从非洲根除一切形式的殖民主义,促进国际合作。截至1984年,共有50个已独立的非洲国家加入非统。非统的组织机构有:非洲国家元首和政府首脑会议,是非统的最高机构,每年至少开会一次,下设部长理事会和秘书处。此外,还有非洲解放运动协调委员会、仲裁委员会和一些专门委员会等机构,处理有关具体问题。非统总部设在亚的斯亚贝巴。

1999年9月,非统组织第四届特别首脑会议通过《苏尔特宣言》,决定成立非盟。2000年7月,第36届非统首脑会议通过了《非洲联盟章程草案》。2001年7月,第37届非统首脑会议决定正式向非洲联盟过渡。2002年7月8日,非统组织在南非德班召开最后一届首脑会议。9日至10日,非盟举行第一届首脑会议,并宣布非盟正式成立,非盟正式取代非统组织,总部仍在亚的斯亚贝巴。

非盟的主要任务是维护和促进非洲大陆的和平与稳定,推行改革和减贫战略,实现非洲的发展与复兴。作为非洲大陆的地区性组织,非盟自成立以来在消除地区贫困、促进非洲大陆经济发展、维护地区和平及合理安置难民等方面做出了积极努力。非盟致力于建设一个团结合作的非洲,力争各成员国在重大国际事务中能够用一个声音说话。该组织还积极落实2001年发起的"非洲发展新伙伴计划",推动各成员国加强基础设施建设、吸引和争取外资及援助,以促进非洲大陆经济一体化。

69.北部湾事件

北部湾事件又称"东京湾事件",是美国于1964年8月在北部湾(又称东京湾)制造的战争挑衅事件。1964年7月底,美国军舰协同西贡海军执行

"34A"行动计划,对越南北方进行海上袭击。8月1日,美国第七舰队驱逐舰"马多克斯"号为收集情报,侵入越南民主共和国领海,次日与越南海军交火,击沉越南鱼雷艇。美国政府旋即发表声明,宣称美海军遭到挑衅。3日,美国总统约翰逊宣布美国舰只将继续在北部湾"巡逻"。4日,美国宣称美军舰只再次遭到越南民主共和国鱼雷艇袭击,即"北部湾事件",并以此为借口于5日出动空军轰炸越南北方义安、鸿基、清化等地区。7日,美国国会通过《东京湾决议案》,授权总统在东南亚使用武装力量。这一事件是美国在侵越战争中推行逐步升级战略,把战火扩大到越南北方的重要标志。

70. 葛拉斯堡罗会谈

"六五"战争结束后不久,苏联要求联合国秘书长召开联合国大会紧急会议。美、苏两国虽然在联合国大会上针锋相对,但为了控制阿拉伯各国的反侵略斗争,它们迫使安理会作出决定,派遣"联合国观察员"进驻苏伊士运河区等地"监督停火"。1967年6月23至25日,美、苏又在纽约与华盛顿之间的葛拉斯堡罗举行两国首脑会谈。这是赫鲁晓夫下台后,两国举行的第一次首脑会谈。在会谈中,苏联坚持以色列军队应撤回战争以前的停火线上,而美国则要求,维持以色列已经侵占的阿拉伯国家大片领土的现状。正当两国开始会谈的6月23日,以色列国会不顾联合国的抗议,竟然通过了合并耶路撒冷阿拉伯地区的决议,而且美国表示同意这些地区进行合并。因此,美、苏两国首脑会谈,除双方承认以色列在中东的存在是合法的这项协议外,对中东问题的讨论未取得任何进展。后来,8个阿拉伯国家元首于8月28日在喀土穆举行会议,决定既不承认以色列,也不和它举行谈判或者签订和平条约。对于以色列合并耶路撒冷问题,会议坚决表示不予承认。

71. 联合国第242号决议

联合国第242号决议是联合国安理会关于中东问题的决议,1967年11月22日通过。1967年6月5日,第三次中东战争爆发,以色列对埃及、约旦和叙利亚发动了6天的闪电战,侵占了包括西奈半岛、戈兰高地、约旦河西岸、加沙地带和耶路撒冷东区在内的阿拉伯土地。11月22日,联合国安理会开会讨论解决阿以冲突的办法,会上通过了英国提出的一项决议。决议主要内容是:以色列军撤出在最近战争中占领的领土;终止一切交战要求或交战状态,尊重和承认该地区每个国家的主权、领土完整和政治独立,及其在牢固和被认可的疆界内和平地生活而免遭武力的威胁或行为的权利。决议还确认了以下的必要性:保证该地区国际水道的通航自由;使难民问题得到公正的解决;通过包括建立非军事区在内的各项措施,保障该地区每个国家的领土的不可侵犯性和政治独立。决议遭到阿拉伯国家的反对,阿以关系进入不战不和的时期。

72. 非核三原则

非核三原则是日本佐藤内阁提出的重要政治原则。1967年12月11日,佐藤首相在第57届临时国会众议院预算委员会上提出政府将忠实地遵守不制造、不拥有、不运进核武器的非核三原则。1968年1月27日,佐藤首相在第58届通常国会发表施政演说,再次强调盼望销毁核武器,决心不拥有也不允许运进核武器。同年3月,又将非核三原则写入了自民党提出的《核政策的基本方针》中。1982年,中曾根担任首相后,为配合美国在西欧部署"潘兴Ⅱ"式导弹,正式同意美国在必要时派遣核潜艇进驻日本港口,实际上抛弃了日本政府宣布的非核三原则。

73.《不扩散核武器条约》

《不扩散核武器条约》亦被称为《防止核扩散条约》或《核不扩散条约》,制定目的是禁止核扩散,是禁止非核国拥有核武器、核国向非核国转让核武器的国际法律条约。该条约在1969年联合国大会上获得通过,1970年正式生效。

主要内容包括:核国家保证不直接或间接地把核武器转让给非核国家,不援助非核国家制造核武器;非核国家保证不制造核武器,不直接或间接地接受其他国家的核武器转让,不寻求或接受制造核武器的援助,也不向别国提供这种援助;停止核军备竞赛,推动核裁军;把和平核设施置于国际原子能机构的保障之下,国际原子能机构在和平使用核能方面向缔约国提供技术合作。

该条约确立了不扩散核武器的国际制度,对减少因核扩散带来的战争危险和维护世界和平起到了积极作用。但该条约不是真正的裁军条约,它的主要目的是防止新的国家加入拥有原子武器国家的行列。

74.南南合作

南南合作又被称为发展中国家间经济合作,指发展中国家在尊重主权、平等互利的基础上建立新型的国际经济关系,开展广泛的合作。因发展中国家多位于地球的南半部,故称为南南合作。南南合作始于1955年4月的万隆会议,当时,亚、非两洲29个国家和地区的代表团出席了这次会议。会上专门通过了《经济合作》决议,建议与会国"在互利和互相尊重主权的基础上实行经济合作",为今后的南南合作奠定了政治和思想基础。20世纪60年代中期,七十七国集团成立,在联合国体系中非常活跃,成为促进南南合作、推动南北对话和维护发展中国家整体利益的一支重要力量。70年代起,南南合作进入蓬勃发展时期,并通过有关国际会议制定了多项纲领和宣言,合作范围涉及工业、农业、贸易、科技、金融、海运、保险、通信等领域。南南合作的最终目的是通过集体力量提高发展中国家的国际地位,最大限度地促进发展中国家经济发展。

75.南北对话

当今世界上的200多个国家和地区,根据各自的生产力发展水平和贫富程度,通常被分为发达国家和发展中国家两类。因为发展中国家大多在南半球,所以通常被称为南方;发达国家大多在北半球,通常被称为北方。发展中国家同发达国家之间就经济关系进行的对话和会谈通常被称为南北对话。南北对话酝酿于20世纪60年代。当时发展中国家在政治上获得独立之后,开始寻求发展经济、要求改善现存国际经济关系中的不平等状况和不公正待遇。在发展中国家的推动下,第一届联合国贸易和发展会议于1964年召开。会议讨论了改变旧的国际经济秩序问题,南北对话由此迈出了第一步。1974年4月,联合国召开特别会议,第一次正式将南北关系提到国际议事日程上,会议通过了《建立国际经济新秩序宣言》和《行动纲领》。1975年12月和1977年6月,在巴黎先后两次召开了由19个发展中国家和发达国家参加的"国际经济合作部长级会议",又称为南北对话会议。与此同时,七十七国集团积极倡议在联合国范围内举行全球谈判。此后,南北对话受到世界各国的普遍重视。

76.尼克松主义

尼克松总统制订的收缩美国全球义务、调整国际关系的外交新方针,被称为尼克松主义。20世纪60年代中期,伴随着冷战加剧,第二世界力量增长,尤其是第三世界崛起,美国陷入越南战争,同时国内多种危机并发,尼克松主义应运而生。1967年10月,尼克松在《外交季刊》上发表的《越南战争之后的亚洲》一文,表达了这个主义的萌芽主张。1969年7月25日,他出访亚洲途经关岛,宣布对亚洲的新政策。其要点是:越战结束后,美国仍将发挥重要作用,并恪守业已承担的条约义务;但除非受到核大国的威胁,美国将鼓励其亚洲盟友自己承担国内安全和军事防务的责任,而美国则避免卷入越南式的战争;集体安全是美国支持其盟友对付国内或核大国的威胁所谋求的一个目标。这一亚洲政策被称为"关岛主义"。此后,尼克松在历年的国情咨文中,进而把这一政策延伸为全球政策,以及处理与其盟友全面关系的总方针。1970年,他把这个主义归结为美国与其全球盟友之间的"伙伴关系"(包括军事、政治和经济等方面);其中心要义是,美国将不再承担保卫世界自由国家的全部责任。1971年和1973年,尼克松又宣布,此主义代表美国对全世界的基本立场,是美国对待其全球主要盟国的方针的中心。在狭义上,这个主义只限于美国调整其海外义务,以及与其盟友的关系;在广义上,还包括对中、苏政策的总方针,即"实力"加"谈判"。尼克松在1970年的国情咨文中,就提出以"伙伴关系、实力和谈判"为"三大支柱"的"新和平战略",并指出后两点是对共产党国家政策的两个方面。在以后的一些政策声明里,他又把这一新战略与尼克松主义交替使用,而一些高级官员直接把上述"三大支柱"称为尼克松主义。

尼克松主义是美国在尼克松任期内多极均势外交的指南,美军退出了越南战场,改善了中美关系,把战略重点转向苏联,从而调整了美国的国际地位。它是美国战后对外政策的一次重大调整,标志着从杜鲁门主义开始的对苏遏制政策的结束,为后来美国几届政府的外交战略提供了理论借鉴。

77.越顶外交

冷战后,美国出于反华的需要,压制日本紧跟其后,双方约定两国作为同盟国在对华政策上要同步、协调。20世纪70年代,由于美苏争霸的需要以及中苏关系恶化,美国急需与中国改善关系。1972年,尼克松访华,中美双方发表《联合公报》。但是这一行为违背了日美约定,日本政府感到被美国出卖了,称美国这一行为是越顶外交。此后,力主中日和解的田中角荣组阁,中、日两国的关系出现转机。

78.人权外交

人权外交最早是美国卡特政府推行的一种外交政策。卡特政府宣称,美国的任务是要在世界范围内塑造一个人道主义的社会,人权原则是美国对外政策的基本原则。为此,美国便公开支持苏联内部持不同政见的人,并在欧安会等场合用人权问题向苏联施压,主要目的是利用人权作为外交工具打击对手,提高美国在国际上的地位。而美国当前所推行的新干涉主义政策便是人权外交与霸权主义结合的产物。美国鼓吹人权高于主权,个人已经成为国际法的主体,宣扬人道主义秩序,声称美国有义务维护和领导一个和平民主的社会。此外,美国还常在国际上以人权问题打击中国等社会主义国家,但收获甚微。由此可知,人权外交仍是美国推行其霸权主义的一种手段。

79.美苏限制战略武器谈判

美、苏从20世纪60年代末开始的核军备谈判,分为两个阶段。经历了60年代激烈的核军备竞赛,美、苏都具有了毁灭对方的手段,使世界和平遭受严重威胁,也使双方都感到力不从心。于是从60年代末起,美、苏开始了限制进攻性战略武器的谈判,也带来了70年代东西方关系走向缓和的势头。第一阶段自1969年11月17日开始,两国先后在赫尔辛基和维也纳举行了七轮谈判、一百多次会议。谈判的中心议题是在数量上"冻结"双方的核力量。1972年5月26日,美、苏两国首脑在莫斯科正式签署了《限制反弹道导弹系统条约》和

《限制进攻性战略武器的某些措施的临时协定》及《议定书》,其中临时协定的有效期为5年。此后,两国的核竞赛在更高水平上展开。第二阶段从1972年11月21日开始,至1979年6月18日卡特和勃列日涅夫签署条约,谈判历时6年半。美国希望通过谈判削减苏联占有优势的陆基导弹数量,苏联力图保持进攻性武器数量和投掷重量的优先地位。其间,双方于1974年签署了《美苏限制地下核试验条约》,1979年在维也纳签署了《美苏关于限制进攻性战略武器条约》。1979年底,苏联武装入侵阿富汗,美国做出强烈反应,因此第二阶段限制进攻性战略武器条约没有得到美国国会的批准。

80. 美苏《限制反弹道导弹条约》

1972年5月26日,苏联领导人勃列日涅夫和美国总统尼克松在莫斯科签订一项双边条约——《限制反弹道导弹系统条约》。条约规定:反弹道导弹是只用以拦截在飞行轨道上的战略性弹道导弹或其组成部分的系统,包括反弹道导弹截击导弹、反弹道导弹发射器和反弹道导弹雷达;美、苏两国均可部署两个反弹道导弹防御系统,一个保卫首都,一个保卫洲际导弹发射场,每个系统配备100枚带有核弹头的洲际导弹,以及相应的雷达系统和弹道导弹发射架,此外在试验场上还可以拥有5个反弹道导弹发射架;除此之外,双方不得部署全国性的反弹道导弹防御系统或这类防御基地。这是美、苏间第一个战略武器控制协议,以条约的形式确认了双方的核均势。2001年,美国小布什政府决心部署国家导弹防御系统,于12月31日宣布退出该条约。

《反导条约》为保证世界战略稳定做出了重大贡献,也是国际军控和裁军协定的重要基础之一。在美国宣布退出《反导条约》之后,维护国际军控和裁军体系的稳定,以及重建大国间的战略合作,防止世界再次陷入军备竞赛的噩梦,已成为国际社会面临的重大挑战。

81. 绿色和平组织

绿色和平组织于1971年成立,总部设在荷兰阿姆斯特丹,致力于"建立一个绿色和平的世界"。绿色和平组织主要分为两个部分:国际绿色和平和设立在40多个国家和地区的分支机构,国际绿色和平与分支机构不是领导和被领导的关系,而是协调与合作的关系。其工作主要在以下六个领域开展:森林保护、气候变暖与可再生资源、有毒物质污染、海洋生态保护、核武器与核能和生物安全。为了保持公正性和独立性,绿色和平不接受任何政府、企业或政治团体的资助,只接受个人和独立基金的直接捐款。同时获得发展中国家的支持是其未来发展的方向。但在一直以来的各项活动中,个别事件也会引发争议。

82. 东南亚国家联盟 / 东盟

印度尼西亚联盟简称东盟(ASEAN),是东南亚地区的区域性合作组织。1967年8月,印度尼西亚、马来西亚、菲律宾、泰国和新加坡五国外长在曼谷举行会议,发表《曼谷宣言》,东盟宣告成立。东盟的宗旨和目标有七点:以平等与协作精神共同努力促进本地区的经济增长、社会进步和文化发展;遵循正义、国家关系准则和《联合国宪章》促进本地区的和平与稳定;促进经济、社会、文化、技术和科学等领域的合作与互相支援;在教育、专业和技术、行政训练和研究设施方面互相支援;在充分利用农业和工业、扩大贸易、改善交通运输和提高人民生活水平方面进行更有效的合作;促进对东南亚问题的研究;同具有相似宗旨和目标的国际或地区组织保持紧密和互利的合作,探寻与其更紧密合作的途径。东盟成员国有菲律宾、马来西亚、泰国、文莱、新加坡、印度尼西亚、越南、缅甸、老挝和柬埔寨。

83.《西柏林协定》

1971年9月2日,苏、美、英、法四国在柏林签署了有关柏林问题的《西柏林协定》,即《四国协定》。四方共同保证今后不在西柏林地区使用武力威胁,只用和平手段解决争端,以防止该地区发生纠纷和局势复杂化。美、英、法三国政府声明,西柏林不是联邦德国的一部分,今后也不受联邦德国的管辖,但要保持和联邦德国的联系。苏联不再坚持取消美、英、法三国在西柏林的占领制度,并保证西柏林的交通畅通。该协定签署后,民主德国与联邦德国,与西柏林市政府之间相继进行了谈判,还签订了一系列协定。这些协定促使民主德国与联邦德国开始关系正常化谈判。双方于1972年12月签署了《德意志联邦共和国与德意志民主共和国之间关系的基础条约》,实现了关系正常化,条约规定:两德在权利平等的基础上发展正常睦邻关系,以和平手段解决双方一切争端。至此,东西方在德国问题上的争端告一段落。

84."空椅子"危机

法国、德国之间和解后,法国总统戴高乐在推动欧洲共同体和共同农业政策中,与其他成员国产生了众多矛盾。1965年,德国将欧共体部长理事会的表决机制从全体通过制改为多数通过制,从而扩大欧共体委员会的权力,再加上在农产品关税问题上的分歧,戴高乐对此采取了消极抵制的"空椅子政策"——法国驻欧共体代表连续六个月缺席欧共体会议。1966年,欧共体六国达成《卢森堡协议》,与法国达成了妥协,其他成员国都做出让步,同意法国提出的决策机制的全体一致原则,赋予成员国在部长理事会上的否决权,进一步限制共同体委员会的权利和作用,法国才返回共同体机构。该条约消除了召开欧洲安全与合作会议的主要障碍,对欧洲局势的缓和、两德关系正常化有着重要意义。

85.欧洲安全与合作组织

二战后国际局势发生演变,欧洲国家分别组成以美国为主的北约和以苏联为主的华约两个互相对抗的军事集团。在欧洲集结了大量武装力量和现代化武器,造成东西欧之间的隔绝和冷战对峙的局面。苏联和华约倡议召开欧洲国家会议,讨论欧洲安全和合作问题。

1973年,欧安会第一阶段会议在芬兰举行,其后又举行了两个阶段会议,各国签署了《欧洲安全与合作最后文件》。《最后文件》确认了在欧洲范围内不诉诸武力和以和平方式解决争端的原则,苏联也基本上取得了西方对战后欧洲边界现状的承认。欧安会的召开和《最后文件》的签署,确认了二战后欧洲各国的边界现状,推动了欧洲各国之间政治、经济与文化的合作和交流,对于推进东西方和国际局势的缓和发挥了一定作用。1995年1月1日起,该组织更名为欧洲安全与合作组织,简称欧安组织。

86.伦敦俱乐部

伦敦俱乐部又名核供应国集团,成立于1975年,是核技术拥有国为防止核扩散而建立的组织。加入它并不意味着可以自由地出口核产品,而是表示接受在该组织的严密监督下出口核产品。截至2023年1月已有48个成员国,中国于2004年5月27日被集团全会接纳为成员国。它的成立起因于1974年印度核装置爆炸。这一行为引发英、美、苏等核出口国的担心,遂在伦敦多次召开会议,并于1976年通过了"核转让准则"。伦敦俱乐部的指导原则对成员国没有法律拘束力,由各成员国自觉遵守。中国的加入,有利于中国与其他成员国之间加强核技术合作。

87.索南费尔特主义

索南费尔特主义是1975年美国政府提出的对苏联、东欧的外交方针。1975年12月,福特政府的国务院顾问索南费尔特在伦敦美国驻欧洲大使会议上发表讲话,阐述美国对苏联和东欧的政策。他认为,美国"无法防止苏联作为一个超级大国出现,我们所能做的是对发展和使用这个力量的方式施加影响";目前苏联和东欧存在着"不自然的关系",主张东欧在苏联强烈的地缘政治影响下实现较大程度的自治,既能满足它们保持民族性的需要,又不会引起苏联的反应;美国可以用最惠国待遇和信贷政策来促使苏联到美国市场采购。他认为,应该争取使苏联、东欧国家不至于因迟早会发生核爆炸而引起第三次世界大战。

这个讲话反映出此时美国政府对苏联和东欧的政策,其实质是承认苏联的超级大国地位,同时利用苏联的弱点,从经济上套住它;承认苏联在东欧的势力范围,以换取苏联不再向西欧扩张和引起美、苏战争;美国保住自己的势力范围,进而稳定欧洲局势。

88.新太平洋主义

新太平洋主义亦称福特主义,是美国总统福特1975年12月7日在檀香山提出的美国对亚太地区的政策纲领。福特宣称"赞成一种与所有人都和平共处、对任何人都不怀敌意的'太平洋主义'",并提出美国的实力是太平洋稳定均势的基础；与日本的伙伴关系是美国太平洋战略的一个支柱；加强同中国的新关系，决心在《上海公报》的基础上完成同中国的关系正常化，共同反对在亚洲和任何其他地区的任何形式的霸权；积极参与东南亚事务；努力缓和朝鲜半岛的局势；在亚洲和太平洋地区建立一个新的稳定的经济合作结构。新太平洋主义实际上是尼克松主义亚洲战略的延伸和发展。

89.桑戈委员会

桑戈委员会又名核出口委员会，是关于核技术控制的国际多边机制，由有核供应能力的缔约国组成。该组织活动始于1970年，宗旨是每一个缔约国承诺不向无核武器国家提供：核材料和特种裂变材料；制定向未参加该条约的无核国家出口核材料、设备和技术的控制条件和程序，并根据要求接受国际原子能机构的保障监督。该组织现有31个成员，每年定期召开两次会议，因该委员会首任主席是桑戈博士，所以该委员会又被称为"桑戈委员会"。该委员会的控制机制是其"触发清单"，规定：凡向参加《不扩散核武器条约》的非核武国家出口清单上的项目，必须接受国际原子能机构的保障监督，以防止由和平利用核能转向用于核武器。中国于1992年加入《不扩散核武器条约》，恪守条约的宗旨和原则，1997年中国正式加入桑戈委员会。

90.中美《上海公报》

中美《上海公报》是1972年2月28日中、美发表的谋求两国关系正常化的联合公报。1972年2月21日，尼克松到中国访问，双方签订了《联合公报》。双方声明包括四点：中、美两国关系走向正常化是符合所有国家的利益的；双方都希望减少国际军事冲突的危险；任何一方都不应该在亚洲—太平洋地区谋求霸权，每一方都反对任何其他国家或国家集团建立这种霸权的努力；任何一方不同对方达成针对其他国家的协议和谅解。关于台湾问题：中国重申台湾是中国的一个省，解放台湾是中国的内政，中华人民共和国是中国的唯一合法政府，全部美国武装力量必须从台湾撤走，中国反对"两个中国"。美国声明：美国认识到在台湾海峡两边的所有中国人都认为只有一个中国，台湾是中国的一部分。美国确认从台湾撤出全部美国武装力量和军事设施的最终目标。

《中美联合公报》的发表标志着两国关系正常化进程的开始,为以后中美关系的进一步改善和发展打下了基础。

91. 三边委员会

根据美国大通曼哈顿银行董事长戴维·洛克菲勒的建议,于1973年7月成立一个国际性研究机构,即三边委员会。该委员会由北美、西欧、日本三个地区200多位人士组成,其中以金融及工业资本家为主,另有若干议员、学者、新闻界人士及工会领袖参加。戴维·洛克菲勒担任委员会主席,另设北美主席、欧洲主席、日本主席各一人,聘请布热津斯基为总干事。总部设在美国纽约。三边委员会的主要作用是研讨政治、安全、经济和社会等领域的一系列问题,既拟定有关的政策,又作为促进三边相互接受意见的一个行动组织。它的最终目标是要建立一个以美、欧、日为核心的世界秩序。此外,委员会还就国际贸易制度、世界商品市场、与发展中国家合作、东西方关系等问题发表专题报告,提出政策主张,然后利用其成员对本国政府施加影响。三边委员会虽具有国际性,但以美国人士为核心,其资金来源由美国洛克菲勒基金会与福特基金会提供。它对美国政府的影响十分明显,在卡特政府时期,曾一度被称为美国的"影子政府"。

92. 福田主义

1977年8月,在东盟成立十周年暨吉隆坡第二次首脑会议之际,日本首相福田赳夫发表了题为"我国对东南亚政策"的演说,阐述称之为"福田主义"的外交政策:日本不做军事大国,要为东南亚以至世界的和平及繁荣做出贡献;日本要在政经社文等各方面与其他亚洲国家加强交流,并作为真正的朋友建立心心相印的互信关系;以"对等合作者"的立场,对于东盟成员国加强团结合作的自主努力给予积极合作。

它调整了日本掠夺东南亚国家资源与市场的"经济外交",第一次规定了日本和东盟双边关系的政治原则,标志着日本已经开始从全球观点出发,把对东盟政策纳入了日本对外总体战略之中,并构成了20世纪80年代日本推行大国外交的一个重要组成部分。

93.《戴维营协议》

1978年9月,埃及总统萨达特和以色列总理贝京在美国总统卡特的主持下签署和平协议——《戴维营协议》。十月战争之后,埃、苏关系恶化,埃及走上了联美抗苏的道路。同时,与以色列的敌对状态使埃及背上了沉重的军备负担,国内经济困难,亲苏势力趁机活动。因此,萨达特总统决心采取大胆行动推动埃以和谈。这得到了美国的大力支持,在卡特总统的推动下,埃、以经过激烈的讨价还价,终于在1978年达成《戴维营协议》,包括《关于实现中东和平的纲要》和《关于签订埃以和平条约的纲要》两个文件。内容包括:约旦河西岸和加沙地带实行自治,以色列军队在埃以缔结和约三年内撤出西奈半岛,保证以色列船只在苏伊士湾和苏伊士运河的自由通行,以撤军后埃、以建立正式外交关系。这是一个"以土地换和平"的协议,由于许多阿拉伯国家和以色列右翼政党的反对和阻挠,埃、以未能如期缔结和约。后来在卡特的斡旋下,双方终于在1979年3月26日正式签署和平条约。1980年,两国建立外交关系。

埃以和平协议最终使埃、以间实现了和解,却未能带动阿、以之间的全面和解。埃及在阿拉伯世界陷入孤立,并导致阿拉伯国家的分裂。埃及从美国获得了大量经济军事援助,并逐渐成为伊朗革命后美国在中东最重要的盟国。

94.卡特主义

卡特主义是美国总统卡特1980年1月在国情咨文中提出的一项对海湾地区的政策声明。鉴于苏联军队于1979年12月侵入阿富汗,卡特在这份咨文中警告苏联不要利用伊朗和阿富汗的动乱作为借口,谋求实现苏联长期以来企图获得一个温水港的目标。他声称:"外部势力攫取控制波斯湾地区的任何企图,都将被看作对美国根本利益的进攻。对于这种进攻,美国将使用包括军事力量在内的任何必要手段,予以击退。"主要内容为,重视国家安全,维持世界和平,加强美国意识形态对世界的影响,恢复美国在第三世界中的政治存在。这一声明被称作卡特主义。它是对尼克松主义提出以后美国推行避免卷入局部的地区性冲突政策的一种修正。1991年1月爆发的以美国为首的多国部队与伊拉克之间的海湾战争,从某种意义上可以说是卡特主义的延伸。卡特主义标志着美国对苏联政策的根本转折,放弃了尼克松以来的缓和战略,强调通过军事手段积极回应苏联的行动。

95. 两伊战争

伊朗和伊拉克从1980年9月到1988年8月进行的战争,史称两伊战争。伊朗和伊拉克是邻国,共同边界绵延1200公里,阿拉伯河是两国南部的自然边界。长期以来,两国存在着边界争端,经常发生武装冲突。另外,宗教是两伊战争爆发的深层因素。两国虽然同属信奉伊斯兰教的国家,但是伊朗90%的居民属什叶派,而伊拉克55%的居民虽然是什叶派,却居于以萨达姆为首的逊尼派政权的统治之下。1979年,伊朗爆发伊斯兰革命,霍梅尼要向所有伊斯兰国家"输出激进主义的伊斯兰革命",公开号召伊拉克的什叶派"进行伊斯兰革命",推翻伊拉克现政权建立"伊斯兰共和国"。伊拉克则支持伊朗境内少数民族如库尔德族的民族自决要求。随着政治、宗教的矛盾激化和边界武装冲突的加剧,1980年9月22日,两伊战争全面爆发,引起了世界人民特别是阿拉伯国家的密切关注。1987年7月20日,联合国安理会一致通过第598号决议,要求两伊立即无条件停战。同年7月23日,伊拉克宣布接受这项决议。1988年7月18日,伊朗宣布正式接受这项决议。8月20日,双方正式停火,两伊战争结束。

两伊战争是二战后发展中国家之间规模最大、损失最惨重的局部战争。近八年的战争使两国人民的生命财产和国民经济遭受了巨大的损失。双方死亡人数超过35万,战争耗费高达5400亿美元。战争使两国经济发展计划至少推迟20至30年。

96. 苏联入侵阿富汗

1979年底,苏联军事入侵阿富汗。这是苏联第一次直接出兵入侵一个不结盟国家,是其对外扩张的严重升级。20世纪70年代以来,苏联在缓和的幌子下,凭借迅速膨胀起来的军事力量,趁美国战略收缩之机大举向第三世界扩张。阿富汗被其看作南下印度洋和西抵中东的战略要地。为实现扩张计划，苏联不断在阿富汗寻找代理人、扶植亲苏势力、策动军事政变，这使阿富汗内部矛盾重重、政局极度不稳。1979年9月，反对苏联的哈菲佐拉·阿明在阿富汗内部斗争中夺取了政权，阿富汗人民对苏联的反抗不断发展，使苏联对阿富汗的控制受到严重威胁。1979年12月27日，苏联军队开进喀布尔，并迅速实行对阿富汗的全面占领。当晚，卡尔迈勒被任命为阿富汗领导人，他声称苏军的举动是应阿政府的"请求"，是履行两国友好睦邻合作条约。

苏联入侵阿富汗打破了该地区的稳定而引起了美国的强烈反应。卡特政府针锋相对地提出了卡特主义，宣称为了美国的安全要使用一切手段包括军事力量来反击这种侵略。入侵阿富汗给苏联的政治、经济、外交都带来了沉重的压力，使其陷入难以自拔的困境，进而加速了苏联的衰落。

97.零点方案

零点方案是1981年11月18日，美国总统里根就裁减美、苏中程导弹问题提出的一项建议。其内容是：如果苏联拆除其全部针对西欧的SS-20、SS-4和SS-5导弹，美国准备取消它在西欧部署572枚潘兴Ⅱ导弹和陆基巡航导弹的计划，从而使美、苏在欧洲都没有中程导弹，达到"零"的水平。这项建议被西方称为"零点方案"。1981年11月30日，美、苏在日内瓦开始就限制欧洲中程核武器问题举行谈判。美方提出零点方案后，还提出了对中程导弹的限制必须是全球性的原则。美方认为，SS-20导弹射程远、机动性强，如果苏联只把从欧洲地区裁减下来的SS-20导弹转移到乌拉尔以东的亚洲地区，导弹仍能打到西欧，而且必要时仍可重新运到欧洲。因此，美方要求苏联把从欧洲削减的导弹就地拆毁，不向亚洲转移；同时还要求把苏联在亚洲地区的SS-20导弹也包括在限制之列。

美国的这一方案试图以一纸计划换取苏联拆除它已部署的中程导弹，改变在欧洲与苏联争夺中的被动局面，并缓和西欧盟国对美国的不满。方案提出后为苏联政府所拒绝，但为西欧国家普遍欢迎，成为西方对限制欧洲中程核武器的共同立场。

98.日本综合安全保障战略

日本综合安全保障战略是20世纪70年代末日本政府推出的对外战略，1978年由日本首相大平正芳在任职前首先提出。70年代末期，围绕日本的国际环境发生急剧变化，由于美国实力衰落，苏攻美守的战略态势基本形成，苏联的扩张对日本形成威胁；另外，日本国力的增强使日本大国意识滋长，要求承担与经济实力相适应的国际责任。所谓综合安全保障战略，是指综合运用外交、国防、经济、政治、文化等手段，应对各种国际性的威胁。该战略的基本内容有：力争国际环境总体好转，加强自助能力，借助国际集团力量，增进世界各国的合作；日本安全与稳定所依赖的是北美和西欧等地区，日本未来有发展希望的地区是亚太地区，优先发展政治经济的地区是中东和拉美等；为实现上述方针必须以日、美安全条约为依托，在美国提供核保护伞前提下，适当增强防御力量，建立经济安全保障体制，处理好南北关系，确立以科技立国的方针，通过外交创造良好的国际环境和稳定的国际秩序。

综合安全保障战略是二战后日本第一个具有全局观点和长远考虑的国家总体战略，为日本在随后的20世纪80年代推行大国外交确定了其理论依据和行动方针。它的提出和实施标志着二战后日本从追随美国的被动外交逐渐转变为追求国家战略目标的主动外交，标志着日本开始向争取政治大国的目标迈进。

99.马尔维纳斯群岛战争

1982年，英国与阿根廷为争夺南大西洋马尔维纳斯群岛（以下简称"马岛"）领土主权而进行的战争，史称马尔维纳斯群岛战争。1833年英国占领马岛以后，马岛一直被英国控制和经营，英、阿双方曾就该群岛主权进行多次谈判，均未解决。1982年4月2日，阿根廷军政府派兵占领马岛，并宣布收回马岛主权。英国政府对此作出强烈反应，英国首相撒切尔夫人力排众议，请求国会组成特混舰队奔赴南大西洋作战。她认为这是决定英国国威能否重振的关键时刻，决不可犹豫退让。美国最初采取了中立调停的姿态，既要支持盟国英国，又为遏制苏联在美洲扩张不想得罪阿根廷。但英国和阿根廷都拒绝在主权问题上让步。尽管内部存在意见分歧,里根政府决意支持英国,宣布对阿实行经济制裁,同时保证为英军行动提供援助。凭借美国的支持和先进的武器,英国逐步占据上风。6月17日,英国宣布接受驻岛阿军的投降,马岛之战以英军全胜而结束。马岛战败导致阿根廷军人政府的垮台,阿根廷由此开始了国内民主化进程。新产生的以阿方辛为首的文人政府缓和了对英关系,但仍坚持阿根廷对马岛的主权。至今为止,马岛的归属依然是英、阿之间悬而未决的难题。

100.八(七)国集团

八国集团由美国、英国、法国、德国、意大利、加拿大、日本和俄罗斯组成。20世纪70年代初,西方国家经历了二战后最严重的全球性经济危机。为共同研究世界经济形势,协调各国政策,重振西方经济,法、美、德、日、英、意六国领导人于1975年11月在法国举行了第一次首脑会议。1976年6月举行第二次会议时,增加了加拿大,形成七国集团,也称为西方七国首脑会议。

此后,七国首脑会议作为一种制度固定了下来,每年一次,轮流在各成员国召开。1997年举行七国首脑会议时,克林顿总统作为东道主邀请俄罗斯以正式与会者的身份自始至终参加会议。从此,延续了23年的西方七国首脑会议成为八国首脑会议,也被称为八国集团。最初,首脑会议主要讨论经济问题和协调各国的宏观经济政策。近年来,政治问题也逐渐成为会议的重要议题。

它并非一个严密的国际组织,以往被称为"富国俱乐部"。随着二十国集团架构的日趋成熟,并为了反映新兴工业国家的重要性,二十国集团成员国的领导人于2009年宣布该组织已取代八国集团成为全球经济合作的主要论坛。2014年白宫宣布,奥巴马和七国集团其他国家领导人已决定,将暂停俄罗斯八国集团成员国地位。

101.星球大战计划

星球大战计划正式名称为战略防御计划,是美国实施的军备战略计划,1983年3月23日由里根总统根据军事顾问、前美国国防情报局长丹尼尔·格雷厄姆的"高边疆"战略提出。"高边疆"战略认为,未来外层空间将会成为陆海空之外的第四个战场,是必争的战略高地;在宇宙间取得领先地位,就将在这块战略高地获得决定性的战略利益。因此项计划扩展到宇宙空间并涉及太空武器。故又称星球大战计划。它是研制与部署以定向能、动能等新型武器为主体的反弹道导弹防御体系的美国国家计划。该计划表面上以防御为主,其实是针对苏联的一项战略,它既可以确立对苏联的核军事优势,又可以把与苏联的军备竞赛引上太空,达到"以压促变"、拖垮苏联经济的目的,同时它还可以促进美国高科技的发展。

苏联解体后,该计划失去了主要防御目标,加之现阶段一些无法解决的技术难题,使得克林顿政府于1993年5月13日正式宣布放弃星球大战计划,而代之以建立对付短程和远程弹道导弹的陆基防御体系。在星球大战计划实施的十年间,美国政府为此花费了约三百亿美元。

102.里根主义

里根上台后,美国面临着苏联在全世界扩张的严重挑战。政府改变了尼克松以来对苏缓和的对外战略,改变美国的被动局面。

在政治领域,里根政府推行里根主义。其基本思想是不承认尼克松提出的世界力量已经多极化的现实,认为世界上所有的矛盾都可以归结为美苏两家或两种社会制度的矛盾。美国政府推行里根主义的重要手段是低烈度战争和星球大战计划,前者指美国在不触及美苏核战争和大规模常规战争的前提下,在第三世界向苏联发起进攻和争夺势力范围的战略。

里根主义是美国推行强权政治的典型表现,在里根任期内,美国政府有效地遏制了苏联的扩张趋势,巩固与盟国的关系,重新夺回了战略主导权。

103.伊朗门事件

伊朗门事件是里根政府为营救人质同伊朗秘密进行武器交易被披露而引发的政治丑闻事件。里根上台后对伊朗采取强硬外交政策,同时公开反对别国向伊朗提供武器。为了解救被黎巴嫩激进组织扣押的美国人质,从1985年5月开始,美国秘密地与对黎巴嫩激进组织有影响力的伊朗进行商谈,希望以出售武器换取人质。在向伊朗出售了几千万美元的武器后,3名人质获释。

1986年11月,此事被黎巴嫩报纸揭露,在美国和国际上引起风波。不久又揭露出,出售这笔武器所获大笔利润转到尼加拉瓜反政府武装之手。所有这些均未通知国会,属于违法行为。报界借"水门事件"之名将此称为"伊朗门事件"。丑闻被揭露后,阿拉伯国家强烈谴责美国违背在两伊战争中严守中立的诺言;美国政界对里根政府欺骗国会的行为感到震惊,出于国家利益的考虑,国会没有弹劾总统,但是11月18日,国会特别调查委员会公布的调查报告还是总统应对事件承担责任。

104.里根新遏制政策

里根新遏制政策为美国里根政府的对苏政策。20世纪70年代末80年代初,在美苏争霸中苏联仍处于进攻态势。里根政府认定,美国面临的根本挑战是制止苏联的全球野心。因此,里根主张对苏联推行实力政策,恢复对苏联的遏制。其基本方针是"以实力求和平",在政治、经济、军事、意识形态各方面同苏联展开激烈争夺。主要内容有四点:大力扩充军事实力,谋求取得对苏联的军事优势。在增进核威慑的同时,大力加强常规力量,并于1983年提出了"战略防御计划",即"星球大战计划",把苏联拖入新的军备竞赛之中。在地区争夺上,把苏联顶在70年代末的扩张线上,使之不能再进一步。调整同西欧、日本的关系,以协调对苏政策,同中国签署了《八一七公报》,并大力加强在第三世界国家同苏联的竞争。开展对苏联的经济攻势,利用经济财政和技术上的优势,延缓阻遏苏联的经济发展。在意识形态领域加紧向苏联发动进攻,同时,保持各种渠道,加强同苏联的对话,迫使苏联妥协让步,促使苏联"演变"。

里根的新遏制政策适应了美国保守主义的需要和改变对苏地位的需要,为美国恢复冷战中的优势起了一定作用。然而里根的强硬政策也受到美国经济衰退的制约。自80年代初起,美国虽然大规模扩充军备,但也为此背上了军费开支的沉重负担,联邦政府的财政收支连年出现巨额赤字。因此,从1987年起,美国不再强调拖垮苏联,而是开始鼓吹缓和,明确表示支持戈尔巴乔夫进行改革。

105.孔塔多拉集团

1983年1月,墨西哥、哥伦比亚、巴拿马、委内瑞拉四国外长在巴拿马的孔塔多拉岛举行会议,讨论不断恶化的中美洲局势。会议发表的公报表示,四国愿意为缓和中美洲局势和平解决中美洲问题作出努力。此后,国际上就称这四个国家为孔塔多拉集团。孔塔多拉集团曾多次举行外长会议,还和中美洲五国的外长举行过多次九国外长会议。1983年四国首脑会议发表了《关于中美洲和平的坎昆声明》,同年9月,第四次九国外长会议通过了实现中美洲和平的《意向文件》。孔塔多拉集团在积极的外交斡旋中,确立了排除外来干涉,反对把中美洲问题纳入东西方对抗的轨道,由中美洲国家自己通过和平谈判解决本地区争端等一系列基本原则,提出了控制军备竞赛、停止武器输送、撤出外国军事顾问、禁止建立军事基地、禁止任何形式的外国干涉、各国政府同本国反对派建立持久对话等一系列缓和中美洲局势的具体建议。孔塔多拉集团的和平努力得到了拉美国家和国际社会的普遍赞赏和支持。

106.利马集团

利马集团是阿根廷、巴西、秘鲁和乌拉圭四个拉美国家为促进中美洲问题的和平解决,于1985年建立的一个区域性的国际组织。进入20世纪80年代后,美国同尼加拉瓜、尼加拉瓜同洪都拉斯关系急剧恶化,严重影响该地区的和平安定。对此,孔塔多拉集团为和平解决地区问题付出极大努力,但由于美国在中美洲问题上态度强硬,孔塔多拉集团的调解活动遇到了严重阻碍。在这种情况下,1985年7月28日,参加秘鲁新总统就职仪式的阿根廷、巴西、秘鲁和乌拉圭四国代表达成协议,组成了"支持孔塔多拉集团"。其宗旨是与孔塔多拉集团合作共同推动中美洲的和平进程,促进中美洲的和平条约的签署并保证该条约的执行。由于这个集团是在秘鲁的首都利马组成的,所以国际上称之为利马集团。

107.安理会第598号决议

两伊战争爆发后,安理会于1987年7月20日通过要求双方停火的决议——安理会第598号决议。主要内容为:两伊立即停火,把军队撤到国际公认的边界之内;在敌对行动停止后,立即释放和遣返战俘;由联合国秘书长派遣联合国观察员,负责核查、证实和监督停火与撤军,并敦促两伊予以合作;促请其他国家不采取可能导致冲突进一步升级和扩大的任何行动,以促进本决议的执行;经过协商,委托一个公正机构调查冲突责任问题,并尽快向联合国安理会提出报告。这是联合国安理会关于两伊战争第一次一致通过的重要决议,为全面、公正解决两伊冲突打下了良好的基础。此时两伊都已战至精疲力竭。伊拉克于7月23日宣布接受,伊朗在军事和西方国家的外交压力下,被迫于1988年7月18日宣布接受决议。8月20日,长达8年的两伊战争结束。

108.海湾阿拉伯国家合作委员会

海湾阿拉伯国家合作委员会成立于1981年5月25日,是一个综合性的地区合作组织,包括沙特阿拉伯、阿拉伯联合酋长国、巴林、阿曼、卡塔尔、科威特六个成员国。成立背景为:阿拉伯世界联合自强趋势的推动和影响,共同抗衡两伊威胁,成员国存在共同的合作基础。宗旨如下:利用各成员国的资源和力量,实现成员国间在一切领域内最大限度的协调、联系、合作和一体化,加强与密切成员国人民间的联系、交往与合作;在联合自强的基础上推动六国工业、农业、科学技术的发展,同时不断加强共同防务力量。组织机构为最高理事会、部长理事会、总秘书处,总部设在沙特阿拉伯首都利雅得。

该组织在加强成员国政治、经济、外交、安全和军事等领域的协调、合作和一体化,调整成员国内部及其他国家间的争端、维护海湾地区的和平与稳定、促进地区经济合作、推动中东和平进程等方面发挥了积极作用。

109.国际行动理事会

1983年3月,应日本前首相福田赳夫和当时联合国开发计划署署长莫尔斯的邀请,六位前国家元首或政府首脑在维也纳开会,决定成立非政府组织国际行动理事会。其宗旨是利用一些前国家主要领导人的经验和智慧,以集体形式就当前人类面临的政治和经济等问题向世界主要国家的领导人提出意见与建议,以便促进国际合作与行动。成员均系发达国家和发展中国家的元首或政府首脑。组织机构有:核心机构执行委员会;政策委员会,即理事会的咨询机构;通讯委员会,负责向各国宣传理事会的建议和活动。理事会每年举行一次会议。该组织不设总部,在纽约和维也纳设有办事机构。主席施密特(前联邦德国总理),名誉主席为福田赳夫。1993年5月,第十一届会议在中国上海举行。

110.第三个《洛美协定》

《洛美协定》全名为《欧洲经济共同体—非洲、加勒比和太平洋国家洛美协定》,是非洲、加勒比和太平洋地区46个发展中国家同欧洲经济共同体9国之间签订的经济贸易协定。1984年12月8日第三个《洛美协定》在洛美续签,1986年5月1日生效。它规定,在5年中欧洲共同体提供总数为85亿欧洲货币单位的经济援助;加强非、加、太国家的集体自力更生能力,重点帮助发展补偿作物;对工业和农产品的销售提供优惠,把享受稳定收入的出口产品增加到50种;扩大合作领域,包括文化、环保等诸多方面。10个共同体成员国和66个非、加、太发展中国家签字。

111."尤里卡"计划

"尤里卡"计划是西欧17国及欧共体执委会于1985年7月共同制定的高技术发展计划,即"欧洲研究协调机构计划"。20世纪80年代,西欧各国在世界高新技术领域已落后于美国和日本。为此,欧共体国家决定加强科技合作,赶超美日。1985年3月,美国总统里根提出战略防御计划,在西欧国家引起强烈反应。欧共体面临防务和技术的双重挑战。法国总统密特朗经与联邦德国磋商后,于4月17日提出建立"欧洲研究协调机构"即"尤里卡"计划的倡议,经过与西欧各国的反复磋商,在同年7月17日由欧洲17国一致通过。11月5日至6日在"尤里卡"第二次部长级会议上通过了《尤里卡宪章》,标志着"尤里卡"计划正式开始实施。根据法国先进技术和系统研究中心提出的报告,该计划由5个合作计划组成:欧洲计算机计划、自动装置计划、通讯联络计划、生物计划和材料计划。"尤里卡"计划是高技术领域一项重要的系统工程,是一个供欧洲合作的开放框架,实行自下而上的原则,由基层参加单位自立选题和确立合作伙伴、范围及方式。这项计划的落实,不仅能使欧洲尖端技术方法赶上美国和日本,而且还可以确保和巩固欧洲在世界政治格局中所获得的地位。

至1995年,"尤里卡"计划已拥有25个成员(24个国家加上欧盟执委会),已批准720个科研项目,总经费达103.48亿欧洲货币单位。它促进了"工艺欧洲"的形成,推动了西欧的经济联合,给西欧开展科技合作提供了有益的经验。

112.戈尔巴乔夫外交政策新思维

戈尔巴乔夫上台后推行的对外战略和政策的指导方针被称为外交政策新思维。戈尔巴乔夫在1987年11月出版的《改革与新思维》一书中,阐明了他关于苏联外交政策的新思想。戈尔巴乔夫外交政策新思维的核心,是其全人类价值高于阶级价值的思想。这一核心思想来源于他对当代世界时代特征的判断。他认为当今世界有以下三个特征:当今世界是一个多样性的统一体,世界各国的相互联系和相互依存正在逐渐加深,人类面临一系列的全球性问题需要全世界各国的共同努力;核武器威胁着人类的生存发展,核战争"将不是政治的延续",而是整个人类文明的毁灭;资本主义仍然富有生命力。

根据上述判断,他提出了苏联处理国际关系的根本原则:一是和平共处的普遍原则。他认为由于核战争的毁灭性后果,战争已不再可能成为达到政治、意识形态目的的手段。在国际关系中要寻求相互谅解、实行和平共处。二是自由选择的原则。各国社会发展的多样性日益增加,要充分尊重各国人民的自由选择。三是普遍安全的原则。安全是普遍的、相互的、不可分割的,实现安全的唯一道路是谋求政治解决和裁军。四是维持两极体制的原则。两大社会体系的对立只有通过和平竞赛与竞争的形式进行,而不能诉诸武力。通过社会主义和资本主义国家间的合作,建立民主化的、人道主义化的、非意识形态化的国际关系新秩序。

戈尔巴乔夫的外交政策新思维在承认全人类利益的同时,忽视了阶级利益、民族利益和国家利益的客观存在,从而使他从放弃对抗追求缓和到完全认同西方价值观。这种对外政策的失败是导致东欧剧变、苏联解体的重要原因之一。

113.里约集团

里约集团成立于1986年,当年12月孔塔多拉集团成员和利马集团成员的八国外长在巴西里约热内卢决定建立"政治磋商和协调常设机构",以推动拉美一体化进程,当时被称为"八国集团",1990年3月正式易名为"里约集团",目前有19个成员国。宗旨为:就拉美地区的政治、经济、社会等重大问题进行磋商,协调彼此立场,并决定采取相应的行动,以促进拉美一体化事业的发展;同时代表本地区同其他区域性组织及国际集团开展合作。集团不设办事机构。

作为拉美绝大多数国家参与的政治磋商和合作组织,里约集团对内成为拉美国家协商解决跨国共同问题的有效机制,对外则成为拉美国家协调共同立场反映共同呼声的舞台。

114.新大西洋主义

新大西洋主义是美国老布什政府提出的关于建立欧洲新秩序的构想,1989年12月,由美国总统布什在北约总部发表演说时首次提出,之后不久,时任美国国务卿贝克在西柏林俱乐部发表讲话时对其作了系统阐述。20世纪80年代末,世界格局发生了新的变化,苏联、东欧局势变化,德国统一已经被提上日程,欧共体影响日增。在此背景下提出的"新大西洋主义",是美国为迎接冷战后时代的到来制定的一项对欧新战略。其主要目标是:为美国在欧洲继续存在的"合法性"提供依据,为北约确立新的任务;着眼于后冷战时期调整美欧关系。面对欧共体对美国的离心倾向,美国认为,"美欧间需要有一个新的基础",以建立在美国领导下的新秩序。这是"新大西洋主义"的要旨所在。其核心内容就是按照美国的战略设想,将欧洲现存的三大组织机构——北约、欧共体和欧安会改造成为建设欧洲新秩序的三大支柱。新大西洋主义表明了美国90年代对西欧政策的基本点,即政治上维持盟主地位,适当"卸除军事包袱",与欧共体在经济上共同分享。

115.《跨大西洋新纲要》

1995年12月,美国总统克林顿同欧盟轮值主席西班牙首相冈萨雷斯和欧盟委员会主席桑特在马德里签署《跨大西洋新纲要》，确定了双方在今后若干年内调整关系和采取共同行动的目标，以及在政治和经贸等领域全面加强合作的准则。主要内容为：美欧共同努力促进世界和平、稳定和民主；对付国际犯罪、环境污染等挑战，推动世界贸易自由化发展，加强科学教育文化艺术等领域的交流；确保实施《波黑和平协议》，支持中东和平进程、设计欧洲安全结构等。这一纲要取代了1990年的《欧共体与美国关系宣言》。

116.《马斯特里赫特条约》

《马斯特里赫特条约》即《欧洲联盟条约》。1991年12月，欧共体外长会议在荷兰的马斯特里赫特小城召开，就建立经济与货币联盟和政治联盟的《马斯特里赫特条约》达成协议，并于次年正式签署，简称《马约》。该条约分成两部分：一部分是《经济与货币联盟条约》，另一部分是《政治联盟条约》。条约规定：在1993年实现欧洲统一大市场后，最晚于1999年1月1日实现欧盟内货币联盟。该条约将欧共体改名为欧洲联盟，简称欧盟。规定了三项主要任务：在经济上，建成欧盟内统一的货币，要求在2002年1月1日实现欧盟所有成员国实行统一的货币——欧元；将成员国之间在外交事务上的政治合作机制提升为共同外交与安全政策；加强各国内务与司法的合作。《马约》的签订，把欧洲一体化推向了一个新阶段，使欧共体由一个经济实体向经济、政治、防务实体的方向发展。条约于1993年11月1日正式生效，欧洲联盟诞生。2002年7月1日，欧元成为欧盟内唯一的货币，从而最终形成超国家的货币联盟。

117."聪明制裁"

"聪明制裁"，是指主要由美国操纵并主导联合国实施的对伊拉克石油产品出口的制裁。海湾战争后，联合国在美国的主导下对伊拉克实施制裁和封锁。长期的封锁使伊拉克人民缺医少药、食品匮乏，儿童死亡率居高不下；但是作为重要产油国，伊拉克的石油出口被禁止影响了国际市场上石油的价格，油价高涨给美国造成了损失。为此，美国联合英国在联合国内提出对伊制裁新方案：允许伊拉克以半年为周期出口一定数量的石油以换取其国内奇缺的食品和药品，但同时又将出口石油的数量与伊国内政治局势挂钩，以期用经济压力推翻萨达姆政权,达到军事和政治手段所不能达到的目的。因此,这个方案就被称为"聪明制裁"。

118.库尔德问题

库尔德是居住在中东及近东的一个古老的少数民族的名称,现有人数近2000万,多信奉伊斯兰教,有自己独特的文化习俗,骁勇善战。主要分布在土耳其、伊拉克和伊朗三国毗邻的被称为库尔德斯坦的地区。多年来,库尔德人要求建立独立国家的主张和行为给有关国家带来的政治和安全问题,被称为"库尔德问题"。目前,库尔德问题在伊拉克和土耳其的存在最为引人关注。居住在伊拉克北部地区的库尔德人的分离运动,得到了西方大国的某种支持和纵容。1995年3月,土耳其政府军越过边界,大举围剿库尔德工人党在伊境内的据点,伊向土提出强烈抗议,库尔德问题再度尖锐化。库尔德问题可以被理解为两个方面的问题:一是库尔德人的独立运动与所在国政府的关系问题,二是国际上某些势力插手存在库尔德民族独立运动的国家进行有目的的活动以此为自己牟利的问题。

119.东盟地区论坛

东盟地区论坛(ARF)是1992年由东南亚国家首脑会议倡议举办的,1994年7月25日首次在曼谷举行,东盟及其对话伙伴国日、美、加、澳、新、韩,协商伙伴国中、俄,观察员国越、老、巴布亚新几内亚等各方代表与会。论坛以维护地区和平、防止发生纠纷、建立信任关系,和开展预防性外交为宗旨。以漫谈形式进行对话,一般不设具体议题。首次会议主席泰国外长巴颂在会议结束时发表声明:论坛能促使亚太地区国家就共同关心的政治安全问题进行建设性对话和磋商,为亚太地区建立信任和采取预防性外交作出重要贡献。首次会议决定,每年在东盟国家举行一次部长级会议。

120.亚太经合组织

亚洲及太平洋地区经济合作组织,一般简称为亚太经济合作组织或亚太经合组织(APEC)。亚太经合组织是亚太地区主要的政府间区域经济合作组织。1989年1月,澳大利亚总理霍克访问韩国时提出"汉城倡议",建议召开部长级会议来讨论加强亚太经济合作问题。经各方磋商,1989年11月亚太经济合作会议首届部长级会议在澳大利亚首都堪培拉召开,澳、美、加、日、韩、新(西兰)和东盟六国参加,标志着亚太经合组织的成立。1991年11月中国以主权国家身份、中国台北和中国香港以地区经济体名义加入该组织,现有成员包括21个国家和地区。1993年6月改名为亚太经济合作组织。其宗旨为:维护亚太地区的经济发展、增加经济效率、发展和加强开放的多边贸易体系、减少成员之间的关税壁垒,以及为世界经济的发展做出贡献。主要机构为领导人非正式会议、部长级会议、高官会、委员会和工作组、秘书处。主要成就是:推行了有计划的经济自由化进程,在贸易和投资自由化方面取得了很大进展;商务便利化是亚太经合组织的另一个重要议题;经济技术合作是亚太经合组织的另一个重要目标,与贸易投资自由化并列为亚太经合组织的两个轮子。

121.十五国集团

十五国集团成立于1989年9月,是继不结盟运动和七十七国集团之后兴起的又一个发展中国家合作组织。成员国分属拉丁美洲、非洲和亚洲,是一个跨洲经济合作组织。20世纪70年代中期以来,南北谈判陷入僵局,第三世界国家更加重视并提倡南南经济合作。为共同应对发展中国家日益突出的经济发展问题及适应发展的世界主题,于1989年9月,在南斯拉夫首都贝尔格莱德召开的不结盟第九次首脑会议上,决定成立一个发展中国家的首脑级会议组织——南南磋商与合作首脑级集团,因其最初有15个成员,故称十五国集团。宗旨是通过定期磋商、协调政策,制定南南合作行动计划;加强和促进发展中国家之间的经济合作与发展,在高度相互依存的世界经济体系中,提高发展中国家的集体自力更生能力和凝聚力,有效地促进全球范围内的南南合作;协调发展中国家对发达国家所采取的立场,促进更积极、更富有建设性的南北对话。该集团的成立对推动南南合作、南北对话和促进发展中国家的经济发展发挥了重要作用。

122.超越遏制战略

此为1989年美国总统老布什制定的对苏政策。在戈尔巴乔夫改革进程之中,美国总统布什认识到,针对苏联的改革及对美欧的示好,美国应适时调整自己的外交战略。于是老布什政府出台了超越遏制战略,其基本内容有三点:使苏联重新成为国际社会的一员,推动其社会的开放化;要求苏联调整与国际社会的关系,放弃勃列日涅夫主义,保证支持东欧和东欧各国自决,拆除"铁幕"和推倒柏林墙,建立开放、统一和自由的欧洲;强调美国的实力,继续坚持以实力求和平的基本方针,坚持威慑战略和联盟战略。

超越遏制是鉴于国际格局发生新变化而做出的政策调整。其实际上是遏制战略的继续和发展,其不仅在"铁幕"外继续遏制苏联,而且把斗争推进到"铁幕"里面去,最后消灭共产主义。在手段上,其强调运用政治、经济和意识形态的综合手段来削弱苏联并促使其和平演变。该战略使美国越来越多地介入了苏联事务,并加速了苏联的解体。

123.双遏制政策

双遏制政策,指冷战后美国在中东对伊朗与伊拉克实行的双重遏制的政策。自1979年霍梅尼的伊斯兰革命成功后,美国就将伊朗视为危险的"无赖国家",一直对其打击与遏制。而在伊拉克1990年入侵科威特后,美亦将伊拉克归入遏制范围。但双遏制政策在中东越来越难以为继,一方面是美国实力难以支持,同时也由于其盟国和许多第三世界国家的反对,而制裁伊朗的《达马托法案》亦受到法国、俄国、马来西亚的公开联合抵制。因此,美国的双遏制政策并没有维持多久。

124.第二代维和行动

第二代维和行动于1995年由原联合国秘书长加利在日内瓦的一篇演说中提出。加利将1948年以后的联合国维和行动分为两类。20世纪80年代以前的可称为第一代维和行动。冷战结束后,世界形势发生巨大的变化,多极化趋势加快发展,出现了能真正实现"《联合国宪章》原则和目标的机会",但同时也带来了挑战。加利认为这一时期的维和行动可以称为第二代,其特点是超越了传统的职责与范围,不仅仅是维持和平,而且也是建立和平甚至是一种强制和平,比如帮助国家重建、建设基础设施、组织选举、人道主义援助等。

125.德国统一

1989年民主德国发生变化,为德国的统一提供了历史机遇。1989年11月9日,两德边界开放,当时正在波兰访问的联邦德国总理科尔立即中断访问,召开内阁紧急会议,研究对策,准备研究德国统一。因此开放东西德边界可以看作德国统一的序幕,其进程可以说是从1989年11月9日拆除柏林墙开始,到1990年10月3日民主德国根据联邦德国基本法加入联邦德国结束,历时不到一年。德国统一的进程在不到一年的时间里,可以划分为三个紧密相连、逐步深入的阶段:1989年11月9日至1990年3月18日是第一阶段,是统一的筹划和准备阶段;第二阶段从1990年3月18日民主德国大选结束到7月1日两德的货币、经济和社会联盟条约正式生效,是两个德国经济货币统一的阶段;第三阶段从1990年7月到10月3日民主德国加入联邦德国,是两个德国政治统一的阶段。1990年12月2日,德国举行了统一后首次大选,基督教民主联盟获胜,仍与自由民主党联合执政,科尔当选统一后德国的首任总理。

126.独立国家联合体(独联体)

独立国家联合体简称独联体。1991年12月8日,原苏联的三个加盟共和国——白俄罗斯、俄罗斯、乌克兰的领导人在白俄罗斯的别洛韦日签署了一项关于成立独立国家联合体的协定。21日,除格鲁吉亚和波罗的海三国以外的原苏联11个加盟共和国领导人在哈萨克斯坦当时的首都阿拉木图(现首都为阿斯塔纳)会晤,通过了《阿拉木图宣言》和《关于武装力量的议定书》等文件,宣告苏联已不复存在,并成立独立国家联合体。独联体的宗旨是为各成员国进一步发展和加强友好、睦邻、信任、谅解和互利合作服务,为各成员国在国际安全、裁军、军备监督和军队建设方面协调政策。截至2023年,独联体现有阿塞拜疆、亚美尼亚、白俄罗斯、吉尔吉斯斯坦、摩尔多瓦、哈萨克斯坦、俄罗斯、乌兹别克斯坦、塔吉克斯坦9个成员国。独联体的主要机构有国家元首理事会、政府首脑理事会、跨国议会大会、协调协商委员会等。总部设在白俄罗斯首都明斯克。独联体的工作语言为俄语。由于独联体内国家难以调和的矛盾,独联体已经很难发挥出实际的效用,许多国家在加入独联体之后退出。

127.波黑战争

1992年4月至1995年12月,波斯尼亚和黑塞哥维那(简称波黑)三个主要民族围绕波黑前途和领土划分等问题而进行的战争被称为波黑战争。1991年6月起,南斯拉夫开始解体。波黑(前南六个共和国之一)穆斯林、塞尔维亚和克罗地亚三个主要民族就波黑前途问题发生严重分歧:穆族主张脱离南斯拉夫独立,建立统一的中央集权国家;克族也主张独立,但希望建立松散的联邦制国家;塞族则坚决反对独立。1992年3月,波黑议会在塞族议员反对的情况下正式宣布波黑独立。4月,欧共体和美国相继予以承认。塞族随即宣布成立"波黑塞尔维亚共和国",脱离波黑独立。波黑三个主要民族间的矛盾骤然激化,导致战争爆发。其进程大致分为三个阶段:第一阶段,波黑三族展开大规模领土争夺战(1992—1994年)。战争最初在以穆族、克族为一方和塞族为另一方之间展开,不久后穆族、克族关系破裂,彼此间也发生激战。第二阶段,西方加强对波黑干预,战争进入相持阶段(1994—1995年)。第三阶段,塞族丧失军事优势,被迫妥协(1995年下半年)。到9月下旬,穆克联邦和塞族实际控制的领土已接近五国联络小组为双方确定的比例。塞族丧失军事优势,被迫同意由南联盟代表其参加由美国主持的波黑和谈。11月21日,南联盟、波黑、克罗地亚三国总统在美国俄亥俄州代顿市达成《波黑和平框架协议》,并于12月14日在法国巴黎正式签署。协议规定,波黑继续作为统一的主权国家存在,由穆克联邦和塞族共和国两个实体组成,穆克联邦控制波黑领土51%,其余由塞族控制。

波黑战争是二战后在欧洲爆发的规模最大的一次局部战争。波黑战争自始至终伴随着外部势力的军事介入和武装干预,特别是美国以北约为工具所进行的军事干预对战争结局产生了重大影响。

128.《奥斯陆协议》

1993年8月末,巴解组织领导人阿拉法特和以色列总理拉宾在挪威首都奥斯陆秘密达成和解协议——《奥斯陆协议》。《奥斯陆协议》是一项旨在实现巴以永久和平的框架性协议。根据双方安排,巴解组织和以色列首先交换了相互承认的法律文件,继而又照顾到美国的主导地位,于9月13日在白宫草坪签署了正式名称为《临时自治安排原则宣言》的《奥斯陆协议》。在随后的两年里,随着和平进程的稳步发展,双方又签署了《加沙—杰里科协议》和《西岸和加沙地带过渡协议》,这两项协议被普遍认为是《奥斯陆协议》的组成部分。协议确定了分三个阶段实现巴以和平的设想:第一阶段,以方在协议生效后四个月内从加沙和杰里科撤出军队和行政机构,巴勒斯坦人在该地实行自治;第二阶段,协议签署后九个月内约旦河西岸和加沙地带的巴勒斯坦人选举产生自治委员会,取代以色列机构在当地行使行政和司法权;第三阶段,在协议签署后两年内,双方开始就约旦河西岸和加沙地带的最终归属、耶路撒冷地位、巴方自治区内的以色列移民点等问题进行谈判。该协议的签署标志着巴以之间45年来敌对状态的结束,为全面公正解决巴勒斯坦问题确定了原则、奠定了基础。

该协议的达成是中东和平进程的历史性突破,但协议实际上将耶路撒冷归属问题、难民问题等核心敏感问题搁置起来,留给了以后谈判,因此协议并没有化解双方的核心矛盾。事实上,在以色列议会,经过激烈辩论《奥斯陆协议》,仅以一票之差勉强被通过。在巴勒斯坦,特别是在加沙地带,来自宗教极端势力的抵制越来越强烈,他们坚持否认以色列的生存权,认为《奥斯陆协议》是"投降和叛卖"。随着1995年11月4日拉宾遇刺,中东和平进程受到了沉重打击。

129.宫泽主义

日本"泡沫经济"崩溃后,日本企业纷纷将视线从国内转向海外,寻求新的生产基地,对亚洲的投资成倍增长。同时,日本把在亚洲发挥领导作用当作实现成为政治大国目标的基石。1993年,日本首相宫泽喜一出访印尼、马、泰、文四国,并发表了《亚太新时代与日本和东盟的合作》,提出了冷战后日本对亚洲政策四项原则,即"宫泽主义":参与亚太政治、安全保障对话;坚持对内对外经济开放;联合起来推进民主化;合作支援印支三国,特别鼓励东盟国家参与对印支半岛的援助和开发。

宫泽虽然强调以"亚洲中的日本"与东盟国家"共同思考、共同行动",但是有两个问题必须面对:一是如何平衡日美关系与日本和亚洲邻国的关系;二是如何正确认识日本的侵略历史,获得亚洲国家的信赖。

130.上海合作组织

上海合作组织前身是上海五国机制,上海五国机制起始于20世纪80年代后期中、苏两国关于裁减边境地区军事力量和保持边境安宁的谈判。苏联解体后,俄、哈、吉、塔四国组成联合代表团,与中国继续进行谈判。1996年,五国在上海首次会晤,随着谈判的深入,谈判内容扩大到经济领域、打击三股恶势力等。2001年6月,上海五国机制接纳乌兹别克斯坦。成立上海合作组织适应了六国合作的需要,也是世界和地区形势发展的需要。上海合作组织的特点有四点:形成了一套行之有效的解决和促进相互关系的行为准则,称为"上海精神",内容是互利、平等、协商、尊重多样文明、谋求共同发展;遵循不结盟、不对抗、不针对第三国的原则,对外开放;重点是维护地区安全,联合打击三股恶势力,即民族分离主义、宗教极端主义、国际恐怖主义;其组织定位是以安全为先行的经济、政治、文化全方位的地区合作组织。该组织是后冷战时代唯一将安全、经济、政治、文化交流融为一体的区域性组织,发展地区国家间的友好关系,加强六国与亚太地区的安全,为冷战后摒弃冷战思维,探索新型的国家关系、安全观和区域合作模式提供了重要的经验,对世界和平、稳定和发展也有深远影响。目前,印度、巴基斯坦、伊朗也加入了上合组织,上合组织的正式成员国增至9个。

131.PKO法案

在1991年的海湾战争中,日本以向美提供130亿美元"资助"的代价实现了自卫队走出国门的目标。这是二战结束后日本打着参加联合国"维和行动"的旗号,首次向国外派兵。1992年日本通过《协助联合国维持和平活动法案》,即PKO法案,此举旨在消除其他国家对日本的怀疑并为自卫队出国提供了法律保障。日本在制定该法案时提出所谓的PKO五原则:日本派遣自卫队参与维和行动的地区必须已经达成停火协议;必须得到当事国的同意;必须保持中立性;以上三个条件若发生变化,必须立即中止参与维和;自卫队队员只允许携带最低限度的武器。这些原则对自卫队在参加维和行动时的武器使用、行动内容等作出了规定。

132.《全面禁止核试验条约》

《全面禁止核试验条约》是1996年联合国大会通过的一项禁止所有核试验爆炸的全球条约。该条约旨在促进全面防止核武器扩散、促进核裁军进程,从而增进国际和平与安全。条约包括序言、17条正文、两个附件及议定书。主要内容有三点:现有的核国家逐步、渐进地裁减核武器,最后彻底达到核裁军;核国家承诺不再进行任何核试验爆炸或与核试验有关的爆炸,不在其所控制的地区和范围内进行核试验爆炸;非核国家承诺不进行制造核武器的努力。五个核大国(中、美、法、俄、英)最先在此条约上签字,到目前为止,已有140多个国家签署了这项条约,但由于一些核门槛国家拒绝执行,此条约难以生效。印、巴的核试验公然违反核禁试条约,冲击了国际核不扩散体系。但由于印、巴没有签署这个条约,难以对其进行约束,这也是当前核不扩散体系的漏洞。

133.美国国家导弹防御系统

美国国家导弹防御系统(英文缩写NMD)是用于拦截攻击美国的远程和洲际弹道导弹,保卫美国全境安全的防御系统、指挥系统和拦截系统。1999年3月,美国国会通过了建立国家导弹防御系统的法案。此系统建立的决定严重违反了美、苏1972年5月签署的《限制反弹道导弹系统条约》,使世界军控势头受挫。这是一个集防御性与进攻性于一体的武器系统,与美国强大的核武库相结合,将使美国更富于进攻性,是美国实施霸权主义政策的结果和表现,将影响世界的和平与稳定。

134.北约新战略

1997年,马德里首脑会议期间,北约各国讨论了未来北约的新战略,提出了有关构想。1999年4月23日,北约首脑在华盛顿举行的庆祝北约成立50周年的大会上通过新的北约战略文件《联盟战略概念》。

《联盟战略概念》的主要内容有四点:北约的主要任务由进行集体防御转为捍卫共同的价值观;不仅运用军事手段,还将运用政治、经济、文化等多种方法来构筑欧洲安全"大厦",北约已由一个军事政治组织演变成为一个政治军事组织;北约继续东扩,行政职能和涉及范围也进一步扩大,北约将有权对防区外的危机和冲突采取干涉行动;突破了北约的行动必须经联合国授权的限制,也突破了北约原有的协商一致原则,改为协商一致与自愿联合相结合。

北约新战略反映了北约已成为以美国为首的西方国家进行对外干涉、维护旧的国际秩序的工具,由一个防御性组织变成了一个进攻性组织。

135.海湾战争

海湾战争是伊拉克入侵科威特及以美国为首的多国部队与伊拉克展开的战争。1990年伊拉克宣布兼并石油富国科威特,引起了全世界的震惊。海湾一直是美国的"经济生命线",因而此事件直接关系到美国的利益。

美国在拉拢苏联并争取到联合国的合作与支持之后,发动了代号为"沙漠风暴"的对伊作战行动,1991年1月17日,二战后世界最大的一场局部战争——海湾战争爆发。以美国为首的多国部队对伊进行连番轰炸,最终海湾战争以多国部队的全胜告终。

海湾战争是世界两极体系瓦解、冷战结束后的第一场大规模局部战争。它深刻地反映了世界在向新格局过渡时各种矛盾的变化。海湾战争断送了伊拉克称霸中东的梦想,也加剧了阿拉伯世界的分裂。而美国巩固了在主要石油国家的政治影响,实现了在海湾地区的军事存在,苏联在这一地区的影响力也遭到进一步削弱。

136.《代顿协议》

《代顿协议》是美国就解决波黑问题提出的一个七点和平计划。经过与维和行动的各国协商并与波黑交战的各方谈判,在北约的军事压力下,终于在1995年11月21日由波黑、克罗地亚和南斯拉夫联盟三方领导人在美国俄亥俄州代顿草签了关于波黑和平的框架协议,从而结束了三年多的内战。主要内容是:波黑是在当时边界内的统一国家,由两个实体组成,即穆克联邦控制领土51%、塞尔维亚共和国控制领土49%;萨拉热窝保持统一,在穆克联邦政府领导下,塞族让出市内和市郊所占地区,但保有对学校和某些地区服务设施的行政权;塞族继续拥有一条连接东西波斯尼亚的走廊,宽8公里;穆克联邦拥有萨瓦河(通向多瑙河)的使用权;波黑共和国有自己的宪法、议会、主席团、部长会议、宪法法院、中央银行,可发行单一货币;保障难民返回家园,保证人民能在波黑全境自由迁徙,人权受到一个独立的委员会和经国际组织培训的民警的监督;主席团和议会将在国际监督下通过全国的自由民主选举产生,允许选民回原住地投票;被定为战争罪犯的人不得担任经选举产生的公职、不得参军;继续留驻维和部队,期限暂定1年,以帮助保卫波黑及其两个实体的边界与和平。《代顿协议》签署后,波黑实现了和平,波黑共和国的中央机构陆续建立,并在极大的阻力和重重困难下开始行使职权。

137.《新日美安全合作指针》

二战后,日、美签订了《日美安全保障条约》,并于1952年生效。20世纪70年代,日本积极谋求将此条约具体化和有效化,两国在1978年制定了《日美防卫合作指针》(简称"旧指针")。1997年9月,两国完成了对"旧指针"的修改,公布了"新指针"——《新日美安全合作指针》。其主要内容仍为三项,即平常时期的合作、日本遭受武力侵略时的合作,以及日本周边地区发生不测事态时的合作。对周边事态的概念作了广义解释,称周边事态不是指地理上的概念,而是着眼于事态性质的概念。规定在周边事态发生时:第一,日、美两国战时救援难民、海上搜索、撤离非战斗人员等的各自行动;第二,日本在提供自卫队及民间设施、为美军运输战争物资、后勤服务等方面与美国军队进行合作;第三,日、美在收集情报、警戒监视、扫雷等方面进行合作。"新指针"突出了以下五点:日、美防卫合作由防御苏联、保卫日本的合作型,扩大到"日本周边有事"的防卫合作;防卫合作范围扩大,既包括日本周围,也包括东南亚、中东等地;由专守防卫转变为同美国相互配合,可以共同参与军事行动;主要目的是遏制中国;导致日本可能突破和平宪法限制,插手地区军事冲突。"新指针"的发表引起了东亚国家的普遍不安。

138.科索沃战争

科索沃战争是20世纪末以美国为首的北约对南斯拉夫联盟发动的战争。冷战结束后,两极体制下被掩盖的民族和宗教争端不断显现,严重威胁到国家主权与地区和平。以美国为首的北约指责南斯拉夫在科索沃进行种族屠杀,造成针对阿族的人道主义危机,要求南联盟同意科索沃自治,并允许北约驻军科索沃以维护人权和秩序,遭到了南联盟的拒绝。1999年3月24日,以美国为首的北约打着"人权高于主权"的旗号,全然不顾《联合国宪章》和国际关系准则,对主权国家南联盟进行了78天的狂轰滥炸,制造了一场令人类文明再次蒙耻的"人道主义灾难"。5月8日,以美国为首的北约悍然轰炸中国驻南使馆,造成重大人员伤亡和财产损失,导致中美关系出现危机。南联盟在北约的持续空袭下被迫同意科索沃在北约监督下自治,允许北约在科索沃驻军,科索沃战争得以结束。科索沃战争是西方鼓吹的"人权高于主权""新干涉主义"等以人权及人道主义危机为借口干涉别国内政的具体体现,北约对南联盟的空袭没有得到联合国的授权,在国际关系中开了极为恶劣的先例。这种霸权主义使维护世界安全的不稳定因素增多,严重干扰了和平与发展的进程,也阻碍了世界多极化趋势的发展。

139.参与和扩展战略

参与和扩展战略被概括为一个总目标、三个支柱:一个总目标是领导世界,维护美国独一无二的领导地位;三个支柱即第一支柱为国家安全,第二支柱为经济发展,第三支柱为扩大民主政治。1994年7月21日,克林顿在《国家安全战略报告》中提出了美国在21世纪的全球领导地位。具体措施包括三点:在政治上,美国把扩大西方民主提高到战略位置上,以那些具有重大战略意义的国家为重点,促进其向西方民主制度转变;巩固原苏联、东欧和拉美各国新生的政权,同时推行"一个超级大国主义",把谋求美国对世界的领导地位和维持与欧盟的关系结合起来,防止任何地区性大国崛起为新的超级大国进而挑战美国的全球利益。在经济上,推行经济外交,加强七国集团特别是美、日、欧之间的政策协调,利用世界贸易组织、国际货币基金组织、世界银行等国际组织,推行全球经济自由化;把占领新兴市场,确保能源安全提高到战略高度。在军事上,提出"塑造""反应""准备"三位一体的军事安全战略,即塑造有利于美国国家利益的国际安全环境,随时对危机作出反应并为应对未来挑战做好准备。后来的事实证明,参与和扩展战略是比较成功的,它不但使美国经济再一次得到高速发展,同时也维持了美国超级大国的地位。

140. 第三代人权

第三代人权指以发展权为代表的人权。人权思想自产生以来一直是发展变化的,17、18世纪,在资本主义上升时期仅限于人人生而平等、自由等权利。19世纪后,人权逐步从政治领域扩大到经济、文化、社会等各个领域。20世纪50年代以后,随着民族解放运动的发展,突破了传统人权概念,从个人人权发展到集体人权,增加了民族自决权、和平权等内容。鉴于此,将西方资产阶级革命时的人权称为第一代人权,将民族自决权称为第二代人权,将发展权称为第三代人权。随着社会的不断进步,人权概念仍将不断发展。

141. 哈马斯

哈马斯即伊斯兰抵抗运动,是巴勒斯坦一个激进的伊斯兰组织,以针对以色列实施极端恐怖活动而著称。它源于巴勒斯坦"穆斯林兄弟会",20世纪80年代末,在以色列占领下的约旦河西岸和加沙地带巴勒斯坦人的反以斗争中异军突起。哈马斯的兴起有其深刻的社会根源,其领导的反以斗争具有独特的政治主张、斗争策略、斗争方式和目标。主张以暴力反对以色列的占领,从而最终在耶路撒冷建国。80年代末,在巴勒斯坦解放组织开始谋求政治解决巴勒斯坦问题后,哈马斯也面临着许多问题与挑战。目前,在巴以矛盾升级、双方冲突不断加剧的情况下,哈马斯的实力和影响仍在继续增强和扩大,以哈马斯为代表的巴勒斯坦伊斯兰激进势力重新抬头,不仅对巴勒斯坦问题的解决有影响,而且对中东和平进程都会产生重要影响。

142.什叶派

什叶派是阿拉伯文的音译,原意是"追随者",指只承认阿里及其直系后裔为穆圣合法继承人的各派别的总称。什叶派是在早期争夺继承权的斗争中形成的,开始只是一个政治派别,到7世纪末至8世纪中叶发展成为宗教政治派别。在同逊尼派的长期斗争中,什叶派将伊斯兰教教义同本派的政治主张相结合,逐步确立了自己的权利要求、经典选择、教义神学、教法学说和利益制度等。

要点一:在宗教与政治的最高权力上,什叶派认为只有先知的血亲,出身哈希姆家族的阿里,及其同先知女儿法蒂玛的后裔才是合法继承人,而前三任哈里发和倭马亚、阿拔斯王朝的哈里发都是篡权者,什叶派将阿里神化,把他奉为受安拉保佑的一贯正确的圣者。要点二:在宗教经典方面,什叶派同样信奉《古兰经》为天启箴言,但是强调《古兰经》的"隐义",并且认为奥斯曼和逊尼派人有意删掉了先知指定阿里为继承人的经文和圣训,因此什叶派不接受逊尼派的六大圣训集,而有自己的四圣书。要点三:在教义神学方面,什叶派的主要特征是增加了伊玛目教义和马赫迪思想。要点四:在教法方面,什叶派的各个分支承认《古兰经》和本派的四圣书为教法的依据,并认为伊玛目是教法的最高权威,享有安拉赋予的立法权。在末代的伊玛目隐遁后,由穆智台希德根据经训,运用推理和判断,处理法律和宗教问题。什叶派一般不承认或者贬低逊尼派遵循的公议作为法律原则。要点五:在礼仪方面,什叶派不强迫信徒每周五实行聚礼,十二伊玛目派还将平日每一天的礼拜由一天五次改为一天三拜。另外,什叶派实行"塔基亚"原则,即掩饰和隐蔽的意思,是指穆斯林在遇到危险时可以隐讳自己的信仰,这是什叶派一条特殊的教规。

143.逊尼派

逊尼派是阿拉伯文的音译,原意是"遵守逊奈者""逊奈"是先知穆罕默德的行为和道路,也就是圣训。所以逊尼派就是指遵守和仿效穆圣的道路和行为的人。穆罕默德去世以后,围绕争夺继承权的斗争,逐步形成此派,开始也仅仅是一个政治派别,到8世纪中叶阿拔斯王朝建立后,发展成为宗教政治派别,形成了自己的系统教义和学说。

要点一:在宗教和政治的最高领导权方面,逊尼派承认前四任哈里发的合法性。在宗教经典方面,逊尼派除了信奉《古兰经》是天启的箴言外,还有自己的六大圣训集。要点二:逊尼派根据《古兰经》和六大圣训集建立自己的学说,并且作为立法的依据。要点三:在教法学方面,逊尼派的伊斯兰教最终确立了哈乃斐、马立克、沙斐仪、罕百里四大教法学派的平等地位和《古兰经》、圣训、公议、类比四大法源。

144.泛伊斯兰主义

泛伊斯兰主义也称泛伊斯兰教、大伊斯兰主义。它是19世纪下半叶以来流行于伊斯兰边缘世界,以及边缘地带穆斯林少数民族中的重要思潮,由哲马鲁丁·阿富汗尼首创,得到了奥斯曼苏丹的支持。其基本主张为:认为伊斯兰教是普世宗教,不受国界、民族、语言、肤色的限制,号召全世界穆斯林在共同信仰的基础上,联合为一个共同体(乌玛),在哈里发的领导下,反对欧洲殖民者,直至取得独立。纲领为:呼吁逊尼派、什叶派加强团结,加强武装,培训圣战。土耳其、印度、印尼曾兴起哈里发运动。但它曾被统治阶级利用,因而遭到各国民族主义者批评。20世纪出现的新泛伊斯兰主义主张认为,哈里发已经过时,但伊斯兰教仍是全世界各族穆斯林团结的纽带和象征,广泛的世界穆斯林共同体可以伊斯兰国家联盟的形式出现,目的是加强彼此的团结、互助、合作。

145.靖国神社

靖国神社位于东京都千代田区九段北,前身是"东京招魂社",最初的意图是为了给在明治维新内战(戊辰战争)中,为辅佐天皇而死去的三千多官兵"招魂",1896年6月由明治政府设立。1897年6月正式改称"靖国神社"。"靖国"是"镇护国家"的意思。因此,靖国神社不同于一般的神社,是专门祭祀死在战场的军人的神社。神社里供奉着日本明治维新以来历次对外战争中246万多战死者的牌位。1978年10月,东条英机等14名二战甲级战犯和两千余名乙级、丙级战犯的牌位也被移进这个神社。无论什么时间、什么人物,参拜靖国神社都是对遭受过日本军国主义铁蹄蹂躏的亚洲人民感情的极大侮辱和亵渎。中曾根康弘、桥本龙太郎、小泉纯一郎、安倍晋三等日本政要都曾参拜过靖国神社。参拜靖国神社关系到日本当政者如何认识和对待日本侵略历史的重大原则问题,因此不仅遭到一切反对侵略、热爱和平的国家和人民,特别是经受过日本侵略的亚洲国家和人民的强烈抗议,而且遭到日本人民的坚决反对。

146. 日本北方四岛/南千岛群岛问题

北方四岛/南千岛群岛是阻碍日俄关系根本改善的核心问题。二战后期,苏联为取得战后在远东地区国际事务中的发言权,于1945年8月8日对日宣战,并于同日迅速出兵中国东北。8月15日,日本宣布投降。此前一天,即8月14日,美国把准备发给日本政府的《总命令第1号》先行通知盟国,自行划分了受降区域,其中规定中国东北北纬38度以北的朝鲜和库页岛,由苏联远东军最高统帅受降。因为苏联的受降区未包括千岛群岛,斯大林遂于8月16日电函杜鲁门,提出两点修正,其中之一是要求明确"整个千岛群岛将由苏联占有",杜鲁门同意了苏联这一要求,但又宣称"这些岛屿的处理必须在和约中决定"。1945年8月18日,苏军开始在千岛群岛登陆,并占领了属于北海道的色丹岛和齿舞岛。1946年2月,苏联宣布领有包括北方四岛在内的千岛群岛,并将其编入苏联版图。这是北方四岛问题的由来。1951年9月8日,美国单方面签订了对日和约,苏联没有在和约上签字,因此日苏两国仍处于战争状态。在1955年的日苏复交谈判中,苏联方面曾考虑把北海道的齿舞和色丹两岛移交给日本,但日本坚持要求一并归还择捉岛和国后岛。1956年双方复交,结束战争状态,但领土问题仍悬而未决。苏联解体后,俄罗斯领导人鉴于国内的压力,坚决拒绝在北方领土问题上向日本作出让步,甚至否认俄日之间存在领土问题。虽然双方领导人就此问题曾多次举行会晤,俄领导人也表示尊重苏联政府与日本之间就该问题的有关协议,但关于实质性问题双方未能取得任何进展,北方领土问题仍然是日俄关系发展的最大障碍。

147.《京都议定书》

1998年5月29日,中国代表在联合国秘书处签署了《京都议定书》。《京都议定书》是当代一部限制各国二氧化碳排放量的国际法案。《京都议定书》是1997年由一百多个国家在日本京都召开的联合国气候变化框架会议上通过,其目标是"将大气中的温室气体含量稳定在一个适当的水平,进而防止剧烈的气候改变对人类造成伤害"。其规定了发达国家从2005年开始承担减少碳排放量的义务,而发展中国家则从2012年开始承担减排义务。

《京都议定书》需要在占全球温室气体排放量55%以上的至少55个国家批准,才能成为具有法律约束力的国际公约。中国、欧盟及其成员国、俄罗斯都在《京都议定书》上签字。美国政府1997年在《京都议定书》上签字,但美国参议院没有核准。美国是最早退出《京都议定书》的国家。2011年12月,加拿大宣布退出《京都议定书》,成为继美国之后第二个签署后又退出的国家。

148."9·11"事件

美国东部时间2001年9月11日早晨8:40,四架美国国内民航航班几乎被同时劫持,其中两架撞击了位于纽约曼哈顿的世界贸易中心,一架袭击了首都华盛顿美国国防部所在地五角大楼。而第四架被劫持的飞机在宾夕法尼亚州坠毁,据事后调查,失事前机上的乘客曾试图从劫机者手中重夺飞机控制权。这架被劫持飞机目标不明,事后对参与策划袭击的恐怖分子进行审问的结果表明,恐怖袭击的第四个目标是国会山。纽约世界贸易中心的两幢110层摩天大楼在遭到攻击后相继倒塌,除此之外,世贸中心附近5幢建筑物也受震而坍塌损毁;五角大楼遭到局部破坏,部分结构坍塌;袭击事件令曼哈顿岛上空布满尘烟。"9·11"事件中共有2998人罹难,其中2974人被官方证实死亡,另有24人下落不明。

2001年9月11日当天的恐怖袭击对美国及全球产生巨大的影响。这一事件是继二战期间"珍珠港事件"后,历史上第二次对美国本土造成重大伤亡的袭击。这次事件是人类历史上迄今为止最严重的恐怖袭击事件。美国政府对此次事件的谴责和立场也受到大多数国家的同情与支持,全球各地在事件后都有各种悼念活动,事发现场的清理工作持续到次年年中。"9·11"事件使得美国,乃至全世界的人都感到恐惧,从而反对类似"9·11"事件的再次发生。该事件也导致了此后国际范围内多国合作进行反恐怖行动。

149.颜色革命

颜色革命专指以某种花卉或物品的颜色为代表,亲西方特别是亲美国的政权变更行动。格鲁吉亚反对党的夺权行动被称为"玫瑰革命",是因为反对党领袖萨卡什维利在冲入议会大厦时,手中高举玫瑰花。乌克兰反对党的行动被称为"橙色革命",是因为其支持者以橙色为标志。在吉尔吉斯政局变动中,反对派来自不同城市,却用同一个手势——握拳表达意愿,握拳形似郁金香花,因此被称为"郁金香革命"。"玫瑰革命""橙色革命""郁金香革命",名字很美,内涵丰富。多数国际问题专家给颜色革命下的定义是:美欧国家通过慈善机构、基金会等非政府组织,在独联体国家进行渗透,培育"政治精英"、扶持"反对派"、支持民众以"街头革命"方式夺权,建立亲美疏俄的政权。颜色革命并非社会革命,只是政治变动,尽管它是在"民主"的旗号下发生的,但它不以新秩序取代现有秩序,而是某些人努力使政权符合其自身利益的一种"修饰"。

150.《里斯本条约》

《里斯本条约》,即欧盟非正式首脑会议在葡萄牙首都里斯本通过的欧盟新条约。这一条约于2007年12月13日由欧盟各国首脑在里斯本签署,随后交由各成员国批准。各国批准进程比预想的困难许多,直到2009年11月3日,捷克总统克劳斯签署《里斯本条约》,至此欧盟27个成员国已全部批准该条约。2009年12月1日《里斯本条约》正式生效。《里斯本条约》被视为《欧盟宪法条约》的简化版,其主要内容包括以下八点:设立常任欧盟理事会主席职位,取消每半年轮换一次的欧盟主席国轮替机制。将欧盟共同外交和安全政策高级代表和欧盟委员会负责外交的委员这两个职权交叉的职务合并,统归为欧盟外交和安全政策高级代表一职,全面负责欧盟对外政策。将更多政策领域划归到以"有效多数表决制"决策的范围,以简化决策过程。司法、内政等敏感领域的一些政策也将以"有效多数制"表决,成员国不再能"一票否决"。但在税收、社会保障、外交和防务等事关成员国主权的领域,仍采取一致通过原则。各成员国在"有效多数表决制"下的加权票数重新调整,2014—2017年之间逐步实行。以"双重多数表决制"取代目前的"有效多数表决制",即有关决议必须至少获得55%的成员国和65%的欧盟人口的赞同,才算通过。新表决制将在2014年开始实施,到2017年之前的3年为过渡期。从2014年起,欧盟委员会的委员人数将从27名减至18名,委员会主席的作用将加强。欧洲议会的权力将增强。新条约将确认《欧盟基本权利宪章》对各成员国的法律约束力。

《里斯本条约》的成功签署标志着困扰欧盟长达两年半的制宪危机暂告一个段落。该条约获得各成员国批准,为欧盟的机构改革铺平了道路。

151.美洲国家组织

美洲国家组织是美洲地区的政治组织。1890年4月14日,美国与拉美17个国家在华盛顿举行第一次美洲会议,决定建立美洲共和国国际联盟及其常设机构——美洲共和国商务局。1948年,在哥伦比亚首都波哥大举行的第九次美洲会议通过了《美洲国家组织宪章》,联盟遂改称为美洲国家组织。1951年12月,《美洲国家组织宪章》生效。美洲国家组织的宗旨是加强美洲大陆的和平与安全;确保成员国之间和平解决争端;成员国遭侵略时,组织声援行动;谋求解决成员国之间的政治、经济、法律问题,促进各国间经济、社会、文化的合作;加速美洲国家一体化进程。美洲国家组织总部设在美国华盛顿,在瑞士日内瓦设有驻欧洲办事处,在各成员国设有办事机构。截至2022年3月,该组织目前有35个成员国和74个常驻观察员。2004年5月26日,美洲国家组织常设理事会举行会议,决定正式接纳中国为该组织常任观察员。古巴本是美洲国家组织成员国,但由于美国推行孤立古巴的政策,古巴从1962年以后参加该组织活动一直遭到拒绝。美洲国家组织最高权力机构为大会,每年召开一次年会,经三分之二成员国同意,可召开特别大会。常设理事会由成员国各派一名大使级代表组成,定期召开。秘书处为常设机构,正副秘书长均由大会选举产生,任期五年,只能连任一次。此外,美洲国家组织还设有专门机构,包括美洲开发银行、泛美卫生组织、泛美儿童学会、泛美妇女委员会和泛美控制毒品委员会等。

152.二十国集团

二十国集团是一个国际经济合作论坛,于1999年12月16日在德国柏林成立,由八国集团(美国、日本、德国、英国、法国、意大利、加拿大、俄罗斯)和十一个重要新兴工业国家(中国、阿根廷、澳大利亚、巴西、印度、印尼、墨西哥、沙特、南非、韩国、土耳其)以及欧盟组成。

二十国集团金融峰会的诞生及其发展壮大与全球性金融危机的发生及蔓延有关。2008年金融危机爆发后,为了凝聚共识,促进全球金融经济稳定持续增长,原有的二十国央行行长和财政部长会议升级为二十国首脑峰会。2008年11月,二十国集团首次峰会在华盛顿举行。二十国峰会很快成为全球经济治理的核心机制,每年轮流在成员国召开峰会。它标志着新兴市场国家在全球经济治理中影响力的增强。

二十国集团峰会在应对国际金融危机、重建国际金融秩序等方面发挥着越来越重要的作用。二十国集团的成立为国际社会齐心协力应对经济危机,推动全球治理机制改革带来了新动力和新契机,全球治理开始从"西方治理"向"西方和非西方共同治理"转变。

153.《巴厘岛路线图》

《巴厘岛路线图》指的是发达国家与发展中国家就关于未来世界环境保护问题,于2008年签订的主要条约。1997年的"联合国环境保护大会"在日本东京召开,主要商讨了如何限制温室气体的排放,通过了《京都议定书》,规定了38个工业国排放污染气体的标准,以及6种禁止排放的气体。美国以限制排放气体影响国民经济以及发展中国家也应承担同样责任为由,拒绝加入《京都议定书》。进入21世纪以来,随着全球温室效应日益明显,全球排放量增多,威胁到了人类的生存,而且南极部分冰山已经开始融化,威胁到了海平面较低的国家的利益,使得解决环境问题变得刻不容缓。2007年联合国气候变化大会的主要内容反映了发展中国家和发达国家的不同利益诉求,以及彼此间尖锐的矛盾,通过的《巴厘岛路线图》也是各国妥协的产物,规定各国应尽量减少温室气体排放,采取先进技术来保护环境,并就这些有利于环保的先进技术互相交流合作,以达到共同维护环境的目的。《巴厘岛路线图》实际上并未产生强制性的措施去控制各国减少温室气体的排放,只是发展中国家与发达国家矛盾尖锐的产物。

154.巧实力外交理念

巧实力一词最早由(美国)安全与和平研究所高级研究员苏珊尼·诺瑟提出,强调综合运用硬实力和软实力来实现美国外交目标。巧实力就是巧妙地利用一切可用的软实力和硬实力,即运用外交、经济、军事、政治、法律和文化等各种手段的组合来维护本国利益的能力。

巧实力既不是硬实力,也不是软实力,而是综合了两者的一个整体战略,是力量的基地,也是要实现美国目标的"工具箱"。它既强调强大的军事力量的必要性,同时也极大地关注联盟、伙伴关系和各个层次的机制,目的就是扩大美国的影响力和建立美国行为的合法性。向全世界提供公共产品就是这一战略的核心,因为这能使美国压倒一切的实力和世界其他地方的利益和价值观达成一致。美国要通过三种方式影响别国:强制性威胁(大棒)、诱惑或补偿(胡萝卜)、吸引和合作。此战略的提出基于如下背景:以往小布什政府过分强调军事打击,使美国深陷伊拉克战争泥潭;同时,美国内遭受严重的经济危机,利益损失巨大。采取此战略意在使其他国家服从于美设想的国际秩序,以最小的代价实现美国利益最大化。

2007年,美国前副国务卿阿米蒂奇和著名学者约瑟夫·奈发表了题为《巧实力战略》的研究报告,明确提出运用巧实力进行对外战略转型,帮助美国摆脱当前困境,重振全球领导地位。2009年1月,美国国务卿希拉里提出,美国将采取巧实力战略来处理国际关系。

155.伊朗核问题

伊朗核问题,是指国际社会关注的伊朗是否有开发核武器的意图和能力问题,以及相关的国际外交和安全政策问题。伊朗的核计划起源于20世纪70年代,主要是为了满足其能源需求。2002年,有关伊朗可能拥有核武器技术的消息传出,引起了国际社会的广泛关注和担忧。2003年,伊朗政府同意接受国际原子能机构(IAEA)的检查,但在之后的几年中,伊朗又多次被指责不履行承诺、隐瞒核设施,并未能让IAEA完全确认其核计划的和平性质。

2006年以来,联合国安理会多次通过决议,要求伊朗暂停铀浓缩等活动,并允许IAEA开展更全面的核查。美国和欧洲国家也采取了一系列经济和外交制裁措施,以迫使伊朗履行承诺和接受核查。同时,伊朗方面一直坚称其核计划是和平的,并拒绝放弃其核权利。此外,伊朗政府还一再威胁要关闭霍尔木兹海峡,这也引发了国际社会的担忧。

2015年,伊朗和美国、英国、法国、德国、俄罗斯和中国等国达成伊朗核问题全面协议,即"联合全面行动计划"(JCPOA)。协议中,伊朗同意限制核活动,接受更严格的IAEA监督,并逐步解除国际制裁。然而于2018年5月,美国特朗普政府宣布退出JCPOA,并重新实施对伊朗的制裁措施。此后,伊朗逐渐恢复核计划,并在2021年宣布开始铀金属浓缩,引发国际社会的担忧和谴责。目前,伊朗核问题仍然是国际社会关注的热点问题,各方仍在通过外交手段寻求解决办法。

156.金砖国家

金砖国家(BRICS)是指五个主要的新兴市场,分别为巴西、俄罗斯、印度、中国、南非,其人口和国土面积在全球占有重要份额,并且是世界经济增长的主要动力之一。该五国的共同点为领土面积大、人口多、非发达国家,以及被认为有一定甚至巨大的发展潜力。在可见的未来里,这个组织或者组织中某个或多个国家会在一定程度上影响甚至领导全球经济。金砖国家会议的召开,使金砖国家合作机制逐渐形成,随着金砖国家合作机制的日趋成熟,今后将会有更多的新兴经济体加入进来,"分量"大增的金砖国家将在国际政治经济事务中发挥更为重要的作用。

多年来,金砖国家在重大国际和地区问题上共同发声,积极推进全球经济治理改革进程,极大提升了新兴市场国家和发展中国家的代表性和发言权,推动了发达国家与发展中国家的对话,促进国际关系的民主化与多极化。

157.乌克兰危机

乌克兰危机是由2013年底乌克兰亲俄派总统亚努科维奇中止和欧洲联盟签署政治和自由贸易协议,欲强化同俄罗斯的关系所导致的。2013年11月22日,乌克兰亲欧洲派在基辅展开反政府示威,抗议群众要求政府和欧盟签署协议、亚努科维奇下台、提前举行总统大选。2014年2月22日,亚努科维奇被议会罢免其总统职务,并宣布提前举行总统大选。在此次危机中,克里米亚议会通过了《克里米亚独立宣言》,乌克兰东部的顿涅茨克州和卢甘斯克州也宣布成立独立的"主权国家"。此次危机导致了俄罗斯与美欧的关系直接恶化。美国等不得不重新审视俄罗斯,并对俄实施经济制裁。同时,危机促使乌克兰、格鲁吉亚等国加快加入北约的步伐,以寻求西方国家的保护。

随着乌克兰寻求加入北约进程的推进,2022年乌克兰危机再次发酵。2022年2月21日,俄罗斯总统普京签署承认"顿涅茨克人民共和国"和"卢甘斯克人民共和国"的命令,并以"去军事化"和"去纳粹化"为目标,于24日发起对乌克兰的"特别军事行动",乌克兰则采取了坚决抵抗的态度。自此,乌克兰危机升级为俄乌军事冲突。这是冷战结束以来俄罗斯和美欧在欧洲的首次大规模代理人战争。

就历史经纬而言,乌克兰危机是冷战结束30年来北约和欧盟"双东扩"与俄罗斯强烈反击导致的。就事态发展的趋势而言,美欧和俄罗斯对欧洲地缘政治和安全格局、世界秩序与国际体系等长远战略因素的考量将起到决定性作用。危机已经影响到世界和平与稳定,世界经济、能源安全、粮食安全、气候变化等正在从地区性或局部性问题向全球性问题转变。

158.美英澳三边安全伙伴关系

2021年9月15日,美英澳三国发表首脑联合声明,宣布推出"加强版"三边安全伙伴关系,以帮助澳大利亚打造核动力潜艇为主要目标,以互通性、共同性和互利性为原则。该声明看似未宣称针对其他国家,只是三国的军事合作,但实际上这是美国巩固"印太"霸权地位、转向多边安全合作的一个重要尝试。美英澳三边安全伙伴关系的推进十分迅速,主要体现磋商机制的启动和合作内容的拓展为两个方面。

从美英澳三边安全伙伴关系(AUKUS)的合作内容看,它不是松散的安全合作,而是与联盟十分接近的"非正式联盟"。这一安全机制有着强烈的军事色彩,强化了美国借助"印太"战略遏制中国的能力,加之其成员均为盎格鲁—撒克逊阵营,因而在美国同盟体系中的定位也较为核心。

美英澳三边安全伙伴关系内部的安全威胁认知共识度较高、内部分歧较小。从安全威胁认知来看,三国都将中国视为"印太"地区的首要安全"威胁",而从内部关系而言,三国相互间存在非常密切的安全联系,同属盎格鲁—撒克逊国家。基于此,美英澳三边安全合作存在转化为多边联盟的可能,不确定性在于英国的战略重心并不在"印太"地区,这将制约三国在"印太"地区的安全合作。

第四章
当代中国外交

一、导读[①]

1949年中华人民共和国成立,迎来了中国外交的新局面。至今,其大体经过了五个发展阶段:

第一阶段是新中国成立到20世纪50年代中期。这个时期的中国外交是以争取国际社会的承认为目标。毛泽东、周恩来等领导人为新中国确定了"一边倒""另起炉灶"和"打扫干净屋子再请客"的外交三大决策。据此,新中国在肃清帝国主义在华特权的基础上,首先同社会主义国家建立了外交关系。在短短三个月的时间里,除了南斯拉夫,所有的社会主义国家都同中国建立了正常的外交关系,形成了第一次建交高潮,为中国争取国际社会的承认奠定了基础。与此同时,一些民族主义国家和西北欧国家也先后同中国建立了正式的外交关系,使中国在国际社会站稳了脚跟。这个时期中国对外关系的重点是发展同社会主义国家的外交关系。此后不久,朝鲜战争的爆发,使新中国同以美国为首的西方世界国家处于完全敌对状态。中国外交处于两大阵营尖锐对抗之中。朝鲜战争的胜利、日内瓦会议和亚非会议的成功,充分显示了新中国在国际社会中的地位和作用。这个时期,周恩来提出著名的和平共处五项原则,受到了国际社会的广泛赞誉。

第二阶段是20世纪50年代中期到60年代末。面对世界的动荡、分化、改组和中国国内开始全面建设社会主义,中国外交也进行了调整。中国放弃了"一边倒"的外交政策,提出了依靠广大的亚非拉国家、反帝反修的外交政策。

---

① 本部分内容参考谢益显主编:《中国当代外交史1949—2009》,中国青年出版社,2009年;李宝俊:《当代中国外交概论》,中国人民大学出版社,1999年。

这一外交政策的目的是推进世界革命。这一阶段的外交政策具有强烈的意识形态色彩,过分夸大了中国和亚非拉国家的力量,对世界形势的估计过于乐观。这一阶段,同中国建交的国家有二十多个,除法国外,都是亚非的民族独立国家,形成了中国外交的第二次建交高潮。这一期间,中国奉行睦邻友好外交政策,基本解决了同接壤国家的陆上边界问题和华侨双重国籍问题。但是中印之间的边界问题由于印度的原因,发生了边界武装冲突。在中国与亚非国家关系日益发展的同时,60年代末,由于中苏关系的破裂,爆发了中苏之间严重的边界武装冲突,并把两国推向了战争的边缘。1964年中法外交关系的建立,是中国外交的一大突破。

第三阶段是20世纪60年代末到70年代末。这一时期,正值国内"文化大革命"期间,中国外交同其他领域一样,在此期间不可避免地受到了极左思潮的影响。相对而言,外交是受影响较小的领域,在毛泽东和周恩来的领导下,到60年代末,中国外交很快回到了正轨。从60年代末到70年代末,中国为了缓解来自苏联的威胁,提出了"一条线""一大片"的联美反苏的外交政策。这一时期的中国奉行反对两霸、侧重反对苏霸的方针,并实际执行反苏统战的策略战线,中国在对外关系中以对苏联矛盾为主要矛盾。随着中国外交政策的调整,中国对外关系有了重大突破和发展。1971年,第26届联大恢复了中华人民共和国的合法席位。1972年,中美关系开始出现改善。整个70年代,中国先后和近70个国家建立了外交关系,基本完成了同西方国家的建交过程,从而形成了第三次建交高潮。到1979年底,中国已同120个国家建立了正式的外交关系。

第四阶段是20世纪80年代初期到世纪末。在推行改革开放的背景下,中国外交迎来了第四个发展时期。这一阶段的中国外交政策在坚持独立自主原则的前提下,同时又赋予其新的内容:强调不同任何大国建立战略关系,不依附于任何一个大国,依据国际事务本身的是非曲直来决定自己的态度和立场;提出了"一国两制"的构想来解决香港和澳门问题,不仅使香港和澳门问题得到了顺利解决,而且也为解决国际上历史遗留的类似问题提供了借鉴。这一阶段的中国外交积极推广与周边国家的睦邻友好关系,重视和积极发展同东盟国家的关系,不断加强国际友好交往,重视融入国际社会,显示负责任的大国形象,坚持维护国家统一,反对外来势力干涉中国内政,反对分裂主义。在新的外交政策指导下,中国外交开创了前所未有的新局面。90年代初,随着苏联的解体,以美、苏为首的两极格局瓦解了,但是在国际旧格局消失的日子,美国并没有因为中国拓宽和加深运用和平共处外交思想而对中国公平对待,在90年代初期的外交局面中,"中国威胁论"甚嚣尘上,中国的对外关系依然面临着严峻的挑战。

第五个阶段是21世纪初至今。这一阶段中国对外政策的主轴是坚持和平共处的国际秩序,倡议共同发展的和谐世界。中国在对外关系中践行"与邻为善、以邻为伴"的方针,重视发展与非洲国家的关系,并且积极拓展和西方各国的关系。在国际反恐怖主义领域,主张尊重相关国家的主权,广泛地参与到国际多边活动中。随着中国经济的发展,国家建设越来越有成绩,中国领导人高屋建瓴地提出和建立了和谐世界的要求和目标,这将作为接下来相当一段时间内中国外交路线的发展方向。

二、名词解释

1.新中国外交三原则

新中国成立前后,毛泽东主席先后提出了"另起炉灶""打扫干净屋子再请客""一边倒"等外交思想和方针,确立了新中国成立初期的外交原则。这三个原则是开国元勋根据中国的历史、现实和新中国面临的国际环境作出的重大决策。新中国成立初期,我国外交的首要任务是彻底摧毁帝国主义对中国的控制,恢复国家的独立和主权。在冷战已经开始、两大阵营对峙的背景下,新中国领导人为争取国际社会的承认和支持,确定了以"一边倒"为核心的外交三原则。

"一边倒"即倒向以苏联为首的社会主义阵营一边。新中国成立前夕,中共领导层放弃了中间地带理论,接受两大阵营理论。1949年6月30日,毛泽东在《论人民民主专政》中明确宣布:"一边倒,是孙中山的四十年经验和共产党的二十八年经验教给我们的,深知欲达到胜利和巩固胜利,必须一边倒。积四十年和二十八年的经验,中国人不是倒向帝国主义一边,就是倒向社会主义一边,绝无例外。"中苏结盟是"一边倒"的落实,但"一边倒"不是无原则听命于他国,而是在独立自主的前提下,站在代表和平民主的社会主义阵营一边。

为了同旧中国的半殖民地外交一刀两断,维护新中国的独立和主权,毛泽东主席主张"另起炉灶""打扫干净屋子再请客"。"另起炉灶",即不承认国民党政府同各国建立的旧的外交关系,在新的基础上同各国建立新的外交关系。将驻在旧中国的各国使节只当成普通侨民而不当作外交代表看待,对旧中国同外国签订的一切条约和协定要重新审查处理,不承认新中国成立前一切卖国条约,要在互相尊重领土主权和平等互利的基础上同世界各国建立新的外交关系。新中国要与各国在其断绝同国民党政府的关系,平等、互利和互相尊重领土完整的新基础上建立外交关系。"另起炉灶",表明新中国的对外关系同历史上任何一次革命胜利后的对外关系都有着本质的区别。"打扫干净屋子再请客"即要在彻底清除旧中国遗留下来的帝国主义在华特权和残余势力之后,再请客人进来,以免敌对者"钻进来"捣乱。这两项原则的目的都是巩固独立和主权,奠定与世界各国建立平等互利外交关系的基础。

新中国外交三大原则的提出,解决了新中国面临的急需解决的三个问题:"一边倒",解决了我国如何正确处理与苏联和其他社会主义国家的关系;"另起炉灶",解决了如何在新的基础上同外国建立外交关系;"打扫干净屋子再请客",解决了如何对待帝国主义国家的问题。新中国在很短的时间里肃清了帝国主义在华的特权和势力;争取到了社会主义国家的支持和承认,并同其他一些友好国家建立了外交关系;取得了抗美援朝战争的胜利,打破了以美国为首的帝国主义国家的封锁和包围;与印度和缅甸共同倡导了和平共处五项原则;参加了具有历史意义的日内瓦会议和亚非会议。

2.《中苏友好同盟互助条约》

新中国成立之初面临着严峻的国际形势：国际反动势力采取政治孤立政策，经济封锁、禁运，军事包围的办法，妄图扼杀新中国政权。根据当时的国际形势，毛泽东提出新中国的外交要实行"一边倒"的方针，即面向社会主义阵营寻求国际援助。

1950年2月14日，中、苏签订《中苏友好同盟互助条约》。两国外长声明，1945年8月苏联政府同中国国民党政府签订的《中苏友好同盟条约》及各项协定失效，承认蒙古国已经独立的现实。

《中苏友好同盟互助条约》包括前言和六个条款，主要内容有以下五点：一是防止帝国主义侵略以巩固远东与世界和平。双方保证尽力采取一切必要的措施制止任何国家的侵略与破坏和平。当一方受到日本或日本盟国进攻时，另一方要尽全力给予军事及其他援助。二是双方均不缔结、不参加任何反对对方的同盟、集团或行动。三是"双方根据巩固和平和普遍安全的利益，对有关中、苏两国共同利益的一切重大国际问题，均将进行彼此磋商"。四是发展和巩固两国间的经济文化互助合作关系。"双方保证以友好合作的精神，并遵照平等、互利、互相尊重国家主权与领土完整及不干涉对方内政的原则，发展和巩固中、苏两国之间的经济与文化联系，彼此给予一切可能的经济援助，并进行必要的经济合作。"五是两国还签订了一些协定：苏联同意放弃在中国的特权，在1952年前将中国长春铁路的一切权利和财产无偿移交中国政府；苏军从旅顺撤出，中国政府偿付苏联自1945年以后在此的建设费用；苏联贷款3亿美元给中国政府，年利1%。

《中苏友好同盟互助条约》自1950年4月11日生效，有效期30年。中、苏同盟关系的确立，开辟了两国间近十年"亲如兄弟"的友好时期。自20世纪60年代以后，由于国际形势和中、苏关系恶化，这个条约逐渐失去继续存在的意义。1979年4月3日，中国第五届全国人大常委会第七次会议作出该条约期满后不再延长的决定，条约最终于1980年终止。

3.中国解决边境问题的基本主张

新中国成立以后,中国同不少邻国存在着悬而未决的边界问题。边界线大体分为三种情况:条约划定的边界线、传统习惯线、新中国对边界的实际控制线。

新中国成立初期,中国政府对于边界问题采取的方针是"不急于解决,先维持现状"。在谈判中,既要照顾过去的历史背景,又要照顾已经形成的实际情况,经双方同意也可以作些必要的调整。20世纪50年代中期,随着国际国内形势的变化,中国领导人认为解决与邻国的边界问题的条件逐渐成熟了,同时也出现了一些情况,使中国政府必须着手解决。

中国对解决这些边界问题的基本考虑与主张主要有四点:解决边界问题的目的是巩固边防、安定四邻、争取和平的国际环境,以利于国内建设;以和平共处五项原则为基础,通过和平谈判,求得友好解决,反对诉诸武力或以武力相威胁;对于确有争议的地区,本着平等互利,互谅互让的精神加以解决;在具体的边界谈判中,根据双方的实际管辖范围,以及清朝末年、北洋政府、国民政府的档案资料和边界条约为法理依据。

依据这些原则和立场,从50年代中期开始大约十年的时间,中国基本解决了同邻国的边界问题。至1963年,尚未解决的只剩下中国与印度、不丹、越南和苏联之间的边界问题。边界问题的基本解决,加强了中国同这些国家的睦邻关系,而且对稳定中国的周边环境具有重大的战略作用。

4.朝鲜战争

朝鲜战争是指1950年6月25日至1953年7月27日,在朝鲜半岛爆发的三国四方之间的战争。二战结束后,美、苏以北纬38度为界限,即三八线,分别占领了朝鲜半岛的南部和北部,此后南北朝鲜各自成立政府,走上了截然不同的政治道路。美、苏撤军后,南北朝鲜均称自己为唯一合法政府,都以推翻对方、统一全国为目标,由此两国边境冲突不断。

1950年6月25日,南北朝鲜正式爆发内战。27日,时任美国总统杜鲁门下令美军直接参加朝鲜战争,命美国第七舰队进入台湾海峡。7月7日,美国等15个国家组成"联合国军",麦克阿瑟为总司令。朝鲜内战迅速变为美国的侵朝战争。

战争开始阶段,朝鲜人民军迅速向南推进,韩国国防军和美军被一直逼退到釜山。1950年9月15日,美国调集重兵在朝鲜中部仁川登陆。27日,杜鲁门授权麦克阿瑟向三八线以北进犯。美国不顾朝、中方面多次警告,于10月7日越过三八线,19日侵占平壤。

美军的行径构成了对中国安全的最大威胁。中共中央经过反复考虑,决定应朝方要求派军入朝参战,抗美援朝,保家卫国。1950年10月19日,以彭德怀为司令员的中国人民志愿军应邀跨过鸭绿江,并于25日打响入朝后的第一场战役。到1951年,朝中方面以运动战为主,连续发动了5次大规模战役,把"联合国军"从鸭绿江边赶回到三八线附近,共歼敌20余万,迫使美军转入战略防御。

1950年11月28日,中国敦促安理会促使美国武装力量撤出台湾,使美国及其他外国军队撤出朝鲜。30日,杜鲁门发表《关于朝鲜局势的声明》,表示要继续扩大战争,并准备使用原子弹,引起英、法、联邦德国等国的普遍恐慌。

1951年7月10日,各方开始在开城举行停战谈判。谈判经历了三个阶段:7月10日至8月23日为第一阶段,双方就议程问题达成协议。1951年10月25日至1952年10月8日在板门店举行第二阶段的谈判。在战俘安排问题上,美方坚持"自愿遣返"的主张,致使谈判中断。随后美军在上甘岭地区发动大规模攻势受挫,双方再次进行谈判。1953年4月26日至7月27日进行第三阶段的谈判,双方就战俘问题达成协议。7月27日,朝鲜人民军最高司令官金日成和中国人民志愿军司令员彭德怀为一方、"联合国军"总司令克拉克为另一方,在《朝鲜停战协定》和《临时补充协定》上签字。

美国在朝鲜战争期间,投入重兵和战费、消耗大量人力与物资、使用了除原子弹以外的一切现代化武器,还拼凑了15个国家的兵力,仍以失败而告终。朝中人民军队取得了辉煌的战果。朝鲜战争最终形成了朝鲜半岛的分裂局面。半岛的军事对峙状况造成了东北亚地区的紧张局势。

5.《朝鲜停战协定》

《朝鲜停战协定》的主要内容为:以三八线附近的双方实际接触线为军事分界线,双方各由此线后退2公里建立非军事区,非经特许,任何军人、平民不得越过军事分界线;自协议签字后12小时起,双方停止一切敌对行为,停止自朝鲜境外进入增援的军人和一切军事装备、武器弹药,组成军事停战委员会和中立国监察委员会进行监督;停战协定生效后60天内,各方应将一切坚持遣返的战俘分批直接遣返,将未予直接遣返的其余战俘统交中立国遣返委员会处理;双方军事司令官向有关各国政府建议,在停战协定生效后3个月内,召开双方高　级的政治会议,协商从朝鲜撤出一切外国军队及和平解决朝鲜问题。

该协议的签订具有重要而深远的意义,它标志着历时三年多的朝鲜战争以中朝人民的胜利和美国的失败而告结束,是朝中两国人民和全世界和平民主力量的胜利,由此确立的朝鲜半岛停战机制维护了半岛及其周边的和平局面。但是这并不意味着朝鲜问题得到和平解决。由于美方的阻挠和破坏,协定中建议召开的高一级政治会议并未如期召开。

6.三八线

三八线(北纬38度线),是1945年美国和苏联两国在朝鲜半岛划定的对日军事行动和受降范围的分界线,分界线以北为苏军受降区,南为美军受降区。朝鲜战争后,朝鲜南北双方大致沿三八线划定停战军事分界线。

1945年8月,为了与苏联抢占太平洋和远东地区势力范围,美国匆忙拟订了以北纬38度为界,分别由美军和苏军接受日军投降的方案。美军上校腊斯克和邦尼斯迪尔是方案的制定者。8月13日,杜鲁门批准了三八线方案,并征得了英国、苏联同意。美、苏两国以北纬38度为界分别接受日军投降并对朝鲜半岛实行军事占领。

朝鲜战争中,北纬38度线是战争双方的重要心理界线。1952年后,双方军事力量在北纬38度线附近形成对峙,并以此为基础签订了停战军事分界线。北纬38度线与停战军事分界线并不完全吻合。军事分界线西部向南深入,东部向北偏移,与北纬38度线相交成"S"形。分界线南北各2公里形成宽4公里的非军事地带,全长约248公里,朝、韩双方的武装力量沿此线对峙至今。军事分界线以北由朝鲜人民军控制,以南则由美军和韩国宪兵掌管。

7.和平共处五项原则

1953年12月,中、印两国政府就在西藏地方关系上的问题进行谈判,周恩来总理在会见印度代表团时第一次提出和平共处五项原则,即互相尊重主权和领土完整、互不侵犯、互不干涉内政、平等互利、和平共处。这五项原则是在建立各国间正常关系及进行交流合作时应遵循的基本原则,得到中国、印度和缅甸政府共同倡导。和平共处五项原则是中国奉行独立自主和平外交政策的基础和完整体现,被世界上绝大多数国家接受,成为规范国际关系的重要准则。

和平共处五项原则的提出,标志着中国外交政策的成熟,同时也是国际关系史上的重大创举,为推动建立公正合理的新型国际关系做出了历史性贡献。该原则的提出也表明中国确定了独立自主的和平外交路线。

8.《美台共同防御条约》

朝鲜战争后,出于遏制共产主义发展的战略考虑,美国加紧了对中国台湾的控制。1954年12月2日,叶公超和杜勒斯签署《共同防御条约》,台湾"立法院"旋即通过,美国参议院于1955年2月批准。3月3日《美台共同防御条约》正式生效。

《美台共同防御条约》共10款,主要内容是:美国帮助台湾"维持并发展"武装部队;双方认为,"对在西太平洋区域内任一缔约国之领土上之武装攻击即将危及其本身和平与安全",要采取行动"以应付此共同危险";所谓"缔约国之领土",就"台湾当局而言,应指台湾与澎湖;就美国而言,应指西太平洋区域在其管辖下之各岛屿领土""并将适用于经共同协议所决定之其他领土";美国有在台湾、澎湖及其附近部署美国陆海空军的权利;该条约"应无限期有效",缔约双方中任何一方如要废约,应在一年前将废约通知送达另一方,到时条约终止。

第四章

该条约正式确认了美、台之间的互助同盟关系。美国通过该条约既想阻止中国人民解放军解放台湾,又想约束台湾当局反攻大陆,企图将两岸分裂的现状固定化、永久化,搞"两个中国""一中一台"。同时,联同美国与韩国、日本、菲律宾等国单独签订了双边的《共同防御条约》和《安全保障条约》,美国构建了西太平洋地区对苏联、中国的弧形包围圈。该条约是对中国内政的粗暴干涉。1954年12月8日,周恩来总理代表中国政府发表声明,指出:这是对于中华人民共和国和中国人民的一个严重的战争挑衅。美台《共同防御条约》是一个出卖中国主权和领土的条约,根本是非法的、无效的。1979年1月1日,中、美正式建交,美国宣布终止该条约。

9.第一次台海危机

第一次台湾海峡危机发生于1954至1955年初,是中美两国首次围绕台湾问题发生的一次严重对抗。此次较量使中美双方都对对方的政策、态度有了一定认识和了解。但与此同时,美台签订的《共同防御条约》确立了双方的军事同盟关系,使美国对中国内政的干涉"固定化"和"法律化",进一步增加了解决台湾问题的难度。此次危机也促使中国领导人决心发展自己的核武器。

1953年初,美国提出了所谓"放蒋出笼"的政策,美国政府对新中国的政策逐步走向强硬。9月,美、台签订了《军事协调谅解协定》,美军加强控制国民党军队,协防台澎金马、大陈岛等岛屿,第七舰队进入台湾海峡,企图制造"两个中国""一中一台"。

中国政府在强烈谴责美国侵略行径的同时,为了与政治上的攻势相配合,决定炮击金门,以示惩戒。1954年7月,中共中央决议"一定要解放台湾"。9月3日,人民解放军炮击金门,第一次台海危机拉开序幕。

炮击金门震惊了国民党集团和美国政府,双方于12月2日正式签署《美台共同防御条约》。艾森豪威尔认为进攻中国大陆风险太大,主张放弃金门、马祖,遭到台湾方面的坚决反对,美蒋之间的矛盾开始凸显。中国政府通过炮击金门这种特殊方式,一方面沉重地打击了国民党军队的嚣张气焰,另一方面巧妙地把台湾问题突出地摆在全世界面前,表明了中国人民一定要解放台湾的决心和立场。

当美国将注意力集中于金门、马祖时,人民解放军突然攻击国民党军队盘踞的浙东沿海地区。从1954年11月起到1955年1月末,解放军进行首次海陆空配合行动,解放一江山岛。美国政府害怕卷入中国内战,在答应台湾协防金门、马祖的条件下,协助台湾军队撤离大陈岛地区。1955年1月,美国国会通过《授权总统在台湾海峡使用武装部队的紧急决议》,授权美国总统在没有经过国会允许的情况下可以动用美军干涉台湾海峡的事件。第一次台海危机达到顶点。

鉴于进一步解放福建沿海岛屿的时机尚未成熟,中国政府决定暂时不对金门和马祖发起进攻。1955年8月1日,中、美两国开始进行直接会谈,第一次台海危机逐渐平息下来。

10.援越抗法

1946年12月,法国单方面撕毁与胡志明签订的协定,越南抗法战争爆发。援越抗法,是指1950年春开始的中国支援越南劳动党领导的抗击法国殖民统治的斗争。这是新中国对外关系形成过程中的一个重要事件,对中国对外政策的全局产生了影响。

影响中国作出援越抗法决策的因素有:越南问题中的历史传统、中共与越共的关系同朝鲜问题相当类似;中越两党有长期的合作关系,存在革命运动的意识形态的影响;中共中央认为,中国革命胜利以后,"用一切可能的方法去援助亚洲各被压迫民族中的共产党和人民争取他们的解放"等。

援越抗法的主要内容包括:与越南民主共和国建交,提供军事援助,派遣军事顾问团,协助指挥等。越南方面取得了北部边界战役(1950年)、奠边府战役(1954年)等胜利,沉重地打击了法军。这样既没有将中国拖入一场旷日持久的境外战争,也没有影响中国的国内议程,包括恢复经济、巩固政权和保持基本安全。

11.援越抗美

援越抗美是指从20世纪60年代初期至70年代中期,中国大力援助越南北方解放南方,并秘密出兵近40万人进入越南、老挝,协助进行抗美战争的事件。在十几年的时间内,我国援越耗费金额达200亿,相当于抗美援朝战争战费的三倍,是新中国成立后花费最大、历时最长的一次援外行动。

1954年日内瓦会议后,美国向南越派遣大批军事人员,逐步取代法国殖民主义势力,扶持西贡傀儡政府,阻挠越南南北统一。在极其困难的条件下,中共中央对印度问题作出决策,即由维持日内瓦协议所确定的分区而治,变为支持越南劳动党进行解放越南南方的斗争。这一政策的实施,开始了我国为时十几年的援越抗美斗争,其间作为这一斗争的辅助还进行了援助老挝、柬埔寨的抗美斗争。

1964年8月3日,"北部湾事件"爆发,美军开始轰炸越南北方境内的目标。1965年春季,美国加紧对北越的轰炸,亦对中国南方边陲的安全构成重大威胁。中国立即决定加强对北越的各种援助,并派遣部队在北越执行防空、作战、筑路、构筑国防工程、扫雷及后勤保障等任务。中国积极支持北越抵抗美国,使中越两国的关系获得了前所未有的巩固和发展。1968年初,越南人民武装力量发动了新春攻势。这场军事攻势在政治上取得了巨大的成功,在美国国内引起了极大的震动。在空前高涨的美国反战舆论的压力下,美国总统约翰逊于3月31日对全国发表电视讲话,宣布停止轰炸北越北纬20度以北地区。但是越南人民武装力量在战斗中遭受了惨重的损失。4月3日,北越即同意派代表与美国谈判。1968年4月,越南黎笋等人突然同美国在巴黎和谈。中国在和谈问题上与北越方面的分歧及北越在宣布与美国和谈前未同中国协商的做法,显然严重地损害了双方的关系。此后,中越关系明显冷淡,我国援越部队也随之撤回,不过援越物资还是按以前的许诺提供了。1969年胡志明去世,联系中越两党友好关系的重要渠道就此中断。

中国的援助是为了承担国际义务,并为此付出了巨大的代价。抗美援朝和援越抗美斗争的胜利表明,新中国已成为维护亚洲和世界和平的一支重要力量。

12.关于老挝问题的日内瓦会议

1961年日内瓦会议是讨论老挝问题的扩大会议,1961年5月16日至1962年7月23日在日内瓦召开,参加者有中、苏、美、英、法、印、波、越、柬、老、泰、缅。

1961年4月24日,1954年日内瓦会议苏、英两主席决定召开会议,讨论有关维护1954年日内瓦协议和寻求恢复老挝和平途径问题。1962年7月23日,会议一致通过《关于老挝中立的宣言》和《关于老挝中立宣言的议定书》。两个文件重申1954年日内瓦会议协议中包括的尊重老挝主权、独立、统一、领土完整和不干涉其内政的原则;确认老挝走和平中立的道路,不参加任何军事同盟,任何外国军队不进入;要求所有有关国家不采取任何与上述原则或与这两个文件的其他规定不相符的行动。这次会议对和平解决老挝问题及缓和印支与亚洲的紧张局势起到了一定的积极作用。

13.1958年台湾海峡危机

1958年8月23日,以金门、马祖等岛屿为焦点的两岸炮战再度爆发。中国人民解放军与国民党军队双方以炮战为主,以海战、空战相交错的规模空前的战争在金厦海峡延续四十余天。此即第二次"台海危机",又被称为"八二三事件"。

危机爆发时,美国态度强硬,在台湾海峡集结军事力量,摆出介入"台海危机"的架势,实际行动只是为国民党向金门运送补给的船队护航。美国护航行动连遭失败后,要求台湾放弃金门、马祖,专守台湾、澎湖;同时不支持蒋介石"反攻大陆"。蒋介石坚决反对从金、马撤军,美、台矛盾白热化。

将金、马留在台湾当局手中,更符合双方"一个中国"的共同利益。在美蒋矛盾冲突中,中国政府调整政策,作出了暂不收复金、马的决策。1958年10月6日,国防部部长彭德怀发布《告台澎金马同胞书》,向台湾当局表达了新的政策立场,并决定从即日起停止炮击一周,以使台方向金、马运输供给,但以没有美国人护航为条件。13日,继续延长停战期两周,以使金门军民得到充分补给,以利固守。美国则利用停火,一再敦促蒋介石撤军。台当局对此态度强硬,"不撤退、不姑息,准备随时以更坚强的反击对付武力的攻击"。解放军暂停炮击,既为蒋介石坚守金、马提供了条件,又加深了美蒋矛盾。经过妥协,23日杜勒斯与蒋介石发表会谈公报:美国同意"在当前情况下,金门、马祖与台湾、澎湖在防卫上有密切的关联",台湾当局则被迫承诺恢复对大陆的手段"主要不凭借武力"。

中国政府支持蒋介石在一个中国立场上与美国作斗争,决定延续炮击金门,但单日打炮,双日停止。25日,彭德怀发表《再告台湾同胞书》,指出:"世界上只有一个中国,没有两个中国,这一点我们是一致的。美国人强迫制造两个中国的伎俩,全中国人民,包括你们和海外侨胞在内,是绝对不容许其实现的。"呼吁海峡两岸"化敌为友""一致对外"。自此,中共对沿海岛屿新的决策目标是,将金、马留在国民党手里,作为台湾与大陆连接的纽带,待将来时机成熟,将台澎金马一揽子解决。

海峡间每逢单日,双方开炮,但均不打对方的阵地和居民点,只打到海滩上。这种炮战方式象征两岸并未停火,中国内战还在继续。这个事件象征着海峡两岸坚持一个中国立场,是双方共同抵制和反对美国封锁海峡、分离台湾的联合行动。

14. 中国对外援助八原则

1964年2月18日,周恩来访问亚非14国期间提出了对外援助八原则,主要内容是:中国政府一贯根据平等互利的原则对外提供援助;严格遵守受援国的主权,绝不附带任何条件和要求任何特权;以无息或低息贷款的方式提供经济援助,在需要时可减轻受援国的负担;提供援助目的不是造成受援国对中国的依赖,而是帮助受援国逐步走上自力更生、在经济上独立发展的道路;所援建的项目,力求投资少、收效快,使受援国能够增加收入,积累资金;中国提供自己所能生产的、质量最好的设备和物资,并据国际市场价格议价,如有不合乎商定的规格和质量者,中国保证退换;所提供的任何一种技术援助,保证使受援国人员充分掌握这种技术;中国所派出的专家,同受援国自己的专家享受同样的物质待遇,不容许有任何特殊要求和享受。

15.中印边界领土分歧

中印边界长约2千公里,在历史上从未正式划定。印度独立和新中国成立后,双方在边界东段、中段、西段共有12万平方公里的争议地区,主要争执点又在东段和西段。东段争议区是"麦克马洪线"以南9万平方公里领土,自然条件较好,其中一部分曾接受过西藏地方政府管辖,可是英印军队在20世纪40年代初至50年代初即已占领了该地,形成以"麦克马洪线"为双方实际分界线的既成事实。西段是新疆西藏西端的阿克赛钦3万平方公里领土,过去是基本无人居住的高寒区,我军1951年入藏时即进驻该地。

16.中印边界自卫反击战

中印边界自卫反击战是指1962年10—11月,中国人民解放军驻西藏、新疆边防部队在中印边境地区击退印度军队入侵的自卫反击作战。

中国政府提出和平谈判解决边界问题,但是印度政府无意和谈。从1952年开始,印度军队先后在中印边境西段、中段和东段越过中印双方实际控制线,逐步蚕食中国领土。由于印度武装人员不断深入中国领土并向中国边防部队挑衅,1959年8月25日,在中印边界东段"麦克马洪线"以北的朗久村发生了中印之间的第一次武装冲突;10月21日,在中印边界西段空喀山口以南的中国领土上再次发生武装冲突。

从1962年4月起,印军在侵占的中国领土上设立数十个侵略据点。9月,印军侵占"麦克马洪线"以北的克节朗地区,并连续进攻驻守择挠桥的中国边防部队,打死打伤中国官兵47人。中国政府多次向印度政府提出通过谈判解决边界问题的建议,而印度政府拒绝谈判,并在中印边境地区集结重兵。10月20日,印军向中国边防部队发起大规模武装进攻,中国边防部队被迫在东、西两段同时实施自卫反击。至11月21日,击退了印度军队的入侵,清除其设立的侵略据点,并追击到传统习惯线附近。在给予入侵印军严厉惩罚后,中国政府为了谋求中印边界问题的和平解决,于1962年11月21日发表声明,宣布人民解放军边防部队全线停火,主动后撤。遵照中国政府声明,人民解放军开始全线后撤,至1963年3月1日,全线撤至1959年11月7日中印双方实际控制线中国一侧20公里以内地区。停战后,中国政府主动将缴获的大批物资交还印度,并于1963年5月26日前释放了印军第7旅旅长达维尔准将及以下3213名全部被俘人员。

中印边界冲突的根本原因,就是印度企图继承英国殖民政策侵占中国的领土。中印边境的自卫反击作战保卫了中国领土的完整,在国际上开创了胜利军队主动停火、主动后撤、主动交还缴获物资的先例。

17. 中法建交

1964年1月27日,中法同时在北京、巴黎发布建交联合公报,并决定在三个月内互派大使。中国同法国外交关系的建立,是中国外交关系的重大突破。中法建交过程中的主要障碍有两个问题:

一是阿尔及利亚问题。1958年,中阿建交。中国对阿尔及利亚反对法国殖民主义的斗争给予了积极支持和援助。法国希望中国停止对阿尔及利亚的支持,然后法中建交。中方明确表示:中国政府决不能为求得中法建交而改变在阿尔及利亚问题上的立场。法国结束对阿尔及利亚的殖民战争为中法建交扫清了一个障碍。

二是台湾问题。1963年10月,法国前总理爱德加·富尔访华。富尔提出了三个建交方案:第一,无条件建交,即法国政府宣布正式承认中华人民共和国。第二,有条件建交,即法国先同台湾断交,再与中国建交。第三,近期承认,即法国政府对中国政府先不作政治上的承认,形成一种特殊局面。戴高乐希望实现第一个方案,中国认为第二个方案合理。但富尔表示,法国马上驱逐台湾代表有困难,因此第二个方案合理但不现实。

中国对中法建交提出三点声明:法国政府向中华人民共和国政府提出正式照会承认中华人民共和国政府,并建议立即建交,互换大使;中国政府复照,中华人民共和国政府作为代表中国人民的唯一合法政府,欢迎法国政府的来照,愿立即建立外交关系,并互换大使;双方同时发表上述照会,立即建馆互派大使。考虑到中法建交对中国发展同西欧国家外交关系的重要性,周恩来在强调反对"两个中国"立场的同时,对建交的具体步骤采取了灵活措施,为中法建交奠定了基础。建交第二天,中国外交部发言人发表声明,指出:中华人民共和国政府是作为代表中国人民的唯一合法政府同法兰西共和国政府谈判并且达成两国建交协议的。台湾当局撤走其驻法国大使馆后,中国驻法国使馆的临时代办到达巴黎。

法国是第一个同中国建立正式外交关系的西方国家。中法建交沉重打击了美国孤立中国的政策,是新中国外交的重大突破。中法建交打开了通向建立超越对抗、发展合作的道路,对中国发展同西方国家的关系产生了很大影响,具有重要的战略意义。

18."中间地带"理论

"中间地带"概念最初是在解放战争时期提出的。针对美国反苏反共和第三次世界大战即将爆发的喧嚣,1946年8月,毛泽东在同美国记者安娜·路易斯的谈话中,首次提出"中间地带"的理论。其主要内容包括四点:在战后世界政治中存在三种力量,三种力量基本上分布在三个地区;美国征服"中间地带"与那里人民的反抗是国际政治的中心问题,不是美、苏矛盾;中间地带国家和人民革命斗争的胜利是世界和平的根本保障;取得胜利的社会主义国家应该支持而不是限制那里的革命运动。该理论揭示了将导致战后国际格局进一步变化的潜在矛盾,即资本主义阵营内部的矛盾,以及殖民地、半殖民地国家与帝国主义国家之间的矛盾。

1963年底至次年初,毛泽东提出"两个中间地带"理论,有两个重要的背景:一是20世纪60年代民族解放运动进入高潮;二是中苏同盟破裂,毛泽东认为两个阵营不复存在,开始尝试对世界政治潮流和力量格局作新的认识和描述。在"两个中间地带"理论中,世界格局的变化更加明确了,世界不是单纯的两个阵营的对立。毛泽东认为:"中间地带有两部分:一部分是包括亚洲、非洲和拉丁美洲的广大经济落后国家,一部分是包括以欧洲为代表的资本主义国家和发达的资本主义国家。这两部分都反对美国的控制。在东欧各国则发生反对苏联控制的问题。"从社会主义阵营反对帝国主义的战略出发,第一个中间地带和民族民主运动是直接同盟军,我们应该给以最大的支持,并且联合它们;对第二个中间地带的帝国主义矛盾,也应该充分加以利用,使它成为间接同盟军。

进入60年代,中国同时受到美、苏两大国的压力和威胁,为拓展外交局面,争取"中间地带"被确定为中国外交工作中一项重要战略任务。

19.珍宝岛事件

珍宝岛事件是指中国和苏联因珍宝岛的归属问题于1969年在岛上发生的武装冲突。最终,中国军队获得胜利。

1969年3月,苏联军队几次对珍宝岛实施武装入侵,并向中国岸上纵深地区炮击。中国边防部队被迫进行自卫反击。在这次事件中,苏联政府称珍宝岛属于苏联,反诬中国边防军入侵苏联,并且公布了苏联政府对中国政府的"抗议照会"。中国外交部发言人指出:珍宝岛无可争议就是中国的领土,而且长期以来一直是在中国的管辖之下,有中国边防部队进行巡逻。苏联的所谓"抗议照会"是推行社会帝国主义侵略政策的强盗逻辑。珍宝岛战役结束后,苏联对中国的实力也有了新的评价,这在一定程度上遏制了苏联的战争企图。

20.联合国第2758号决议

联合国第2758号决议于1971年10月25日由联合国第二十六届大会通过,恢复了中华人民共和国在联合国组织中的一切权利。

关于恢复中华人民共和国在联合国合法权利的专题辩论在该届联大上从10月18日开始,至10月25日结束。在讨论过程中,会员国先后挫败了美国、日本等炮制"两个中国"的"重要问题"和"双重代表权"提案。蒋介石集团随后宣布"退出"联合国组织。

10月25日晚,就"恢复中华人民共和国在联合国组织中的合法权利问题"进行表决,联大以76票赞成、35票反对、17票弃权的结果,通过了阿尔巴尼亚、阿尔及利亚等23个国家联合提出的提案。2758号决议"承认中华人民共和国政府的代表是中国在联合国组织的唯一合法代表,中华人民共和国是安全理事会5个常任理事会之一",决定"恢复中华人民共和国的一切权利,承认它的政府的代表为中国在联合国组织的唯一合法代表并立即把蒋介石的代表从它在联合国组织及其所属一切机构中所非法占据的席位上驱逐出去"。根据联合国宪章和联合国大会议事规则,这项提案通过以后立即成为联合国大会的正式决议。

2758号决议恢复了中国在联合国组织的合法席位,挫败了反华势力在联合国排挤中国和制造"两个中国"的阴谋,打击了美国在国际组织中的霸权地位;反映了世界上人心的向背,反映了中国随着国力的提高国际地位的上升。

21.“一条线”“一大片”战略

1973年2月,毛泽东在同来访的基辛格谈话时提出了"一条线""一大片"的战略思想,即按照大致的纬度划"一条线",连接从美国到日本、中国、巴基斯坦、伊朗、土耳其和欧洲的战略线,并团结这条战略线以外的国家(即"一大片"),以抗衡霸权主义和侵略野心日益增大的苏联。1974年1月,毛泽东在会见日本外务大臣大平正芳时又强调了这一战略思想。

"一条线""一大片"战略提出的背景是:第一,苏联的扩张和中苏关系的恶化使得中国政府将苏联视为自身安全最大和最直接的威胁,珍宝岛武装冲突、苏联构建"亚洲集体安全体系"和扬言准备打击中国核基地等都强化了这一认识。第二,老一辈无产阶级革命家,如陈毅、叶剑英、徐向前、聂荣臻等元帅对中、美、苏大三角的战略关系进行了深入分析,判定在当时的历史条件下中苏矛盾大于中美矛盾,美苏矛盾大于中苏矛盾,反华大战不会轻易发生。美国出于对付苏联的考虑,急于拉中国,中国应利用美、苏之间的矛盾,必要时打开中、美关系的大门。第三,"文革"对外交的冲突使得中国外交陷入困境。中央开始调整外交决策机构,恢复正常的外交工作,力图摆脱"文革"外交,扩展外交局面。

"一条线""一大片"战略思想的主旨,是要团结包括美国在内的国际上一切可以团结的力量,从东到西建立一条反对苏联霸权主义的统一战线,共同反对苏联的霸权主义。毛泽东这一战略思想的实施,促进了中国同更多的国家建立和发展外交关系,改善了中国的国际环境,提高了中国的国际威望。

如果说"一边倒"的外交决策使新中国赢得了国际社会的承认,为中国的社会主义建设创造了一个有利的国际环境的话,那么"一条线""一大片"的战略思想,对于建立国际斗争新格局,促进完成同西方国家的建交过程,改善中国的国际环境,起了决定性作用。

22.中日建交的背景

由于历史原因及时代背景,新中国成立后,中日关系一直停滞不前,直到20世纪70年代才有所突破。中日建交主要有四个方面的因素:

一是民间外交的发展为两国关系正常化打下了基础。日本政府在美国的控制下,长期奉行敌视中国的政策。1952年,日本政府在美国的促压下,同台湾当局缔结"和平条约",并与之建立了"外交关系",企图制造"两个中国",为中日关系正常化设置了严重障碍。即使如此,中国仍积极以各种形式加强两国人民的联系。随着中日民间往来的增加,中日友好在日本逐渐成为有影响力的国民运动。在民间外交的推动下,日本政府也对中日贸易采取较为积极的态度。二是70年代初期,中美关系开始解冻。1971年尼克松访华之后,中美互设联络处。中美关系的改善给了日本强大的冲击,极大地刺激和推动了日本当政领导人迅速改善中日关系的积极性。三是中国国力和国际地位的提高对日本国内产生重大影响。四是美苏关系缓和,签订《美苏相互关系原则》,推动了整体国际形势的缓和。

23.中日建交三原则

中国就实现中、日两国邦交正常化提出三条基本原则:第一,世界上只有一个中国,即中华人民共和国。中华人民共和国政府是代表中国人民的唯一合法政府,坚决反对任何"两个中国""一中一台""一个中国、两个政府"等荒谬主张。第二,台湾是中华人民共和国领土不可分割的一部分,其主权已经归还中国。台湾问题纯属中国内政,不容外国干涉。坚决反对"台湾地位未定论"和策划"台湾独立"的阴谋。第三,"日台条约"是非法的、无效的,必须废除。

24.光华寮问题

光华寮位于日本京都市,原为二战期间中国留学生在京都大学的学生宿舍。日本战败后,台湾当局驻日代表团买下该房产,同原房主签订买卖合同并于1961年6月以"中华民国"名义进行了房产登记。中日邦交正常化后,中国驻日使馆和驻大阪总领馆对光华寮一直给予经常性监督指导,中国政府还拨专款对其进行修缮。京都地方法院先是认定由于中日邦交正常化,光华寮所有权归中华人民共和国,但是大阪高等法院竟接受台湾当局以"中华民国"名义提出的上诉,并于1982年推翻一审原判发回重审。京都地方法院一反其原判,接受原告无理要求,将其改判归台湾当局所有。光华寮问题不是一般的民事诉讼,而是事关中国政府合法权益,涉及中、日两国关系基本原则的政治案件。这个问题的实质是以司法裁判的形式公开制造"两个中国",违反了《中日联合声明》《中日和平友好条约》,突破了两国政府关于日台关系只能维持民间和地方性往来的谅解。

25.中日建交

1972年7月7日,田中内阁成立。在当晚举行的第一次内阁会议上,田中角荣首相表示,"要尽快实现同中华人民共和国邦交正常化",把其作为自己的首要任务,并表示"充分理解"中国方面提出的邦交正常化三原则。

8月12日,中国宣布周恩来总理"欢迎并邀请日本首相田中角荣访问中国,谈判并解决中日邦交正常化问题"。9月25日,日本首相田中角荣偕大平正芳外相访华。中、日就有关中日邦交正常化的一系列重大问题达成协议。9月29日,两国签署了《中华人民共和国政府、日本国政府联合声明》,宣布自该声明公布之日起,两国之间迄今为止的不正常状态宣告结束,"日本方面痛感日本国过去由于战争给中国人民造成的重大损失的责任,表示深刻的反省""中国政府宣布,为了中、日两国人民的友好,放弃对日本的战争赔偿要求"。由此实现了中日两国关系的正常化,宣布两国建立正式外交关系。

1974年8月12日,中、日双方经过长期谈判签订了《中日和平友好条约》。在条约中,日方终于接受中方关于载明"反霸条款"的重要主张。这是发展睦邻友好关系及维护东亚地区和平的政治基础。

26.《中日和平友好条约》

1972年,中、日两国恢复邦交,但《中日和平友好条约》的签订因"反霸条款"拖延下来。1976年,福田赳夫出任首相,鉴于美国亚洲战略的转变和苏联威胁的增加,日本把缔结《中日和平友好条约》作为对外方针之一。中、日两国经过共同努力,在1978年8月12日,由中国外交部部长黄华和日本外务大臣园田直签署了《中日和平友好条约》,主要内容有五点:一是缔约双方应在和平共处五项原则的基础上发展两国间持久的和平友好关系。二是在相互关系中,用和平手段解决一切争端,而不诉诸武力和武力威胁;缔约双方表明,任何一方都不应在亚洲和太平洋地区或其他任何地区谋求霸权,并反对任何其他国家或国家集团建立这种霸权的努力。三是缔约双方将本着睦邻友好、平等互利、互不干涉内政的原则,为进一步发展两国间的经济、文化关系,促进两国人民的往来而努力。四是本条约不影响缔约各方同第三国关系的立场。五是条约有效期为十年,十年以后,在宣布终止以前,将继续有效。中日和约的签订,为两国长期稳定和和平友好关系奠定了基础,同时有利于维护亚洲和世界的和平与稳定。

27.三个世界理论

三个世界理论是毛泽东根据二战后国际关系新格局把世界划分为三个部分的理论,其思想脱胎于中间地带理论。

1974年2月22日,毛泽东在会见赞比亚总统卡翁达时首次公开提出这一理论。"我看美国、苏联是第一世界。中间派,日本、欧洲、澳大利亚、加拿大,是第二世界。咱们是第三世界……美国、苏联原子弹多,也比较富。第二世界,欧洲、日本、澳大利亚、加拿大,原子弹没那么多,也没那么富;但是比第三世界要富。""亚洲除了日本,都是第三世界。整个非洲都是第三世界,拉丁美洲也是第三世界。"

三个世界理论的含义是:第一世界是指美国和苏联两个具有最强的军事和经济力量,在世界范围内推行霸权主义的超级大国;第三世界,指亚洲、非洲、拉丁美洲和其他地区的发展中国家;第二世界,指处于这两者之间的发达国家,如英国、法国、德国、日本、加拿大、澳大利亚等国;超级大国之间争夺世界霸权地位是世界局势动荡不安的主要根源,第三世界是反对帝国主义、殖民主义、霸权主义的主要力量。

三个世界理论的特点为:社会主义阵营不复存在;指出了资本主义阵营明确分化;对国际力量的分析方法发生变化,突出国家实力对比,淡化了意识形态因素;该理论是对统一战线思想最为清晰的应用。

这一战略思想,对中国加强同第三世界国家的团结,加强在世界政治格局中的国际地位;争取第二世界国家共同反霸,发展对外关系,抵御来自苏联的威胁,产生了积极的影响。但同时,在三个世界理论的指导下,中国同苏联关系进一步僵化,中国也承担了过重的援助第三世界国家的责任。

28.尼克松访华

1969年初,尼克松出任美国总统后,美国经历了二战后最重大的外交政策调整。在尼克松实现其外交设想的过程中,改变对华关系是极为关键的一环。尼克松于1970年10月25日和27日,分别同巴基斯坦总统叶海亚·汗、罗马尼亚总统齐奥塞斯库会晤,要求他们向中国转达美国已经决定设法使中美关系正常化的口信。中国欢迎尼克松政府谋求中美接近和建立关系的信息。这样中美之间就建立了"叶海亚渠道"和"齐奥塞斯库渠道"。

20世纪60年代末,中国领导人不失时机地调整了对美政策,同美国有远见的政治家一道打开了中美关系的大门。1971年4月的"乒乓外交"——邀请在日本参加世界锦标赛的美国乒乓球代表队访问中国,表明中国做出解冻中美关系的实际行动。

1971年7月9日至11日,尼克松总统派国家安全事务助理基辛格秘密访问北京,为尼克松访华做准备。7月16日,中美双方同时发表公告宣布,中国政府邀请尼克松总统在1972年5月以前的适当时间访华。1971年10月20日至26日,基辛格再次来访,为尼克松访华作具体安排,双方着重讨论了台湾问题和尼克松访华期间将发表的《中美联合公报》的草案。1971年1月,美国总统国家安全事务副助理黑格又来到中国进行最后的准备工作。

1972年2月,美国总统尼克松访华,标志着中美关系正常化进程的正式开始。2月28日,双方在上海签订了《中美联合公报》又称《上海公报》。《中美联合公报》的发表是中美关系发展史上极为重要的一页,标志着在政治上曾经长期尖锐对立的两国从此走上实现关系正常化的进程,为以后两国关系的发展打下了良好的基础。

29.中美建交

《中美联合公报》的发表是中美关系发展史上极为重要的一页,然而中美双方在台湾问题上的立场还相去甚远。尼克松政府尚未承认中华人民共和国是中国唯一的合法政府,也没有给从台湾撤军规定期限,这些都导致了实现中美关系正常化需要走一段艰难的行程。

1978年春,中国开始把工作的中心转移到建设"四个现代化"的战略目标上,迫切需要一个安全稳定的国际环境。此外,苏联咄咄逼人的扩张政策,也是促使美国重新关注中美关系正常化问题的重要因素。卡特政府为了对付苏联,下决心实现与中国关系的正常化。因此,中美外交关系建立的根本原因是两国针对苏联的共同战略利益。两国从地缘政治利益出发,针对苏联的扩张,不失时机地调整各自的外交政策,使两国建立了正式的外交关系。中国国内政策的调整对美国产生了巨大的吸引力,使其成为中美建交的重要条件。

中美双方从1978年7月5日起,在北京举行建交秘密谈判。12月16日,中美发表了《中美建交公报》,最后达成协议:第一,美国承认中国关于只有一个中国、台湾是中国的一部分的立场,承认中华人民共和国政府是中国唯一合法政府,在此范围内,美国人民只同台湾人民保持文化、商务和其他非官方关系;第二,在中美关系正常化之际,美国政府宣布断绝同台湾的"外交关系",在1979年以前从台湾和台湾海峡完全撤出美国军事力量和军事设施,并通知台湾当局终止《共同防御条约》;第三,从1979年1月1日起,中美双方互相承认并建立外交关系,3月1日互派大使、建立大使馆。

1979年1月1日,中华人民共和国和美利坚合众国正式建立外交关系,台湾驻美"大使馆"正式关闭。4月,美国从台湾撤走军队。1980年1月1日,美国废除了《美台共同防御条约》。从中、美接近到正式建立外交关系,大约十年的时间。在这十年的时间里,双方经过改善、徘徊、建交三个发展阶段,最终两国建立了正式的外交关系,中美关系从此步入了一个新的历史阶段。中美关系实现正常化,为中国正在进行的现代化建设事业提供了有利的国际环境。

30.《中美建交联合公报》

1978年12月,中、美两国分别在北京和华盛顿公布了两国建交公报,即《中美建交联合公报》。这是美国面临苏联扩张压力、中国面临苏联北部重兵压力,中、美两国战略调整、两国关系发展的产物。公报的主要内容是:自1979年1月1日起,两国正式确立外交关系,相互承认。美国承认世界上只有一个中国,中华人民共和国政府是代表中国的唯一合法政府,台湾是中国不可分割的一部分。关于台湾,美方承诺撤军、"断交"、废约,不和台湾保持任何官方关系,只保持民间经贸关系。两国重申都不在太平洋、亚洲乃至世界范围内谋求霸权,也反对任何国家旨在建立霸权的企图。

《中美建交联合公报》的发表,实现了两国关系正常化,建立了外交关系,促进了中美两国关系的改善及经贸等领域的合作与发展,同时也有力地反对了霸权主义。但是此后美国国会又通过了《与台湾关系法》,违反了《中美建交联合公报》的原则,给中美关系的发展蒙上了阴影。

31.《中美八一七公报》

1982年8月17日,中、美为解决美国对台出售武器问题发表联合公报。《中美建交公报》中没有解决美国向台湾出售武器的问题。中美双方经过艰巨的谈判,达成协议。在《中美八一七公报》中,中国政府重申:"台湾问题是中国的内政,1979年1月1日中国发表的《告台湾同胞书》宣布了争取和平统一祖国的大政方针。1981年9月30日中国提出的'九点方针'是按照这一大政方针争取和平解决台湾问题的进一步重大努力。"美国政府重申"三个无意":无意侵犯中国的主权和领土完整、无意干涉中国的内政、无意执行"两个中国"或"一中一台"的政策,并对中国发表的《告台湾同胞书》和"九点方针"

中表明的中国争取和平解决台湾问题的政策表示理解和尊重。美国不寻求执行一项长期的对台出售武器的政策,在出售武器的性能和数量上将不超过中美建交后近几年供应的水平,准备逐步减少对台的武器出售,并经过一段时间最终解决这一问题。

此公报再次规定了中美之间的交往原则,保证了双方恢复经济、文化、技术等方面的发展。另一方面,虽然得到了美国政府关于售台武器的承诺,但问题并没有得到真正的解决,美国政府后来也没有严格履行公报中的各项规定。售台武器问题仍然是中美关系发展的障碍。

32.《与台湾关系法》

1979年1月1日,中美两国正式建立外交关系,同时美国政府宣布与台湾"断交"、终止《美台共同防御条约》,从台湾撤出美国军队。1979年3月28日和29日,美国国会参众两院分别通过了《与台湾关系法》。4月10日,经由卡特总统签署后成为法律。该法共有18条。

《与台湾关系法》包含着一系列违背一个中国原则的内容。主要包括四点:一是给中美建交加上限制条件:"美国决定同中华人民共和国建立外交关系,是基于台湾的前途将通过和平方式决定这样的期望。"二是增加所谓台湾安全条款,使美国协防台湾法律化;该法第二条第4款称,美国严重关切以非和平方式包括抵制或禁运来决定台湾前途的任何企图,第5款承诺将向台湾提供"防御性武器"。三是在美国国内法体系中给予台湾类似"国家"的地位,称美国法律中提及外国、外国政府或类似实体时,"也适用于台湾"。台湾的地位不受"断交"影响。四是台湾驻美机构享有"外交特权与豁免权"。因此,《与台湾关系法》直接违反了《中美建交联合公报》。

4月28日,中国外交部照会美国,正式表明中国政府反对《与台湾关系法》的原则立场,希望美国政府切实遵守建交协议的原则,不做任何损害两国关系的事。

《与台湾关系法》开始实施后,美国历届政府和台当局一直把它作谋求发展的借口。中美关系因为这个法案,频频出现风波。

①《与台湾关系法》严重违背了中、美三个联合公报的承诺。《与台湾关系法》的核心和实质主要是保证美国在台湾的利益。美国通过立法基础,企图"合法地"武装台湾,对抗其所谓的共产党中国,持续制造海峡两岸对立的局面,以满足美国在亚洲的私利。

②该法也是美国府院政治相互制衡的一个产物。该法当年在参众两院通过之后,因为其中的一些条款直接与中、美三个联合公报相抵触,美国政府官员曾经劝说卡特予以否决。但由于该法在参众两院的高通过率,卡特考虑到政策风险和美国在台商业利益,因此予以签发。

③在该法框架下,台湾当局与美国各有获益。首先该法确认了"美国在台协会"作为一个民间组织的合法性,并且逐渐成为台湾在美利益的代言人。美国军火公司也借此法从美台军售中获得了巨额利益。代表这些军火公司利益的美国保守派议员如赫尔姆斯等人,更是进一步推动双方关系,在美国参议院成立了"台湾连线"组织,保护和推动台湾在美的利益,制衡中美关系向良性渠道发展。

33.改革开放后中国新型党际关系准则

1980年5月,邓小平在《处理兄弟党关系的一条重要原则》中第一次比较系统地总结了历史经验,就正确处理中国共产党和各国共产党的关系,提出了处理党际关系的四个准则:独立自主、完全平等、互相尊重、互不干涉内部事务。中共十二大以来的历次政治报告对新型党际关系准则进行了概括,形成了新时期中国党际关系的四项准则。中共十四大政治报告中加入了相关表述。这四项准则既各具独特内涵,又构成互相联系、互相依存、互相作用的有机整体,为同一切愿与我党交往的各国政党发展新型的党际交流和合作关系、促进国家关系的发展提供了基本准则。

34.20世纪80年代中苏关系正常化的三大障碍

中苏两国关系经历了曲折的发展历程。20世纪70年代末80年代初,中苏两国的内外局势都发生了变化。苏联方面,大肆对外扩张使其背上了沉重的包袱,日益感到力不从心。在这个背景下,当苏联领导人提出改善中苏关系的建议后,中国作出反应,在缓和关系的过程中,提出了消除严重威胁中国安全的三大障碍,认为中苏关系改善的关键是消除这三大障碍,即苏联支持越南入侵柬埔寨、在中苏边境和蒙古国驻扎重兵、武装占领中国的邻邦阿富汗。其中,苏联支持越南入侵柬埔寨是妨碍中苏关系正常化的主要障碍。中苏之间的政治对立和军事对峙,正是在柬埔寨问题上尖锐地表现出来的。苏联帮助越南打仗,侵占柬埔寨,而中国则帮助柬埔寨的抵抗力量反对越南的侵略,这就使中苏双方实际上处于热点状态,如果任其发展,就有可能导致中苏两国之间的直接对抗。消除这三大障碍既关系到中国的国家安全,同样也涉及维护地区及世界和平。

1982年10月—1988年6月,中苏两国政府特使就实现两国关系正常化问题经过了6年12轮的磋商。双方虽然在三大障碍等方面还存在很大的分歧,但是两国在其他方面的关系开始逐步恢复。此后,苏联开始从蒙古国、阿富汗撤军,并表示愿意作出努力以帮助越南从柬埔寨撤军。在消除三大障碍方面出现明显进展的情况下,1988年底和1989年初,两国外长完成互访,并发表了中苏关于柬埔寨问题的九点声明。至此,影响中苏关系正常化的三大障碍基本上得到解决。

35.中日关系四原则

中日两国领导人就维护两国关系持久发展提出了四项原则。1982年5月,中国总理访日,和铃木善幸首相会晤时表示中国珍视两国间已经建立的良好关系,为此提出发展中日关系的三项原则:"和平友好、平等互利、长期稳定"。这一提议得到日本方面的积极响应。1983年11月,中国领导人访问日本时,日本首相中曾根提议把三原则改为四原则,即加上"相互信赖"这一项。中日关系四原则的提出为两国关系深入发展做出了贡献。

36.阿尔希波夫访华

1984年12月21日,苏联部长会议第一副主席阿尔希波夫应中国政府邀请,率团对中国进行为期8天的访问。阿尔希波夫是中苏关系恶化20年以来第一位访问中国的副总理级苏联官员。在访问期间,两国签订了《中苏经济技术合作协定》《科学技术合作协定》和成立《中苏经济、贸易、科技合作委员会协定》。两国外贸部还就1985年交换货物和付款协定外的补充贸易达成协议,并进行换文。阿尔希波夫访华表明,虽然中苏关系正常化还存在障碍,但两国关系改善的势头已经不可逆转。

37.《中英关于香港问题的联合声明》

在"一国两制"方针指导下,中国首先开始与英国就香港问题展开谈判,这是将基本国策变成现实迈出的第一步。1984年12月19日,中英两国政府正式签署了《中英关于香港问题的联合声明》。1985年5月27日,中、英两国政府代表在北京互换了关于香港问题联合声明的批准书,并共同签署了互换批准书的证书。至此,中英联合声明正式宣告生效,由此宣告我国将对香港行使主权。

联合声明宣布:中华人民共和国政府决定于1997年7月1日起,对香港恢复行使主权,英国政府届时将香港交还中国。恢复行使主权后,中国政府在香港设立特别行政区,直辖于中华人民共和国中央人民政府,除外交和国防事务属中央政府管辖外,香港特别行政区享有高度的自治权。香港特别行政区成立后,不实行社会主义制度和政策,保持香港原有的资本主义制度和生活方式,50年不变。

38.《中葡联合声明》

中国政府与葡萄牙政府自1986年开始谈判解决澳门问题。1987年3月,两国草签了《关于澳门问题的联合声明》。4月13日上午,《中华人民共和国政府和葡萄牙共和国政府关于澳门问题的联合声明》在北京正式签署。1988年1月15日,两国代表在北京交换了联合声明的批准书,联合声明开始生效,澳门进入了过渡时期。

联合声明包括主体文件及两个附件。其主体文件共七条,主要内容为:澳门地区(包括澳门半岛、氹仔和路环岛)是中国领土,中国政府将于1999年12月20日对澳门恢复行使主权;恢复行使主权时,在澳门设立特别行政区,直辖于中央人民政府;除外交和国防事务属中央人民政府管理外,特别行政区享有行政管理权、立法权、独立的司法权和终审权;特区政府和立法机关由澳门当地人组成;澳门现行的社会、经济制度不变,生活方式不变,法律基本不变;葡萄牙和其他国家在澳门的经济利益将得到照顾;上述基本方针政策将在澳门特别行政区基本法中予以规定,并在50年内不变。

两个附件内容为:《中华人民共和国政府对澳门的基本政策的具体说明》把声明中提到的基本政策予以具体化;《关于过渡时期的安排》规定成立中葡联合联络小组和中葡土地小组,中、葡双方在联合声明生效之日至1999年12月19日止的过渡期内继续进行友好合作,以便为澳门政权的交接创造妥善的条件。在备忘录中,中、葡双方就澳门居民的国籍问题各自表明了立场。

中葡联合声明是一个重要的历史性文件,充分体现了"一国两制""澳人治澳"和高度自治的原则精神,为中国顺利恢复对澳门行使主权和保持澳门的稳定与发展奠定了良好的法律基础。声明标志着澳门旧时代宣告结束,四百多年历史遗留下的澳门问题终于获得圆满解决,也标志着澳门新时代的开始,"一国两制"的伟大构想在澳门付诸实施。

39.《中苏联合公报》

1989年5月15日至18日,苏联最高苏维埃主席团主席、苏共中央总书记戈尔巴乔夫访问中国。18日,中、苏双方发表《中苏联合公报》。

主要内容为:公报确立了双方将来处理两国、两党关系和处理国际事务的基本原则;强调两国建立睦邻友好关系的意愿、处理两国争端的原则和解决历史遗留下来的边界问题的主张;公报就需要处理的一些特定问题和需要遵守的一些主张作了突出的说明;双方都认为要尽快和平解决柬埔寨问题,支持实行柬埔寨四方参加的民族和解;双方同意双边关系将在平等互利的基础上积极发展多领域关系,增进了解;双方申明了各自的对外政策,尤其是中国重申了对台湾问题的一贯立场,苏联表示支持中国政府的立场;两国还就当时的一系列国际问题表明了立场。

《中苏联合公报》是中苏关系正常化的产物,推动了双方在政治、经贸、科技、文化等领域的新发展,对中苏关系具有重要意义。

40."韬光养晦,有所作为"

苏联解体与东欧剧变从政治、战略、经济等各个方面看,虽然给国际形势带来根本性变化,给中国的国际环境和处境也造成了某些不利因素,但国际形势变化中也包含着有利的因素,如我国北面的威胁被根本解除,中国与东欧国家的关系有可能更加迅速地发展,等等。更重要的是,中国经过十年的发展,在国际上的地位更加巩固,在混乱的局面中,国际社会实际上要求中国发挥积极的建设性作用,这种要求更加强烈和迫切。

1989年9月4日,邓小平在同中央领导人谈话时提出了"韬光养晦"的方针。其核心思想就是准确认识国际形势,集中力量于国内的经济建设。邓小平指出,要冷静观察,决不当头。中国面临的首要问题是把自己的事情搞好。在对外政策上,要不当头、不扛旗、不树敌、超越意识形态。其具体内容包括"冷静观察、稳住阵脚、沉着应付、善于守拙、决不当头、韬光养晦、有所作为"等一系列概念,并成为后来一段时期中国外交的基本战略。

邓小平提出"韬光养晦"这一外交策略,是实事求是和深谋远虑的。邓小平的28字外交战略是辩证统一的关系。冷静观察,决不当头,是指在西方反共反华的浪尖上,不要争意识形态方面的风光。但是在反对美国霸权主义、捍卫第三世界的正义事业上还是要有所作为的。邓小平说:"在国际问题上无所作为不可能,还是要有所作为。"

在这一外交方针的指导下,中国外交很快走出困境,稳妥地处理了罗马尼亚事件、苏联的"八一九"事件,抓住时机积极发展同东欧及中亚新独立国家的关系,在地区冲突中采取超脱的立场和态度,并逐步打破了西方国家的制裁。中国外交迈入了一个全方位的新局面。

41.中俄建设性伙伴关系

1991年,苏联解体,其政治制度发生根本性变化,俄罗斯是苏联的继承国。中国政府尊重苏联人民的选择,宣布承认俄罗斯联邦政府,并于1991年12月27日与之建立了大使级外交关系。中俄关系进入相互尊重、睦邻友好的新阶段。

在邓小平提出"结束历史、开创未来"基本方针的指导下,双边关系在新的历史条件下得到了不断发展。在这个过程中,两国对于双边关系的认识完成了从感性到理性的过渡和转变。1992年12月,叶利钦总统首次访华,两国初步建立了睦邻友好与互利合作的关系,"相互视为友好国家"。1994年9月,江泽民主席应邀访俄,两国签署了《中俄联合声明》,宣布两国建立睦邻友好、互利合作的"面向21世纪的建设性伙伴关系"。

建设性伙伴关系促进了两国在各领域合作的发展,为中俄关系进一步发展奠定了基础。

42.克林顿台湾问题"三不"政策

克林顿政府认识到台湾问题的敏感性及中美关系的重要性,中美关系因此得以在克林顿总统第二任期内比较平稳地发展,并得到进一步提升。

1997年,江泽民主席对美国进行了国事访问。双方达成重要共识:中美两国将共同致力于建立"建设性的战略伙伴关系"。自江泽民访美后,中美关系显现出良好的发展势头。在这种背景下,美国总统克林顿于1998年6月25日至7月3日对中国进行了国事访问。此行标志着中美两国之间的对话日益机制化。江泽民与克林顿进行了积极的、建设性的和富有成果的会谈,达成了广泛而重要的共识。

关于台湾问题这个中美关系中最重要、最敏感的核心问题,在6月30日上午克林顿总统夫妇在上海图书馆与上海市民代表举行圆桌会议时,克林顿重申了美国在"一个中国"问题上的有关承诺,阐述了对台"三不"政策的内容,即不支持"台湾独立"、不支持"两个中国"或"一中一台"、不支持台湾加入任何必须由主权国家参加的国际组织。

"三不"政策是克林顿访华的最大成果,这是美国总统第一次公开作出上述承诺。1996年台海危机之后,美国官员虽在内部表示过"三不"政策,但美国总统从来没有公开表达过这样的观点。克林顿的表态,是对国际干涉中国内政的某种势力和台湾岛内"台独"势力的打击。但美国政策的调整是有局限性的,原因在于美国看到了中国政府的"底牌",这就是在"台独"问题上,中国政府是"决不会坐视不管"的。

43.《加强台湾安全法案》

《加强台湾安全法案》是继《与台湾关系法》后第二部规范美对台关系的法律文件。2000年2月1日,《加强台湾安全法案》在众议院以341票赞成、70票反对的压倒多数获得通过,次日送交参议院审议,并于4月13日在参议院通过二读,列入参院议事日程。但是该法案在参议院遭到众多议员的反对和质疑,加上时任总统克林顿威胁否决该法案,最终导致该法案在参议院被搁置,未能成为美国国内立法。

《加强台湾安全法案》企图通过强化美国国内立法,为向台湾提供先进武器装备和技术、扩大台湾与美国军事联系,以及最终将台湾纳入战区导弹防御系统提供法律依据,堪称20年来美众议院在台湾问题上最重要的法案。法案共分六节,规定美国与台湾军事部门直接联系、帮助台湾加强军事训练、美国军校训练台湾军官。法案主旨在于补充及进一步落实《与台湾关系法》,强化美国对台湾的军事承诺,其内容大大超越了美国原有的对台军售政策。

《加强台湾安全法案》是美国国会亲台势力的"杰作",反映了美国行政及立法机构在对华政策上的分歧和美国强大的亲台势力的存在。美国两院都有"台湾连线",台湾当局一直积极游说国会来影响美国对华决策。该法案是美国反华势力分裂中国的危险的政治举动。这一法案承袭《与台湾关系法》的衣钵,直接破坏了中美两国自建交以来发展双边关系的所有努力。其实质是否定中美三个联合公报,违背一个中国的原则立场,进一步干涉中国内政,制造"两个中国""一中一台",阻挠中国和平统一大业。通过对美台军事交流实践的考察,该法案尽管在表面上看来没有正式生效,但其实质内容却在某种程度上已经得到美国行政部门的积极实施,从而导致美、台军事关系得到了大幅度的实质性提升。

44.《"上海合作组织"成立宣言》

《"上海合作组织"成立宣言》确定"上海合作组织"成员国之间以"互信、互利、平等、协商、尊重多样文明、谋求共同发展"为基本内容的"上海精神"作为相互关系的准则;严格遵循《联合国宪章》的宗旨与原则,相互尊重独立、主权和领土完整,互不干涉内政,互不使用或威胁使用武力,不谋求在相毗邻地区的单方面军事优势。"上海合作组织"奉行不结盟、不针对其他国家和地区及对外开放的原则,愿与其他国家及有关国际和地区组织开展各种形式的对话、交流与合作等。在2001年举行的上海峰会上,六国元首还签署了《打击恐怖主义、分裂主义和极端主义上海公约》,为联合打击"三股势力"奠定了法律基础。

45.博鳌亚洲论坛

博鳌亚洲论坛(Boao Forum for Asia,BFA)是第一个总部设在中国的国际会议组织。论坛的总部永久设在海南博鳌。它是在经济全球化进程加快和亚洲区域经济合作迅速发展背景下的产物。

2001年2月27日,26个发起国的代表宣告成立博鳌亚洲论坛并通过《博鳌亚洲论坛宣言》。论坛的成立获得了亚洲各国的普遍支持,并赢得了全世界的广泛关注。作为一个非官方、非营利、定期、定址、开放性的国际组织,博鳌亚洲论坛以平等、互惠、合作和共赢为主旨,立足亚洲,推动亚洲各国间的经济交流、协调与合作,为地区事务提供智力支持;同时又面向世界,增强亚洲与世界其他地区的对话与经济联系。

从2002年开始,论坛每年定期召开年会。博鳌亚洲论坛致力于区域经济的进一步整合,推进亚洲国家实现发展目标,成为本地区政府间合作组织的有益补充。博鳌亚洲论坛已成为亚洲各国政府、工商界和学术界领袖就亚洲重要事务进行对话的高层次平台。

46.钓鱼岛问题

钓鱼岛问题指的是中、日两国关于钓鱼诸岛产生的领土争端。钓鱼诸岛位于中国台湾基隆东北东海海域,是台湾的附属岛屿,主要由钓鱼岛、黄尾屿、赤尾屿、南小岛和北小岛及一些礁石组成,其中最大岛为钓鱼岛。钓鱼岛周围海底蕴藏着丰富的石油资源。钓鱼诸岛自古以来就是中国的领土,中国对钓鱼诸岛及其附近海域拥有无可争辩的主权。早在明朝初期,钓鱼诸岛就已明确为中国领土,明、清两朝均将钓鱼诸岛划为我国海防管辖范围之内。

1895年,日本趁甲午战争中清政府败局已定,在《马关条约》签订前三个月窃取这些岛屿,划归冲绳县管辖。1943年12月,《开罗宣言》规定,日本将窃取于中国的包括东北、台湾、澎湖列岛等在内的土地归还中国。1945年的《波茨坦公告》规定:"开罗宣言之条件必将实施。"同年8月,日本接受《波茨坦公告》宣布无条件投降,这就意味着日本应将台湾包括其附属的钓鱼岛等归还中国。二战结束后,美国长期占领该岛。1951年9月8日,日本同美国签订了片面的《旧金山和约》,将钓鱼诸岛连同日本冲绳交由美国托管。1972年,美国向日本归还冲绳时,竟将钓鱼岛一并交给日本。此后,日本一些极端分子强行登岛,对钓鱼岛进行实际上的控制。近年来,日海上保安厅一直对钓鱼岛一带海域进行着实际警戒。

中国政府认为《旧金山和约》是非法的、无效的,因而是绝对不能承认的。1971年6月17日,日美签订《归还冲绳协定》时,我国外交部就于12月30日发表声明,强烈谴责美日两国政府公然把我钓鱼诸岛划入"归还领域",严正指出:"这是对中国领土主权明目张胆的侵犯。中国人民绝对不能容忍。"美国国务院发言人表示:"归还冲绳的施政权,对尖阁列岛(即我钓鱼岛)的主权问题不发生任何影响。"1978年,邓小平访日时曾提出"搁置争议、在更加广泛领域发展两国合作关系"的指导思想。鉴于日方在钓鱼岛问题上有不同主张,我国政府从发展中日关系出发,在坚持我一贯立场的前提下,与日方达成了此问题留待以后解决,不采取单方面行动,避免这一问题干扰两国关系大局的谅解。钓鱼岛问题已经成为21世纪中日关系的一大难题,这在很大程度上影响中日关系的未来走向。

47.中美战略与经济对话

中美战略与经济对话是世界上最大的发展中国家和最大的发达国家之间在经济领域的战略性对话。2006年12月,首次对话在北京举行,中国国务院副总理吴仪和美国财政部部长保尔森分别作为两国元首的特别代表共同主持了此次对话。

战略与经济对话是中美现有磋商机制中级别最高的一个,也是历史上规格最高的中美经济主管官员的交流活动。该对话一年两次,轮流在两国首都举行。两方都表示希望通过对话进一步推动两国在经贸领域的合作。

中美战略与经济对话机制启动,是中美关系史上具有里程碑意义的一件事。它表明,当中美两国在经济领域的互动具备全球性和战略性的影响力后,协商对话的意义已经从战术层面进入了战略层面。

48.新型大国关系

新型大国关系是以相互尊重、合作共赢的合作伙伴关系为核心特征的大国关系,是崛起国和既成大国之间处理冲突和矛盾的新方式。2012年5月3日,在北京召开的中美战略与经济对话期间,双方将构建中美"新型大国关系"作为主题,这一概念被推出。中美双方均为此作出努力。中共十八大报告中明确指出:"我们将改善和发展同发达国家关系,拓宽合作领域,妥善处理分歧,推动建立长期稳定健康发展的新型大国关系。"新型大国关系由此成为中国外交战略的重要内容。

2013年6月,习近平与奥巴马在进行庄园会晤时,以政治担当和智慧,达成共同构建中美新型大国关系的共识,即"不冲突、不对抗""相互尊重""合作共赢"。"不冲突、不对抗"就是要客观理性看待彼此战略意图,坚持做伙伴、不做对手;通过对话合作而非对抗冲突的方式,妥善处理矛盾和分歧。"相互尊重"就是要尊重各自选择的社会制度和发展道路,尊重彼此核心利益和重大关切,求同存异,包容互鉴,共同进步。"合作共赢"就是要摒弃零和思维,在追求自身利益时兼顾对方利益,在寻求自身发展时促进共同发展,不断深化利益交融格局。

49.亚洲新安全观

2014年5月21日,中国国家主席习近平在亚洲相互协作与信任措施会议第四次峰会的主旨讲话中(简称"亚信峰会"),明确提出了"共同、综合、合作、可持续"的亚洲新安全观。

这一"新安全观"的提出,是中国继推动区域自贸区建设、上海合作组织发展、防空识别区划设等一系列"创立新规"的举措后,再一次"创立新规"之举。至此,中国已经在经济、政治、军事和安全等多个领域,向世界阐明了自己对于新的世界秩序的理解。

在经济领域,中国反对欧美主导下的不平等、不公平的经济秩序,将推动亚洲区域经济一体化,甚至更广区域的经济一体化进程的发展,以"互利共赢、共同发展"为目标,构建一个平等、互利、共赢的新的经济秩序。在政治领域,中国一贯反对霸权主义和强权政治,反对军事同盟,希望以上海合作组织为模板,在"公平、开放、透明、不结盟、不对抗、不针对任何其他国家和组织"等原则的基础上,创立一种新型的"军事政治合作"形式。在军事领域,中国反对不对等、不公平的军事规则,坚持对等、公平的基本原则。在安全领域,中国反对建立在霸权、强权和军事威胁基础上的旧有安全观,提倡"共同、综合、合作、可持续"的亚洲新安全观。希望由亚洲国家"主导解决亚洲的事务"。

亚洲新安全观摒弃了霸权、强权和武力威胁等元素,提倡以共同安全为前提、综合安全为方向、合作安全为手段、可持续安全为关键的追求平等、正义和公平的新型安全观。

50.周边外交的基本方针

2013年10月24日,习近平总书记在周边外交工作座谈会上强调,中国周边外交的基本方针,就是坚持与邻为善、以邻为伴,坚持睦邻、安邻、富邻,突出体现亲、诚、惠、容的理念。发展同周边国家睦邻友好关系是我国周边外交的一贯方针。中共二十大报告明确指出,坚持亲诚惠容和与邻为善、以邻为伴周边外交方针,深化同周边国家友好互信和利益融合。"亲"是指巩固地缘相近、人缘相亲的友好情谊;"诚"是诚心诚意对待周边国家,争取更多朋友和伙伴;"惠"是指本着互惠互利的原则同周边国家开展合作,编织更加紧密的共同利益网络;"容"是倡导包容的思想,强调亚太之大容得下大家共同发展,以更加开放的胸襟和更加积极的态度促进地区合作。中国始终将周边安全置于外交全局的首要位置,视促进周边和平、稳定、发展为己任。亲诚惠容外交理念体现了中国与邻为善、以邻为伴方针的价值追求,是新形势下中国坚持走和平发展道路的集中体现,也是构建人类命运共同体的区域实践。

51.正确义利观

正确义利观是指在国际交往中,特别是在同发展中国家的交往与合作中,坚持义利相兼、义利平衡。中共十八大以来,习近平总书记多次强调在外交工作中要坚持正确义利观,要求在处理与发展中国家关系时做到义利兼顾,要讲信义、重情义、扬正义、树道义。义,反映的是一个理念。中国希望全世界共同发展,特别是希望广大发展中国家加快发展;利,就是要恪守互利共赢原则,不搞我赢你输,而是实现双赢甚至多赢。在外交工作中要妥善处理义和利的关系,政治上秉持公道正义、坚持平等相待,经济上互利共赢、共同发展。中共二十大报告指出,秉承真实亲诚理念和正确义利观,加强同发展中国家团结合作,维护发展中国家共同利益。

正确义利观把中国自身发展与整个发展中国家的发展联系起来,把中国利益同广大发展中国家的整体利益联系起来,继承和弘扬了中国外交的优良传统,体现了国际主义精神。

52.新型国际关系

新型国际关系,即相互尊重、公平正义、合作共赢的国际关系,实质上就是要走出一条对话而不对抗、结伴而不结盟的国际交往新路,为构建人类命运共同体开辟道路、创造条件。

2013年,习近平总书记在莫斯科国际关系学院提出:"各国应该共同推动建立以合作共赢为核心的新型国际关系。"此后,中国不断倡行新型国际关系理念,日渐丰富其内涵。习近平同志在中共十九大报告中提出:"推动建设相互尊重、公平正义、合作共赢的新型国际关系。"相互尊重是前提,要坚持国家不分大小、强弱、贫富一律平等,尊重各国人民自主选择发展道路的权利;公平正义是准则,要顺应历史潮流,摒弃丛林法则,反对干涉别国内政,推动国际秩序朝着更加公正合理的方向发展;合作共赢是目标,各国要同心协力,妥善应对各种问题和挑战,以合作取代对抗,以共赢取代独占,共护和平,共促发展。三者相辅相成、相互作用的。合作共赢是新型国际关系的核心理念,同时也是其最为根本的特征。构建新型国际关系是构建人类命运共同体的内在要求和根本途径,构建新型国际关系的实质是要走一条国与国交往的新路,为构建人类命运共同体开辟道路、创造条件。

53.《中俄睦邻友好合作条约》

2001年,中俄双方在全面总结两国发展经验和成果的基础上签署了《中俄睦邻友好合作条约》。条约确定和平共处五项原则为指导两国关系的基本准则,并加以具体化;条约对边界领土问题和边境信任问题作具体的规定,将两国边界建设成为永久和平、世代友好的边界。条约为迈入21世纪的中俄关系长期健康稳定发展奠定了坚实基础,为两国开展各领域友好合作确立了基本原则,成为中俄关系史上的重要里程碑。

自条约签订以来,中俄双方始终以条约的宗旨和原则为指引,不断巩固两国睦邻友好、深化战略协作、拓展各领域互利合作,为构建新型大国关系树立了典范,也为地区和世界和平稳定做出了积极贡献。此后,条约也成为新时代中俄新时代全面战略协作伙伴关系长期稳定发展的纲领性和基础性文件。2021年6月28日,两国元首宣布发表联合声明,正式决定《条约》延期。《条约》续订是两国关系可持续性的真实写照,也是俄中关系中的一个创举,开启了两国世代友好、合作共赢的新征程。《条约》延期,向国际社会展示双方致力于深化战略协作和互利合作的信心和决心。

54.和谐世界

和谐世界,是指世界各国在政治上平等民主、经济上互利合作、文化上交流共进,通过国与国之间的友好合作,共同应对全球性的传统与非传统安全挑战,实现世界的持久和平与共同发展。和谐世界新理念是以胡锦涛为总书记的中央领导集体进行的重大理论创新。

2005年4月,胡锦涛在参加雅加达亚非峰会的讲话中首次提出,亚非国家应"推动不同文明友好相处、平等对话、发展繁荣,共同构建一个和谐世界"。7月,胡锦涛出访俄罗斯,"和谐世界"被写入《中俄关于21世纪国际秩序的联合声明》。"和谐世界"第一次被确认为国与国之间的共识,标志着这一全新理念逐渐进入国际社会的视野。9月,胡锦涛在联合国总部发表演讲,全面阐述了"和谐世界"的深刻内涵。之后,和谐世界思想逐步成熟,不仅成为指导中国对外国际关系的重要思想,也成为现代国际关系理论的重要组成部分。

该思想强调遵循联合国宪章宗旨和原则,恪守国际法和公认的国际关系准则,在国际关系中弘扬民主、和睦、协作、共赢精神。具体而言:在政治上相互尊重、平等协商,共同推进国际关系民主化,在经济上相互合作、优势互补,共同推动经济全球化朝着均衡、普惠、共赢方向发展;在文化上相互借鉴、求同存异,尊重世界多样性,共同促进人类文明繁荣进步;在安全上相互信任、加强合作,坚持用和平方式而不是战争手段解决国际争端,共同维护世界和平稳定;在环保上相互帮助、协力推进,共同呵护人类赖以生存的地球家园。

55.人类命运共同体

人类命运共同体,是国家主席习近平提出的重要外交理念,是习近平新时代中国特色社会主义基本方略的重要内容之一。共建人类命运共同体的基本内涵是建设持久和平、普遍安全、开放包容、清洁美丽的世界。构建人类命运共同体思想,继承和发展了新中国不同时期重大外交思想和主张,反映了中外优秀文化和全人类共同价值追求,适应了新时代中国与世界关系的历史性变化,指明了世界发展和人类未来的前进方向,受到了国际社会的高度评价和热烈响应,是当代中国外交的重大创新成果。

2013年3月,习近平在莫斯科国际关系学院发表演讲,强调:"这个世界,各国相互联系、相互依存的程度空前加深,人类生活在同一个地球村里,生活在历史和现实交汇的同一个时空里,越来越成为你中有我、我中有你的命运共同体。"2015年9月,习近平出席第七十届联合国大会一般性辩论,强调构建以合作共赢为核心的新型国际关系,打造人类命运共同体。2017年1月18日,在联合国总部的演讲中,习近平系统阐释构建人类命运共同体的理论内涵和目标路径,倡导建设持久和平、普遍安全、共同繁荣、开放包容、清洁美丽的世界。此后,他在一系列双多边场合还创造性地提出周边、亚太、中非、中拉、海洋、核安全、网络空间命运共同体、人类卫生健康共同体和中国同巴基斯坦、中国同柬埔寨等双边命运共同体理念。

构建人类命运共同体遵循的基本原则包括主权平等、沟通协商、法治正义、开放包容、人道主义等,倡导国际社会从多方面做出努力。2017年2月,"构建人类命运共同体"首次写入联合国决议,为人类社会破解世界难题、携手共创美好未来提供了中国方案,增添了中国智慧,贡献了中国力量。

56.中国特色大国外交理念

中国特色大国外交理念,是党的十八大以来以习近平同志为核心的党中央面对国际形势的新变化和我国经济社会发展的新态势,审时度势构建的全方位、多层次、立体化的外交布局。它服务于实现中华民族伟大复兴这一宏伟目标,将促进世界共同繁荣进步作为前进方向,集中体现了中国共产党人兼济天下的胸怀,深刻反映了在经济全球化不断深入发展的条件下,中国人民同世界各国人民的命运紧密联系在一起这一事实。

中国特色大国外交以构建人类命运共同体为核心价值取向,以共建"一带一路"为主要抓手,以"相互尊重、公平正义、合作共赢"的新型国际关系、"亲、诚、惠、容"的周边外交理念、"共同、综合、合作、可持续"的安全观,以及"共商、共建、共享"的全球治理观为主要内容。

中国特色大国外交理念独树一帜,特色鲜明。中国共产党坚持对外工作的优良传统和时代特征相结合,在历史与现实、传统与现代、国际与国内的有机结合中,统筹谋划和推进中国特色大国外交战略,努力塑造中国外交独特风范,走出了一条中国特色大国外交新路,使我国对外工作具有鲜明的中国特色、中国风格、中国气派,回答和解决了新时代中国特色大国外交"怎么样"的问题。

57.全球发展倡议

2021年9月,中国国家主席习近平在第七十六届联合国大会一般性辩论上提出全球发展倡议,呼吁将发展置于全球宏观政策框架的突出位置,加快落实联合国2030年可持续发展议程,共同推动全球发展迈向平衡协调包容新阶段,构建全球发展命运共同体。全球发展倡议包括六条主要原则:坚持发展优先、坚持以人民为中心、坚持包容普惠、坚持创新驱动、坚持人与自然和谐共生、坚持行动导向。全球发展倡议适应了全球发展治理转型的需要，延伸了新发展理念内涵，体现着人类命运共同体理念在时间维度的不断发展。

自提出以来，全球发展倡议已得到100多个国家和国际组织的支持，近70个国家加入在联合国平台成立的"全球发展倡议之友小组"，全球发展倡议写入中国同东盟、中亚、非洲、拉美、太平洋岛国等合作文件，中国还同近20个国家和国际机构分别签署了合作谅解备忘录。围绕全球发展倡议，发展中国家和新兴国家正在形成团结、平等、均衡、普惠的伙伴关系，对自身经济发展和融入经济全球化浪潮起到了积极作用。

58. 全球安全倡议

2022年4月，习近平主席在博鳌亚洲论坛年会发表的主旨演讲中首次提出全球安全倡议。该倡议系统阐述了中方促进世界安危与共、维护世界和平安宁的立场主张，强调人类是不可分割的安全共同体。倡议的核心理念和原则主要包括六点：坚持共同、综合、合作、可持续的安全观，坚持尊重各国主权、领土完整，坚持遵守《联合国宪章》宗旨和原则，坚持重视各国合理安全关切，坚持通过对话协商以和平方式解决国家间的分歧和争端，坚持统筹维护传统领域和非传统领域安全。2023年5月，中国—中亚峰会期间，中国同中亚五国达成系列合作共识，其中就包括积极践行全球安全倡议。

中国提出全球安全倡议，目的是回应国际社会维护世界和平、防止冲突战争的迫切需要，为消弭国际冲突根源、应对国际安全挑战、实现世界和平发展提供了新方向，欢迎包括集体安全条约组织成员国在内的国际社会广泛共同参与。全球安全倡议不仅是人类命运共同体理念在安全领域的生动实践，为推进全球安全治理、应对国际安全挑战贡献了中国智慧，更为维护世界和平指明了前进方向，特别是在当前形势下对维护世界和平与发展具有极其重要的现实意义。同时，全球安全倡议对实现联合国可持续发展目标、维护世界和平与安全、促进人类文明进步具有重要意义。

59. 全球文明倡议

2023 年 3 月 15 日,习近平总书记在中国共产党与世界政党高层对话会上,提出了全球文明倡议。

全球文明倡议的主要内容包括四点:共同倡导尊重世界文明多样性、共同倡导弘扬全人类共同价值、共同倡导重视文明传承和创新、共同倡导加强国际人文交流合作。这四个"共同倡导"的核心在于实现世界文明交流互鉴,分别回答了"为什么需要交流互鉴""为什么能够交流互鉴""交流互鉴什么内容""如何实现交流互鉴"四个维度的问题,具有科学系统的逻辑统一性。

文明因交流而多彩,文明因互鉴而丰富,文明交流互鉴是推动人类文明进步和世界和平发展的重要动力。只有加强文明交流互鉴、开展不同文明对话,才能消除因文化差异而带来的隔阂冲突,才能避免落入"文明冲突"的陷阱,才能共同为世界文明发展注入强大动力。

全球文明倡议强调以文明交流互鉴取代文明隔阂冲突,顺应世界历史发展潮流,符合人类和平发展的愿望,在实现中华民族伟大复兴战略全局与世界百年未有之大变局相互交织激荡的关键时刻,对维护全球治理秩序、推动世界历史发展、实现人类文明进步将发挥重要的指导性作用。

第五章
政治学原理①

一、导读

政治学原理体系的每一部分都非常重要,值得大家去认真学习。整个原理体系的内容并不多,没有哪一个部分可以忽略掉或者不加重视。本章将整个政治学的发展状况作一简单介绍,以帮助大家在复习过程中更好地理解政治学原理体系何以如此、为什么包括这些内容。

政治学是研究人类政治现象的学科。所谓政治,就是权力的形成、运用及其相关现象。人都是具有独立意志的个体,相互之间总有分歧。因此,在有人群的地方,就有权力,就有政治现象,也就有对政治的思考。政治学作为一门学科的出现,是近现代的事情,是现代大学教育和社会科学研究职业化的结果,其标志是美国哥伦比亚大学于1880年设立政治学研究院。从那时起,政治学的研究逐渐趋于职业化,大学和研究机构的教师和研究人员垄断了政治学研究,建立起政治学研究的基本规范,确定了政治学的研究对象和研究方法,并且建立起各种政治学专业期刊和研究评价体系,并把这些都称为学术,而所有这些在此之前都是不曾存在的。我们现在进行的政治学研究和专业教育都是在现代学科意义上而言的,遵从着社会科学研究职业化所带来的基本规则和基本体系。一门学科之所以成为学科,不外乎两方面的内容,即它具有比较独立的研究对象和研究方法,当这两方面都比较成熟时,这门学科也就出现了。要对现代政治学有一个基本了解,也需要从这两方面入手。

从研究方法而言,政治学的研究方法大致可以分为思辨方法、经验方法和科学方法。与此相对应,政治学的研究成果大致可以分为规范研究(政治

① 政治学原理部分由中国人民大学政治学博士、中共中央党校张勇老师负责。

哲学）、经验研究和科学研究。规范研究主要是以哲学的思辨方法来探讨政治问题,关注的是人类生活应当如何,即应然问题,探讨什么样的政治生活是正当的,什么样的政治生活是善的,人们应当经历什么样的政治生活。规范方法所形成的研究成果属于政治哲学。规范研究或者说政治哲学是政治学研究中的传统内容,早在古希腊城邦时期,苏格拉底和柏拉图等思想者就已经在进行政治哲学探讨,试图为古希腊找到一种理想的、善的政治生活状态。两千多年以来,规范研究的传统经久不衰。与规范研究相比,经验研究则是以实证的分析和论证来探讨政治问题,以获得对政治规律的认识,关注的是政治现实怎么样的问题,即实然问题。经验研究同规范研究一样是政治学研究的传统内容。同样是在古希腊城邦时期,亚里士多德就已经为经验研究做出了贡献,他的《雅典政制》就是比较经验研究的经典之作。

相对于历史悠久的规范研究和经验研究,科学研究则是20世纪以后的事情,是现代政治学研究反思传统政治学研究的结果。19世纪后期和20世纪前半期,是科学主义大发展的时代,自然科学取得了前所未有的进步,其研究方法的精确性、可预测性与规范性对社会科学家产生了巨大吸引力,社会科学研究出现了科学化趋势,政治学也不例外。于是,现代政治学开始反思传统的思辨方法和经验方法,认为规范研究往往流于思辨和价值争论而缺乏事实依据,经验研究虽然有事实依据但往往流于历史叙事和随意定性,同样缺乏现代科学意义上的数据支持。为了实现政治学研究的科学化,现代政治学开始大量采用自然科学的数据统计和数据分析方法,并建立起各种科学模型,以期建立所谓客观而准确的政治科学。在政治研究科学化的浪潮中,传统的政治哲学与经验研究中的制度研究被政治科学家所抛弃,他们专注于易于进行量化研究的政治行为研究,这就是行为主义政治学兴起和繁盛的学术背景。在行为主义大潮中,与定性分析相对应的定量分析大行其道,一系列所谓科学化的理论模型也纷纷涌现,其中以理性选择理论为经典代表。

但是行为主义在大行其道的同时,其研究弊端也日益显现。首先,行为主义的实证色彩过于强烈而摒除一切价值判断,这使得政治学失去了判断如何是正义的能力,使其失去了指导现实政治发展的能力。其次,行为主义的定量分析只能用于投票行为分析等细枝末节,而对政治转型和国家制度建设等重大问题无法涉足,这也使政治学丧失了其本应有的"最高学问"地位。因此,在行为主义垄断后期,许多政治学家开始反思政治学的研究方法,使思辨方法和经验方法重新回到政治学研究行列中来。思辨方法回归的典型表现是政治哲学的复兴,人们对如何是正义这一话题重新感兴趣;经验方法回归的典型表现是比较历史研究和新制度主义研究的大量出现,人们对政治转型和制度建设的兴趣也日益浓厚。实际上,政治学研究方法应该是多元的,没有哪一种研究方法可以垄断一切研究,正确的思路是研究议程决定研究方法,不同的研究议程采用不同的研究方法,在整个政治学研究中实现各种研究方法的互补。

从研究对象而言,政治学研究的对象呈现出由单一的国家政权研究过渡为研究对象多元化的特征。传统政治学的研究对象是国家政权,即探讨如何实现国家治理的善,无论规范研究还是经验研究,基本上都是围绕着国家政权这一主题而展开。而传统的国家政权研究从本质上而言又属于制度研究,即探讨国家应该采取一种什么样的政体形式,故传统的国家研究也可以称为政体研究。早在政治学发展初期,古希腊思想家就开始探讨如何实现至善的城邦国家,苏格拉底和柏拉图不断进行思考、宣传、教育,力图在古希腊世界建立起最好的"理想国"。亚里士多德则通过比较研究各个城邦不同的政体形式而提出了保持城邦稳定发展的混合政体理论,即实现君主、贵族和平民三种要素的混合。混合政体理论在古希腊从来没有实现过,但是后来的波里比阿和西塞罗等思想家却在古罗马共和国发现了亚里士多德所提倡的混合政体,他们认为这是古罗马兴旺发达的政治制度根源。自此以后,关于混合政体的探讨渐成蔚为大观之势,混合政体也成为后世建构国家制度的理想榜样,甚至近代美利坚合众国的建立也参考了古罗马混合政体理论的某些内容。

中世纪时期神学思想笼罩一切,各种研究都被置于神学框架之内,都要从上帝那里寻找各种研究的依据,因此各种研究都被称为"神学的婢女"。这一时期同样没有独立的政治学研究,此时的政治学研究主要探讨上帝之城与世俗之城的关系,也就是神权与王权的关系。在中世纪即将结束时,文艺复兴与宗教改革促使了神权与王权的分离,人们进行社会科学研究的目光回归世俗国家。此时,西欧出现了一种新的国家政权形式,即绝对主义国家,封建王权逐渐战胜宗教神权与贵族特权而建立起自身的绝对统治地位。思想家们对这一政体形式很感兴趣,马基雅维利、布丹等人对君主权力和主权的论述为这一政体形式提供了有力辩护,许多人认为这是在封建废墟上实现国家富强的必经之路。

在随后而来的资产阶级革命时代,资产阶级思想家又开始探讨一种新的国家政体形式,即资产阶级共和国。他们提出以社会契约论来规范国家政权与社会的关系,以三权分立来限制国家权力的侵犯性。总之,就是要反对专制王权,建立一个体现社会整体利益的共和制度。

可以说,在近代资产阶级革命之前,传统政治学研究的主要对象就是国家政权,这也是政治学在德国被称为国家学的原因所在。但是在资产阶级革命取得胜利、资产阶级民主共和制度逐渐完善之后,政治学的研究对象开始发生变化。在资产阶级民主共和制度创建时期,国家政权问题非常重要;在资产阶级民主共和制度已经建立和完善之后,国家政权问题的重要性就相对弱化了,新时期的一些其他问题成为政治学的新话题,其中主要是政党、利益集团和公民的政治参与。政党、利益集团和公民的政治参与之所以成为现代政治学的重要研究对象,主要是因为资产阶级民主共和制度为这些政治主体的政治参与提供了广泛的制度渠道,使其呈现出前所未有的频度和强度。正是围绕着政党、利益集团和公民的政治参与,才产生了一批政治理论,其中典型的就是多元主义理论。

现代政治学重视政党、利益集团和公民的政治参与,不可避免地会陷入社会中心主义的思维范式而忽略传统的国家研究。但在现实政治中国家政权的作用是主导型的,国家政权是主权实体,这是政党、利益集团和公民个人所不具备的根本特征。离开国家政权,人们很难理解历史与现实中的重大事

第五章

件和重大变革。正因为如此,20世纪后期出现了国家理论回归的态势,被称为"回归国家"。在当前的政治学研究中,国家政权研究与政党研究、利益集团研究和公民群体研究都是非常重要的研究对象,它们使得政治学的研究对象更加完整。

20世纪政治学研究对象的另一个重大变化是由对先发展国家的研究扩展到对后发展国家的研究。政治学的发展壮大源于先发展国家,研究对象自然是以先发展国家为主,在20世纪50年代之前,政治学的各种理论都是基于英、美等先发展国家。但自50年代,英、美等国的政治学者也开始关注后发展国家的政治现象,这当然是由于当时的国际格局变动。二战后,大量殖民地、半殖民地相继获得独立,这些国家和地区的政治现实以及未来发展趋向成为西方国家政界和学界普遍关注的话题。这一时期出现了一批研究第三世界国家政治问题的专业学者,他们不仅探讨后发展国家的政治现状,而且关注这些国家和地区的政治发展与政治文化,希望了解这些国家将会建立什么样的政治制度,这些政治制度运转情况如何,政治制度的绩效与政治文化有什么关系,政治变迁在这些地方将如何发生。面对20世纪后期后发展国家普遍发生的民主化转型,政治学学者又广泛开展了民主转型与民主巩固的研究。随着后发展国家政治学研究的深入,许多基于先发展国家的既有政治理论被加以反思,一些基于后发展国家的理论不断出现,它们都挑战了先发展国家在政治学理论上的霸权地位。这使得政治学的研究更加丰富多彩,政治学理论也更加与现实相符合。

以上从研究方法和研究对象的角度对政治学的发展状况作了一个概略介绍。通过这一介绍,我们可以更深入地理解政治学原理体系的构建及其基本内容。关于政治学原理的体系,每本教材都试图提出自己的构建体系,但是它们大致都会包括以下六点:政治与政治学的性质,介绍什么是政治、政治学;权力,介绍政治和政治学的核心要素——政治权力;政治主体,介绍政治的主要参与者即国家政权、政府、政党、利益集团、公民、政治家等;政治文化,介绍政治主体所处的文化环境和政治运转的文化背景;政治过程,从现实动态角度介绍国家政权和社会力量如何从事政治和参与政治;政治变迁,从历史发展角度介绍政治发展和民主转型的理论。虽然各种教材在政治学原理体系的具体构建上会有一些区别,但是总体上仍然遵从了上述基本内容。

通过前面的叙述,我们也已看到,政治学原理体系的完善是在政治学研究发展过程中逐步实现的,政治学原理的内容涵盖了政治学研究历史上最重要和最基本的研究成果,这都是未来进一步学习的基础,因此必须全面把握。

二、名词解释

1.政治学

整体而言,将政治作为研究对象的学问或学科被称为政治学。政治在本质上是公共权力主体为获取或维护自身的利益,围绕公共权力实现对有限的社会资源的占有与分配而结成的社会关系和社会活动。因此,政治学就是研究这种社会关系和社会活动及其发展规律的一门学问或学科。现代政治学的研究对象主要是国家,其范围涉及政治理论、政治制度、比较政治、公共政策、公共行政和国际政治等领域。

2.政治主体

西方政治学将政治行为主体称为"政治行为体"或"政治角色",指一切在国家政治生活中具有行为能力的人或组织,包括国家、阶级、政党、民族、宗教等组织型政治行为主体,以及公民、政治领袖等个体政治行为主体。一般而言,政治主体指在社会政治关系或政治过程中,具有主体身份并对政治资源的配置产生作用的政治决策者和政治参与者。政治主体具有四个基本特性:主体利益性、主观能动性、主客体相对性、发展变化性。

3.国家

国家是一个由人口、领土、政府和主权等要素构成的政治实体。人口是国家存在的人群基础,领土是国家存在的空间基础,政府是领土和人群的直接管理者,主权则表示国家的最高权力掌握在这个国家的人口之中。当今世界的基本政治单位是民族国家,现代国家的基本特征包括三个:第一,现代国家建立在民族这个人类群体基础上,而不是宗教和人种等人类群体基础上,属于同一民族的人可能被划分为不同的族群,但是却由于长期共同生活而具有同样的国家认同。第二,现代国家具有明确的领土边界,政府只能管理本国领土范围内的人群和事务,各国相互之间不得侵犯领土,这一原则是1648年《威斯特伐利亚和约》确定的结果。第三,现代国家是一个主权实体,国家内部拥有最高主权,在国家之上再没有更高的权力,这一原则是近现代欧洲国家王权战胜教权的结果。

在某种程度上,国家是现代产物,虽然我们也可以把前现代的政治共同体称为国家。在前现代阶段,欧洲人的国家并不建立在世俗民族基础上,人们缺乏民族认同而具有宗教认同;各个国家之间因为相互征伐而使得领土边界不清,各国王室之间相互通婚和相互继承使得领土更加混乱;在前现代很长一段时期,基督教作为欧洲范围内的政治性宗教而居于各个世俗国家之上,教权与王权相互争夺最高地位,国家还没有取得高于教会的主权特征。现代国家的核心特征是主权,这一特征在欧洲大陆远比在美国明显。欧洲大陆国家如法国、普鲁士等都曾建立起绝对王权,国王掌握了最高主权。而在美国,由于实行三权分立制衡体制,人们不认为自己的国家具有欧洲大陆意义上的主权特征,因为人们似乎找不到一个最高的权力分支。

4.民族

关于民族的定义,学界并没有一个统一的界定。综合来说,主要是从不同的视角强调或侧重民族构成的不同因素,即从民族构成的客观因素或从民族构成的主观情感和意愿来定义民族的含义。从民族的客观因素定义民族的含义是指,在定义民族时强调民族构成的客观要素,其中包括地理条件、宗教信仰、肤色、种族、语言、习惯,以及共同的法律制度和政治制度等。从民族的主观因素来定义民族的含义,是指在定义民族时强调民族构成的主观要素,即共同的民族意识和民族情感或民族想象。

5.政党

政党是代表一定阶级、阶层或集团的利益,旨在执掌或参与国家政权以实现其政纲的政治组织。政党一词的英文Party源于拉丁文Pars,意为一部分,另有同伴、部队、聚合等意。17—18世纪欧美开始在政治生活中使用这一词汇。当时政党与派别同义,并且同时使用,指社会上一部分政治观点和利益相同的人组成的政治集团。到19世纪,政党与派别二词才分开,后者专指一党之内的不同派系。政党通常被认为是处在一个政治光谱中。典型的类型包括处于激进位置的左翼政党和处于保守的右翼政党。其他的划分尺度包括政党对作为反对独裁主义和集权主义的议会民主的接受程度、经济政策等。左派通常倾向于社会民主、社会主义或共产主义,而右派政党则倾向于自由放任经济。

政党不是从来就有的,而是社会经济和阶级斗争发展到一定历史阶段的产物,是人类社会发展到资本主义阶段,随着宪法和代议制政府的出现而逐步形成的一种政治组织。最早出现的政党是资产阶级政党。无产阶级政党是在无产阶级反对资产阶级的斗争由自发阶段发展到自觉阶段才产生的。政党是社会政治上层建筑的组成部分之一,有别于国家机关和带有政治性的一般社会团体,具有三个显著的特征:第一,政党都有自己的政治纲领和政治目标。政党的政治纲领,可以是比较广泛的、长远的、战略性的,也可以是局部的、暂时的、策略性的。政党的政治目标,是争取和实现对国家政治生活的统治权,最低限度是干预和影响国家政治生活,以便维护自己所代表的阶级、阶层或社会集团的利益。第二,政党都有自己的组织和纪律。这种组织和纪律的严格程度虽有不同,但总是政党聚集与发挥其政治力量所必需的。第三,政党都有自己的党员和所联系的群众。无论是在合法或非法的斗争中,一个政党的力量主要表现在它们拥有的党员和所联系的群众上。

6.利益集团

利益集团是一个松散或严密的组织,旨在进行非选举性的鼓动和宣传,用以促进或阻止某方面公共政策的改变。一般来说,利益集团必须具备三个要素:是一个有组织的集团;集团成员具有共同的利益或目标;他们为了共同目标向政府机构提出要求或施加压力,使政策符合他们的利益。利益集团自身不图谋组织或取代政府,但它的积极行动对政府构成压力(在这个意义上,利益集团又被称为"压力集团")。各种利益集团之间相互竞争,确保社会中的多种利益要求有组织地进入政治过程。

利益集团为达到自己的目的可以采取多种多样的方法。集团活动的常用方式主要有游说、法院诉讼、影响选举,还可以通过现代社会所能提供的所有媒体——报刊、电视、广播和一切能够使用的现代宣传技术来影响舆论。集团活动的渠道是通向政府组织机构的,而各种决定就是由这些机构作出的。各个集团可能试图对选举、立法过程、政府计划实施方法或法院等施加影响,也可能试图影响初选和大选中各级政府公职候选人的挑选,为将来影响政策打开通道。由于利益集团可以超越地域的限制,集中和反映各种利益,它们被看成政党政治的补充。在实际生活中,政府机构、利益集团和政党已经成为现代民主政治体系中起决定性作用的三个主要方面。

7.国际组织

一般而言,国际组织是指两个以上的国家政府、政党、团体和个人为特定的目的,以一定的协议或法律形式而设立的机构。国际组织具有较为稳定的组织形式和常设机构。从历史发展的顺序来看,国际会议往往是国际组织出现的前奏。国际会议的固定化、制度化和组织化便产生了国际组织。在当今国际舞台上,国际组织通过其常设机构的经常性的活动实现其基本文件所规定的宗旨,因而具有相对的稳定性和持续性。当代国际组织体现出以下几点特征:组织机构趋于完善、组织规模庞大、形成国际组织网络以及数量猛增。

8.保守主义

保守主义是近代以来重要的政治思潮或意识形态,其首要特征是反对"全面的"与"激进的"变革,致力于维护现存的制度。作为一种意识形态,保守主义最早出现于法国大革命时期,是对大革命前几个世纪社会与政治变革思想进行批评的产物。保守主义想要说明的是:第一,人类理解与改变世界的能力是有限的;第二,罪恶、痛苦不仅仅是人类生活中暂时的因素,不仅仅产生于不公正的社会组织,而是人类生存中永恒的、不可消除的现象。保守主义反对以政治的方式(政府的或群众运动的方式)寻求社会的根本变革。正如保守主义哲学家奥克肖特所概括的那样,保守主义最根本的特征是强调政治的有限性。"政治或政府行为是一种独特而有限的行为,它制定有关行为的一般规则,这些规则并不是将某种具有实质意义的行为计划强加于人,而是为人们追求自己选择的目标提供某些工具。"

9.程序正义

程序正义是指裁判过程的公平和法律程序的正义。其既涉及达成分配结果的方式,也涉及支配人们行为与相互作用的规则。在西方思想史上,自亚里士多德以来,有关正义的理论学说所关注的多是所谓分配的正义,强调给予每个人应得的对待,使人们应得的权益得到平等的维护,应得的义务得到平等的履行,应得的责任得到合理的分配。这些观念基本上属于实质正义或实体正义的范畴,因为它们重视的是各种活动结果的正当性,而不是活动过程的正当性。程序正义的观念滥觞于英国,在英国,人们称程序正义为"自然正义"。"自然正义"原本是自然法上的概念,在大陆法中是一个实体法的概念。早在中世纪,程序正义的原则就被看作"事物不可移易的一部分。因此在理论上即便是立法机关的权力也不能改变之"。到了近现代,自然正义作为程序正义也是凌驾于实体正义之上的。1971年,美国学者约翰·罗尔斯出版了著名的《正义论》一书,在该书中提出并分析了程序正义的三种形态:纯粹的程序正义、完善的程序正义和不完善的程序正义,并着重对纯粹的程序正义进行了论述。在罗尔斯看来,如何设计一个社会的基本结构,从而对基本权利和义务作出合理的分配,对社会和经济的不平等以及以此为基础的合法期望进行合理的调节,这是正义的主要问题。要解决这些问题,可以按照纯粹的程序正义观念来设计社会系统,"以便它无论是什么结果都是正义的"。程序正义使裁判结果的形成建立在正当的法律实施过程基础之上。这有助于社会形成一种尊重法律程序和法律制度的良好法治秩序,使法律制度的实施具有较好的社会环境和条件。总之,程序正义是通过法律程序本身而不是其所要产生的结果得到实现的价值目标。

10. 代议制民主

民主的形式主要可以分为直接民主和间接民主。前者是指所有公民都参与决策,而后者则是指人民选举自己的代表管理国家,又称代议制民主(representative democracy)。在一些政治体系中,直接民主和代议制民主并存是民主政体普遍采取的形式。近代代议制民主是资产阶级在反对封建专制的斗争中创造的,成为资本主义民主制度的核心。首次系统地阐述代议制民主将产生公共利益的,是生活在正向代议制民主发展的英国的边沁和詹姆斯·密尔。在某种程度上,代议制民主是西方民主的同义词。在制度层次上,代议制度是西方民主的核心和主要标志。在代议制民主中,人民通过选举出来的代表掌握和行使立法权和统治权。代议制度的核心是由普选产生的代表所组成的议会,它是西方民主政体的"中枢和支配力量",在许多国家也被称作国会(如美国)。议会议决事项如法案或决议均由议员共同讨论并经多数通过,议会享有立法权、预算的通过与监督权和行政监督权。

11. 第三波民主化

20世纪70年代末以来,随着经济全球化趋势的增强和科技革命的发展,以南欧的西班牙、葡萄牙和希腊等国家的民主化为开端,一个全球范围的民主化浪潮正在兴起。对此,西方的一些学者将其称为近代以来的第三次民主化浪潮,简称"第三波"。著名学者亨廷顿在《第三波:20世纪晚期的民主化》一书中认为,世界范围的民主化运动有三次:第一次是在1828—1926年,世界上有33个国家建立了民主制度;这中间发生了第一次回潮,即1922—1942年约有22个国家的民主制度被颠覆。第二次是在1943—1962年,约有40个国家建立了民主制度;而在1958—1975年发生了第二次回潮,约有22个国家被颠覆。第三次民主化浪潮起始于1974年,一直延续到现在乃至未来,这次浪潮发展到1990年亨廷顿的著作问世之前,世界上有33个国家建立了民主制度,虽然其中有3个国家退了回去,但是全球范围民主化的大潮方兴未艾。实际上,亨廷顿的所谓第三次民主化浪潮是把西方式的代议制民主、多党制作为民主的模板,将民主化看作非西方国家趋向和接近于西方的"自由民主"。

12.第三条道路

第三条道路作为一种重建的社会民主主义思潮和发展模式,是二战后欧美发达国家,特别是西欧国家社会、经济、政治、文化生活变化的产物,带有鲜明的时代色彩,在某种意义上可以说,是为适应全球化迅速发展的新形势而提出来的一套治国方略和发展模式。

第三条道路不是20世纪90年代的新名词,早在20世纪初就已经出现,随着历史进程的变化,呈现出不同的定义和模式,其中多数是在资本主义和共产主义中寻求某种中间道路。30年代,奥托·鲍威尔提出发展一种吸收"改良"社会主义(社会民主主义)和"革命的"社会主义(布尔什维主义)的共同长处、克服它们各自短处的"整体社会主义",可视为90年代以来的第三条道路的早期形式。90年代的"第三条道路",属于这一时期社会民主主义转型的基本内容,既与英国的布莱尔政府与新工党联系甚广,又受到美国克林顿政府的影响,是在传统的社会民主主义和右翼自由主义之间寻找第三条道路。总体而言,第三条道路在社会民主主义的基础上,肯定自由市场的价值,强调解除管制、地方分权(非核心化)和低税赋等政策,核心就是在经济发展和社会公平分配之间寻求平衡点,目标是既能保障经济的持续发展,同时又能使广大中下阶层的福利得到逐步改善。

第三条道路是对传统的社会民主主义和新右派(或称新保守主义)的新自由主义遗产的折中继承,它试图在传统的社会民主主义与新右派的自由放任主义之间走一条中间性的治国道路。安东尼·吉登斯的《第三条道路》被公认为是第三条道路政治研究的主要文献,被译成二十多种语言,塑造了第三条道路政治的发展历程。作者力图表明,第三条道路并非无力解决财富和权力的不平等,而正是解决这些问题的唯一可行的思路。

13.民主

民主是现代政治的旗帜,任何国家无论其在实质上如何,都要在意识形态上宣示自己的民主性。民主是价值理念与制度形式的结合,其中价值理念是民主政治的追求目标,制度形式是支撑价值理念和实现价值目标的具体载体。就价值目标而言,民主即人民当家作主、人民主权或者说主权在民,也就是人民作为一个整体掌握国家的最高权力和根源性权力。在现代政治中,主权和治权一般是分离的,人民掌握主权并不意味着人民直接行使治权。所谓治权是治理国家的具体权力和直接权力。治权是主权授予的结果,主权是治权的上级和源头,治权服从主权并向主权负责。现代政治中的治权一般由人民授权的政府来行使。人民既然不能直接行使治权,治权需由政府来行使,就要通过选举的形式来产生政府主要官员,以此体现人民的主权地位和人民的授权。选举虽然不是民主的充分条件,但却是民主的必要条件,没有选举,人民就没有任何政治权力。选举产生政府之后,还要防止政府的治权侵犯人民的主权,因为历史上发生的治权僭越主权的例子比比皆是。这就需要对政府体制进行谨慎的设计,例如权力分立制衡、议会至上体制等。即使设计了一个有效制约治权的政府体制,也不能保证政府就能随时反映人民的意愿,这就需要广泛发展人民的政治参与,使人民能充分参与到政府决策中来,随时表达自己的利益诉求。与人民的政治参与相对应,政府的工作人员应该认真听取人民的呼声,密切与人民大众的联系,这就是政府工作中的民主作风。总之,我们可以从五个层面来理解民主,即价值理念、选举制度、政府体制、政治参与、工作作风,其中价值理念是核心,其他四个方面共同支撑起民主的架构,这五个方面共同构成我们对民主的完整理解。

14.多数的暴政

托克维尔首先提出这个概念,他认为如果多数权威是无限制的,多数的暴政就可能形成。如果没有防范多数暴政的保证措施,民主政体就会蜕变。托克维尔担忧的是,舆论对人的思想实施"统治"和"压制"而形成的民主的"暴政"。政治学的一般分析认为,如果民主政府只实施简单多数的法则,民主政府也会产生多数的暴政,导致多数人剥削、压迫少数人的格局,这样的民主政府实际上就是暴民政府。与自由的、法治的政府相比,暴民政府更容易滥用权力。因此,现代政府实际上都是自由、法治、民主政府的混合物,以自由为基础、法治为框架、民主为背景的有限且有效的政府。民主理论相信,多数人的决定至少在多数情况下是正确的,这一信念同时也表明,多数人的决定在有些时候不可避免地会犯错误,多数人制定的政策也可能会失败。因此,少数人应有权自由地表达他们的观点,自由地结社和劝说他人接受自己的观点,从而形成新的多数,也有权自由地批评多数在政府中的代表及他们行使权力的方式。如果只有多数统治原则,就会形成极端民主政体,少数就必须无条件地服从多数。这时,民主就损害了自由,这显然有悖于民主理论的初衷。

15. 多元主义民主

罗伯特·达尔是多元主义民主的最先倡导者,在此方面他的代表作有《民主理论前言》《经济民主前言》。他认为选举是民主的主要标志,精英统治的合法性来自人民的同意,众多权力中心的存在是民主的出发点。多元主义民主高度重视利益集团在民主中的作用,民主过程的价值在于"多个少数"的统治,而不在于建立"少数的最高权力"。多元主义民主的主要特征是:公民权利,包括一人一票,表达和组织自由;立法、司法、行政之间的制衡制度;具有至少两个政党的竞争性选举制度;多个利益集团的存在;宪法规则运行的背景是不同的政治文化和完全不平等的经济资源(新多元主义观点)。对多元主义民主的批判主要在两点,一是竞选双方可能使竞选政治变成金钱政治,带来人力财力的极大浪费;二是由于竞选的残酷性,在竞选过程中可能产生有违常规和道德的事情。

16. 电子民主

以广义地讲,电子民主即电子时代的民主,是各种民主主体利用现代信息技术改进民主运作、增进民主参与、完善民主治理的过程,是以公民直接参与为主要导向的民主形式。主体在公共空间开展多种内容与形式的交流,既包括直接民主的形式也包括间接民主的形式。

从公民对组织的维度来看,以电子计算机和互联网为核心的新的信息技术为公民广泛深入参与政治生活开辟了道路。由于新的通信技术具有交互性的特征和廉价快捷性能,它鼓励公民积极而不是消极地参与社会生活,也为公民的参与提供了有效的技术手段。通过网络,在某项主张上志同道合的公民能很容易地联合起来,讨论国事,发起动议,进行游说。对许多过去因技术手段的限制导致普通公民无法过问的事务,现在公民可以发表自己的意见并作出决定。更为重要的是,新技术有可能使参与者的人数大大增加,会有更多的人通过电子论坛参与政治讨论,有更多样化的政见得以表达。从组织对个体的维度来看,政府或者政党等组织利用信息技术提供服务,加强与公民的交流与合作,不断改进民主治理。

然而许多人担心,信息技术会使社会出现新形式的两极分化,即使社会日益分裂为信息富裕者和信息匮乏者。结果公民中的很小一部分尖端人物有能力掌握新的信息系统,拥有大量信息资源,从而成为民主社会的贵族集团。也有人担心,新技术会成为权势集团控制和操纵群众的工具,关键在于所有权和控制权问题,新技术不过是使权力更加集中。这里提出的问题是具有挑战性的。平等是民主的基础,也是其集中体现。在新技术条件下,对信息的占有是否平等,直接关系到公民是否能够平等地参与政治生活,也关系到民主在新技术条件下能否扩展自己的领域。

17.法治

相对于人治而言,法治是一种制度的理念和基本规则,是国家的观念形态。它要求政府行使权力要有法律依据,权力的取得本身也要有法律依据。法治奉行法律支配权力的原则,人治奉行权力支配法律的原则。法治理念的基本特征是:法律至上,保护人权和公民权,政府依法行政;司法独立,公民权利受到侵犯应该得到公正救济等;具有很强的道义精神,体现诸如维护人的尊严和保障人权、平等公正等被认为是普世的价值。法治不同于法制,法治不仅包含法律制度,更包含着一种价值追求,专制的或者反动的法律制度都是法制,也就是说国家的任何时期都有法制,但不一定实行法治;法治蕴含着法律的至高性、最高权威性,以及对公民权的基本保护等精神诉求。法制是法治的基础和前提条件。总体来说,法制追求的是秩序,法治追求的是正义。民主的核心是多数决定,民主制是全体成年公民自由、定期选举本国最高领导人的制度。民主将正义和"善治"寄托在人民参与政府的程度上,法治则是寄托在政府受法律约束的程度上;民主强调人民的参政权,通过人民(代表)的权力来体现人民的福利,法治通过限制政府的权力来保障人民的权利。

18.法兰克福学派

法兰克福学派是由德国的法兰克福大学社会研究所构成的学术团体。无论从代表人物的数量,还是从其成员理论建树的深度和广度来看,它都是20世纪最大的马克思主义流派,是西方人本主义马克思主义的主要流派之一,也是现代西方哲学的重要流派之一。法兰克福学派代表人物众多,著述丰富,涉猎的领域十分广泛,而其主要代表人物的活动年代又几乎涵盖了整个20世纪。法兰克福学派的创始人霍克海默与卢卡奇、布洛赫等人是同龄人,而它的第二代主要代表人物哈贝马斯等人至今依旧健在并十分活跃。法兰克福学派认为,由于科学技术的发展,有许多马克思主义的原理已经过时,工人阶级已经不是革命的动力,可以通过回到乌托邦的方式来避免马克思主义的社会主义道路。他们把这种办法说成是马克思主义的现代化,称为"批判的社会理论",即采取批判的态度来说明当代社会。法兰克福学派所批判的当代社会主要是指我们所说的垄断资本主义社会——"晚期资本主义社会",以别于"传统社会"(即资本主义自由发展时期以前的阶级社会)。

法兰克福学派的学者们认为,这两种社会理论的区别在于:在传统社会中的资本主义时代,资本主义是向上发展的,社会理论参加和推动这个社会的发展。这个时期的理论为了建立一个和谐发展的社会,目的只在于说明这个社会,因而这个时期的理论是顺从主义的,不是批判的。而到了垄断资本主义社会,由于资本主义的内部矛盾,这个时期的理论就不能再顺从社会的现实,而必须揭露社会矛盾,批判社会现实,以便建立一个更适合于人的生存的社会制度。法兰克福学派的批判的社会理论的思想来源有:青年黑格尔派的理论先于实践、思维先于存在,存在主义关于人的主体性与异化的思想,弗洛伊德精神分析学说中的生物的人的解放。除此以外,法兰克福学派也受到卢卡奇的一些理论,如物化、强调主观的辩证法、否定自然辩证法等观点的影响。

19.个人主义

个人主义通常被视作与集体主义对立的概念。波普尔认为,个人主义同唯我主义或自私自利根本不同,自私自利的行为既可以是个人作出的,也可以是一个集团作出的。个人主义和集体主义代表了两种截然不同的方法论和价值观。

个人主义的核心是本体论的个人主义,其最典型的阐释者是霍布斯,人们常用机械主义来概括这种个人主义的立场。简要地说,这一立场认为个人先于社会而存在,个人是本源,社会、国家是个人为了保障自己的某种权利或利益而组成的,除了个人的目的,社会或国家没有任何其他目的。边沁曾说,所谓共同体完全是虚构的概念,"共同体的利益"只是该共同体成员利益的总和。与本体论的个人主义紧密相连的是认识论的个人主义,其核心是强调认识的个人特征,否认客观真理。许多自由主义者关于个人自由的论证就是从认识论的个人主义出发的。密尔曾经从认识论的个人主义出发,论证言论和讨论自由的必要性。在个人主义中至关重要的还有伦理个人主义,其核心是否认道德的绝对性,强调道德在本质上是个人的。个人主义的根本原则在于,善和恶完全是个人的主观评价,因为不可能从对象的本质之中得出任何善与恶的共同准则,善和恶的用法从来就是和使用者相关的。一个行为若只关乎个人,那么个人就是该行为道德与否的评判者,无论诉诸任何高尚的伦理原则,只要判定该行为是否增加自己的快乐,就可评价该行为的道德性。

政治个人主义的原则包括三点:个人权利的至高无上性;政府的目的在于保护个人的权利和利益;政治个人主义的延伸必然要求政府的建立必须基于社会成员的同意,政府权威的合法性来自公民的同意,即民主原则。经济个人主义强调个人追求自己经济利益的合法性,强调个人通过竞争和市场经济实现个人利益,强调政府较少干预经济。

20. 公共领域

对公共领域概念阐释和分析最富有原创性贡献的人是当代德国著名思想家尤根·哈贝马斯,同时也包括对公共领域理论多有建树的著名思想家如熊彼特、杜威、布鲁纳、汉娜·阿伦特、查尔斯·泰勒等。一般来说,公共领域是指私人聚集而形成的一种公共空间,是供市民阶级自由集会、讨论、沟通以形成意见的地方,亦即一种形成民意或共识的社会生活领域,其要件是所有参与者都有同等表达意见的机会。公共领域概念描述的是一个介于私人领域与公共权力领域之间的中间地带,是一个向所有公民开放的、由对话组成的、旨在形成公共舆论与体现公共理性精神的、以大众传媒为主要运作工具的批判空间。公共领域概念的价值规范集中体现在它对公共性的高扬与彰显,而公共性不仅以批判与开放为特征,更重要的是,它以自由、民主、正义为基石。因此,公共领域既是一个历史性范畴,又是一个具有规范性价值的概念。需要注意的是,公共领域作为社会生活的一个场所,并不指称某种特定的公共场所,而是原则上对所有公民开放而形成的场合。这样的场所一经形成,就能有效地保障人们自由地表达或公开他们的意见,不受任何教条与强制性权力的干预。

21. 公共选择

作为一种选择,公共选择指的是与个人选择相区别的集体选择,是指人们通过某种制度安排集体决定公共物品需求、供给与产量的过程,一个个人偏好通过某种机制转换成经济行动的过程。公共选择以"经济"为基本假设,研究政治市场上的主体行为和政治市场的运行与一般市场中的个人分散化决策相比,公共选择是一种资源配置的非市场决策形式。公共选择理论定义为对非市场决策的经济学研究。由于在现实中大部分公共物品是由政府提供的,大部分公共选择是以政府的名义作出的,因此公共选择主要是一个政治过程,公共选择理论又被称为政治的经济理论。公共选择包括参与者、选择方式和选择标准三个关键要素:

一是参与者。既然是一种集体选择,公共选择当然需要人们参与。在民主社会,公共选择的参与者并不限于选民、议员和政府工作人员,工商企业、同业公会、非营利组织等也可以参与。公共选择的参与者可以被选举、任命或雇佣参与,也可以自愿参与。这方面的代表作有1938年伯格的《福利经济学可能前景的重述》。

二是选择方式或决策方式。决策方式是人们作出集体决策的程序,这些方式多种多样,如一致同意规则、多数决定规则、否决投票等。这方面的代表作有肯尼斯·约瑟夫·阿罗在1951年发表的《社会选择与个人价值》。

三是选择标准。公共选择的标准是指作出一种而非另一种公共选择的理由。经济学家提出了两个评价公共选择的标准——效率与公平。某些公共选择也可能没有明确表达其选择的标准,但这并不等于它没有标准。在公共选择理论中,人们一般把公共选择区分为直接民主制中的公共选择和代议民主制中的公共选择,并由此研究两种公共选择类型中的各种具体选择方式或投票方式。而布坎南则把公共选择区分为前立宪选择和后立宪选择或立宪层次的集体决策和行政层次的集体决策,进一步演化了对公共选择的研究。这方面的代表作有詹姆斯·麦吉尔·布坎南和戈登·图洛克在1962年共同发表的《赞同的计算》。

22.公民社会

公民社会理论是在西方社会中孕生并发育起来的,长期为西方学术界所重视。公民社会理论形成并广泛流行于17—18世纪,那是市场经济勃兴和市民资产阶级作为新兴政治势力崛起的时代,其政治思想的主题是在重商主义和专制主义国家的重压下解放社会和个人,为此需要限制和控制国家权力,争取和坚守社会的独立及其对国家的监控,保障个人的自由和权利。黑格尔是西方社会历史上将政治国家与公民社会进行明确区分的理论先驱。他把洛克和孟德斯鸠的观点融入自己的思想,认为体现特殊性的公民社会独立于国家,但在伦理上并不自足,从而需要代表普遍利益的国家对其加以救济。在他那里,公民社会的道德地位比较低,代表的是私人特殊利益。马克思摒弃了对公民社会作伦理上的评价,而只对公民社会与国家的关系作客观的分析。他将黑格尔的"绝对精神—国家—公民社会"的分析模式倒了过来,形成"物质生产—公民社会—国家"的分析模式,不是通过国家而是通过公民社会去解说国家,从而建立起历史唯物主义体系。哈贝马斯将公民社会理论大大推进了一步,认为公民社会是独立于国家的私人领域和公共领域。私人领域指以市场为核心的经济领域,公共领域指社会文化生活领域。综观西方学术界的公民社会概念的演变过程,我们可以发现三次大的分离:公民社会同野蛮社会的分离,以商业化、政治化的城市的出现为标志,完成于希腊罗马时代;公民社会同政治国家的分离,以代议制政治的形成为标志,完成于17—18世纪;公民社会同经济社会的分离,当代西方社会正试图完成这一过程。现代民主政治是随着公民社会的发展而来的,而且只有建立在成熟的公民社会的基础上才能取得成功。

23.功利主义

功利主义(Utilitarianism)又称功用主义,是以实际功效或利益作为道德标准的伦理学说。其作为一个完整的理论形态,是由英国的边沁创立,詹姆斯·密尔和约翰·密尔父子完善的。作为一种意在指导行为和合理评价依据的规范理论,它并不坚持实际的决定或判断始终要符合某种标准。其核心观点是把行为的动机归结为快乐和痛苦,把道德的标准归结为功利。主张个人利益的满足(利己主义原则)是保证最大多数的最大幸福(利他主义的原则)的手段。其基本概念功利是一种外物为当事人求福避祸、避苦求乐的特性。其主要内容是快乐,快乐有生存、平等、富裕和安全四项目标。基本命题避苦求乐(功利主义原则)是人类的基本规律,苦乐是价值判断的标准,即应当根据行为本身所引起的苦与乐的大小程度来衡量该行为的善与恶:凡是能够减轻痛苦增加快乐者,在道德上就是善,在政治上就是优越,在法律上就是权利。功利主义学派一般都较赞成社会变革,认为收益从富人转向穷人是增进整个社会福利的,而且他们也提倡政治权利和个人自由,反对家长式干预,声称这种干预阻碍生产发展。然而功利主义对所有这类价值缺乏原则的信奉,只关心能获得多少利益,而不介意公正分配、尊重个人美德、保障自由以及个人诚实。功利主义还歪曲了合理的道德判断,只主张利益而忽视义务。在这个意义上说,它未能严肃地对待权利。由于功利主义把个人利益看作唯一现实的利益,并把它作为整个道德理论的出发点和归宿,因而在功利主义者看来,社会利益只不过是个人利益的总和。这就使它具有利己主义的性质。

24.共和制

共和制是国家权力机关和国家元首由选举产生的政体形式,与君主制相对。采用这种政体的国家称为共和国。"共和"的英文 republic 一词来源于拉丁文 respublica,意为公共事务。共和制最早出现于古希腊和古罗马等奴隶制国家,有民主共和制和贵族共和制两种形式。公元前5世纪—前4世纪的古希腊雅典城邦国家是民主共和制的典型。国家最高权力机关是公民大会,有权解决国家重大事务,其他国家机关都隶属于它。前5世纪的罗马共和国是贵族共和制的典型。公民大会形式上是最高权力机关,实际上受制于元老院。元老院拥有立法、行政、军事、财产、司法和宗教等实权,在管理国家方面起首要作用。欧洲中世纪通商口岸和商业中心的极少数城市国家,曾实行封建共和制,国家最高权力由市民选举产生的市议会或其他形式的集体机构掌握。

现代资产阶级国家普遍采取共和制政体,行使国家最高权力的总统和议会都由选举产生。资产阶级共和制主要有议会内阁制(见内阁制)和总统制两种形式。议会内阁制以议会为国家权力中心,议会是国家最高权力机关,政府由议会产生并对它负责。1946—1958年的法兰西第四共和国是议会内阁制的典型。现代意大利、比利时、德国和北欧诸国都采取议会内阁制。总统制以总统为国家元首和政府首脑,行政部门和立法部门彼此分立,行政权集中于总统,总统不对议会负责。美国是总统制的典型。共和制还有一种特殊形式,如瑞士的委员会制。此外,实行君主立宪制的英国、荷兰等国,君主不负实际政治责任,实际上也是议会内阁制的共和制。资产阶级革命后,许多国家逐渐废除了君主制,实行共和制,由君主制向共和制转变已成为社会发展的趋势。

25.政治发展

政治发展是包括政治观念、政治制度、政治行为在内的政治形态,由低级向高级、由简单到复杂的变迁过程。政治发展的结果是政治观念和政治制度更加符合经济社会发展的需要,符合人的普遍利益的实现,政治形态呈现出适应性更强的特征。人类历史本身就是一个政治发展的长波段,从原始社会到现代,人类的政治形态总体上处于不断发展的阶段。作为一个研究领域的政治发展,兴起于20世纪四五十年代之后。二战后,大量新兴国家开始出现,许多殖民地半殖民地摆脱依附地位而取得独立。这些新兴国家的前身往往是殖民地、半殖民地,在此之前则是迥异于英、美等西方国家的传统政治形态,它们独立之后将转向什么样的政治形态,成为美国等西方国家关注的重点之一。为了与苏联争夺霸权,美国政府投入大量资金,纠集一批学者对这些新兴国家的政治未来进行了深入研究,掀起了一个政治发展研究的高潮。这个阶段政治发展研究的最大特征在于,将关注重心从英、美等西方国家转向新兴的发展中国家,从而产生了一大批比较政治研究的重大成果。虽然西方学者将研究重心转向新兴国家,他们仍然无意之间采取了西方中心主义的研究思路,认为新兴国家的政治形态属于落后的传统政治,随着这些国家经济社会的发展,它们必然转向西方国家式的先进的现代政治。因此,这一阶段的政治发展几乎与政治现代化同义,完全摒弃了新兴国家的政治传统在现代社会所具有的积极意义。按照这种西方中心主义的思路,西方政客和学者为新兴国家开出了来自西方的政治发展"药方",其首要目标是民主化,结果搬用西方制度的新兴国家大部分都陷入了政治动荡,而没有呈现出西方政客和学者所说的政治发展。后来的政治发展研究者开始重视稳定和秩序问题,开始认识到在政治发展之外也存在政治衰败,开始重视新兴国家自身的政治传统对本国政治发展的积极影响,西方中心主义的思路受到很大削弱。

26.改良主义

改良主义是宣扬阶级调和、阶级合作,主张在保存资本主义制度的条件下实行微小社会改良的一种资产阶级政治思潮。改良主义盛行于19世纪中叶无产阶级革命运动蓬勃兴起的年代,当时资产阶级中一部分人想要消除资本主义社会中已经暴露出来的某些弊端,以保障资本主义社会永世长存。他们主张在不改变资本主义生产关系的条件下实行某些改良,满足工人阶级一些日常的细小的眼前利益和要求,目的是麻痹工人阶级和人民群众的革命意志,维护和巩固资本主义制度。资产阶级改良主义在工人运动中也有反映,工人运动中一些右倾机会主义者就是改良主义者,他们主张不触动资产阶级统治的经济基础,把争取实行某些微小的社会改良作为斗争的最终目标。19世纪中叶法国的P.J·蒲鲁东、L·勃朗,德国的F·拉萨尔和英国的工联主义者,以及19世纪末20世纪初的法国可能派、英国费边派和德国伯恩施坦派等,均属改良主义派。改良与改良主义,两者既有联系又有区别。改良主义把改良看得高于一切、大于一切,把它当作斗争的唯一手段和最终目标,用改良代替革命从而取消革命。马克思主义不是笼统地反对改良,在一般情况下并不拒绝改良,但认为革命是最高原则,改良只是无产阶级革命斗争的辅助手段和副产品。在资本主义条件下,改良是资产阶级对无产阶级的让步,其目的是阻止、削弱或扑灭革命斗争;但同时,无产阶级也可以从中获得某些暂时的经济利益和政治权利。列宁说:"任何改良在资本主义社会中都有两面性。"工人阶级及其政党必须充分认识这种两面性,并采取相应的对策:一方面不拒绝利用改良来发展革命的阶级斗争,另一方面决不能接受资产阶级改良主义的口号和策略。

27.古代人的自由和现代人的自由

作为自由主义的先驱,邦雅曼·贡斯当于1819年的关于《古代人的自由与现代人的自由之比较》的著名演讲,从历史的视角将自由划分为古代人的自由和现代人的自由,继而他又站在现代人的立场对古代人的自由进行实践性质的审视,从时代精神的高度得出了现代人需要的自由截然不同于古代人需要的自由之结论。因此,现代人不应该从对古代人的自由——主要为政治自由——的追忆中去仿效古代人的自由,"传统政治思维的局限性"和"跟上历史发展的步伐是政治智慧的通则"。贡斯当此次演讲的主旨有二:其一,从法国大革命的经验出发提醒人们小心革命的圈套;其二,阐述他的政治观点,即在商业社会取代了尚武时代后,"个人独立是现代人的第一需要。因此,任何人决不能要求现代人做出任何牺牲,以实现政治自由"。在贡斯当看来,古代人的自由与现代人的自由之不同在于公民作为个体是否拥有私人领域,自由地从事私人活动,从而体现出人作为个体的独立存在形态。在古代人那里没有自己的事情自己决定的自由,即个人事务不是个人的而是以公共的形式体现。而现代人却拥有自己做主的私人空间,并在其私人空间内享受有保障的私人快乐。这种保障私人快乐的制度就是现代人的自由。

贡斯当对个人自由与政治自由之间关系的精辟论述,对于今天的民主政治国家仍有深远的理论意义。他所描述的个人自由是相对于政治自由而言的。政治自由实质上是指政治上的自治和参与,就是我们今天所称的公民的民主精神;个人自由之个人的相对独立是指个人生活的某些领域免受国家权力的干预,也就是我们现在所称的人的私权利。在有德性的政治制度和宪政实践中,每个人都应享有被尊重和被保护的权利。把个人作为政治思维的逻辑起点和归宿,倡导法律状态下的自由和政治权力保障下的自我,仍为现代宪政国家的制度设计核心,其现实意义深刻。

28.合法性

权力是政治的核心,而合法性则是政治的价值判断。一般来说,合法性或政治合法性指的是政治统治依据传统或公认的准则而得到人民的同意和支持。当人民对终极权威愿尽政治义务时,这一权威就具有合法性。合法性被看作有效统治和政治稳定的基础。很显然,只有当政府获得人民自愿的拥护时,其统治才更有效力,更能保持政局的稳定。相反,如果统治的合法性受到怀疑乃至否定,政府的动员和贯彻能力将会被削弱,最终导致政治动荡。政治制度的合法性评价标准就是公众对政治制度的认同与忠诚的程度。合法性是一个政治体制存在、持续发展的基础,如果某一社会中的公民都愿意遵守当权者制定和实施的政策法规,而且不是因为不遵守会受到惩处,而是因为他们确信遵守是应该的,那么这个政治体制的合法性程度就较强,就越能长期稳定地存在。

29.混合经济

混合经济是指资本主义和社会主义的某些特征并存的一种经济制度,或某一特定社会制度下经济体制中各种不同因素的混合。有些西方学者从公私混合的角度提出,现代资本主义经济是私人资本主义经济与社会化经济的混合。社会化经济在生产上是指国有企业,在收入与消费上是指公共卫生、房租低廉的住宅和社会安全与福利开支等。混合经济就是指生产上、收入与消费上的公私混合经济。另一些西方学者从资本主义国家的政府在经济中所起的巨大作用的角度提出,政府和私人同时对经济发生作用,从而使现代资本主义经济成为一种混合经济。还有些学者认为,市场经济体制通过市场机制的作用配置资源、调节经济运行;在这一经济体制中,同时也运用了计划这一调控手段;国家采用指标、综合平衡的办法,对宏观经济活动进行预测、规划和指导,规范微观经济以使之符合宏观经济发展目标,引导市场经济的发展方向。正是在这一意义上,市场与计划在一种经济体制范围内的结合,也意味着一种混合经济的形成。

30.混合政体

混合政体源于古代希腊,它的核心内容是将纯粹政体(君主政体、贵族政体和民主政体)的要素和优点混合起来,从而达到更佳的治理效果。这种理论认为:如果政治权力为一部分人所控制,不管这些人属于社会中的哪一部分,都有可能被滥用;对这部分人运用权力进行控制的唯一有效办法就是另一部分人拥有与之相抗衡的权力。现代分权理论是由混合政体理论发展而来的,不同的是,混合政体理论侧重阶级之间的抗衡,或者说以阶级为基础的势力平衡,而现代分权理论侧重权力的制度性平衡,是以功能为基础的权力制约,与阶级平衡没有直接的对应关系。

有关混合政体的学术讨论一般可以追溯至公元前5世纪中期,但类似的实践和想法却可以上溯到此前更早的时期。公元前9世纪的古希腊诗人荷马在其著作《伊利亚特》中,描述了一种类似混合政体的希腊军队体制:一个圣王式的首长阿伽门农受到一些显贵们的制约,而且在较小的程度上受到整个希腊兵营的制约。其实,荷马在《伊利亚特》和《奥德赛》中所描述的政府没有一个是简单的政体形式。马克思、恩格斯所熟悉的军事民主制包括长老议事会、人民会议和军事长官,实际上就是混合政体的萌芽。在某种意义上,混合政体是国家形成过程中保留了原始民主制的结果,人民大会、元老院都带有这种制度的遗风。因此,一种不彻底的变革反而为政治文明做出了大的贡献。

混合式君主制在中世纪晚期议会主义思想的强化下,混合程度越来越高,民主成分越来越足。意大利的一些城市共和国如威尼斯和佛罗伦萨等都是混合政体的典范,马基雅维利在研究佛罗伦萨的历史中复活了波利比阿的混合政体思想。发展到近代,不需要多大的改造,混合政体就演变成宪政民主体制。实践上的改造案例首推英国的混合君主制。它通过逐步完善的案例法来保障人民的自由,通过政治妥协来与贵族乃至平民分享权力,从而将绝对君主制发展到有限君主制,进而发展到立宪君主制,达到了比较完美的混合状态。现代宪政分权体制不是对混合政体的终结,而是混合政体的一种较高形式。

31. 积极自由和消极自由

1969年,牛津大学出版社出版了英国著名的政治哲学家以赛亚·伯林的《自由四论》一书。该书收录了伯林最著名的论述自由问题的四篇论文,即《二十世纪的政治思想》(1949年)、《历史必然性》(1953年)、《两种自由概念》(1958年)和《密尔与人生的目的》(1959年),这四篇论文集中概括了伯林关于政治自由的思想。伯林把西方哲学和政治理论中的自由概念进行了梳理,尤其是对政治自由的含义和表现形式作了细致的分析和比较。在此基础上提出了关于自由的新的概念和分类。他提出的著名观点包括:积极自由和消极自由的划分、多元主义自由的观点等。伯林对于自由概念的分析将人们对于自由的理解引向深入,揭示了20世纪人类政治实践对于传统的自由概念的冲击,具有现实的针对性。他的观点引发了学术上的深入争论和探讨,对于西方政治理论特别是自由主义理论的发展产生了重大的影响。《自由四论》因而成为20世纪西方政治自由主义理论的重要代表作之一。

伯林在1958年的《两种自由概念》一文中,对自由的概念进行了革命性划分。他认为,积极自由是指人在"主动"意义上的自由,即作为主体的人作的决定和选择,均基于自身的主动意志而非任何外部力量。当一个人是自主的或自决的,他就处于"积极"自由的状态之中(liberty to),这种自由是"做……的自由"。而消极自由指的是在"被动"意义上的自由,即人在意志上不受他人的强制,在行为上不受他人的干涉,也就是"免于强制和干涉"的状态(liberty from)。在伯林看来,这两种自由的重点是相区别的,所回答的是两个具有重大差异的问题。积极自由强调的是主体活动的主动性和自治性,而消极自由的重点在于外部力量没有对主体形成束缚和控制,未受到他人的干涉。两种自由概念的划分,明确地提出了自由制度的基本理念上的两种思路。积极自由既然强调人的主动性和自主性,自然就把重点放在人的行为能力和获取资源的能力上,因此派生的是人的各项主动权利和作出某种行为的资格。权利行使和能力的培养构成了判断人的自由实现程度的标尺。而消极自由着眼于免受外在强制和干涉,自然就把重点置于人在社会活动的自在空间上,强调的是社会为人的发展提供潜在机会,允许社会存在自发活动的舞台,公共力量不能对人的发展作强制性安排。

32.极权主义

极权主义意味社会秩序完全由政治权力或国家权力达成,私人空间被压缩到几乎不存在的状态,自由被减至最低限度。因此,极权主义意味着对公民社会的剔除。正如汉娜·阿伦特所言,极权主义意味着私人及公共生活的一切方面都包摄在一个囊括一切的统治过程之内。弗里德里希和布热津斯基根据"相互联系的迹象和特色所构成的综合症状"对极权主义进行了六点界定:"官方"意识形态的存在、一党制国家(通常由全能的领袖来领导)、恐怖的治安系统、对大众传播媒介的垄断、对武装斗争工具的垄断、国家对经济生活的全面控制。

极权主义是当代的一种新现象,绝对统治和权威主义都不能解释极权主义,虽然所有极权主义制度都是权威主义制度,绝对统治政体的绝对权力是指免于控制、不受约束的权力,是指不受限制地任意使用权力。绝对权力这一概念在过去是和把国家视为自己财产的绝对政体联系在一起的,在现代则是和不受法律规范与制约的中央集权联系在一起的。显然,任何极权主义制度都是绝对统治的制度,但反过来说就是:绝对统治只意味着任意使用权力,并不一定是极权统治。

33.精英民主

精英民主理论源于19世纪末20世纪初的一批欧洲思想家,最后由美籍奥地利人熊彼特集其大成,产生了精英民主论。广义上讲,精英是指这样一个小的群体,他们在决定或反对"谁得到什么,何时和如何得到"这个意义上进行直接统治。政治精英可能向所有想在政府中谋个差事并且有能力胜任的人开放,也可能对除了那些出身于权势家庭或拥有巨额财产或属于某一教派的人之外的所有人关闭。政治精英可能是暂时的(持续一个任期或直到某个特别问题的解决),也可能是长久的。它可能垄断一个社会的权力,也可能与其他竞争性精英分享权力。熊彼特从精英主义的角度明确否定古典的民主理论,主张"领袖的民主"或"竞争性精英主义"。在他看来,人民不能被看作"决定者"或"统治者",充其量不过是"政府的生产者",而民主只不过是选择"谁能够决策"的一种机制。所以应该把民主理解为一种政治方法,作为选民的人民运用这种方法定期在可能的领袖人物之间进行选择。"竞争性精英主义"是最实用、最有效和最合适的民主模式。在他看来,民主的正常运转必须具备五个条件:政治家必须具备很高的才能,对立的领袖(和政党)之间必须在一个相对有限的政治问题范围之内展开竞争,必须存在一个训练有素、声望良好的官僚机构,必须存在着"民主的自我控制",以及必须容忍有不同意见的文化能力。

精英民主理论得到很多学者的肯定,同时也受到许多政治学者的严厉批评,较有影响的有彼得·巴赫拉克、巴尔得摩、杰克·瓦克等。他们的批评主要集中在两个方面:一是批判这种修正的民主理论为纯粹的精英主义,认为精英民主论者支持和拥护人类的不平等,把少数人的统治看作永恒不变的合理现象,对人民大众则抱有深刻的不信任感;二是批判精英民主理论把政治囿于一种政治程序,而否认了民主政治的伟大理想,从而沦为价值虚无主义。虽然对精英民主理论持批判态度的学者日渐增多,但由于其不仅与西方现实民主政治基本吻合,而且有着比较严密、成熟的理论体系,因此仍然未被动摇根基。

34.历史决定论

历史决定论是一种具有决定论性质的历史理论,承认社会历史发展的因果联系性、规律性、必然性,认为人类社会是一个自然的历史过程,存在着不以人的意志为转移的规律。历史非决定论否认事物因果联系的普遍性,否认社会历史的规律性,认为社会历史的发展是没有规律和秩序可循的,承认无机界的决定论原则,而认为生物的发展、生物心理的变化并不服从决定论原则,是受偶然性支配的。社会历史的发展不具有规律性,不具有自然发展规律的反复性、客观性和可预测性,并且社会是人的社会,社会历史活动是人的活动,因此社会历史发展不具有客观必然的规律。按照波普尔的定义,"历史决定论是一种涉及社会科学各学科的理论,这种理论把对历史作出预言作为它的基本目标,认为通过发现历史中潜在的节奏、模式、规律或趋向,便能够实现这个目标,便能预言历史事件的进程。凡具有这种观点的各种社会哲学,被统称为历史决定论"。

35.《利维坦》

《利维坦》是霍布斯的政治著作,全称为《利维坦或教会国家和市民国家的实质、形式和权力》。书名是《圣经》中提到的一种巨大海兽名称的音译,借以表示国家具有威慑一切的权力。全书分四篇:第一篇"论人",他将人的生命看作一种机械运动,认为趋利避害、自我保存是人生命运动即人性的根本原则。在没有任何政治权威的自然状态中,人们为了私利而争斗,呈现出一切人反对一切人的战争状态。第二篇"论国家",主要论述自然状态中的人出于对死亡的畏惧,在理性指引下,相互间订立契约,放弃个人的自然权利,把它交付给一个人或由一些人组成的会议,从而组成国家。主权是国家的本质,主权者的权力是绝对的、不可分割的,臣民对主权者必须绝对服从,但又强调国家的作用在于保护个人的安全。第三篇"论基督教国家"和第四篇"论黑暗王国",主要揭露罗马教会的腐败堕落,抨击教皇侵犯世俗权力的行径,提出了政教合一、教权服从王权的主张。《利维坦》是近代西方第一部系统阐述国家学说的著作。书中的无神论、人性论、社会契约论和国家的本质、作用思想在西方思想史上有很大的影响。

36.社会契约论

社会契约论是一种有关国家和法律起源极有影响的学说,最早可追溯至古希腊和古罗马。中世纪,社会契约的概念发展为基督教政治思想的一个标准特征。16—18世纪,格劳秀斯、斯宾诺莎、霍布斯、洛克、卢梭等对社会契约论作了重大发展。18世纪启蒙运动著名人物卢梭的《社会契约论》为18世纪末法国资产阶级民主革命和美国资产阶级民主革命提供了理论纲领。这本书在很大程度上直接继承和体现了卢梭的理论精神和政治理论,现已成为世界思想史上的重要经典文献,其所要解决的是人权和法律的有机结合。从此,合法性只能来自人民,成了卢梭的继承者和背叛者的共同理念。归纳起来,社会契约论的基本框架如下:国家前存在一个"自然状态",人人拥有自然权利;人生而自由平等,但自然状态下难以维护,故自愿同等交出部分基于自然权利而拥有的权力,立约组成国家;产生于社会契约的国家旨在保障每个缔约者的自然权利,国家为个人,而非个人为国家;法律是基于社会成员协商的契约,而非主权者强加的命令;合法的政府和权力源于法律(契约),政府权力只能在法律范围内行使,统治者的统治须经被统治者同意;国家不具绝对权,只拥有为维护自然权利而当有的有限权力,实行权力制衡;守法的道德基础在于公民是契约当事人,有履约义务;人带着自然权利加入国家,虽让渡权利但始终保留收回让渡的权利之权利。

37.市场失灵

市场失灵是指在某些外在因素的影响下,市场在自由运作下无法达到最有效率的结果,市场机制不能提供符合社会效率条件的商品或劳务,不能满足完全竞争市场的有关条件而造成的资源配置失效。导致市场失灵的原因主要有信息不对称、外部性、公共产品及垄断等。

市场经济的良性运行有利于避免和减少直接行政控制下的低效和腐败等,但是另一方面,市场经济也有其局限性,其功能缺陷是固有的,光靠市场自身是难以克服的,完全摒弃政府干预的市场调节会使其缺陷大于优势,导致市场失灵,因而必须借助凌驾于市场之上的力量——政府这只看得见的手来纠补市场失灵。政府干预经济领域的扩张,一方面说明政府在市场经济中的作用越来越重要,但另一方面政府的企业性质又要求必须对政府的行为加以规范,以提高政府的管理效率。市场失灵为政府干预提供了基本依据,但是政府干预也非万能,同样存在着政府失灵的可能性。政府失灵表现为政府的无效干预,即政府宏观调控的范围和力度不足或方式选择失当,不能够弥补市场失灵,维持市场机制正常运行。

38.现代化理论

现代化(发展)理论有广义、狭义和最狭义之分。广义现代化理论是对现代化启动以来所有关于现代化的思想和理论的总称。狭义现代化理论是对20世纪50年代以来的所有关于现代化的思想和理论的总称。最狭义现代化理论是对50年代在西方(主要是美国)产生的"经典"现代化理论及其变体(修正理论)的总称。一般来说,现代化是指自产业革命以来,现代生产力导致世界经济迅速发展和社会适应性变化的大趋势。以现代工业、科学和技术革命为推动力,引起传统的农业社会向现代工业化社会的转变,以及在经济、政治、文化、思想各个领域引起相应的深刻变革的历史过程。对于经济落后的国家来说,意味着采取适合国情的有效措施,实行有步骤的经济技术改造和适应生产力发展需要的广泛社会变革,加速生产力发展和向现代工业化社会转变,尽快赶上经济发达国家,适应世界新的生存和发展环境。

第五章

战后现代化理论(狭义现代化理论)的演进大体可以分成三期:20世纪五六十年代,为经典现代化理论独盛时期。现代化理论呈现惊人的"一元"现象,"现代化"虽然取代了"西方化",但实质上现代化理论还是在西方发达社会的基础上构建的,非西方国家的现代化还刚刚起步。七八十年代,为对经典现代化理论的批评、反思和修正时期。这一时期现代化理论走向多元,依附理论、世界体系理论、后现代主义和后现代化理论、生态现代化理论、再现代化(反思现代化)理论等纷纷对经典现代化理论提出批评。90年代以来,新自由主义现代化理论在某种意义上"复活"并发展了经典现代化理论。虽然强劲地压倒了其他现代化理论,但已经不可能复演经典现代化理论的话语支配权。多元现代化道路和模式,甚至多元现代性获得了更多的理解和认同。后现代化和后现代主义理论也没有解构掉现代化,主张"现代性是一项未竟的工程"、应该"继续现代化"或进入"第二波现代化"的呼声不断高涨。

39.现代性

现代性是指社会的一种类型、模式或阶段。最初,它限于指西欧国家从文艺复兴到大众传媒的崛起这段历史,其特征是先前处于封闭、孤立状态的区域群落被大规模地整合,从而告别传统和宗教,走向个体主义、理性化或科学的社会组织、平等主义等。处在现代性状态的社会被称为现代社会。一个社会演变成为现代社会的过程就叫现代化。最能用来定义现代阶段的事件包括:民族国家的兴起、工业化、社会主义国家的出现、代议民主制的崛起、科学与技术发挥的作用愈益增大、城市化、大众传媒的增生和扩散。西欧历史较为具体地体现在地理大发现、文艺复兴、启蒙运动、宗教改革和反宗教改革、法国革命、美国革命、工业革命。人们通常认为,正是上述的这些事件或其中的部分事件,使得现代社会在欧洲得到了较为完整地实现。现代化可以说是一个普遍、抽象的过程,人们可以在许多不同的历史阶段发现这一过程,而不仅仅是在欧洲。现代性的世俗基础始于文艺复兴时代,是对中世纪的反驳,强调对人们肉欲的满足。科学理性精神是它的内核,而这种内核决定了主客体与对象性的关系。现代性的因果解释模式存在着进化论的框架,这一切又导致了现代性不仅是事实层面的描述而且隐含着价值取向的判断。

40. 政治权力

权力可以宽泛地定义为达到期望之结果的能力,尽管这一概念在政治分析中普遍存在,但却是一个在本质上存在巨大争议的概念。究其原因,在于不同的学者对它的界定和使用的角度是不一样的。对权力的认识基本上可以归结为以下四种:第一种是将权力看成一种工具。这派学者一般认为权力是获取其他价值的中介,新现实主义的代表肯尼斯·沃尔兹更是将权力看成一种工具。第二种是将权力看成一种目标。汉斯·摩根索认为权力争夺是国际政治的本质,国际政治是争夺权力的斗争,不管国际政治的终极目的是什么,权力总是其直接目的。第三种是将权力看成一种关系。这派学者认为,政治关系中存在着权力关系,在这种关系中,其中一些行动者可以指挥、控制或影响其他的行动者。达尔指出,权力并不是个人所拥有的什么,而是人与人之间的一种关系,认为权力关系是社会关系的分支,权力关系一些单元的行为依赖于另外单元的行为。第四种是将权力看成一种过程。该派有的学者认为权力是一种决策,或者说权力是决策的参与。权力成了影响他人政策的一种过程,在这一过程中那些不服从政策的人受到损失。

41. 结构—功能主义

结构—功能主义是西方政治学理论及研究方法之一,主要研究政治系统履行的功能以及实行相应功能的结构,强调分析每一系统中结构与功能的关系,以为分析政治系统提供一个框架。其中,结构是指一个政治系统中相关的政治角色之间固定化关系的形式,亦即政治行为的模式;功能是指政治结构的活动后果和影响。结构—功能主义源于生物学中的有机体论。美国政治学家阿尔蒙德首先将这种研究方法运用于政治学领域,但不同政治学家对结构—功能主义有不同的分析模式。

42. 社会达尔文主义

社会达尔文主义,是将达尔文进化论中自然选择的思想应用于人类社会的一种社会理论。其将社会假设为一个竞争场所,认为其中的个人发展符合达尔文的进化论观点,认为优胜劣汰、适者生存的现象存在于人类社会。因此,只有强者才能生存,弱者只能遭受灭亡的命运。通过生物进化论推导出人的行为规范,进而论述人类社会的经济、政治和道德问题。

该理论的代表人物是英国哲学家、作家赫伯特·斯宾塞,其理论内容有:认为统治者获取统治地位是社会选择的结果;主张人拥有的意识没有任何道德含义,因此社会不公平、对下层人民的剥削、种族压迫以及大国征服小国在道德上都是可以接受的;反对保护弱者和穷人的社会改革或福利制度的计划,认为它会打乱自然的秩序,阻碍人种的进化;认为利他主义是虚伪的。社会达尔文主义在19世纪末20世纪初盛极一时,20世纪后开始走向衰弱。

43.治理

在英语中,治理一词可以追溯到古典拉丁语和古希腊语中的"操舵"一词,原意主要是指控制、指导或操纵。作为日常用语,治理出现已有数百年的历史,通常指在特定范围内行使权威,进行有效的安排以便实施某项计划。20世纪90年代以来,治理作为一种新的管理范式开始在西方兴起,其用法和内涵都产生了重大的变化,意味着传统的统治含义已经发生了变化,必须以新的方法来统治社会。

在关于治理的各种定义中,全球治理委员会的定义具有很大的代表性,该委员会于1995年发表了一份题为《我们的全球伙伴关系》的研究报告,对治理作出了如下界定:治理是各种公共的或私人的个人和机构管理其共同事务的诸多方式的总和。它是使相互冲突的或不同的利益得以协调并且采取联合行动的持续的过程。这既包括有权迫使人们服从的正式制度和规则,也包括各种人们同意或以为符合其利益的非正式的制度安排。它有四个特征:治理不是一整套规则,也不是一种活动,而是一个过程;治理过程的基础不是控制,而是协调;治理既涉及公共部门,也包括私人部门;治理不是一种正式的制度而是持续的互动。

与"治理"(governance)相关的另一个词为"government":作为"政府"的"government"指国家(state)的正式机构及其对合法性的强制性权力的垄断;作

为"统治"的"government"是指在民族国家层次上动作以维系公共秩序,便于集体行动的正式而制度化的过程。治理是一个比统治更宽泛的概念,换句话说,可以没有政府的统治,但是不能没有治理。治理是一个上下互动的管理过程,它主要通过合作、协商、伙伴关系,确立认同和共同的目标等方式实施对公共事务的管理。

治理理论于90年代兴起的现实原因之一就是公民社会的日益壮大,仅仅依靠市场或者国家都无法避免资源配置的低效率,因此愈来愈多的人热衷于以治理机制来对付市场和国家协调的失败。治理理论的兴起也是对全球化发展浪潮的回应。全球化重要特征之一是跨国组织的影响日益增大,民族国家的主权及其政府的权力日益削弱,一种新的公共权威和公共秩序不可能由传统的国家政府来建立,只能通过治理来实现。

44.二元经济结构

二元经济结构理论是发展经济学的奠基性理论之一,诺贝尔经济学奖获得者、英属西印度群岛黑人经济学家阿瑟·刘易斯在1954年用数学模型描绘了广大发展中国家的一种典型现象,那就是传统与现代两大部门的相互对立。传统部门是指自给自足的个体农民和旨在维持自身消费的部分城市个体经济,现代部门则是指商业化的农业、采矿业和制造业。刘易斯较早地揭示了发展中国家现代化的工业和技术落后的传统农业同时并存的经济结构,由于发展中国家农业中存在着边际生产率为零的剩余劳动力,因此农业剩余劳动力的非农化转移能够促使二元经济结构逐步消减。

按照刘易斯的解释,二元经济结构有如下特征:现代部门通过从传统部门吸收劳动力而得到发展;在提供同等质量和同等数量的劳动条件下,非熟练劳动者在现代部门比在传统部门得到更多的工资;在现行工资水平下,对现代部门的劳动力供给超过这个部门的劳动力需求;现代部门在相当长的时期内,相对于传统部门来说是扩张的。此后费景汉、拉尼斯修正了刘易斯模型中的假设,在考虑工农业两个部门平衡增长的基础上,完善了农业剩余劳动力转移的二元经济发展思想,认为加快农业发展和提高农业效率是促进工业进步和转移农村剩余劳动力的关键。

45.种姓制度

种姓制度指的是职业世袭、内部通婚、不准外人参加的社会等级（身份）集团。种姓制度存在于东南亚等地区的某些国家，其中以印度的种姓制度最为典型，持续时间最长。种族集团间的界限非常严格，禁止通婚、共坐、共食。等级从父母，永世不得改变。各种姓规定有各自的社会职责和义务，包括传统职业、一定的生活方式和习惯等。种姓出现于奴隶制国家形成过程之中，与形成阶级社会的社会分工有关。上层阶级通过森严的等级制度来维护对其他阶级进行剥削、压迫和统治的特权。种姓制度至今在印度、斯里兰卡和尼泊尔等国仍有很大的影响。

46.西方马克思主义

西方马克思主义作为一种国际性反对列宁主义但又自称是马克思主义的思潮，产生于20世纪20年代，之后又不断发展，于五六十年代达到高潮。习惯上，通常指由卢卡奇、柯尔施、葛兰西等人所引发的西欧和中欧地区左翼激进思想家（包括部分共产党员或被开除出党的理论家）重新诠释马克思学说的思潮。我国学术界从70年代末到80年代初开始对西方马克思主义进行研究，但对如何认识和评价西方马克思主义，目前学术界还存在着诸多争论。

1955年，梅洛·庞蒂在《辩证法的历险》一书中，强调西方马克思主义同列宁主义的对立，并把前者的传统追溯到卢卡奇在1923年发表的《历史和阶级意识》。在这以后，人们就广泛地用这个概念称呼这一思潮。在60年代末期西方的新左派运动中，特别在1968年法国的"五月风暴"中，这一思潮曾被激进的青年学生和工人奉为反对发达资本主义社会等级制异化制度的思想武器。西方马克思主义企图把马克思主义同现代西方哲学的一些流派结合起来，在对现代资本主义社会的分析和对社会主义的展望上，在革命的战略和策略上，提出了同列宁主义相对立的见解。西方马克思主义认为，马克思主义逐渐不适应历史运动，并对非马克思主义获得的成就加以排斥，因而经常处在不理解工人阶级和其他阶级的变化发展的经验的危险之中。为了防止和克服这种危险,西方马克思主义断然反对教条主义,主张由每一代来重新发现、重新创造马克思主义。在"重新发现"和"重新创造"马克思主义的过程中,西方马克思主义的不同趋向和流派,都强调马克思主义的某个方面,而指责、否定其另一个方面;都把马克思和恩格斯、列宁对立起来,并按照自己的需要批评恩格斯和列宁阐述的某些原理。

西方马克思主义的不同趋向和流派一致强调借用资产阶级思想的伟大成就,它们或者从现代西方哲学的某些流派那里系统地借用概念、术语和范畴,或者进而用西方资产阶级哲学的某些思想去"补充"和"革新"马克思主义,由此形成马克思主义同形形色色的资产阶级哲学流派的混合物。西方马克思主义的不同趋向和流派,在分析研究发达资本主义社会出现的新情况和新现象的基础上,在一定程度上揭露了资本主义制度的痼疾和问题,探索了西方革命的途径,并且批评了苏联社会主义模式的弊端和缺陷。

47.三权分立制度

三权分立制度,是国家的立法、行政、司法三权分别由三个机关独立行使,并相互制衡的制度。三权分立制度是根据近代分权学说建立起来的,为绝大多数资本主义国家所采用,是资本主义国家的国家机关组织与活动的基本制度,但因各国国情不同而有不同形式。

美国是实行三权分立制度的典型国家。美国宪法规定,立法权属于由参、众两院组成的合众国国会,行政权属于美国总统,司法权属于最高法院及国会随时制定与设立的下级法院。根据三种权力相互制衡的原则,美国宪法还规定,国会有权要求总统调整政策以备审议,批准总统对外缔结的条约,建议和批准总统对其所属行政官员的任命,通过弹劾案撤换总统,有权建议和批准总统对联邦最高法院法官的任命,宣告惩治叛国罪,弹劾审判最高法院法官;总统对国会通过的法案拥有有限的否决权,还拥有特赦权、对最高法院法官的提名和任命权,副总统兼任参议院议长;最高法院法官在总统因弹劾案受审时担任审判庭主席。此外,根据惯例,最高法院有权解释法律,宣布国会制定的法律违宪无效。实行总统制的资本主义国家一般都采用这种形式。

三权分立制度在建立资本主义民主制度中发挥过重要作用,在实践中和理论上也受到过冲击。尽管如此,这个制度迄今仍然是资本主义国家机关进行组织与活动的一项基本制度。三权分立制度对中国曾经产生过一定影响。民主革命的先行者孙中山运用西方的分权学说,结合中国历史上的统治经验,创立了五权宪法理论,在立法、行政、司法三权之外,加入监察、考试两权。中华人民共和国在政治体制上根本否定并排斥三权分立制度,坚持实行民主集中制和议行合一制。

48.社群主义

社群主义也被翻译为"社区主义""共同体主义""社团主义""合作主义"等,是一种关注社会利益的表现形式的社会哲学,其中心前提之一是社群(以及社会)是从法律上界定了什么是有美德的事物。社群主义通常被拿来与古典自由主义相比较,后者的哲学立场是主张由个人私人拥有利益。社群主义不仅干预社会组织,而且干预价值源泉。

20世纪80年代,社群主义成为西方政治哲学的两大主流之一。现代意义上的社群主义是在批评以约翰·罗尔斯为代表的新自由主义过程中发展的。与自由主义以自我和个人为出发点不同,社群主义的出发点是社群。社群主义的方法论从根本上说是集体主义,把社会历史事件和政治经济制度的原始动因最终归结为诸如家庭、社区、阶级、国家、民族、团体等社群。社群主义强调社群对于自我与个人的优先性,倡导从"权利政治"转向"公益政治"。社群主义强调普遍的善和公共利益,认为个人的自由选择能力以及建立在此基础上的各种个人权利都离不开个人所在的社群。个人权利既不能离开群体自发地实现,也不会自动导致公共利益的实现。反之,只有公共利益的实现才能使个人利益得到最充分地实现,只有公共利益才是人类最高的价值。

49.寻租

寻租,即指投票人尤其是其中的利益集团,通过各种合法的或者非法的努力,如游说与行贿等,促使政府帮助自己建立垄断地位,以便获得高额垄断利润的活动。安娜·克鲁格第一次使用这个术语。政治活动与经济活动是互相联系的,政治过程中的权力因素总是有可能直接介入到经济活动中去,干预经济当事人之间的交易。在这个前提之下,很多人都会力求借助权力因素牟取个人最大利益,这就产生了寻租行为。寻租赖以生存的前提是政府权力对市场交易活动的介入,这被看成"看不见的脚"对市场的践踏。寻租可以分为以下两种:为了获得垄断地位而进行的寻租,为防止他人寻租有可能对自己造成损害而进行的寻租。寻租从总体上讲浪费了资源,扭曲了收入分配格局,降低了资源配置的效率。此外,寻租还会对现有的政治秩序提出挑战。

50.宪政

关于宪政的概念讨论基本上围绕两个主题进行,即限制权力、保障权利(更确切地说是保障人权),而后者更具有根本性。限制权力从权利角度来说,主要围绕"人民主权"观念,通过直接或间接选举来实现;从国家机构和结构的角度来说,主要在"以野心对抗野心,以权力制约权力"的理念主导下通过国家纵向分权和横向分权的形式展开。从这个角度来说,凡是一切和限制政府权力有关的观念和制度,如人民主权、国家结构形势、国家政体形式、政党制度、代议制度、选举制度、司法审查制度等,均属于宪政的研究对象。保障人权是近现代国家得以建立的合法性基础,可以说人权是近现代国家及其政治制度得以建立的合法性的基点和支点。人权是一个多面体,人权的保障涉及政治、经济、文化等各个方面,从这一角度来说,宪政的研究对象和范围似乎更加宽泛,凡是和人权保障有关的制度设计均在宪政的研究范围之内。

宪政和宪法的关系类似于法治和法律的关系。就和法治是指依据法律的统治一样,宪政就是在宪法统治下的国家政治生活。宪政要求把宪法落实到政治生活的实处,宪法必须对规范国家政治生活发挥有效的作用。在法治国家,普通法律获得司法机构的有效实施;在宪政国家,宪法和普通法律一样具有实际效力,并由司法性质的机构解释和实施。有学者指出,对于宪政科学来说,仅仅考虑如何划分权力是不够的,更重要的在于如何用法律规则约束各种各样的权力。这就要求,治理者不得制定法律,而造法者又不得参与治理。法律必须在治理权力之外生成,必须合乎理性,而不是以行使治理权者的意志为转移。由此方可形成真正的法律之治,而这就构成了宪政制度的根基。

51.蒲鲁东主义

蒲鲁东主义是19世纪40年代产生于法国,五六十年代广泛流行于西欧国家并颇具影响的小资产阶级社会主义和无政府主义思潮,因其创始人蒲鲁东而得名。蒲鲁东在他的《什么是财产?》《贫困的哲学》《社会问题的解决》《一个革命者的自白》和《19世纪革命的总观点》等著作中,全面系统地阐述了他的小资产阶级社会主义和无政府主义的观点。蒲鲁东主义认为共产主义和资本主义都有弊病,都不合乎理性,以"个人占有"为基础的"互助制"社会是最好的社会模式;主张建立以无息贷款为基础的"人民银行"作为改造资本主义制度、实现"互助制"社会的根本途径;宣扬阶级调和与和平革命,反对暴力革命和无产阶级专政;鼓吹个人绝对自由,反对任何国家和政府,反对一切权威。蒲鲁东主义的核心是,幻想通过和平改良的办法,建立小手工业生产制,实现小资产阶级的社会主义。为了维护国际工人运动的根本利益,马克思主义者同蒲鲁东主义进行了坚决的斗争。马克思、恩格斯在《哲学的贫困》《共产党宣言》和《论住宅问题》等著作中深刻地揭露和批判了蒲鲁东主义。巴黎公社后,蒲鲁东主义在国际工人运动中的影响基本被消除。正如恩格斯所指出的:"公社同时是蒲鲁东社会主义学派的坟墓。"

52.零和游戏

零和游戏属非合作博弈,指参与博弈的各方在严格竞争下,一方的收益必然意味着另一方的损失,博弈各方的收益和损失相加总和。零和游戏原理之所以广受关注,主要是因为人们发现在社会的方方面面都能发现与零和游戏类似的局面,胜利者的光荣背后往往隐藏着失败者的辛酸和苦涩。但20世纪人类在经历了两次世界大战、经济的高速增长、科技进步、全球一体化以及日益严重的环境污染之后,零和游戏观念正逐渐被双赢观念所取代。有的学术思想主张,20世纪末,全球呈现出一种新自由主义者所主张的态势,即全球相互依存,经济技术合作逐步占据国际关系的主导地位,权力不再是国家行为的唯一目标,武力不再是国家对外政策的最有效手段。国际合作的结果是,在很多情况下国家间博弈不完全是你之所得是我之所失的零和博弈,而是你得我也得的正和博弈。有学者认为就国际结构的角度而言,在霸权结构中,结构性对抗安全困境模式的产生是不可避免的。从根本上来说,这种安全困境模式中的对立双方处于一种零和游戏的状态,在根本利益上激烈对抗。除非一方主动放弃其战略目标,否则这种安全困境就不会结束。结构性对抗安全困境模式往往伴随着对立双方之间的频繁的危机,如冷战期间的美、苏对抗。对立双方总危机的爆发或者一方的失败标志着这种安全困境的结束,一方或双方国际地位发生根本变化,新的国际结构产生。

53.无知之幕

无知之幕是罗尔斯《正义论》中的重要概念。罗尔斯认为,人们的平等地位原则是在一种无知之幕的初始状态中形成的。这种状态相当于社会契约中的自然状态,但又有别于自然状态或原始阶段,而是为了得出"正义"概念而"纯粹假设的状态"。处于这种状态的成员,对自己和社会都是一无所知的,他们不知道自己在社会中的阶级地位、立场和社会状况,不知道关于善的概念和自身的特殊的心理倾向,不知道自己所处的社会环境及经济、政治、文化的发展状况。只有在这种状态下,才能实现平等或正义,也即正义原则是建立在平等的原始协议上的。罗尔斯原始状态中的当事人被认为是具有完全自律性的市民,但是在无知之幕下,市民的这种决断能力被客观的、中立的立场所取代,而从中立性的立场出发必定会放弃对认识的有效性要求。

罗尔斯设想了一些最基本的正义原则得以产生的原始状态,这种状态也被他称为无知之幕后面的状态,在这种状态下的人都是从自我出发对道德问题进行判断。由于他们不具备足够的自我意识,所以他们并不是自私自利的人。在无知之幕之后,人们并不清楚自己冒险的得失,所以总是倾向选择各种可能采取的行为中损失最小而不是利益最大的一种。从这里罗尔斯引出了他的正义原则,即在这种状态下,人们会选择以下两种关于正义的基本原则:一是任何人都有平等的权利享有与其他人同样的最广泛的自由(权利平等);二是对于社会与经济的不平等,可以按照两种方式加以保障,即可以期望对所有人有利(结果平等),以及只与对所有人公开的地位和官职相关(机会平等)。

54.后现代主义

后现代主义是一个含义广泛的概念,可泛指一批思想和一类情感、一种思维方式、一场新的知识运动,乃至一种生活方式。后现代主义的社会理论主要出现于20世纪60年代后期的法国,最初渗透于西方文学批评、艺术、建筑、绘画、广告等领域。后现代主义的核心论题是:没有确定性的东西,绝对的观念和普遍的真理都必须被当作傲慢的自命不凡的而予以抛弃。与其他社会科学相比,国际关系领域从80年代中期才开始受到后现代主义思潮的影响。尽管如此,后现代主义还是构成了西方国际关系理论"第三次争论"中一个不可忽视的声音,而且成为国际关系"另类理论"家族里的一个重要成员。这时候,国际关系理论研究中一个引人注目的转向是人们开始对"知识"问题展开认真探讨和反思,对"国际关系的认识论方面进行清算,这一清算对作为构成和主导思想'传统'的语言、概念、方法和历史(即占主导地位的话语)提出了质疑"。在国际关系研究方面,它至少体现在以下三个方面:

第一,后现代主义对国际关系中所有形式的"理性主义"或"宏大叙事"思考及实践进行清算,动摇了传统国际关系理论的哲学基础,对"知识体系"的"科学性""客观性""逻辑性"进行了揭露,从而打破了国际关系领域长期以来由某种单一理论占支配地位的局面。第二,它重视扩大国际关系研究的范围和视野,从物质层面扩大到非物质层面,尤其将伦理话题重新引入国际关系,为人们开拓新的研究领域、寻找新的研究课题、使用新的政治分析工具提供了方向。第三,后现代主义揭示了这样一个奥秘,即理论本身就是一种实践活动。一旦某种理论得到传播,并被人们所相信和接受,那么人们就会以这种理论作为指导去采取行动,行动的结果造成该理论所描述的世界画面部分地成为"社会事实"。后现代主义指出,现实是被建构起来的。在各种社会控制机制的作用下,一定的理论以及作为语言结果的一定规则和规范得以制度化并得到执行和遵循。因此,一种社会现实便存在了。

55.范式

范式(paradigm),亦称规范、范型,由美国科学哲学家库恩在《科学革命的结构》一书中提出,用来解释科学革命,大体上是指科学共同体成员所共有的研究传统、理论框架、理论上和方法上的信念、科学的模型和具体运用的范例。范式是对学者研究思路的总体综合和抽象,是由研究对象、中心术语、前提假设、哲学禀性、观察视角、论证方法、逻辑实质等要素组成的自圆其说的推导集合和方法论路径。它提供了观察、分析客观事物的视角,以及分析起点和分析途径。我们平常所说的政治地理方法、阶级方法、理性选择方法、经济研究方法等都是研究范式的一种。例如,谈到阶级方法,我们就知道,该方法首先假设人是划分为阶级的,个人的观点和行为受到其所属阶级的立场制约。再据此分析个人与阶级的关系,阶级之间的冲突,阶级斗争对历史发展的影响,阶级与国家的关系等,演绎出一套解释研究对象的理论。以阶级方法为根本研究范式,可以分析国家的起源,可以论证资本主义社会的发展历程,也可作为新马克思主义分析世界体系的重要方法。

范式虽然有时也叫方法,但与我们平时所说的实地调查、统计量化、个案研究、文献分析等具体的研究方法并不是一回事。后者只是一种技术、方法手段,不涉及前提假设和分析路径。如个案研究并不要求研究人员预先给定某种分析起点或价值判断,相反在开始阶段还竭力杜绝先入为主。也就是说,范式包含着判断、推理、观点等研究人员的主观认识,而分析方法是纯粹工具性手段,不附着研究者的主观判断。在西方国际关系理论中,理性主义是占据主导地位的研究范式,现实主义和新自由制度主义都遵循理性主义的研究范式,都承认国际社会的无政府状态,而国家是理性的、基本的国际行为体。

56.文官制度

文官制度是人事行政的一种科学管理制度,专指对国家行政机关的工作人员进行管理活动所依据的一定的法规和措施,是资本主义国家关于各级文官的考试、任用、管理、权利和义务,以及退休等一整套的制度和体制,目的在于选贤任能、提高行政效率。文官制度的产生可以追溯至中国西汉时的官吏任免制度,特别是隋唐时新兴起来的科举制度。现代西方国家的文官制度开始于英国,而我国正在进行的文官制度改革也借鉴资本主义国家的某些对我国现代化建设有益的做法。

通常以1870年6月4日英国政府颁布的正式确立公开竞争考试制度的枢密令,作为英国文官制度正式建立的标志。它的形成和建立,部分满足了新兴工业资产阶级要求国家机器适应和保护生产力发展的愿望,所以很快为资本主义各国所采用。加拿大和美国在英国的影响下,分别于1882年和1883年建立自己的文官制度。德国、法国、日本长期保留封建官僚制度,二战后才真正确立现代文官制度。在西方发达国家建立文官制度的同时,第三世界一些民族独立国家仿效或借鉴资本主义国家的经验,制定本国的文官制度。

西方文官制度的共同特点有以下五点:公开考试,平等竞争,择优录取;严格考核,功绩晋升;终身任职,生活保障;标榜中立,不参与政治;人事统一,依法管理。西方国家文官制度对西方国家提高行政效率、维护政权稳定、促进经济发展起了积极作用,但是由于社会制度的制约,平等竞争、中立等这些原则在实施中表现出很大的局限性。

57.意识形态

意识形态是系统地、自觉地、直接地反映社会经济形态和政治制度的思想体系,是社会意识诸形式中构成观念上层建筑的部分。在阶级社会中,意识形态具有阶级性,集中体现一定阶级的利益和要求。19世纪初,法国哲学和经济学家特拉西在《意识形态概论》中首先使用了意识形态这个概念,认为意识形态是考察观念的普遍原则和发生规律的学说。马克思、恩格斯把意识形态作为和经济形态相对应的一个历史唯物主义重要范畴。意识形态是与一定社会的经济和政治直接相联系的观念、观点、概念的总和,包括政治法律思想、道德、文学艺术、宗教、哲学和其他社会科学等。意识形态的内容,是社会的经济基础和政治制度以及人与人的经济关系和政治关系的反映。意识形态的各种形式起源于以生产劳动为基础的社会物质生活,随着经济基础的变化而变化。政治思想、法律思想、道德、艺术、宗教、哲学和其他社会科学等，各以特殊的方式，从不同侧面反映现实的社会生活。它们相互联系、相互制约，构成意识形态的有机整体。

意识形态按其阶级内容和所反映的社会经济形态即生产关系，可分为奴隶主意识形态、封建主意识形态、资产阶级意识形态、无产阶级意识形态。每个社会的统治阶级的意识形态，都是占社会统治地位的意识形态，集中反映该社会的经济基础，表现出该社会的思想特征。每个社会的意识形态都是复杂的，往往存在三种体系：第一，反映该社会占统治地位的经济制度和政治制度并为其服务的占统治地位的意识形态。第二，反映已被消灭的旧经济制度和政治制度的意识形态残余。第三，反映现存社会里孕育着的新社会因素并为建立新的经济制度和政治制度服务的新的意识形态。不同意识形态之间的相互斗争，是构成阶级斗争的一个重要内容。特别在社会形态更迭时期，新旧意识形态之间发生的斗争尤为激烈。不同意识形态相互影响，表现出社会意识形态发展中的继承性。不同剥削阶级的意识形态由于都是私有制的反映，它们之间具有某些共同点。无产阶级意识形态与一切剥削阶级的意识形态有着根本区别，共产主义革命就是同传统的所有制关系实行最彻底的决裂，同传统的观念实行最彻底的决裂。无产阶级意识形态不是以私有制为基础，而是以公有制为基础，是人类历史上最科学、最进步的意识形态。新的意识形态取代旧的意识形态，如同新的社会制度代替旧的社会制度一样，是不可避免的。

58.有限政府

有限政府原则，是指政府自身在规模、职能、权力和行为方式上受法律和社会制约的原则。从西方政治思想来看，防范国家权力滥用就必须在有限政府的原则下限制国家权力的运用范围和自我扩张。有限政府是市场经济和法治的政体基础，其职能是维护市场秩序职能、社会公正职能、科教导向职能的不同组合，是政府职能在弥补市场失灵范围内的不同配置。有限政府思想产生的根本原因在于，复杂的劳动分工与知识分工决定了人们只具有有限的知识和不完备的信息,因而在市场经济下不可能存在一个无所不知、无所不能的政府。而从西方传统政治思想来看,对公共权力的质疑也是有限政府思想产生的重要原因,政府权力被视为一种必不可少的恶。既然公民只向政府让渡了有限的权力,那么政府的责任与职能范围必然是有限的。公民在保留自身的自由与权利的同时,也相应地保留了自己的责任,也必须承担自由的风险。人必自助,然后政府助之。

尽管有限政府的责任是有限的,但是这些有限的责任都是至关重要的。政府负有保护产权不受侵犯、维护市场秩序不受破坏、维护国家安全与社会稳定、促进社会公正的重要责任。政府没有理由不去帮助无力养活自己的人,使他们能够过上起码的人的生活,保持作为人的尊严与体面。但是政府不能承担将公民的生存、享受与发展全面包下来的无限责任,政府给公民提供的福利也应该是有限度的。否则,有限政府的基本原则必然遭到严重挑战。有限政府与有效政府并不对立,没有限制的权力,必然要导致对权力的滥用,从而败坏了国家的能力。一个合理的政府理所当然地只能是有限的政府。

59. 政治决策

政治决策是中国学者比较常用的一个概念,国外的学者则通常用"公共决策"来表述。政治决策一般意义上指的是国家、政党、政治团体及其领导者,选择、确定政治活动的方向、目标、原则、方法和步骤的过程,具有鲜明的阶级性、权威性和规范性;也可指政府、政党、政治集团、政治领袖或公民个人,直接或间接参与或影响国家和社会政治生活中的重大问题的政策制定、选择、执行、评估和监督的过程。

60. 政治参与

政治参与是指公民、政党以及各种社会团体和组织通过一定的方式和渠道,参加公共政策的制定与执行,管理国家事务和社会事务,管理经济和文化事业。政治参与是现代民主政治的重要组成部分,是现代政治系统良性运作的必要条件,政治现代化、政治民主化程度提高的重要标志。卢梭、密尔、杰弗逊等古典民主主义者对政治参与非常推崇。政治参与表明了在现代社会中,公民不再是臣民,那种"民可使由之,不可使知之"的年代已被历史进步的潮流无情地荡涤。政治参与产生于资产阶级革命后,资产阶级依据主权在民的原则,在宪法中对公民的权利作了种种规定,其中就包括参政权。参政权的主要内容是公民投票、公民复决和创制权。

一个国家的政治参与程度,反映着这个国家的民主发展水平。但是在不同的国家,对政治参与有不同的理解,政治参与也有不同的类型。中国特色社会主义民主政治的根本特征是坚持党的领导、人民当家作主和依法治国的有机统一,政治参与也是这三者的统一。

政治参与虽然推动了政治民主和政治发展,但也容易引发政治衰退和政治动荡。发展中国家的现代化过程中的都市化、识字率和教育水平的提高,推动了人们的经济利益意识。当人们经济上得不到满足时,就会希望通过政治参与达到要求。但政治参与制度化水平的低下无法容纳广泛的参与要求,社会动荡就会产生。在资本主义民主比较成熟的发达国家,剧烈的政治参与仍然会带来一些政治不稳定。

61. 政治文化

政治文化是围绕社会管理、政治体制、政治活动、政治关系等一系列政治现象而产生的文化。政治文化成为明确的研究对象是从20世纪五六十年代开始的。阿尔蒙德在《比较政治体系》中率先使用了政治文化这一概念,以此取代"民族精神""民族性格"等概念,用于指称支配人们政治行为的诸多主观因素。

政治文化是一个含义很广的概念,包含社会存在的几个不同断面和几种不同的社会构成物,它们的整体构成一个系统。若将政治体系分为"硬件"和"软件"两个部分,那么各种制度化和结构化的政治组织、机构和规则可被视作"硬件",而"软件"则由政治文化构成,两者需要相互匹配。

第一个文化断面是人的能力和需要。能力,指人一方面有参加活动和社会生活的禀赋,另一方面能掌握社会累积的经验,它们一起构成人进行某种活动的可能性。需要,是指人的现实状况不符合必需状况,必需状况是能力可能得以实现的状况。需要是活动的推动力,带有客观性,而人经常意识不到它。

第二个断面是社会关系和政治设置。社会关系指由于某种事物对人有客观上的重要意义而建立的人际关系,其中最重要的是政治关系。政治关系既是指为了国家政权而建立的政治方面的关系,也指人们意识中形成的政治思想关系。政治设置(政党、国家、组织、机关)是历史上形成的政治活动组织,是构成政治这一上层建筑的组织结构。

第三个断面是政治活动。它是政治文化的中心环节,决定其他组成部分。能力通过需要,需要通过活动,活动通过社会关系,关系通过社会设置,各个组成部分由此得到体现,并形成政治文化的层次结构。政治活动作为政治文化的中心环节,是所有政治组成部分(政治能力、政治需要、政治关系和政治设置)得到实现的标志,而政治文化的发展则是社会自我完善的需要。

62.政治心理

政治心理指的是社会成员对于社会政治关系,以及因此形成的政治行为、政治体系和政治现象等政治生活自发产生的,一种不系统的、不定型的、不成熟的主观反映和心理状态。主要表现为人们对政治生活某一特定方面的政治激情和政治倾向,是政治思想形成过程中的原始层次。政治心理因社会成员个体差异、社会地位和所处环境的不同而不同,可划分为个体政治心理和群体政治心理两大类型,其过程基本包括内过程(政治认知、政治情感、政治动机、政治态度)和外过程(各种层次的群体心理)两部分。政治心理一经形成,就对社会政治生活产生巨大的能动作用,是产生政治行为的中介环节,也是社会政治形势的晴雨表。

63.政治沟通

政治沟通广义上是指传递政治信息和情报、交换政治思想与态度的全部活动,狭义指政治系统在政治管理过程中对政治信息的发布、接收、选择和储存、分析和处理的过程,以及政治系统对环境的控制和适应过程。它既可以是政治精英对其民众发送信息,也包括全社会范围内以各种方式影响政治的整个非正式沟通过程。一般来说,一个完整的沟通过程,包括五个构成要素,分别是沟通者、信息接收者、政治信息、沟通通道、信息反馈。

64.政治冲突

从政治学意义上说,政治冲突是指在一个既定的政治共同体内,政治主体之间以利益、观念、政策、纲领或人物为指向的、公开的、直接的相互对抗活动。政治冲突可以发生在社会规范内,也可以是无节制的、暴力的。政治冲突的目的在于冲突双方阻止或禁止对方达到各自的目的。政治冲突主要包括四个方面的特点,分别是行为对抗、直接对抗、公开对抗和目标具体。

65.政治社会化

政治社会化主要是社会成员学习主导政治文化的过程。从个体角度来讲,政治社会化是一个人获得“政治人”属性的过程。“政治人”可以理解为有一定的政治信念并获得一定政治行为方式的人。一般来说,政治社会化指的是一定的政治体系中政治文化获得社会成员认同的过程。这一概念产生于20世纪50年代的美国。从社会的角度来说,是社会向其成员灌输政治价值观念的过程。政治社会化的途径可分为正式和非正式的两种,前者指专门的政治社会化机构进行的有意识的政治教育和政治信息沟通;后者指一个人所接受的非政治态度性的信息沟通,如一些基本的价值观和情感倾向、审美定势等。

66.政治正确

政治正确,是指为了避免真实存在的或所谓的歧视而采用的变换另一种称呼的行为。政治正确的一个目的是预防由于与别人不同而产生的歧视或侵害,例如为了避免出于种族、性别、性取向、身体残障、宗教或政治观点的不同而产生的歧视。支持者认为,政治正确有助于唤醒公众的无意识的偏见,使得他们可以有一个更加正式的、无偏见的称谓,而不伤害他们。政治正确的一个例子包括把“弱智”改称为“智力障碍”,用“精神病”代替“疯子”。政治正确的目的有两重意义:一是更改由大多数人或社会全部成员认为是具有歧视性的语言,二是平等地对待被称呼的群体。一个很显著的例子就是,美国使用"非裔美国人"来代替以前的"黑人""黑鬼"的称谓。但是这种称谓取决于不同的时间、地点和人群。例如美国的白人和非裔美国人的后裔都经常使用"黑人"这个词,而"黑鬼"则被认为是种族主义的。但是在年轻非裔美国人中间,仍然会使用"黑鬼"这个称谓,然而如果这个称谓被外人使用,则会被认为是基于种族歧视。

67. 政治认同

政治认同是个体在社会政治生活中产生的一种情感和意识上的归属感,是一种内化了的政治文化心理结构,表现为人们对自己政治身份的确认、政治信仰的追求和政治行为的规范。随着我国现代化进程的加快,产生了种种社会转型期特有的政治认同危机。国家是现代政治体系的结构基础,在固定的疆域内享有无上的主权,对外代表全体国民,对内是一切法律政令的合法源泉。国家地位的确立必须以人们对它的认同为基础:全体国民都以国家为最高的尽忠对象,国民之间互有同胞感,有作为本国国民的自信心、自尊心、自豪感。然而随着开放力度的加强,国际比较视野的拓展,由差距而引起的浮躁心理往往容易导致丧失民族自信心、自尊心和自豪感。简言之,政治认同是在一种政治文化的信念下对自己归属组织单位等的认同,和文化认同是不可截然分开的,它们是在不同层面和不同侧重方面的观念认同。因此,不能孤立地认识政治认同,政治认同也正是在这样丰富的文化观念认同背景下侧重于政治方面的认同。政治认同与合法性虽然有着区别,但二者却不是截然区分的:政治认同和合法性存在着辩证的运动,政治认同深入发展就变成了合法性,合法性又保证着政治认同的平稳发展。政治认同关注于寻求人们情感的归属,合法性关注于对习惯的继承和对原则的遵守。

68. 政治权威

政治权威是在政治生活中靠人们公认的威望和影响而形成的支配力量。它通常以政治权力为后盾,依据正义或人格的感召力,产生具有高度稳定性、可靠性的政治影响力和支配与服从的权力关系。它是政治权力最有效能的表现方式。其主要特征有四点:通常依附于一定的政治组织或权力结构中的某些角色,主要是领导职位,使政治权威体现了严肃性;以一定程度的政治认同为基础,这是政治权威获得遵从和承认的必要条件;表现为品德、素质、能力优异的政治领导者和其领导行为所产生的政治凝聚力,这种力量使他们能够获得人们的理解、热忱和支持,形成人格的感召力;政治权威一般以符合道德的合法方式引起人们的自愿服从,更注意满足人们的心理需要和情感平衡。

69. 政体

政体是国家政权的组织形式,是与国体相适应的。政体由国体决定,并服务于国体,而国体则通过政体来表现。各国历史条件和社会传统不同,因此政体作为政权组织形式是多样的。首先,国体相同的国家可以采取不同的政体。古希腊思想家亚里士多德曾把奴隶制国家的政体分为君主专制制、贵族共和制、民主共和制,以及与此相应的三种变态政体。封建制国家采取的政体有贵族君主制、等级君主制、君主专制制和封建共和制,资本主义国家的政体有君主立宪制和民主共和制,社会主义国家都采取民主共和制政体。其次,国体不同的国家也可以采取相同的政体。如奴隶制国家和封建制国家都曾采取过君主专制制。社会主义国家和资本主义国家国体不同,但都采取民主共和制。它们的质的区别在于:一个是无产阶级民主共和制,一个是资产阶级民主共和制。这是由国体所决定的。

70. 直接民主和间接民主

直接民主,指的是统治者与被统治者身份的重合,公民作为国家的主人直接管理自己的事务,而不通过中介和代表。直接参与、直接选举和全民公决都具有直接民主的因素,构成体制上的直接民主,如通过全民公决来决定该国家的统一与独立等。直接民主有两个层次上的含义:一种指的是在具体问题上以直接民主的方式来作出决定,但是整个国家的主导制度仍然可能是间接民主,在具体问题上的直接民主只不过是一个补充。直接民主的另一种含义指的是整个国家在体制上的直接民主,例如雅典民主。雅典民主体制上的直接民主的典型制度安排是,公民大会是最高的立法机关,每年开会约40

次,每次开一整天。法定人数是6000人,另有500人会议,由10个部落中各派出50人参加,负责日常的行政事务。严格意义上的直接民主仅指国家体制上的直接民主。时至今日,世界上已经没有一个国家在体制上实行直接民主,即使是瑞士也不例外。不论瑞士、美国这样的国家在地方事务,尤其是乡镇事务中公民投票制发挥了多大的作用,这两个国家在国家体制上仍然属于间接民主。

间接民主,指的是公民通过由自己同意所选举出来的代表来负责制定法律和管理公共事务。所以间接民主常常又被称为代议制民主,即人民通过其代表来进行统治,而不是直接进行统治。在间接民主下,主人与主事是分离的,用约翰·穆勒的话说,人民应该是主人,但他们必须聘用比他们更能干的仆人。由于人民并不亲自主事,所以间接民主要求有一整套的监督机构来对人民的代表及由此产生的政府进行监督和防范,以免仆人滥用权力变成主人。间接民主即指代议民主,但间接选举并不等同于间接民主,因为间接选举出来的代表未必真的有权参政议政。精英政治也未必是间接民主,因为这些精英未必是通过自由公平的选举产生的,他们的权力未必受到人民的监督。

71. 自然法学说

自然法学说是西方政治思想史中用自然法解释社会政治现象或理想的政治哲学理论。自然法一般指人类所共有的权利或正义体系,它先于国家而存在,是社会得以维系的人类正当行为的原则。国家立法机关制定的成文法及国家权力,应是自然法的体现和实现自然法的保障。

古希腊自哲学家赫拉克利特就有了自然法思想的萌芽,到亚里士多德特别是斯多葛派才得以完善,古罗马的西塞罗和一些法学家继承和传播了这一学说。这个时期一般都把自然本身作为自然法的来源,认为自然法是自然理性支配整个自然界(包括人类社会)的法则,国家的产生是某种自然必然性的结果。西欧中世纪自然法学说的代表是托马斯·阿奎那。他从上帝那里寻找自然法的来源,把自然法看作上帝的理性中支配人类的那一部分理性,认为上帝是社会秩序和政治权威的最终来源,这就为教权支配俗权提供了论据。

17—18世纪是自然法学说最盛行的时期,主要代表人物有荷兰的格劳秀斯和斯宾诺莎、英国的霍布斯和洛克、德国的普芬多夫、法国的卢梭。这些思想家为了给资产阶级革命提供理论根据,一般都从人性中寻找自然法的来源,或把自然法等同于人的理性(洛克),或看作人的自爱心和怜悯心相互协调和配合的产物(卢梭)。他们强调个人的权利,并与社会契约论结合用以解释国家的起源和目的。他们认为人类最初生活在自然状态之中,虽受自然法支配,但有种种不便,为了更好地实现自然法规定的自然权利,人们才联合起来,订立契约,成立国家。由此,他们得出结论,认为封建统治违背了人们建立国家的目的,应予推翻,建立新的制度。19世纪初自然法学说衰落,19世纪末复兴。德国的施塔姆勒、美国的富勒和罗尔斯等是19世纪末以来新自然法学说的主要代表。施塔姆勒认为,自然法的内容不是永恒不变的,不是具体的法律制度而是社会理想,是衡量实在法是否正义的一种广泛标准。富勒认为,法律与道德是不可分的,因为法律的制定有着外在的道德目的,法律的解释和执行也必须遵循内在的道德原则。他把法律的外在道德称为实体自然法,把法律的内在道德称为程序自然法。罗尔斯认为,正义是至高无上的,它是指导社会基本结构设计的根本道德原则,是衡量社会制度和法律合理与否的根本标准。尽管他没有把正义原则直接称之为自然法,但体现了自然法学说的基本思想。

72. 自由主义

自由主义的西方政治思潮形成于17、18世纪,19世纪开始成为主要政治思潮。自由主义一词源于西班牙语"Li-berales",19世纪初被首次用作西班牙自由党的名称,表示该党在政治上既不激进也不保守的折中态度。这一思潮后在欧洲、北美流行起来,成为一种资产阶级思想流派的代名词。尽管自由主义者对社会问题往往采用实用主义的态度而使自由主义的内容经常改变,但它始终强调以理性为基础的个人自由,主张维护个性发展。这是自由主义的核心。自由主义者主张,国家的政治生活、经济生活和社会生活都应以维护个人自由为目的,反对任何形式的专制,无论是国家的、教会的,还是社会习俗的、舆论的。生命、自由和财产是公民不可剥夺的基本权利,在法律许可的范围内公民享有广泛的自由权,国家应实行代议制民主,国家权力必须受到限制,国家为保护公民权应实行法治与分权。自由主义者期望社会的发展与进步,既主张改革、反对保守主义,也反对激进的民主主义和卡尔·马克思的社会主义。

自由主义政治思潮的发展经历了传统自由主义和现代自由主义两个历史时期。传统自由主义时期从17世纪起延续到19世纪末,现代自由主义时期则从19世纪末一直延续到当代。与传统自由主义的名称相对,现代自由主义也被称为新自由主义。20世纪70年代以后,现代自由主义急剧分化。一些自由主义者转向保守主义立场,否定积极自由,反对国家干预,主张恢复传统自由的原则,推行放任主义。自由主义是西方近代、现代乃至当代最重要的政治思潮,不仅极大地影响了西方社会民主主义、实用主义、新保守主义等政治派别或思潮,而且在相当长的时期内成为英、美等主要资本主义国家制定政策的理论基础。

73. 政治统治与社会管理

政治统治是掌握国家主权的一部分人、一个阶级、一个集团为实现自身私利,而对其他人、其他阶级、其他集团进行政治压迫,并努力维持这种秩序的行为。马克思主义认为,任何国家政权都具有政治统治功能。国家政权是阶级统治的工具,是统治阶级维护自身利益的工具,必然要对其他阶级进行政治统治。原始社会实行简单的原始民主制,没有国家政权,也没有政治统治。奴隶社会的国家政权代表奴隶主阶级对奴隶阶级和其他阶级进行统治,封建社会的国家政权代表封建主阶级对农民阶级和其他阶级进行政治统治,资本主义社会的国家政权代表资产阶级对工人和其他阶级进行政治统治,社会主义社会的国家政权代表无产阶级对资产阶级和其他原来的剥削阶级进行政治统治。

共产主义社会到来后,国家政权消失了,政治统治也就没有了。精英主义也认为国家政权具有政治统治功能,认为国家政权是政治精英统治社会大众的工具,但它所认为的政治精英是一个掌握国家政权的政治集团,而没有了马克思主义所指出的社会阶级背景。多元主义则完全否定了马克思主义和精英主义的政治统治理论,认为资本主义社会利益集团多元化的政治生态使得阶级统治和政治统治都不可能存在。马克思主义认为,原始社会和共产主义社会虽然没有政治统治,但是却有社会管理,社会管理是人类永恒的话题。

社会管理是公共机构为了社会整体利益而协调各方、建立良好秩序的行为,这一行为不是为了个别阶级、集团的利益,而是为了维持整个社会的存在和发展,符合每个阶级和集团的共同利益。马克思认为,任何国家政权在履行政治统治职能之外,都要履行一定的社会管理职能,否则将导致整个社会秩序的崩溃。当前,社会管理正经历一个重大调整,由政府单向管理转向政府与社会合作治理。

74.政治冷漠

政治冷漠,作为一种政治态度,指的是一国的公民对政治活动的冷淡和对政治问题的漠视;作为一种政治行为,政治冷漠是消极的政治态度在政治行为上的表现,它指的是对政治参与的疏远和逃避。

美国政治学家罗伯特·达尔在阐释这一现象时指出:人是一种社会动物,由此把社会人群分为四大类:有权者、谋求权力者、政治阶层和无政治阶层。在大多数的政治体系中,对政治感兴趣的人和权力职位占有者都属少数,大多数的公民对政治不了解,对政治显得冷漠。

政治保守主义者认为,一定程度的政治冷漠有利于民主政治制度的运作:鼓励对政治不熟悉和无兴趣者参与政治对社会没有什么好处;坚持全民政治参与只是以对民主的忠诚情感代替了对民主的理性判断;一些选民不具备进行复杂政治判断的政治知识;广泛政治参与可以扭曲公共议事日程;高度自治化的团体也会导致过多的政论、分裂和不稳定。

而多元民主主义者则批判政治冷漠需要论,呼吁政治参与,原因如下:没有广泛的政治参与,政府就不是建立在最广泛的民意基础上;广泛的政治冷漠会为为所欲为者提供了更多的控制政府的机会;参与政治是最好的提高公民判断水平的工具;广泛的政治冷漠,既是政治制度软弱的表现,又是政治制度软弱的根源。

75.协商民主

协商民主是指政治共同体的自由、平等的公民和团体,通过协商或公共协商而参加立法和决策等政治过程,以对话、讨论、辩论、审议等具体形式达成政治共识,赋予立法和决策以合法性的治理形式。

协商民主理论是20世纪80年代以来西方政治思想研究的一个重要成果,代表人物有罗尔斯、吉登斯和哈贝马斯等。协商民主是对远程民主或选举民主的重要补充。政府与公民的协商,是达到民主决策的必要环节,且这种协商本身就是民主的实践。它既是公民政治参与的实现形式,也是培养公民民主精神的重要渠道。协商民主理论超越了自由主义和批判理论,既肯定公民积极参与政治,又尊重国家与社会的界限,保证公共理性和普遍利益的实现。

在我国,协商民主有着悠久的历史和丰富的社会实践,是与选举民主并行的一种重要民主形式,如政党之间的政治协商制度、政府与社会之间的听证会制度、基层政治中的恳谈会、社区内部的议事会等。

76.马克思主义政治观

马克思主义经典作家运用辩证唯物主义和历史唯物主义,结合不同时期的社会政治实际,对政治的论述构成了马克思主义政治观的基本内容。

其主要包括四点:首先,政治是一种具有公共性的社会关系。在不同的社会背景和经济基础上,政治关系有不同的内容。其次,政治是经济的集中体现。政治关系的建立与实际运行,在其本质、内容、形态和方式等方面,根本上是由经济关系决定的;政治关系以围绕特定权力活动的集中方式,体现和反映着经济关系的根本要求,并且对经济关系起反作用。在阶级社会中,政治关系的主导关系是阶级关系。再次,政治的根本问题是国家政权问题。社会生活中的社会经济利益和要求,通过国家政权可以得到特定方式的集中而充分地反映、实现和保证。最后,政治是有规律的社会现象。政治现象和其他一切社会现象一样,本质上是一种社会矛盾运动,其生产、发展、变化乃至消失,都遵循着特定因果关系联系的规定性,都有其客观内容。

马克思主义政治观是科学性、阶级性、人民性、实践性和发展开放性的统一,既包含了其他政治观的合理因素,又充分体现了辩证唯物主义和历史唯物主义的根本立场与思想逻辑。

77.议行合一

议行合一是国家权力机关统一行使立法权和行政权的制度,最早见于卢梭的《社会契约论》。卢梭认为,最好的政体应是把立法权和行政权结合于一体的政体。1871年的巴黎公社受其影响,在政权组织形式上进行了"议行合一"的实验。

公社废除了官僚制度,代之以一切公职人员由人民选举并随时可以撤换的制度。公社通过法令决定重大问题,并直接指挥执行,同时直接行使行政权和审判权。马克思将这种政权体制总结为新型无产阶级国家政权的形式,其内容和特点就是:集立法权和行政权于一个国家机关,由选民直接选举产生并直接受到选民的监督和罢免,此即"议行合一"原则。俄国十月革命后建立苏维埃制度,虽然国家权力有立法和行政之分,最高苏维埃是立法机关,人民委员会(1946年改为部长会议)是行政机关;但其行政机关从属于立法机关,由立法机关选举产生,因此仍体现议行合一的原则。

78.社会资本

社会资本理论是针对集体行动的困境而提出的,代表学者为普特南。社会资本是指社会群体内部的成员在相互联系的过程中所产生的信任与规范,它们能够提高社会效率,提高投资于物质资本和人力资本的收益,解决集体行动的困境。事实上社会资本是一种大家可以共享的公共物品,并起到一种担保品的作用,减少了生活交往和市场经济中的制度费用。

社会资本有四个主要特征:可以提高物质资本和人力资本的收益;社会资本需要创造和构建才能形成;社会资本具有自我积累和提高的倾向,拥有社会资本的人往往会积累更多社会资本;社会资本是一种公共物品,不能由私人部门提供,而是社会共享品。

社会资本的基本要素是信任、规范,以及由社会联系而形成的网络。普特南认为,互惠规范和公民参与而形成的社会网络是两个相互联系的方面,他们产生了社会信任。要增加社会资本,政府必须放权,以便形成更多的社会自治组织。

79.福利国家

福利国家并非一种国家类型,宏观上是国家与社会关系的一种状态,微观上是对政府一系列特定行为的描述,可以说是一种由国家通过立法来承担维护和增进全体国民基本福利职能的政府行为模式。当然,这种政府行为在历史政治过程中会逐渐形成一定的路径依赖,因此具有相对稳定性。二战以后,西方国家面临突出的贫困、失业、社会不平等矛盾,因此有思想家提出应该由国家出面,积极承担社会责任,推行增进社会福利的政策。1942年《贝弗里奇报告》中所提出的"社会服务国家"构想和1944年国际劳工组织所通过的《费城宣言》,为战后大规模出现的福利国家制度提供了合法性来源与实际建构的理论基础。

福利国家制度在一定条件下有助于实现社会保障、社会和谐和政治稳定,有助于普遍提高公民的生活状况,避免了社会分裂,缓解了两极分化。但有学者认为过于优良的福利制度有一定的反面影响:一是使人们依赖福利而变得懒惰,滋生慵懒文化,使国家丧失积极工作的激情;二是福利存在经济上的破坏性,因为福利开支会增加税收并引起通货膨胀;三是福利可能是低效能或无效能的,因为提供福利的公共部门具有垄断性,它们缺乏市场竞争;四是在政治上,福利制度与传统会天然地为公民所拥护,而在国家面临经济危机,政府面临财政困境之时,缩减福利往往不会得到民众的认同,反而引发国内危机。

‖第六章‖
国际政治学概论①

一、导读

作为一门专业基础课,国际政治学概论是多数国际政治专业学生的必修课之一,因此它对于考生来说也是必须加以重视的内容。所谓概论,其含义就是对国际关系这一学科的概要介绍,包括基本理论、研究方法和研究对象等基本知识。对这一系列基本知识的学习需要通过掌握众多基本概念。因此,这一部分的名词解释对于考生复习来说具有更强的针对性和实用性。

国际政治学概论与国际关系史、国际关系理论相比较,既有区别又相互联系。首先,国政概论不同于国关史。历史往往更加侧重于对史实的掌握,概论则是通过基本概念构筑整个学科体系,注重从历史中抽象出来的、能够跨越时空的基本概念。正是这些抽象的知识和概念使得国际关系/国际政治同历史得以区别开来,成为一门独立的学科。比如,国关史强调维也纳体系、凡尔赛—华盛顿体系及雅尔塔体系的有关知识,而国政概论关注的则是国际体系和国际格局究竟意为何物。因此,学习概论有助于更好地理解国际关系史。国政概论与国际关系理论也不相同。理论寻求建立一种对国际关系事实合乎逻辑的解释体系,其关注点在于各个概念之间的关系如何。比如,国际体系究竟如何影响国家行为? 而且为达到这一解释目的,理论往往划分出不同的流派。在不同的流派看来,一个相同的概念可能具有完全

---

① 本章内容由编者根据国际关系学院国际战略与安全研究中心副主任、博士生导师赵晓春教授讲授的"国际政治学概论"课程加工提炼而成,特此向赵老师致谢。赵老师的讲授帮我们提高了全文的立足点,这仅靠我们是无法达到的。虽然如此,文中如有错误与不足,由编者负责。

不同的意义。比如,同是"国际体系"的概念,在现实主义者和建构主义者看来意味着完全不同的事物。从这个意义上说,概论又为国际关系理论的学习奠定了基础。

在明确了国际政治学概论与历史和理论部分的关系之后,我们需要了解的是国际政治学概论的概念体系,这些概念表面看来十分庞杂,实际上又有内在的逻辑关系。我们大致可以从四个方面对其进行梳理,即国际行为体、国际体系、国家对外行为与互动,以及当代全球问题。

国际政治学是研究国际政治、国际关系的学问,具体而言是探求国际体系运行和国际行为体之间互动关系及其发展变化规律的一门学科。这里的国际社会主要指17世纪中期以后,在世界范围内逐步形成的以民族国家为主体,以国家间日益增长的政治、经济、文化和社会交往为基础,以共同确认的国际行为秩序、原则和规范为支撑的全球共同体。国际行为体可以分为两类:一是国家行为体,主要指以主权为标志的民族国家,也包括处于民族独立过程之中的政治实体;二是非国家行为体,指主权国家以外的国际行为体,包括各种跨国行为体和超国家行为体,如跨国公司、国际基金会、国际政党等跨国行为体,以及政府间国际组织和国际非政府组织等超国家行为体。

国际关系行为体是整个国际关系产生、发展和运行的逻辑起点。国际关系行为体,是指具有既定的利益、目标和能力,能够独立地参与国际事务并在其中发挥影响和作用的实体。主权国家作为主要的国际行为体,是国际关系的研究重心所在。然而随着非国家行为体种类和数目的增加,其对国际事务的影响也在不断上升。利益和权力是与行为体相关的两个重要概念。利益帮助国家确定对外行为的目标。国家利益是国家生存和发展需要的基本需求,是一国制定对外政策的出发点和落脚点,也是检验对外政策效果的标尺。按照不同的角度,国家利益又可分为主要利益和次要利益、眼前利益和长远利益、物质利益和精神利益、政治利益与经济利益及文化利益等。在这些利益之中,最重要且核心的利益是国家安全。如果说国家利益是国家行为的动机或目的,那么权力往往被看作达到目标的手段。简单地说,国家权力可以视为一国影响他国行为和意志的能力。在国际关系中,权力既可以指权力资源,又可以指运用这种资源的能力。作为权力资源的权力具有多种要素,克莱因方程就是衡量权力的经典模型,而众多权力资源因素中最为重要的是武力。如果从不同的角度来划分,国家权力又可分为硬权力和软权力、绝对权力和相对权力,以及现实权力和潜在权力,等等。

国际体系是国际范围内由各行为主体之间的相互联系与作用所形成的有机整体。体系是相互联系、相互作用的各部分所组成的具有整体功能的事物或现象的集合体,作为一个整体,它具有各组成部分所没有的特定功能,而国际体系是体系概念在国际层面上的运用。国际体系并非从来就有的,是行为体互动的结果。而国际体系一旦形成,又对行为体具有制约作用。国际体系就组成来说,包括行为体、国际政治格局和相关的国际制度和国际秩序。其中,国际格局是体系中的力量结构,反映国际政治权力的分配。格局是中国学者分析国际关系的一个重要概念,依据极的数量,可以分为单极、两极和多极格局。国际制度是体系中就一般或特定领域建立起来的正式或非正式的行为模式,可以包括规则、规范等一系列的制度性安排的总和。而国际秩序则是力量对比和制度性安排所形成的最终结果。国际体系根据时间先后,可分为古代国际体系、近代国际体系和现代国际体系,根据范围可分为地区性体系、世界体系、全球体系,根据社会制度可分为奴隶制国家体系、封建制国家体系、资本主义国家体系和社会主义国家体系,根据体系成员的政治关系又可分为帝国体系、封建体系、殖民体系和无政府体系。

在国际体系之中,行为体的对外行为与互动构成了国际关系的主要内容。国家对外行为必须依照对外战略和对外政策的指导。对外战略,指的是一国对较长一个时期整个国际格局、本国国际地位、国家利益和目标,以及相应的外交军事政策等总的认识和谋划,具有长期性、全局性的特点。而对外政策则是国家依据对外战略,为实现对外目标而从事对外活动的方针和原则。对外政策从属于对外战略。国家对外政策的制定不仅受到国际环境的影响,还受本国社会制度、政府体制、文化传统、意识形态等政治、经济、文化、

第
六
章

社会因素的影响。参与决策的成员和决策过程模式、决策机制也因国家的不同而迥异,比较具有代表性的模式有理性行为体模式、组织过程模式和官僚政治模式。为实施对外政策和对外战略,国家通常可以选择外交手段和武力手段:外交手段可以包括首脑外交、经济外交、公共外交、多边外交等,武力手段则包括武力威慑、武力干预、军事援助、军事封锁、发动战争等。由国家对外行为导致的国际层面的互动结果是国际冲突和国际合作。国际冲突是国际行为体为实现自身的目标而进行的对抗和敌对性活动。国际战争是国际冲突的最高形式,意味着和平解决冲突的努力失败而诉诸最后的暴力手段。

由于全球化的不断发展,当代国际关系已经超越了国家间政治关系的范畴,一些当代全球问题已经成为国际政治学不可回避的研究内容,包括民族分离主义、宗教极端主义、恐怖主义、核武器扩散问题、生态与环境问题等一系列非传统安全问题都属此类。这些当代全球问题不仅成为国际政治学的新议题,而且可以预见的是,它们的发展变化势必对整个国际关系构成冲击和影响。因此,这些问题也需要我们予以更多关注。

二、名词解释

1.国际关系学

国际关系学是研究国际关系行为体相互作用、国际体系运行和演变规律的一门学科或学问。这一概念包括以下四层含义:一是国际关系行为体之间的相互作用是国际关系学所要研究的最基本内容;二是在相互作用着的国际关系行为体中,国家间的相互作用居于主导地位;三是随着非国家行为体的迅速崛起和作用的日益增强,国际关系学的研究重点已开始了从国家行为体向非国家行为体适度转移的进程;四是国际体系在国际关系中的地位与作用是国际关系研究的另一个基本内容。

2.国际关系行为体

国际关系行为体指能够独立参与国际事务并在其中发挥影响的政治实体。其特征有四:必须具有行为能力,能直接或间接参与国际事务并对国际社会产生影响;具有自己的、区别于其他行为主体的利益;拥有与其行为能力相适应的,能够对其他行为体产生影响的手段,包括政治、经济、军事各个方面;在国际关系中以一定的相对稳定的形式出现。国际关系行为体分为国家行为体和非国家行为体两大基本类型。主权国家是国际关系基本行为体,而非国家行为体则包括政府间国际组织、非政府间国际组织、种族集团、跨国公司、政党组织等。

3.国家行为体

国家行为体是构成当代国际社会的基本单位,是最有组织、有影响力的国际关系行为体。从国际法的角度看,国家必须具备以下要素,即有定居的居民、固定的领土、一定的政权组织且具有主权。它的重要性在于:国家是理论分析的逻辑起点,是现代国际关系的基础;主权国家在国际关系中始终居于最主要的地位并发挥核心作用;从主权国家和非国家行为体之间的关系看,非国家行为体也受到主权国家的制约。这表现在非国家行为体是在国家间交往日益频繁的基础上产生的,政府间国际组织的性质、地位是由构成这些组织的国家所决定的,非政府间国际组织的作用和影响体现在其对主权国家决策的影响上。

4.非国家行为体

有别于主权国家的国际关系行为体,非国家行为体包括政府间国际组织和非政府间国际组织两大类。进入20世纪后,非国家行为体的数量和类型急剧增长,它们的活动及影响也涉及国际社会的各个领域,对国际事务发挥日益重大和不可忽视的作用。它们与国家行为体相比,具有的特点是参与国际事务的间接性、对外行为的跨国性、职能作用的协调性。其影响是非国家行为体在国际关系中往往能够起到某一单一国家所难以起到的作用,在国际事务中能够发挥不同于主权国家的独特作用。

5.国家的基本权利

国家的基本权利和义务是由国家主权引申或派生出来的。所谓基本的权利,是指国家所固有的权利,主要包括以下四项:一是独立权,是指国家可以按照自己的意志处理其内政外交事务,而不受外力控制和干涉的权利。独立权包括两个方面的内容:一是自主性,即国家行使主权完全自主;二是排他性,即国家在主权范围内处理本国事务不受外来干涉。独立权是主权在对外关系上的体现,在某种意义上,独立权即主权。二是平等权。平等权是指国家在国际关系中具有的同其他国家处于完全平等地位的权利。它是主权在国际关系上的表现。三是自保权。指国家为保卫自己的生存和独立发展,进行国防建设和自卫的权利。包括两个方面的内容:一方面是国家有权进行国防建设,防备可能来自外国的侵略;另一方面是当国家受到外国武力攻击时,可以进行单独自卫和集体自卫。四是管辖权。管辖权是指国家对其领域内的一切人、物和事件,以及经特定的人、物和事件具有的行使管辖的权利。管辖权包括四个方面:领土管辖(属地优越权)、国籍管辖(属人优越权)、保护性管辖、普遍管辖。

6.国际法

国际法是国家在国际交往过程中形成的、协调国家意志的,并由国家单独或集体强制力保证实施的原则、规则和制度总和。国际法是与国内法相对应的一个法律体系,调整的是国家之间的关系,因此又被称为国际公法。近代国际法的奠基人是格劳秀斯,而1648年三十年战争结束和《威斯特伐利亚和约》的缔结标志着近代国际法的开始。国际法的主要来源是国际条约与国际习惯。此外,还包括司法判例、国际组织的决议、著名法学家的著作等。国际法的主要规则可以概括为7个基本原则:主权、承认、同意、信实、公海自由、国际责任和自卫。

7.民族国家

一般来说,民族国家是由主体民族执掌国家政权的主权国家。民族国家意味着民族与国家的结合,民族对国家主权的掌握。这种结合不是形式上的结合,而是内容、实质性的结合。民族国家的基本特征除了国家应具备的基本要素外,还表现为国家权力的世俗性和国家与民族外在形式的单一性。西欧最早的民族国家,是在反对罗马教廷的统治、争取和实现民族与国家权力世俗化的过程中建立起来的,因此国家权力的世俗化成为构成民族国家的基本条件之一。民族国家的建立,标志着世俗权力对宗教权力的最终胜利。民族国家的单一性,是指国家无论内部有多少个民族,对外都表现为一个民族即国族。世界上大多民族国家中都同时存在多个民族,在长期的生产活动中他们拥有了共同的家园和共同的利益,呈现出整体性的特征。

8.民族主义

民族主义是对本民族文化、传统、语言、宗教、心理、习惯和生活方式的认同,形成于民族形成、发展的长期进程中。民族主义是民族生存、发展和共同奋斗的纽带,具有巨大的内聚力。民族主义的文化构成因时因地而异,但它所涉及的问题在本质上是政治问题,因为民族主义要实现的根本政治目标是民族自治、民族自决乃至建立独立的民族国家。民族主义的本质属性可以被概括为三点:民族成员应该忠实于他们自己的民族共同体,这种民族共同体希望成为独立的民族国家,这个国家只应由一个民族组成。民族主义也是一个历史范畴,对处于不同历史发展阶段的民族和国家来说,意义和作用也各不相同。一方面,它具有凝聚功能,在一个民族觉醒到民族独立运动的发展和民族国家的建立的整个过程中,民族主义始终是一面旗帜,引导着人们为民族的振兴和独立民族国家的建立前赴后继、不屈不挠;另一方面,又必须注意到民族感情是一种非常复杂的社会现象,容易走极端,因而会产生分离和破坏效应。

9.主权

主权是国家的根本属性,是一个国家独立自主地处理对内对外事务的最高权力。主权概念有双重含义,人们也通常作这样的界定:一是对内主权,即国家对内享有的最高的和最终的政治权威;二是对外主权,即国家在国际社会中是平等的一员,享有独立自主权。主权的意义在于:一国只有拥有国家主权,才能成为真正独立的国家,才能独立自主地制定对外政策,参加国际关系并在其中发挥作用,才能确立自己作为国际关系行为体的地位。随着全球化的不断发展,主权让渡在国际交往实践中日益频繁和普遍,但其必须遵循的原则是自愿性、平等性、共享性。在当代,随着霸权主义的盛行和国际组织影响力的扩大,国家主权正在经受着前所未有的考验。

10.政府间组织

政府间组织是若干主权国家为达到某一共同目标,以一定的协议或法律形式创立的国家间组织,属于非国家行为体。其构成需具备三个要素:成员国之间有合作的政治意愿、组织之中要有一定的结构或形式、组织要有一定的运行机制。按照区域角度划分,可以分为世界性国际组织和区域性国际组织;按照功能角度划分,可分为军事、经济、技术性国际组织。政府间组织不仅为表达单个国家意志或多个国家的集体意志提供了途径,而且对处理国家间关系发挥了重要影响。但这样的影响相对来说仍比较有限,对国际组织的发展起作用的决定性因素还是组织内部大国间关系的互动。

11.非政府组织

非政府组织是私人的国际群体或协会,它们共同追求跨国的利益。同政府间组织不同,非政府组织不是由政府发起的,而是不定期地由来自不同民族的公民群体组织、资助和管理的。其特点一是对国际政治事务的影响不是那么直接,但在特定的功能性问题领域促进了较大的跨国合作;二是在很多领域和政府间组织形成相互协商与合作的关系,有力推动跨国合作。从国际法的角度而言,非政府间国际组织不具备国际法主体的资格,但它们在国际社会中所起的作用和发挥的影响却是客观存在的,因此并不影响非政府间国际组织作为国际关系行为体的地位。非政府组织主要包括国际性政党组织、国际性宗教组织、国际性政治活动、跨国公司和恐怖主义组织等。

12.跨国公司

跨国公司指以一国为基地或决策中心,通过对外直接投资、在其他国家或地区设立子公司、分公司或附属机构,从事国际性生产、经营或其他服务活动的大型企业或集团。其特点是:作为一种国际组织,跨国公司是人类经济活动国际化发展到一定阶段的产物;20世纪50年代以后,跨国公司获得了飞速的发展,成为全球化的主要载体。跨国公司在经济上的非凡实力必然会引发它们在政治上的诉求,作为重要的国际关系行为体,跨国公司对世界政治的影响正在逐渐扩大。其发展促进了经济相互依赖的发展,而这种发展将导致国际经济与政治秩序发生改变。

13.全球公民社会

公民社会是一个独立于国家和市场的结社和行动的领域,公民可以在该领域中组织起来,独立或共同地追求那些他们认为重要的目标,而全球公民社会是公民社会在全球范围内的延伸和拓展。可见,全球公民社会的出现有赖于全球化的迅速发展及由此导致的全球议题的出现。卡尔多将全球公民社会看作个体得以影响国家内外决策的过程,其活动主体是全球政治中的非国家行为者。全球公民社会有以下四层含义:其一,国际非政府组织,这是全球公民社会中最重要活跃的组成部分;其二,全球公民网络,即各国的公民通过互联网等现代通信方式结成的各种非正式网络,包括就单一问题形成的议题网络及各种综合性的政策协调网络等;其三,跨国社会运动,即由国际非政府组织或全球公民网络倡议发起的旨在影响各国和全球决策的制定和实施过程的国际集体行动;其四,全球公共领域,即全球公民个人或集体活动于其中的国际公共空间。全球公民社会有三个比较突出的特点:跨国性、非政府性和非市场性。全球公民社会对主权国家在国际政治的地位构成了一定挑战,它促进了以国家行为体和非国家行为体之间的合作互动为特征的全球治理体系的发展。

14.权力

权力是一个人的意志强加于其他人行为之上的能力。在国际关系中指一个国家影响、支配、控制其他国家的综合能力。权力包含四层含义:权力主要是一个政治概念,强调的是一种影响国际政治关系或国家政治关系的因素;权力强调的是一种互动,对权力各方均能形成一定的制约;权力体现的是一种能力,即我能够影响你的能力,这种能力受到多种因素的制约;权力关系是一种政治关系,表面是一种单向的施行过程,实际上是相互影响、相互作用的。权力的属性有相对性、两重性(目的、手段)、利益性。实现权力的手段有非强制性方式和强制性方式。权力的实质是一个国家的实力。

15.国家权力

国家权力是一个综合性的概念,既包括行为主体所拥有和维系其生存和发展的物质和非物质力量,也包括它们维护自身利益、推行对外战略和影响其他行为主体的能力。国家权力的构成因素有两类:有形因素,包括人口、领土、自然资源和工业能力、军事能力、科技实力;无形因素,包括政府机构的效率、领导人与领导集团、民心和社会内聚力、对外交往能力和声誉、无法预知的偶然性因素。国家权力对一个国家的行为能力具有重要的制约作用,主要表现在三点上:制约国家对外政策的制定、制约国家对外目标的实现、制约国家对外行为的方式。

16.软权力

1990年,约瑟夫·奈提出了"软权力"的概念。软权力是一种运用非暴力的方式,影响、说服、吸引其他行为体的能力,例如价值标准(西方自由、民主、人权)、经济因素(自由市场经济及其运行机制)、文化因素(西方文明、宗教)、信息(信息时代中的信息就是一种权力)等。软权力表现的是一种说服与合作的国际关系。与之相反,运用强制或暴力手段迫使其他国家接受某种领导所体现的是一种硬权力,硬权力最主要表现为军事打击和军事制裁等。但与硬权力相比,软权力的大小难以被测定和衡量。

17.综合国力

综合国力,指一个国家所拥有的全部实力和潜力(物质实力和精神实力)及其在国际社会中影响力的总和。它是一个国家基于自然环境、人口、资源、经济、科技、教育、政治、经济、军事、外交等方面综合实力的统称。综合国力发展的高低是衡量一个国家强弱的尺度,反映了一个国家在国际社会中的地位和作用。综合国力的概念呈现出综合性、概括性、战略性、强制性和科学性,当代国家间的竞争因此常常表现为以综合国力为代表的全方位竞争,而不是其中单方面因素的角力。

18.克莱因方程

克莱因方程是从定量角度评估国家实力的一个著名公式,由美国学者克莱因研究提出。综合国力的分析和评估由来已久,然而在20世纪70年代以前,对国力的分析大多是定性的,而进入90年代以后,以美国学者克莱因为代表的一批国力理论家将国力研究由定性研究转为定量研究。其中以克莱因的"国力方程"最具有代表性。其表达式为:$Pp=(C+E+M)\times(S+W)$。式中:Pp表示被确认的国力;C表示基本实体,包括人口、领土、资源等自然基本力量要素;E表示经济能力,包括国民生产总值和产业结构中的各部门;M表示军事能力,等于战略力量加常规军事力量;S表示战略意图;W表示贯彻国家战略的意志。克莱因认为,由五个要素构成了一国的国力,并通过对各要素评分的方式使其定量化。较定性研究而言,克莱因方程虽然使国力因素在具体国际关系研究中更容易被把握,但由于省略了众多影响国力的变量(比如约瑟夫·奈提出的软权力),其与国际社会现实还有距离。

19.世界格局

由于世界上的国家大小不一、强弱不等,因此权力体系的构成呈现出一种金字塔的形状。位于权力结构顶端的是超级大国,其次是大国,再下面是中等国家和小国。在这样一种国际秩序中,受权力因素的影响,超级大国与大国具有决定性影响,而中小国家在很多情况下不得不服从于大国所确立的制度安排。这样一种以大国关系为框架的权力结构,人们往往称之为世界格局。世界格局的基本类型包括单极格局、两极格局、多极格局。一般特征是:世界格局总是与一定历史发展阶段相联系;世界政治格局与世界经济格局相互联系、相互作用;世界政治格局总是同一定形式的国际秩序相互联系、相互作用的;世界格局在演进、变化的过程中,总是相互交错,呈现过渡性特征。

20.极

极,指国际权力结构中起主导作用的大国。这些能称为极的大国有以下三个特点:一是高水平的军事能力使它们在战略上比较自足,并有能力使它们的权力突出地表现于国界之外;二是它们对广义的安全的概念包括地区和全球权力平衡都密切关注;三是在界定和捍卫其利益时,它们比弱小国家有更多的自主权。大国所构成的国际权力结构大体可归纳为三种情况:单极、两极和多极。单极是指权力集中到一个国家,两极指权力集中于两个国家,多极则指权力集中于三个以上的国家。

21.两极格局

国际体系中存在两个主要战略性力量相互对立与制约,并对整个国际事务起决定性影响的格局状态,其中两极可以是两个国家之间、一个国家和一个国家集团之间,以及两个国家集团之间。这种国际格局在历史上曾多次出现。比如,在欧洲,16世纪时的法国和哈布斯堡王朝、拿破仑时期的法国和反法同盟、一战时的协约国和同盟国,以及二战时的轴心国和反法西斯同盟,其中最为典型的就是冷战时期的美国与苏联。在两极格局中,双方为了维护自身的安全与利益,不断地提升自己的实力和扩大自己的权力范围,从而陷入了"安全困境"之中。

22.多极格局

国际体系中存在两个以上主要战略性力量相互制衡,支配国际事务的格局状态。其中,各个战略性力量之间各自独立地执行对外政策,在国际社会中基本平等,相互之间并不存在领导与被领导的关系。在格局中,作为战略性力量的既可以是国家,也可以是国家联盟。在多极格局中,均势原则起着主导作用。均势原则指导战略性力量之间对抗、协调及联盟。多极格局在历史中多次出现,比如威斯特伐利亚体系下的欧洲国际格局、维也纳体系下的欧洲国际格局及一战后的国际格局模式。

23.权力均衡

权力均衡,指国际体系中竞争的国家或国家集团之间权力大体相当,任何一个国家都不能支配别国,从而能够实现共存,也常常指试图达到这种状态的对外政策和行为。在这种格局中,国家之所以反对其他国家的权力优势,不仅是因为权力不平衡可能威胁各个国家的安全与自主,而且由于这种不平衡可能带来体系的不稳定。因此,只有当主要国家权力大体均衡时,安全才能得到最好的保障。由于国家权力弱势可能导致被侵略,因此防止战争的最传统途径就是防止任何国家和集团取得优势。多极一般带来的是权力均衡,但权力均衡不代表各方力量均衡后就保持不变,它更多地体现为一种动态平衡。

24.霸权和平

霸权和平,指力量占绝对优势的某个国家控制下的和平。这种和平的主要特征是在世界体系中只有一个世界性支配者,它有超群的实力(以经济实力和军事实力为基础)及无与伦比的国际影响力,能够制定和维持符合其利益的国际规则,并能在一定阶段和一定范围内迫使其他国家服从其统治和支配。古代有罗马治下的和平,近代有英国治下的和平,现代则是美国治下的和平。

25.国家利益

国家利益,指一个国家内有利于绝大多数居民的共同生存发展的诸因素的总和,是满足国家生存和发展需要的东西。其包含三层含义:国家利益的主体是国家,它反映的是绝大多数居民的共同利益;国家利益既有物质内容,也有精神内容;国家利益反映的是一种共同利益,不是各种利益的简单相加。推动国家利益产生的因素包括三点:近代《威斯特伐利亚和约》以来,民族国家的形成;近代资产阶级民主主义思潮;20世纪帝国主义战争。

国家利益首先反映的是一种社会关系,不能够把它同具体的实物等同起来,只有在一定的历史条件下,它们和主权国家联系起来才能体现出国家利益。另外,国家利益反映的是一种矛盾关系,它之所以被称为利益,就是因为在人们的需要和需要对象之间产生一种矛盾关系的时候,才能够转化为利益。国家利益是客观存在的,但是判断国家利益却存在主观性。根据国家利益的重要程度,可分为主要利益和次要利益,根据时效性可分为长远利益和近期利益,根据适用程度可分为普遍利益和特殊利益,根据利益内容可分为安全利益、经济利益、政治利益和文化利益。

26.根本利益

根据摩根索关于利益的划分,根本利益是指抵抗外来侵略、保护国家生存与统一的利益。根本利益涉及国家能否继续生存下去的问题,任何国家对此都不能作出让步,都会不惜任何代价对此加以保护和维护。但是在特定时间和特定环境下,国家对于其利益的追求的侧重点不同,当一国遭受外来侵略时,确保国家安全就成为一国的首要的根本利益;在和平时期,国家则会侧重于经济发展。

27.次要利益

根据摩根索关于利益的划分,次要利益是指有助于增进根本利益的其他利益。1992年美国国家安全报告中指出,次要利益是指那些受到危害时不会影响美国根本利益的利益。然而根本利益和次要利益都是相对的。一般而言,国家在不同环境下对利益的排序也有所不同。在战争时,在国家安全面临危机的情况下,安全利益成为国家最高的、最根本的利益,发展则成为次要的东西;在和平时期,国家的基本利益是安全利益,而最高利益则是经济利益。

28.核心利益

核心利益即一国的安全利益,集中体现在保护国家有形本体的存在上,包括维护本国主权的独立、领土的完整、人民的生存,不受外来势力的控制和破坏,以及维护国家战略安全等方面。长期以来,国际社会处于无政府状态,一个国家的安全难以得到国际社会的保障。这也就决定了一个国家为了自己的生存发展,不能不把本国的安全利益作为核心利益。

29.国际体系

在国际社会中,各个国际行为主体之间相互影响与作用所形成的有机统一整体称为国际体系。其中,国际行为主体分为国家和非国家两类。相互影响与作用主要表现为行为体之间的冲突、竞争、合作和依存。在国际体系中,基本状态是无政府状态。国际体系是随着资本主义在全球的扩张而逐步发展起来的。资本主义的殖民行为将世界各地原本相互隔绝的地域连接起来,从而使国际体系在19世纪末20世纪初以世界殖民体系的最终确立为标志而最终形成。国际体系按照地域范围和规模分为局部结构层次与总体结构层次两类。国际体系的主要特征包括以下四点:整体性,所有国家与非国家行为主体都被包括在国际体系中;相互联系性,在体系中的所有行为主体之间不可避免地都卷入直接或间接的相互联系中;非对称性,在国际体系内,国家之间综合实力的不同导致了国家之间的权力差距,大国和小国之间是不平等的;客观性,国际体系客观存在,任何国际行为体都须依据国际体系来制定自身的安全和发展战略。

30.卡普兰国际体系六种模式

美国学者莫顿·卡普兰在其代表作《国际政治的系统和过程》中,把系统理论这一新方法引入了国际关系研究之中,提出了国际体系的六种模式,被称为"卡普兰六模式"。具体如下:

模式一:均势体系,特点是通过结盟反对任何企图在体系内取得优势地位的结盟国或霸权国,对在体系内形成威胁的国家行为者进行限制,允许被打败的国家行为体重新加入体系。

模式二:松散的两极体系,主要指二战后初期的两极格局。其特点是,运作机制是调解性质的,而非对抗型的,跨国家行为体参与国际体系的运作,核武器的出现带来"核恐怖平衡"。

模式三:紧张的两极模式,主要指20世纪50年代到60年代的冷战格局。其特点是松散的两极体系的继续和强化,趋势是不稳定,出现高度紧张的态势。

模式四:环球体系,主要指60年代末以后世界格局的多极趋势,相对稳定是其根本特点。

模式五:等级体系,主要指一种民主型或霸权型的体系,特点是稳定性强。

模式六:单位否决体系,基本特点是,联合国的作用将得到加强,在这种体系内战争可能发生,但是不会使用核武器,战争的地域和手段受到限制,大国外交出现孤立主义倾向。

31.战略

战略一词原是军事术语,即指挥艺术,具体说就是指挥和领导军队、制定和实施作战计划的学问。战略具有高层次、全局性、统筹性的特点。目前,战略已由对战争全局谋划的单一特殊概念变成对事物全局谋划的多元一般概念。在《世界大百科全书》中,战略被认为是为了实现特定目标而运用力量的科学与艺术。

32.国家战略

根据《美国军事辞典》,国家战略是指在和平或战争条件下,为实现国家目标,如同发展并使用军事力量一样地发展并使用国家政治、经济及心理威力的艺术与科学。国家战略依据本国的意识形态和价值观及国内国际环境,以促进国家的建设和发展、维护国家安全为基本目标,对国家各方面、各部门活动进行总体规划和指导,以实现国家的安全与发展。国家战略研究可以包括:对当前和今后国际格局的分析、认识与判断,对国家利益的分析与判定,国家目标的设定,实现战略的途径与手段。

33.国际战略

国际战略,也称国家对外战略或全球战略,是一国对较长一个时期内整个国际格局、本国国际地位、国家利益和目标,以及相应的外交军事政策等的总的认识和谋划。

威斯特伐利亚体系使得国家间建立了一种规则以约束国家的行为,而不是通过武力来解决冲突、实现和平。在规则的约束下,各国通过扩张权力,维护利益实现自己的目标,形成自己的对外战略。国家对外战略的制定指导着外交政策的制定,指导着各种对外具体策略的制定,它对国家的生存和发展具有极大的价值。国家对外战略是主观的东西,受国家对外目标的支配,客观存在的国际环境是制定和检验国家对外战略的客观依据。

34.大战略

由利德尔·哈特提出,在《历史上的决定性战略》和《战略论》中,他提出大战略就是为了实现国家目标而最有效地发挥国家全部力量的艺术。它包括采取外交措施、施加经济压力、与盟国缔结有利的条约、动员全国工业和分配现有的人力,以及使用陆、海、空军协调作战。二战后,美国人引进大战略的概念,在其基础上创立了国家战略,并使其成为官方语言中常用的概念之一。约翰·柯林斯在《大战略》中认为,大战略是在各种情况下运用国家力量的一门艺术与科学,以便通过威胁、武力、间接压力、外交、诡计及其他可以想到的手段对付敌方,以实现国家安全利益和目标。

35.外交政策

外交政策是一国处理对外关系和国际问题,进行外交活动所遵循的基本原则和行动方针。其结构包括:政策目标、外交政策的基本原则、达到外交政策目标的行动方案、具体手段。按照时间角度,外交政策目标可分为短期、中期、长期的目标;按作用的对象,可分为对俄政策目标、对美政策目标等;按涉及的问题,可分为对外安全、经济、援助目标等。制约外交政策的因素包括自然因素和社会因素。

36.外交决策

外交决策是一种对各种外交政策备选方案进行抉择的行为,是一个受到多种因素制约和影响且包括若干环节的复杂的动态过程。外交决策对一国来说相当重要,特点是专业性、程序性和计划性。从层次来讲,可分战略决策、战术决策;从性质来讲,可分非危机决策和危机决策。美国哈佛大学教授格雷厄姆·艾利森在《决策的实质》中提出了外交决策三种模式:理性决策模式、组织机构决策模式和政府(官僚政治)模式。

37.国际危机

国际危机,指国际关系行为体之间的冲突不断激化,导致现有关系发生质变的恶性状态,一般指从严重对抗到国际战争的临界状态,甚至可能使整个世界格局发生变化。所谓危机,就是对整个系统的稳定或其基本价值观念构成一定冲击的重大事态,且有升级的危险。一般而言,危机对决策者产生决策的压力,要求其必须在极短的时间内作出决定。美国学者把国际危机分为三类:第一,某国蓄意挑起的为战争寻找理由的危机;第二,作为冲突升级结果的继起性危机,其结果可能导致战争;第三,战争边缘政策引起的危机,其结果的伸缩性很大。

38.国家目标

国家目标是根据国家利益所确定的国家在一个时期内所要达到的目的、计划、愿望和要求。国家目标是国家战略的中心内容,因为一个国家必须首先知道它所要求的是什么。国家目标多种多样:可以有长期目标,也可以有短期目标;有根本的大目标,也有比较具体比较小的目标。国家目标的特点是常性和弹性,目标一经确定,就不应该轻易改变,但目标又必须具有弹性,以适应客观环境的变化。国家目标的选择受到各种因素的制约,但是目标的选择永远都不会背离国家的根本利益。

39.外交

外交具有多方面的含义,通常被认为既是一个过程,又是一个工具或手段。作为过程,外交是在国际关系运作中居中心地位的沟通过程,是国际行为体通过谈判和对话解决冲突,并且是沟通过程的制度化和职业化。作为工具和手段,外交是实现国家外交政策目标的重要途径,是外交家施展谈判与进行国际交易的技巧。外交也作为一套体系或价值,是各国所遵循并形成共守的准则,以建立世界秩序和平发展的共同价值。如将外交视为一个体系,这个体系则成形于1648年威斯特伐利亚和会,至今仍在推陈出新。具体类型则包括多边外交、首脑外交、公共外交、经济外交等。当前,人们对外交的界定实际发展成两种不同的概念:狭义界定指的是"纯外交",即外交是不使用暴力的过程;广义的界定则认为,外交过程可以包括以一种非常有限和有选择的方式运用暴力。

40.双边外交

双边外交指两个国家对共同关注的问题进行磋商、协调、谈判,以促使两国在这一问题上取得一致的外交活动。双边外交的实现形式包括两国外交代表谈判、首脑互访、就相关问题召开两国之间的会议,以及两国之间签订条约、发表声明等。其优点是:双方交流更加直接、便利;由于是当事国之间的交涉,更易于取得成果;最重要的是双边外交仍然是当代外交的主要方式,其他各种新型外交都无法取代双边外交。

41.多边外交

多边外交,是指三个或更多国家共同参与的外交活动,其中绝大部分是在正式的国际组织或论坛之内,如联合国、世贸组织、阿盟等。同时,也存在各种国际组织外的多边外交,如六方会谈等。在多边外交中,第三方参与是一种重要形式。在当代,多边外交之所以成为一种常见的和普遍的现象,有三个推动因素:世界各国面临着日益增多的全球性挑战和各种地区性问题、各种国际组织日益增多,以及世界上的各类国家都日益重视多边外交的作用。多边外交作用有三:国家间广泛交往的重要渠道;在和平解决国际争端,消除地区热点,缓和紧张局势方面有特殊作用;加强国际合作,开展国际援助,解决人类共同面临的全球问题。

42.首脑外交

首脑外交,是指就国际问题或对外关系问题所举行的政府首脑间面对面的直接对话和谈判。国家元首通常是一国最高外交决策的制定者,因而首脑外交是实现本国外交政策目标的重要途径,并对整个国际关系的调整具有重要作用。二战期间,罗斯福、丘吉尔和斯大林的首脑外交,对战争进程和战后安排起了决定性的作用。除了双边的首脑外交,还有各种由首脑出席的国际会议。而联合国召开的有世界各国首脑出席的大会,可以说是范围最大的首脑外交。

43.公共外交

公共外交的宗旨是通过塑造本国良好形象和改变他国政府和人民看法的方式来推动本国外交政策目标的实现。1987年,美国国务院把公共外交定义为:由政府发起交流项目,利用电台等信息传播手段,了解、获悉和影响其他国家的舆论,减少其他国家政府和民众对美国产生错误观念的现象,避免引起关系复杂化,提高美国在外国公众中的影响力,进而促进美国国家利益的活动。我国有学者将公共外交定义为:以公众(主要是他国公众)为受体的外交活动,公共外交的主体必须是一个国家的中央政府及其领导或支持的相关机构。公共外交的主要手段有国际广播电台、电视、教育和文化交流、电子媒体等。

44.经济外交

经济外交有两种含义:其一,是指主权国家通过外交手段促进对外贸易,增进国家的经济利益;其二,是指利用经济手段达到某种政治和外交上的目的。我国有学者将经济外交定义为主权国家元首、政府首脑、政府有关部门的官员,以及专门的外交机构,围绕国际经济问题展开的访问、谈判、签订条约、参加国际会议和国际经济组织等双边及多边的外交活动。

45.民间外交

民间外交是在复杂多元的国际社会中,由不具国家外交正式资格的法人组织或自然人为本国国家利益、本国官方外交目标或补充官方外交行为不足、为维护世界和平和人类共同利益而主动进行的对外交往或交涉活动。具体解释可以归纳为以下三点:第一,是由非官方机构或非官方人士从事的外交活动,民间外交的主体是指一切不能代表国家、不能以国家和政府民意处理外交事务的法人组织,如政党、集团、组织、企业、学校、团体等,也可以是各界人士。第二,民间外交是上述不具有国家外交正式资格的法人组织或自然人,根据多方面的国家利益需要,配合政府外交而进行的对外交往活动。这主要强调了民间团体或民间人士对国家利益和政府外交的自觉维护与配合。第三,民间外交是依托主权并配合国家外交政策的准外交行为。这强调了民间外交是经过政府授权的准外交行为。

46.多轨外交

多轨外交,最早出现于1981年供职于美国国务院的约瑟夫·蒙特维利刊登在《外交政策》的一篇文章中,在他看来,多轨外交在解决冲突时可以划分为官方(第一轨)和非官方(第二轨)行动。后来经过国际关系学者不断提炼和修订,给多轨外交做了相对具体而全面的定义。第一轨外交就是指正式的官方外交或国家的行为,从本质上来看就是从国家层面到另一个国家层面的信息沟通。因此,第一轨道外交就是国家与国家之间的官方联系,包括国家元首、政府首脑、各个政府官员等代表官方的活动。与官方渠道不同,第二轨外交是一种非官方渠道,一种民间外交活动。约瑟夫·蒙特维利根据弗洛伊德精神分析学说认为第二轨外交是指"为了解决冲突,通过心理因素作用,在敌对的组织和国家之间施加非官方的和非结构性的影响"。

47.网络外交

网络外交指在信息时代条件下,国际行为体为了维护和发展自身利益,利用互联网技术和网络平台而开展的对外交往、对外传播和外交参与等活动。网络外交的主体与客体既可以是国家行为体,也可以是国际组织、跨国公司或个人等非国家行为体。它是信息化时代国家外交形态的新发展,与现代外交相比是一种主体多元化、手段虚拟化、议程即时化、互动人性化和价值民主化的外交形态,其核心是澄清信息、供给知识和塑造认同,是信息、网络技术与外交系统耦合的产物。

48."大棒加胡萝卜"

在外交谈判的过程中,讨价还价的一方为了实现自己尽可能高的要求,可能采取不同的政策。这些策略包括威胁、惩罚、许诺和奖赏,前两者通常被称为"大棒",后两者则被称为"胡萝卜"。在属于"大棒"的两种策略中,威胁是一种假定的行为,惩罚才是一种真实的行为;在属于"胡萝卜"的两种策略中,许诺是假定的行为,奖赏才是真实的行为。一般来说,使用任何手段,需要根据现实情况而定,取决于行为者的目标选择、利益考虑和自身的实力。当一方选择威胁或许诺时,要使这种假定行为起作用,就要使对方感到:第一,它是可信与可靠的;第二,它是可能的。这两点缺一不可。

49.政党外交

政党外交,指一国的合法政党与他国政党或政党国际组织,为促进或影响国家关系、维护本国利益而进行的国际交流、对话与合作。政党外交的核心是主体上的合法性、功能目的上的国家政府属性。政党外交主要起源于无产阶级政党国际联合和社会主义国家党际交往,二战后扩大到发达资本主国家和许多发展中国家,以及其他国家与地区的各类政党。中国共产党成立一百多年来,政党外交经历了四次转型飞跃:新中国成立开辟了中国历史的新纪元,中国共产党成为执政党,其发展对外党际关系实现了身份的转变;以中共十一届三中全会为标志,中国开启了改革开放的新时期,中国共产党的政党外交逐渐淡化意识形态界线,政党外交理念经历了深刻转型;进入21世纪,中国共产党政党外交实践取得跨越式发展;中共十八大以来,中国特色政党外交着眼于多边外交和大国关系,更加具有全球视野,实现了创新发展,开创了中国特色政党外交的新境界。

50.理性决策模式

同非理性决策模式相对应,理性决策模式的特点是把主权国家设想为一个单一体,政府对国家最高利益方面的决策严格按照合理性原则进行,是一个理性、理智的过程。包括以下四个步骤:选择目标,确定价值;考虑或制定达到目标和价值的各种可能的方案;评估每个方案可能出现的结果;选择最佳方案。理性决策是一种理想的、近乎完美的决策,但在事实上很难建立起来。制约理性决策的因素有三:决策中涉及不同的政府部门、不同的利益,而不是一个一致的行为体;实际决策过程中很难体现国家整体利益,一般体现的是某地区、某部门、某阶层的利益;在实际决策过程中时间不充分、信息不完备。

51.组织过程决策模式

组织过程决策模式假设政府行为是组织的产出,反映一个行为体并不是单一的单位,而是一个由松散的组织所构成的组织集合体。在这个集合体中,政府领导人居于上层,他有权干涉但不能控制各个组织的活动;各组织之间是独立的,有自己的任务、目标和约束,也有着一定程度的路径依赖。组织过程决策模式也涉及理性决策模式的四步骤,但不同点是更加强调政府特定部门对外交决策的作用和影响。由于决策的主体不是抽象的国家,而是国家领导人或者是相关部门的领导人,因此并不是以无限理性为标准,而是以有限理性为标准的,以达到较好的结果为目的的决策。组织过程决策更加契合外交决策制定实际过程。

52.官僚政治模式

官僚政治模式是国家领导人和政府官僚共同制定决策的模式,强调个人因素,同时还强调各种利益集团和舆论的影响。官僚政治模式重视谁是决策者的问题,影响决策的是决策者个人的地位和所代表的机构的地位,以及其与最高决策者的关系等问题。官僚政治决策模式认为,政府决策很少反映国家利益的单一的一致的计算。由此,决策者并不是一个统一的、进行理性计算的决策者,而是由具有各自不同利益,持不同政策观点的组织和个人所组成。因此,政府决策通常是集体的博弈而不是个人的活动,更多的是一个政治过程而不是一个理性过程。

53.经济制裁

经济战包括经济封锁和经济制裁两个范畴。在联合国,经济制裁主要是作为一种解决政治问题的选择,《联合国宪章》中就有关于以经济制裁制止侵略的规定。经济制裁作为一个概念,内涵较为丰富,包括程度不同的各种惩罚性措施,既包括最严厉的经济封锁,也包括较轻微的惩罚性措施,诸如仅对贸易的某些方面进行限制。在经济战中,参与制裁的国家相对被制裁者而言,在国际经济关系中通常居于主导地位。所以这主要是经济大国的一种特权,并且往往与强权政治相联系。在冷战时期,实施制裁的主角一直是以美国为首的西方工业化国家,而受到制裁的则主要是社会主义国家和第三世界国家。

54.武力

武力即武装力量,是国家(或政治集团)推行内外政策的暴力工具。从国家对外职能角度看,武力是国家用以防范外部力量入侵和保卫国家安全的重要手段,对武力的运用是国家对外职能之一。作为国家综合国力的重要内容,武力影响着国家的对外行为和对外决策,制约着国家间政治关系,直接关系到国家对外战略与对外政策目标的实现。武力是国家进行对外活动的后盾。在历史上,使用或威胁使用武力一度成为国际政治的主要内容;而在当代世界,由于经济全球化和科技革命的加速发展,国与国之间的相互依赖达到了新的高度,武力在国家对外关系中的地位和作用出现弱化趋势。

55.传媒

传媒,是指报刊、广播、电视、互联网等新闻信息传播载体。现在信息技术支撑下的传媒有着众多的受众,并改变了不同人群在获取、处理、交换和传递新闻信息方面的能力,是现代国家政府与公众之间进行沟通的重要渠道。特别是电视、互联网和广播,对公众有着极强的感染力和影响力,因为它们更接近于面对面的直接沟通,所以比报刊上的铅字更有说服力。在现代社会,公众主要是通过各种传媒获取来自国家政府方面的政治信息,以及国家政府在其他领域的活动,同时传媒也是改变或强化公众政治倾向、观点的最有效的途径。它不但扩大了国际关系活动的空间,也影响着国际关系的范式。现代国家政府在制定与执行对外战略和政策、发展国家对外关系的过程中非常注重发挥传媒的独特功能,注意对传媒的控制。

56.冲突

冲突就是指人类群体间对抗的状态和行为。冲突具有广泛的内涵,既包括不可触及的思想、观念、文化和政治制度等因素的对立,也包括可触及的如经济、军事等因素的竞争与对抗;包括不使用暴力的对抗,也包括使用暴力的对抗;包括较低烈度的对抗,也包括较高烈度的对抗。就参与者而言,它包括个人、小集团之间的对抗,也包括国家乃至国家集团之间的对抗。美国学者乔纳德·特纳认为,冲突时双方公开与直接地互动,在冲突中每一方的行动都意在阻止对方达到目标。

57.国际冲突

国际冲突,指国际社会中各行为体出于对一定领域的利益和目标的追求,而产生的矛盾、对抗、摩擦甚至战争。政治冲突,是指政治行为者之间在资源、价值观、权力及其他问题上的不一致、分歧或对立,其扩展到国际层面,就形成了国际冲突。利益与权力之争是国际冲突的本质所在,因此国际冲突经常出现在领土、主权、国家利益、国家安全、意识形态等方面。由于国际社会处于无政府状态,缺少一个世界性政府来做出权威性的冲突管理,国际冲突常引致紧张和不安的形势。国际冲突的分类一般有四:根据冲突双方的决心,可分为打到底的冲突和共存的冲突;根据矛盾的性质,可分为根本性冲突和偶然性冲突;根据冲突控制的可能性,可分为可驾驭的冲突和不可驾驭的冲突;根据冲突的性质和程度,可分为一般性冲突、国际危机、恐怖活动、内战与革命、国际战争。

58.国际战争

广义的国际战争具备两方面的含义:一方面是传统的军事暴力,又称直接暴力;另一方面是结构性暴力,又称间接暴力。从狭义上讲,国际战争是指国际关系行为体,特别是主权国家之间的大规模的、有主观战争意图的武装冲突,是使用暴力的冲突,是冲突不可调和的产物。国际战争是国际冲突的表现形式,也是国际冲突的最高形式。国际战争的特点是:本身是一种国家行为,是一种暴力形式,有明确的战争意图,规模和程度有一定限制(死亡1000人以上)。按照政治标准划分,国际战争可以分为正义性的和非正义的;按照国际法标准划分,国际战争可以分为侵略战争与反侵略战争。但战争性质往往存在模糊性,一些国际战争难以简单做出是非判断,需要进行具体分析。

59.局部战争

局部战争亦称有限战争,指在一国或一国区域内,使用有限的武装力量进行的战争,对在战斗中投入的各种军力和各类型武器的使用等方面都有所限制。在一般情况下,由于国家不轻易使用核武器,战争只能在一定范围内对国际局势产生影响。这种战争对一些大国来说,在某些方面是加以限制的战争,而对于中小国家来说则是全力以赴的战争。如果处理不当,有限战争会发展成大规模的甚至是世界性战争。

60.国际合作

国际合作,指在一定领域内利益和目标基本一致或部分一致的各个国际关系行为体,所进行的不同程度的协调与联合。根据合作规模,国际合作可分成全球性合作、区域性合作、双边性合作；根据合作的程度，可分为带有结盟或战略协调性质的合作、具有一定程度协调的合作、一般性合作；按领域，可分为政治、军事、经济、文化、科技等领域的合作。其基本特点是：全球性、广泛性、稳定性、超意识形态性和主动性。通常认为，国际政治中的国际合作具有三个特征：国家及其他行为体的行为是出于自愿；合作涉及对共同目标的认同与承诺；合作导致对参与者有利的结果。

61.全球意识

全球意识是全球化和全球问题的必然产物，是认识当代世界的一种新的思维方式。它是在承认国际社会存在共同利益、人类文化现象具有共同性的基础上，超越社会制度和意识形态的分歧，克服民族国家和集团利益的限制，以全球的视野去考察、认识社会生活和历史现象的一种思维方式。人类共同利益与人类文化的共同性，是把握和认识全球意识的两个基本点。全球意识对于我们认识时代的新内涵、新特点，更好地处理日益复杂的国际关系具有重要意义。全球意识一方面有助于人们用一种整体性思维与观念认识、分析和处理当代国际关系；另一方面有助于人们确立人类共同利益观，并以这种观念认识、分析和处理当代国际关系。

62.全球治理

20世纪90年代以来，随着全球化的飞速发展，全球治理的理论和实践都受到国际社会的广泛关注。全球治理是治理在国际层面的拓展和运用。联合国全球治理委员会对治理的定义是：治理是各种各样的个人、团体（公共的或个人的）处理其共同事务的总和。一般认为，全球治理是以人类整体论和共同利益论为价值导向的，多元性主体通过平等对话、协商合作，共同应对全球变革和全球问题挑战的一种新的管理人类公共事务的规则、机制、方法和活动。其要义有：从政府转向非政府，从国家转向社会，从领土政治转向非领土政治，从强制性、等级性管理转向平等性、协商性、自愿性和网络化管理，具有一种特殊的政治权威。全球治理对国际关系有着重要影响：它打破了国际关系中国家中心的体制与模式，为人类应对更为复杂的国际事务提供了可能;有利于民众对人类公共事务的参与,推动着国际关系的民主化;倡导对话、合作、协调,推进国际关系中的冲突政治向合作政治转型,有助于促进国际关系向着公正合理的方向发展。

63.和平

和平指无战争状态或两次战争之间的间歇,或者可以说是指除战争以外的一切合作、竞争乃至冲突状态。按照权力角度可以划分为:均势的和平(各方力量均衡下的和平)、霸权的和平(指力量占绝对优势的某个国家控制下的和平)、帝国的和平(力量占绝对优势的国家通过征服建立帝国内部的和平)、恐怖的和平(均势与非均势的双方拥有把对方置于死地的力量下的和平)、满足的和平(战胜国通过分赃而获得所需要的力量而维持的和平)、一致的和平(以人类普遍信任为基础的和平)。当代学者主张追求一种积极的和平包括排除结构暴力的和平、追求公正的和平、理性的和平、民主的和平。

63.和平主义

和平主义,指争取实现各民族之间的持久和平乃至永久和平的一切努力和主张。这里所指的是近代西方国家产生最有实际政治影响的社会思潮和社会运动,其基本观点是反对一切战争。其思想渊源有基督教思想的影响、人道主义、世界主义思想的影响。和平主义形成和发展的历史条件是:战争规模越来越大、频率越来越高、越来越具有破坏性。

65.和平运动

以维持和平为宗旨的、具有超阶级、超国界、超民族性质的社会运动。最早于1815年在美国和英国出现。其发展经历了三个阶段:19世纪初到一战前,和平运动具有了某种现实的政治影响;在两次世界大战期间,成立了许多政府间和民间和平组织;二战后,和平运动得到广泛发展。原因有三:两次世界大战的惨烈结果促使人们从更广的范围和更深的层次上投入和平运动中;核武器的出现,核战争的毁灭性前景推动了和平运动;美苏冷战也促使人们投入和平运动。二战后的和平运动大致有三次大高潮:第一次是在20世纪40年代后期至50年代中期。大战刚刚结束,面对美国的冷战遏制政策和新的世界战争的危险,世界和平力量迅速团结和积聚起来,形成战后强大的和平攻势。这一时期,成立了"世界和平理事会"这个协调世界各国和平运动的国际性组织。第二次是60年代中期至70年代中期。这是以反对美国侵越战争为中心内容的反战和平运动,在世界各国兴起之后,美国国内的反战和平运动也蓬勃发展,最终迫使美国从越南撤军。第三次是80年代初。这次高潮主要以反对美、苏超级大国的军备竞赛为中心内容。1986年"国际和平年",全球掀起和平纪念活动,得到100多个国家的政府、250多个非政府组织和联合国的积极支持。终于在1987年12月迫使美、苏签署了《中导协议》,朝削减武器迈出了有实际意义的一步。和平运动的特点有二:主题涵盖不同国家、阶级、民族,具有全人类性质;不具有明显的规律性的周期,一般在大战爆发前和结束后造成重大破坏时处于高潮。

66.积极的和平

相对于消极和平而言,积极的和平不仅反对一般的战争,而且反对作为战争根源的帝国主义、殖民主义及霸权主义。20世纪70年代,美国学者约翰·加藤提出三点:一是排除结构暴力,以争取积极的和平。他认为直接暴力是主体特定明确,国家之间、民族之间的冲突,间接暴力是由于社会结构体系不平等阻碍了人的自我实现,造成人类精神上的痛苦、肉体上的伤害乃至死亡,造成与直接暴力相同的结果,也就是所谓的结构暴力。和平研究不应当局限于直接暴力,应将其扩展为间接暴力,使传统的无战争状态即和平的观念有所突破。二是寻求公正的和平,真正的和平不应该是建立在少数强国均势和利益分配的基础上,不应该是一种对抗与恐惧的和平,而应实现一种公正平等前提下的和平。三是理性的和平。和平与发展成为两大主题,加之核武器的出现,都使通过和平手段解决两国之间的争端成为各国自觉的选择。

67.国际维和

国际维和是一种特殊的国际危机管理形式,一般是由国际组织出面邀请有关国家参加的军事行动,用以防止国际冲突的进一步升级。其主要功能有两个方面:防止已经发生的军事冲突蔓延和升级;促使已经发生的军事冲突结束。在维和行动中,维和部队应当避免卷入军事冲突之中,更不能支持任何一方的军事行动。在实践中,国际维和在很大程度上是作为解决国际危机或军事冲突的辅助手段,是为政治解决国际军事冲突提供条件,而无法消除引发国际冲突的根本原因。

68.安全

安全是一种价值。阿诺德·沃尔弗斯认为,安全在客观意义上表明对所获得的价值不存在威胁,在主观意义上表明不存在这样的价值受到攻击的恐惧。巴里·布赞认为,安全是免于威胁的追求,保卫国家和领土完整的能力。安全的底线是生存。

在国际政治中,国际关系行为体通常会在同其他行为体或国际体系发生关系时,构成错综复杂的安全关系,进而产生安全问题。各个行为体所面对的不安全状态和问题是复杂多样的,其主观上对安全利益的界定也存在不同,因此必然导致不同主体对安全作出不同的界定和安全考虑。

69.安全战略

所谓安全战略,就是安全主体实现其目标的方法与策略。在当今的国际关系中,尽管有多种行为体,但主权国家无论如何都是最重要的行为体。因此,探讨安全战略,主要是探讨国家安全战略,其中国家安全的判断与维护,以及国家安全战略的选择等都是重要的问题。

70.非传统安全

非传统安全,指由非政治、非军事因素所引发的,直接影响甚至威胁本国或别国乃至地区与全球发展、稳定和安全的跨国性问题,以及与此相应的一种新的安全观和新的安全研究领域。其与传统安全的区别有:在安全主体上,传统安全强调国家是唯一主体,非传统安全强调国家并非唯一主体;在解决问题的方式上,传统安全强调的是一种对抗,而非传统安全强调的是一种合作;在安全领域上,传统安全中政治、军事是主要内容,非传统安全涉及人类生活的所有领域;在关注对象上,传统安全关注国家,非传统安全关注人。

71.军备竞赛

军备竞赛,指敌对国家或集团为了使自己在战争或对峙状态中处于优势地位而竞相扩充军备的行为。军备竞赛的目的是在战争或对峙状态中取得和维持军事优势,并把它作为推行外交政策的工具与手段。军备竞赛具体表现为:军费的开支和军备的制造、更新、储存远远超过自身防御的需要。军备竞赛受政治、社会经济、军事科学技术及其军事战略思想等诸多因素的影响。冷战时期,美、苏以保持世界和平为借口,不断掀起军备竞赛,企图以此争夺世界霸权。军备竞赛给本国社会经济、国际社会和国际关系的发展带来了严重后果。

72.单边主义

单边主义,指大国在对外关系中不顾国际规范、条约和国际社会的意愿,单方面采取有损他国利益的政策和行为。其主体是在国际体系中占主导地位的大国,目的是增加国家的自身利益,表现形式是违反公认的国际准则和已有的国际条约或违背国际社会的共同意愿,结果是对他国利益造成损害。单边主义是霸权国家,尤其是具有压倒性优势的大国经常采取的方式,在实施过程中往往受到国际社会和本国民众的反对。

73.多边主义

多边主义,指多个国家通过国际制度协调各自行为的方式。其主体是三个或三个以上的国家,基础是这些国家所认同或制定的一系列原则、规范和程序等,目的在于协调各国的政策和行动。各种国际会议和国际组织都是多边主义的表现形式。多边主义的概念和理论从20世纪90年代以来进一步得到重视,即使是国际体系中的霸权国家也经常采用多边主义的方式实现自己的利益。多边主义对于扩大国际共识、促进国际合作具有积极意义,有助于推动国际问题的解决。

74.国家安全

国家安全,指一国有效应对国内外各种损害性、破坏性因素的影响和威胁,维护和保障国家利益的状态和能力。西方学者认为,国家安全是一国对关乎其利益的各种威胁的感知,以及为消除这种感知所做的努力。国家安全这一概念最早出现在李普曼于1943年发表的著作《美国外交政策》中。

75. 社会安全

社会安全是国家安全的一个重要组成部分,指社会以其有序性来保障人们的安全。狭义的社会安全是指社会保障体系,广义的社会安全指全社会各个群体避免伤害的能力和机制。可以从两个意义上评价社会是否安全:其一,社会自身是否有序;其二,人的安全是否有保障。社会的有序性体现在社会结构的安排格局和社会自身运动的有序,使社会呈现出一种秩序状态。此外,社会安全还是一种能力,包括判定社会中的危险和不安全因素,促进政府和民间开展积极有效的合作等方面。总之,社会安全是一个涉及政治、经济和社会各方面的综合性问题。它主要是针对社会公众的,是向社会公众显示社会公众安全的高级形态。社会安全的主要特点有:其前提是国家主权不受侵犯;强调秩序性;涉及面广,具有系统性;强调避免灾患,更强调以人为本基础上的福祉维护;是基于社会成员共谋之上的合作安全。

76. 集体安全

集体安全就是一批国家构成一定的安全共同体,诸如同盟、条约组织、国际组织等,在这个共同体中所有成员国承诺共同行动,援助受到侵略的成员国,对于破坏和平的国家实施强制性措施,诸如经济制裁,必要时也会实施军事制裁。集体安全需要的条件有四:权力应有相当的分布,这样才有可能对任何可能的国家形成威慑;参与的国家必须对维持现状作出强有力承诺;参与国家必须对侵略有一定的认同意见;对于侵略其他国家的政治与领土权利的国家,参与国家愿意使用他们的资源进行惩罚。换言之,参与集体安全体制的国家必须像对待自己国家一样承诺维护其他国家的领土安全。

77. 国际安全

国际安全是一种状态,指国际关系各行为体之间的互动关系处于一种相对稳定的状态。可能其中包含各种小规模的冲突,但不包含爆发世界大战的可能。传统的国际安全指政治与军事安全,即国家间主权、领土与人民不受他国的军事威胁。20世纪80年代开始,非传统安全逐渐受到重视,如果把国际安全扩展到非传统安全领域,国际安全可以包括经济安全、生态安全、环境安全等涉及各个领域的安全。

78.新安全观

20世纪80年代后期,国际局势有所缓和,国际关系中出现了有关经济和环境的议程,人们从过去仅仅关注政治、军事安全问题,发展到同时关注经济安全、生态安全及社会安全等问题。在这种情况下,人们提出了一些新的思想,并形成了所谓的新安全观,又称非传统安全观。新安全观包括合作安全(区别于以往以对抗为特点的安全战略)、共同安全(一国的安全是以全部国家的安全为条件),以及综合安全(强调安全的多层面,以区别于以往单纯强调政治、军事安全的研究)等概念。中国是新安全观的积极实践者,最早于1996年酝酿提出新安全观,至2014年习近平总书记提出"总体国家安全观",中国通过自身经验证明了新安全观的可行性。

79.共同安全

共同安全,指一国的安全是以全部国家的安全为条件。共同安全最早出自瑞典前首相奥洛夫·帕尔梅主持的非政府组织"裁军安全问题独立委员会"1982年发表的《共同安全:一种生存的蓝图》报告中。它的提出是基于这样的认识,即核战争根本没有胜利的希望,只能导致双方同归于尽,因此对抗的双方必须谋求共同生存。共同安全作为一种安全战略,是以国际安全作为国家安全的前提。按照这种战略,单独一方实现的安全,不可能是长久稳定的安全,任何一个国家要实现安全,都必须以所有的相关国家的安全作为条件,只有所有相关的国家都有安全感的时候,安全才是有保证的。

80.综合安全

综合安全是一种全方位的、多层次的、内容广泛的安全,20世纪70年代由日本政府首先提出。综合安全指除军事安全以外的国家安全,还包括政治、经济、金融、社会、信息、科技、文化等领域的安全。这一概念在90年代被广泛接受,尤其是在亚太地区。综合安全是通过合作而不是对抗来寻求国内和地区范围内各领域的可持续的安全,包括个体安全,政治、经济、社会、文化安全,军事安全及环境安全等。1994年7月,东盟地区论坛成立并确认了综合安全的概念。

81.安全利益

安全利益是国家利益中最重要的组成部分。利益就是有好处,安全利益就是对安全有好处。国家维护安全,无论就哪个层面而言,在本质上都是维护国家的安全利益。国家维护安全利益,从本质上来讲就是维护对国家安全有好处的现状或改变对国家安全不利的现状。由于主权国家的利益通常是相互矛盾,甚至是相互抵触的,因此不同的国家往往有不同的安全利益。

82.跨国安全

跨国安全,一般是指影响若干国家或地区和全球安全的问题,如恐怖主义、环境问题、生态问题等。一个安全问题涉及不同的国家,想要解决这个问题单靠一个国家是不可能的,必须通过共同合作的方式才能解决。在某种层面上,合作安全成为跨国安全的附属概念。

83.人类安全

人类安全,最早由联合国发展计划署于1994年的《人类发展年度报告》中提出,涉及的是个体的人和整个人类生命、权利和发展不受威胁和侵害的状态。包括七个方面:经济安全、粮食安全、健康安全、环境安全、人身安全、共同体安全、政治安全。其特征是:它在广义上分析安全概念,阐明了安全的相互依存性,人的安全根本上是主动的。

84.经济安全

经济安全,指一个国家面对来自国内外的各种威胁,能够有效地利用各种手段,捍卫国家的经济利益,保障本国的经济稳定、发展和繁荣,使国家免受重大经济损失,在国际竞争中处于有利地位,并保持良好的外部环境。经济安全包括两方面:一是指国内经济安全,即一国经济免于受经济危机打击;二是指国际金融安全,即一国经济发展所依赖的国外资源和市场稳定与持续,免于受供给中断或价格波动而产生的突然打击。

85.能源安全

20世纪70年代,两次能源危机的相继爆发使能源问题凸显,能源安全的概念被提出。到了80年代,人们对能源安全的认识进一步提高,又增加了新的内容。能源安全按其原则和追求目标可以被定义为:能源供应安全和能源使用安全的统一。前者指满足国家生存和发展正常需求的能源供应保障的稳定程度,后者指能源消费及使用不应对人类自身的生存与发展环境构成威胁。

86.环境安全

1972年,联合国在瑞典召开人类环境会议,首次提出经济增长应与生态环境相适应。1983年,联合国成立世界环境与发展委员会,提出了"可持续发展"的概念,其指既满足当代人需要,又不对子孙后代满足其需要的能力构成危害的发展。概括而言,环境安全是由于人类生产生活所导致的环境恶化、退化对人类安全构成了威胁而出现的。环境安全涉及的领域包括温室效应问题、人类环境污染、臭氧层的破坏、土壤沙化、生物多样性减少、有毒废物的跨国转移等。

87.信息安全

信息安全随着信息技术的发展和互联网技术的产生而出现。各国因信息化的程度不同,对信息安全的界定也不同。对其的普遍认识是,信息安全共包含两大部分:一是网络基础设施的安全问题,二是网上信息内容的安全。信息安全主要包括以下三个基本方面:一是事关本国和其他实体的经济、政治、安全等机密信息不被其他方面获取,二是本国经济、政治、社会等国家安全不受外来错误信息干扰和影响,三是信息基础设施和功能的运转不受干扰和破坏。

88.新干涉主义

新干涉主义即人道主义干涉,是冷战结束以来国际关系中干涉现象的主要表现形式。主权者合理而公正地行事有一定的限度,人道主义干涉就是为了使别国人民免遭超出这种限度的专横和持续的虐待而正当使用的强制行为。干涉要被看作是人道主义的,必须是对实际否认或违反基本人权的行为所作出的反应,必须保证纠正这种情况,必须是以国际共同体名义采取行动。联合国把人道主义干涉行动发展成了比较规范的大规模的国际性活动,诸如人道主义救援活动和维和行动。同时,由于联合国的这些活动事实上干涉了相关国家的主权,因此这类活动也始终伴随着争议。

89.民族分裂主义

民族分裂主义,指某些民族的极端势力在一个主权独立、领土完整的多民族国家内部要求建立独立国家的主张。主要通过政治诉求、暴力活动甚至武力对抗的手段来达到其政治目的。为了达到其政治目标和扩大社会影响,民族分裂主义分子常常会采取非理性手段和政府对抗。民族分裂主义是国际恐怖主义的根源之一。民族分裂主义往往同"泛民族主义"思潮相联系,以泛民族主义作为分裂活动的旗帜或思想武器。

90.宗教极端主义

宗教极端主义即与宗教密切相关的极端主义,在冷战结束后空前活跃。其特点是:排斥理性,煽动宗教狂热,用偏执、片面、极端、绝对化的观点来诠释宗教信仰。它包括:宗教内部的极端主义和宗教名义下打着宗教旗号的极端主义活动。广义而言,可指有史以来一切将某些宗教主张推向极点,以致危害人类社会的偏执狂热之举。狭义而论,即在当代意义上,主要是指那些片面强调其本教原旨教义,或其本族、本国"神圣"利益,且多诉诸暴力或其他极端方式加以伸张,从而有害社会发展、国家安全和世界和平的宗教政治现象。宗教极端主义不是哪一种宗教独有的现象,任何国度的任何宗教都可能产生和分化出宗教极端主义。

91.国际恐怖主义

恐怖主义是暴力实施者基于政治目的,对非武装人员(包括军队非战斗人员)有组织地使用暴力或以暴力相威胁的行为,其目的是以特殊手段把一定的对象置于恐怖之中,逼迫其做原本不会做的事情。国际恐怖主义则是基于恐怖主义概念之上而具有其本身的特点,即非国家主体性、跨国性、具有普遍危害性。国际恐怖主义是全人类面临的共同威胁。当代国际恐怖主义的

第六章

发展趋势表现为：以宗教极端势力为背景的恐怖主义很可能出现较大的上升趋势，这种恐怖主义的破坏性及杀伤性不受限制；使用大规模杀伤性武器的超级恐怖主义已成为当代国际社会面临的现实威胁；恐怖主义组织日益形成一个全球的网络，这种网络没有权力的中心，而只有不同的节点。与这样的网络恐怖主义进行斗争是各国面临的新任务。

92.反美主义

反美主义，指一种在思想上对特定美国模式的拒斥和对特定美国价值的抵制，以及在行动上对美国表示敌意的行为和对美国利益及其行为的袭击。其主要表现有以下四个方面：一是针对美国本土及其海外设施的恐怖主义行动，诸如"9·11"事件之类直接以美国本土目标或者美国在海外的相关设施为对象的恐怖主义行动，都是反美主义的直接体现；二是抵制和鞭挞美国产品、文化、价值观的行动；三是否定美国政治经济制度的合理性与合法性；四是对美国抱有深刻的反感和敌视并视美国为威胁。伴随着美国反恐战争的进行，反美主义出现高涨的趋势。反美主义是全球化时代中，世界范围内对美国霸权主义的一种回应和反制，在某种程度上对美国的霸权主义构成一种软制衡。反美主义具有深刻的历史和社会根源，会成为一个长期存在的国际政治现象。

93.民族

要比较全面地界定民族，显然应该把主观因素和客观因素结合起来。阿姆斯特茨认为，民族是社会的和文化的人类群体。当人们有共同的语言、文化、经济制度和历史的时候，他们就会发展出共同的亲和关系、价值、看法和行为方式。这些共同的东西，就是民族的基础。尽管政治权力可以影响民族的演化，但政府不能造就民族。民族的生成是出自共同的利益、价值和习惯。最重要的是，民族的发展与形成，是根植于一个有共同祖先的神话。这个神话是否真实并不重要，重要的是它被认为是真实的，并因此提供了一种有关这个民族的共同的想象。

94.民族自决

民族自决，指受外国奴役和殖民统治的被压迫民族摆脱殖民统治，建立

第六章

民族独立国家的行为。自决,最早是一个国内政治中的概念。在列宁和威尔逊等政治家的推动下,民族自决逐步走向了国际政治领域,依照国际法,各民族都有成立民族国家的平等权利,民族自决原则被写入《联合国宪章》,并成为一项国际法原则。从历史上看,许多民族通过民族自决脱离了殖民统治,建立了独立的主权国家。但它也有可能被滥用而推动民族分裂活动,进而损害国家主权。

95.民族独立

民族独立,指被殖民、被压迫的民族为摆脱殖民主义和帝国主义的统治,建立独立自主的国家,进而实现本民族独立、自主地管理国内事务、自觉地参与国际事务。随着历史的发展,民族独立又被赋予了新的定义:它也可以指受强大民族压迫的在一国境内处于少数地位的民族,为了摆脱主体民族的不公平待遇,并得到国际社会广泛承认,要求建立独立国家的愿望。这也可以被看成民族独立的一种形式。

96.环境政治

全球日益严重的环境问题,迫使人类从政治高度寻求解决生态问题的途径和方法,进而产生了全球范围内以环境为中心的政治现象。从理论层面来看,环境政治指人类如何构建与自然环境的适当关系;从实践层面来看,环境政治指人类不同社会或同一社会内不同群体对环境问题的认知、体验及其政治应对。而环境政治学则是以环境保护运动的政治背景和影响、环境政策制定的政治过程、环境保护的跨国合作等为研究对象的一门学科。环境政治可以划分为内容上密切关联的三个部分:绿色思潮(生态政治理论)、绿色运动(环境运动组织进行的斗争、政府组织间进行的外交斗争和干涉主义行为等)与绿党(绿色政党政治或政策)。随着环境议题受到越来越多的重视,环境政治也包括民族国家政府的环境管治及其政策决策,政府间和非政府间组织的跨国环境治理合作等内容。

97.环境外交

环境外交,指以主权国家为主体,通过正式代表国家机构的官方行为,运用谈判、交涉等外交方式,处理和调整环境领域国际关系的一切活动。主要内容包括:寻求加强国际环境合作,国际环境立法谈判,履行国际环境条约,处理环境纠纷和冲突等。环境外交的另一层含义是,利用环境保护问题实现特定的政治目的或其他战略意图。

98.可持续发展

可持续发展,指一种既能满足当代人的需要,又不对后代人构成危害的经济发展模式。其概念有两个基本点:人类要继续发展、人类的发展必须是有限度的。作为一种发展模式,它是生态、经济与社会持续性的统一整体。

1989年,联合国环境署发表了关于可持续发展的宣言,认为要加强国内与国际的合作,可持续发展意味着公平的发展,包括按照发展中国家的国家发展计划向其提供援助。1992年联合国举行了第二次环境与发展大会,通过了《里约宣言》与《21世纪议程》两个纲领性文件,标志着"可持续发展"思想的正式确立。2016年1月,联合国2030年可持续发展议程生效,共有17个可持续发展目标,在千年发展目标所取得的成就之上,增加了气候变化、经济不平等、创新、可持续消费、和平与正义等新领域。

99.军控与裁军

军控,即军备控制,是指相对军备竞赛而言的,减少战争危险及一旦战争爆发限制其损失的措施。一般来说,军控不仅指限制军备,而且指更温和的措施,如冻结现有的军备水平,规定未来某种武器数量的最高限额,以及对某些武器的发展、使用、部署进行限制等。裁军,即裁减军备,是指把一国的武装人员及军事装备裁减到与该国国家安全相适应的限度,主要包括调整、限制与裁减武装部队和裁减武器装备,禁止和限制大规模毁灭性武器,削减军事支出等。

军备控制不能制止军备竞赛,其目的是维持军事上的相对平衡和相对稳定性、减少战争损失、建立相互信任,是减少战争危险的重要途径,主要通过国家间缔结国际协议来完成。与军备控制不同,裁军要求停止军备竞赛、缩减军备、减少军事力量,把军备看作是战争的工具,希望通过减少和最后消除军备来防止直至消灭战争。裁军是减少战争危险的重要途径。两个概念有相互区别的一面,又有相互联系的一面。但在汉语中裁军通常指裁减军备,而在英语中减少军备通常被称为军控而不是裁军。就具体条约而言,完全禁止某种武器的条约如《禁止化学武器条约》,通常被称为裁军条约,而其他的限制军备,却是算作军控。

100.核威慑

核威慑,指一国对另一国或组织威胁使用核武器而使对方感到恐惧的手段。核威慑第一次以完整战略形式出现是在1954年美国国务卿杜勒斯提出大规模报复战略的报告中。在对核武器功用的考量中,人们多认为,鉴于核武器的极大毁灭性,核大国之间不可能爆发核战争,有核国家也不可能对无核国家使用原子弹。因此,核武器的最大功用就是进行核威慑。核威慑是威慑的一种形式,有效的威慑不仅要求具有伤害对手的能力,也需要让对手相信某种武器将会被使用。核武器具有的独特性质,改变了冷战时期超级大国处理国际关系的方式。然而实践证明,西方国家所进行的核威慑在国际政治中有时无法发挥实质作用,1990年伊拉克吞并科威特、朝鲜战争、越南战争、马岛战争等都是有力的例证。

101.核扩散

核扩散有水平核扩散与垂直核扩散之分,即没有核武器的国家获得核武器是水平核扩散,核国家不断提高核武器质量则被称为垂直核扩散。对于核扩散对国际政治的影响有两种对立的看法:一种观点认为,核扩散威胁世界和平,各国政府和国际组织普遍持此观点,国际原子能机构便是防止核扩散的主要国际机构;另一种观点认为,核扩散有助于世界和平,正是核威慑维持了美、苏之间的和平,因此核威慑也能维持其他敌对国家间的和平。由于核武器的重要作用,一些国家仍在寻求掌握和提升核武器技术,因而防止核扩散的任务依然艰巨。

102.地缘政治学

地缘政治学也称为地理政治学,强调地理位置和空间对国家安全及国家

第六章

政策目标的决定作用,以及国际政治中地理因素对国家间相互关系影响的国际政治理论。它形成于19世纪末20世纪初,主要代表人物有德国的拉采尔和豪斯霍弗、瑞典的鲁道夫·基伦、英国的麦金德以及美国的马汉。二战后,地缘政治学在美国得到了新的发展,斯拜克曼在这一时期提出了著名的"边缘地带理论",对于当时美国的遏制政策产生了重要影响。20世纪70年代以后,更多的学者将地缘政治学作为为决策服务的政策科学,主要应用于美苏关系和中美苏三角关系。

103.马汉"海权论"

美国地缘政治学家马汉提出地缘政治理论。马汉立说之时,正值欧洲帝国主义扩张进入最后的高潮,美国崛起成为世界大国。他指出,海洋权力对于国家的实力与繁荣至关重要。海洋是世界性权力的源泉。一个国家的地理位置、陆地形状、领土范围、人口等决定了它的海上力量。英国之所以能成为海洋大国就是因为它距离欧洲大陆不远也不近,既适合于向对手出击,也利于抗御入侵之敌,它的地理位置有助于其扩充力量。海岸线的长度和港口的质量是最重要的因素,但若领土广阔而无足够的人口与自然资源,仍可能造成弱势。而一个国家若有很大部分人口善于海事活动,就有潜力成为海洋大国,因为海上的国力决定了国家的实力。因此马汉的结论是制海权,特别是控制具有战略意义的狭窄航道对于大国的地位至关重要。马汉的学说曾对西奥多·罗斯福产生了很大影响,而后者使美国一跃成为海军大国。马汉把国家权力同海洋机动性联系起来,是由于在他著书立说之时,陆地运输相当落后,而海上运输却相对便利。

104.麦金德"陆权说"

"陆权说"是英国学者麦金德提出的地缘政治理论。他在一战结束不久出版的《民主的理想与现实》一书中提出了自己的理论:认为国际政治的"中枢地区"是从东欧平原一直延伸到西伯利亚平原的那片广阔地域,它占据了战略中心位置,拥有丰富的资源。麦金德称其为"大陆心脏",并据此提出了"谁统治东欧,谁就能控制大陆心脏;谁统治大陆心脏,谁就能控制世界岛——欧亚大陆;谁控制世界岛,谁就能统治世界"这一著名论断。如果不对地处亚欧大陆"心脏地带"的权力中心如俄罗斯加以遏制,其权力将向亚欧大陆扩张,并控制这个大陆。这种观点被德国地缘政治学家豪斯霍弗作了修改,提出了所谓"生存空间"论,成为后来"纳粹地缘政治学"扩张理论的基点。在二战期间,麦金德又修改了他的理论,把大西洋共同体包括进来,作为抵消欧亚大陆力量的总和的对立面,对抗"地球上最强大的陆地大国"和"最稳固的战略防御阵地"——苏联。麦金德的理论对二战后美国外交政策的制定产生了很大影响。

105.民粹主义

民粹主义,往往表现为社会思潮、政治运动和政治策略的混合体,通常指的是政治平民主义。政治平民主义极端强调平民的价值和理想,把平民化和大众化作为所有政治运动和政治制度合法性的最终来源,以此来评判社会历史的发展。它反对精英主义,忽视或者极端否定政治精英在社会历史发展中的重要作用。平民化是民粹主义政治运动的本质特征。

民粹主义最早出现于19世纪下半叶,几乎在北美和东欧同时兴起。19世纪末,美国西南部农民试图控制当地政府的激进主义行为,俄国知识分子和东欧农民对平均地权的强烈要求被认为是第一代民粹主义。20世纪六七十年代,民粹主义席卷五大洲,拉丁美洲庇隆和阿连德等人领导的民族复兴运动被视为第二代民粹主义的象征。80年代,尤其是90年代以来,民粹主义再度在东西两半球,尤其在东欧和北美,成为人们关注的热点,从而形成民粹主义的第三次高潮。

作为一种政治策略,民粹主义就是为了迎合"人民",反对精英分子和外国人:最有特点的制度设计是对代表大会通过的立法进行全民表决,其次是公众创议;民粹主义政治中,"人民"的重要性往往表现为人民被操纵;民粹主义产生的社会根源是社会结构转型;互联网已经成为民粹主义的一个平台。

|第七章|
国际关系理论①

一、导读

国际关系理论作为一种专门解释国际关系现象的理论,在学界的受重视程度日益提升,已成为国际关系、国际政治、外交学等专业必修的课程之一。

在介绍国际关系理论的具体内容之前,我们首先要确定本章所指国际关系理论的"经度"和"纬度"。从"经度"来看,如果从英国威尔士大学设立第一个国际关系教授席位作为国际关系学科成立的标志,那么国际关系成为一门独立学科已有近百年的历史。但是国际关系理论的起源则早得多,西方可以追溯至11世纪的十字军东征时期,而中国春秋战国时期国家之间的合纵连横也蕴含着丰富的国际关系理论。我们常讲的国际关系理论主要是指一战结束之后的现当代国际关系理论。从"纬度"来看,虽然我国有悠久的历史文明和丰富的外交实践经验,但是我国学者并未对其进行完整的总结提炼,因而并未形成一套完整的国际关系理论,因此我们以下介绍的国际关系理论基本上是指西方国际关系理论。

现当代西方国际关系理论的发展大约经历了三个阶段:第一阶段是理论的初创阶段,代表性理论成果是理想主义。第二阶段是理论的发展阶段,代表性理论成果是古典现实主义。第三阶段是理论的繁荣阶段,代表性理论成果是三足鼎立的新现实主义、新自由主义和建构主义。

第一阶段:理论初创阶段与理想主义。

---

① 第七章国际关系理论由编者根据清华大学国际关系学系孙学峰教授讲授的《国际关系理论》课程加工提炼而成,特此向孙老师致谢。孙老师的讲授帮我们提高了全文的立足点,这仅靠我们是无法达到的。虽然如此,文中如有错误与不足,由编者负责。

一战标志着一个新的历史时代的到来,世界上绝大多数的国家之间基本上建立了某种联系,这为国际关系学科的诞生创造了条件,同时解释国际关系现象的某种理论也随之出现。一战结束后,出现了反思战争起源的思潮,主要认为:第一,人本性是善良的,即使受到蒙蔽也可以通过教化得以改善。同理,国家的行为也可以得到改善。第二,战争是可以避免的,战争与人性无关,而和它们所处的环境密切相关。战争主要是由于不完善的国际和国内政治体制的缺陷对人类的教化不力造成的。第三,人类可以摆脱安全困境。国家应该放弃强权政治,建立某种集体安全,摆脱相互斗争的困境。第四,国家间的利益是可以调和的。国家间并非零和关系,也不是相对获益的关系,而是绝对获益。第五,国际机构、国际法和国际公约,以及国际舆论可以保障世界和平。这种思想被统称为理想主义,代表性人物和成果是美国第28届总统伍德罗·威尔逊提出的“十四点计划”。

第二阶段:理论的发展阶段与古典现实主义。

一战结束以后,欧洲保持了近二十年的和平,但是随着希特勒的扩张和法西斯主义威胁世界和平,理想主义学说已难以解释当时的国际关系现象,古典现实主义应运而生。

卡尔奠定了古典现实主义的基础。1939年,现实主义的奠基人卡尔出版了现实主义的奠基之作《二十年危机(1919—1939)》。该书认为,在国际关系思想界存在着两种对立的思想:一种是乌托邦主义,即威尔逊理想主义,一种是现实主义。理想主义最根本的缺点就是把世界设想得过于理想,与现实脱节,认为世界应该是什么样子,即“应然”,忽视了现实世界到底是什么样子,即“实然”问题。卡尔认为,第一,在无政府状态中,很难界定普世的道德,国家只能在道德与权力之间寻求平衡,也很难依赖国际舆论,因为国际社会中没有统一的国际舆论,而只有国家舆论;第二,权力仍然是国际关系中最重要的因素,没有国家权力的基础,国际组织是软弱无力的;第三,国家之间的冲突是现实存在的,是国际政治的实质使然,而非国家之间沟通不畅造成的。总之,道德的虚幻、权力的重要和国家间利益的根本冲突构成了卡尔现实主义思想的核心内容,也奠定了古典现实主义理论的基础。

摩根索构建了古典现实主义的理论框架。二战的爆发证明了理想主义理论的缺陷,现实主义则趁机迅速发展。继卡尔之后,"现实主义之父"摩根索构建了现实主义的理论大厦。如果说卡尔界定了理想主义和现实主义两大流派的话,那么摩根索于1948年出版的《国家间政治:寻求权力与和平的斗争》则建立了现实主义的理论体系,系统地阐述了现实主义的整体思想、基本原则和运用方式,其最重要的贡献即"现实主义六原则":第一,政治受到根植于人性的客观规律的支配;第二,以权力定义国家利益;第三,以权力定义国家利益是普遍适用的客观法则;第四,普世道德不能用来指导国家行为;第五,国家道德不同于普世道德;第六,政治现实主义是独立的理论学派。其理论体系可以概括为:一是人性观,追逐权力和利益的最大化;二是利益观,国家利益以权力定义,权力不仅是国家政策的手段,而且也是国家行为的目的;三是道德观,争取国家利益就是国家道德,普世道德虽然存在,但是不适用于国家。贯穿这三者的核心概念是权力,即获得、维持和增加权力。总之,古典现实主义理论的框架为:以权力为核心,以人性观、利益观和道德观为支柱,以国家为单位,以国家之间的竞争为基本互动方式。

第三阶段:理论的繁荣阶段与新现实主义、新自由主义和建构主义三足鼎立。

新现实主义。二战结束后,随着冷战的爆发,现实主义的影响力继续扩大,到1979年发展到一个顶峰,代表作品即沃尔兹的《国际政治理论》一书。沃尔兹继承了现实主义的权力政治学说,其理论的核心仍然是权力,但是对古典现实主义进行了重大修正,表现在:第一,国际关系的第一推动力是国际体系的无政府性,而不是人性;第二,无政府条件下国家的第一考虑是生存考虑,而不是盲目追求权力;第三,国家权力是国家生存的手段,不是国家政策的目的;第四,国家权力的第一要素是军事权力。在此基础上,沃尔兹提出了结构现实主义理论,其主要假定是:国际体系是以无政府性为基本性质的体系;国家是基本行为单位;对体系的稳定和体系单位行为最重要的影响因素是体系结构。体系结构是指国家之间实力的分配,主要是大国之间实力的分布。总之,结构现实主义理论的基本内涵是:以理性主义为理论前提,以国际体系为基本研究层次,以国际无政府状态为基本特征,以民族国家为基本国际关系行为体,以国际体系结构为自变量,以国家行为为因变量。由于沃尔兹并不十分强调权力的重要性,因此又被称为防御现实主义。与此相对的便是进攻性现实主义,其代表性学者和著作是米尔斯海默的《大国政治的悲剧》。进攻性现实主义认为,国家的目的是保全自己的生存,因此权力是第一要素。但国际体系的无政府结构却决定了国家永远无法知道自己拥有多少权力才能实现这一目标,所以国家必然追求无限大的权力,因而争霸也就成为大国关系的必然态势,争霸的结果又取决于经济和军事实力。

新自由主义。随着20世纪70年代布雷顿森林体系垮台、美元贬值、越南战争、石油危机等一系列事件,现实主义对这些国际事件的解释力逐渐下降,自由主义再次复兴。1977年,基欧汉和约瑟夫·奈出版了著名的《权力与相互依赖》一书。该书提出了三个与现实主义针锋相对的基本假定:第一,否定现实主义以国家为国际关系唯一行为体的命题,认为国家不是单一的理性行为体,其他超国家和次国家行为体也在国际关系中发挥着重大影响;第二,军事安全并非总是国家的首要问题,其他问题也会具有极大的政治意义;第三,军事力量不是或不完全是国际关系中实现国家对外政策的最有效手段。1984年,基欧汉又出版了《霸权之后:世界政治经济中的合作与纷争》一书,提出的制度自由主义成为新自由主义理论的代表。制度自由主义认为:无政府状态是国际关系的特征,但不一定导致无秩序社会;国家是国际社会的主要成员,是单一、理性的行为体;国家是自私的,将本国利益置于对外政策的首位,但交往并不一定是冲突,国家间可能会追求相对获益。基欧汉为制度自由主义设计了一个可验证的公式,国际制度是自变量,国家行为是因变量,国际制度决定国家行为。国际制度指持续的、相互关联的正式与非正式规则体系,这些规则体系可以界定行为规范,制约国家活动,帮助国家的期望值趋同。除了制度自由主义,社会自由主义、商业自由主义、共和自由主义等也都是新自由主义理论的重要组成部分。

建构主义。建构主义思想在西方社会科学中一直占有十分重要的地位，但是在国际关系领域大放光芒却是在20世纪90年代以后。1999年，温特出版的《国际政治的社会理论》最具代表性。建构主义认为，第一，社会世界是施动者在客观环境中建构的世界；第二，施动者和结构是互构的，任何一方都没有本体优先性；第三，观念的力量是巨大的，可以起到因果作用，不仅是指导行动的路线图，而且具有建构功能，可以建构行为体的身份，从而确定行为体的利益。此外，温特还提出了三种体系文化，即霍布斯文化、洛克文化和康德文化。

除三大理论平分秋色之外，还有两个值得注意的国际关系理论：一是"英国学派"取得了重大进展，二是马克思主义理论在西方的复兴。

二、名词解释

1.国际关系理论

理论是人类对自然界、人类，以及自然与人的关系的系统知识的概括和总结，其目的在于探究事物的真相、发现事物的运动规律。社会学领域中的理论是人们对各种社会现象的系统反映，是对规律的解释。国际关系理论为人们认识国际关系的性质、特点和发展变化的规律提供了视角，有助于研究者从纷繁复杂的国际现象中合理地取舍所需要的研究材料，从而对国际事务和现象进行系统的、逻辑化的分析，并在一定程度上对事务的发展趋势和方向进行合理预测。按照理论的解释范围，可以将国际关系理论分为大理论和中层理论。按照理论的功能分类，可将国际关系理论分为历史描述理论、科学预测理论和规范理论。按照研究主题分类，可将国际关系理论分为安全理论、合作理论、对外决策理论等。评判国际关系理论的标准包括：内部逻辑、简约性和解释力。

2.范式

范式，源于科学哲学家托马斯·库恩对科学发展的研究。他认为范式是一个共同体成员所共享的信仰、价值、技术等的集合,是学术共同体所共有的世界观和行为方式。在国际关系研究中,范式指的是一组关于世界政治性质的假设。范式也被称为"大理论""研究传统"或者"主义"。在国际关系研究中,现实主义、自由主义、建构主义、批判主义、理性主义、女性主义、英国学派都有特定的理论范式。这些不同"主义"之间的主要差别在于对世界政治性质的不同假设。范式可以发挥的功能包括:框定理论辩论方向,界定具体论点的范围,指导经验性研究,帮助理解不同理论的共性和差异等。

3.古典现实主义

古典现实主义是现实主义发展的早期流派,继承了马基雅维利和霍布斯以来的主要观点,由某种人性的固有禀赋出发,推导出整个国际政治力量格局及发展规律,认为主导国际社会的是权力格局而非某种道德准则。古典现实主义认为,人是自然的产物,有其先天形成、不可改变的自然本性。追求利益是人的本能,而权力是政治的核心利益。国家追求利益、谋求权力是个人私欲和生存意志的表现,而且权力越大利益越大。但权力的零和性质致使国家追求自身利益必然导致国家之间的冲突,而抑制冲突的最好的办法就是权力均衡,形成均势。概而言之,古典现实主义的基本逻辑是:以权力政治为核心,以人性观、利益观和道德观为支柱,以国家为基本单位,以国家之间的竞争为基本互动方式。

4.卡尔的基本思想

卡尔的思想来源是批判理想主义和反思一战,卡尔将理想主义批判为乌托邦主义。其主要立论点包括三个方面:第一,在无政府状态中,很难界定普世的道德,国家只能在道德与权力之间寻求平衡,也很难依赖国际舆论,因为国际社会中没有统一的国际舆论,而只有国家舆论;第二,权力仍然是国际关系中最重要的因素,没有国家权力的基础,国际组织是软弱无力的;第三,国家之间的冲突是现实存在的,是国际政治的实质使然,而非国家之间沟通不畅造成的。总之,道德的虚幻、权力的重要和国家间利益的根本冲突构成了卡尔现实主义思想的核心内容,也奠定了古典现实主义理论的基础。

5.摩根索现实主义六原则

摩根索在其代表作《国家间政治》中提出现实主义六项原则。

第一,政治受到根植于人性的客观规律的支配。这些规律不能改变,所以要想变革社会,就必须首先认识这些社会规律,然后以这些认识为依据制定公共政策。

第二,权力界定国家利益。政治领导人是"从以权力界定利益的角度进行思考和行动的",而且历史已经证实了这一假定。这一假定使不同国家看似不同的对外政策有了连贯性和一致性。此外,这一假设使人们有可能对不同历史时期的政治领导人的行为作出评价。

第三,权力界定国家利益是普遍适用的原则,是客观存在。利益的观念是政治的实质,不受时间和空间条件的影响,是判断、指导政治行为永恒且唯一的标准。但利益的内容不是一成不变的,要视制定对外政策时所处的政治和文化环境而定。

第四,"必须依据具体的时间和地点,而不能用抽象和普遍的公式把普遍的道德原则应用于国家的行为"。民族国家在追求利益时所遵循的道德,不同于普通人在处理人际关系中所遵循的道德。政治家作为国家领导人采取行动时,评判其政策的标准是政策的政治后果。谨慎,即对不同政治行动的后果进行权衡,是政治中至高无上的品德。把个人道德同国家道德混为一谈,就是制造民族灾难,因为国家领导人的首要职责是保证民族国家的生存。

第五,政治现实主义拒绝把特定国家的道义愿望与普遍适用的道义法则等同起来。所有国家都试图用全人类的道德原则掩盖它们的特殊的愿望和行动。只有从权力界定利益的角度,才能对所有国家作出公正的评价。

第六,政治现实主义强调政治学的独立性。政治行为必须用政治标准来判断,坚持以权力界定利益。

6.霸权

霸权指国际关系中一种支配性的领导地位和状态,也可指霸权国强行推行其意志的政策。霸权国是指具有足够的军事和经济实力,并能够在很大程度上影响其他国家和非国家行为体行为,操纵国际体系运作的国家。成为霸权国要具备三个条件:国家力量和影响具有压倒性优势,具有将自己的力量转化为对国际事务、其他国际行为体进行干预的愿望,具有强行推行其意志的行动。

7.威慑

威慑作为一种行为方式和政策手段,古已有之。但作为一种系统的战略理论和主导性军事政策,则是随着核武器的出现和冷战的开始而产生,并首先在美国形成和发展起来。一般认为,威慑就是让对手相信,他为采取某种行动而付出的代价或所冒的风险会大于收益,从而阻止其采取某种行为。威慑需要实力、使用实力的意志和潜在进攻者对这两方面因素的评估三方面的结合,而且威慑是所有这些因素的乘积而不是它们的和。如果其中任何一个因素是零,威慑就会失效。

8.安全困境

在国际无政府状态下,一个国家增强自我安全的行动必然会削弱其他国家的安全感,国家往往通过增强军备减弱自我的不安全感。但是这样做只能使其他国家以同样的方式加强自己的军备,结果就会出现国家之间不断升级的军备竞赛,最终所有国家都因为增强了军备而感到更不安全。这就是"安全困境",安全困境出现的条件是:无政府状态,国家希望生存。缓解安全困境的条件为:国家在增强防御的时候,将进攻型战略和防御型战略清楚地区别开来,使对方得到明确的非进攻信号,安全困境就会得到缓解,国家之间就可以实现合作。在这一过程中,重要的是调整博弈的支付结果,加大相互合作的收益,增加单方不合作行为的成本,加强各方对对方合作的预期期望。

9.均势理论

均势理论认为,国际体系中竞争的国家或国家集团之间权力大体相当,任何一个国家都不能支配别国,就能够实现共存。汉斯·摩根索认为,在这种格局下,国家反对其他国家的权力优势,原因有两个:第一,权力不平衡可能威胁各个国家的安全与自主;第二,不平衡可能带来体系不稳定。因此,只有当主要国家的权力大体均衡的时候,安全才能得到最好的保障。由于国家权力的优势可能导致侵略,因此防止战争的最佳途径就是防止任何国家或国家集团取得权力的优势。国家可以通过增加自身势力达到制衡目的(内部均势)。如果自己实力不足,也可以通过结盟的方法实现这一目标(外部均势)。均势理论在历史上发挥了巨大的作用,依据均势理论创建的维也纳体系曾经维系了欧洲国家近百年的和平。

均势有三个方面的缺陷:第一,不确定的,因为尚没有绝对可靠的方法测量、评估和比较权力;第二,不真实的,因为国家领导人试图谋取优势以弥补均势的不确定性;第三,不充分的,不能充分说明1648—1914年大部分年份里国家关系缓和的原因,因为该理论不相信当时欧洲基本统一的认识和一致的道德具有约束作用。

10.同盟

同盟指两个或两个以上国家针对共同的外部威胁,承诺共同参与战争,目的是增强自身军事力量,以超过对手的军事力量赢得战争,或威慑对方不敢发动战争。北约是一个典型。同盟是排他性组织,针对的是具体的外部威胁。组成多边同盟的前提条件主要有三条:存在共同的外部威胁,内部成员互不构成威胁,同盟中的主导国家的偏好选择。

11.新现实主义

新现实主义学派是国际关系理论第二次论战的延伸和演变的产物,它是以传统现实主义为基础,力求对其进行科学的修正和发展,主张在方法论上实现传统主义学派和科学行为主义学派的渗透与融合。其理论特征是:在承认国际社会处于无政府状态以及国际关系仍以国家为中心的现实的同时,强调国际关系的秩序和限制,给国际关系中的经济因素以更多的注意。

1979年肯尼思·沃尔兹的《国际政治理论》一书的出版标志着新现实主义的兴起。他在书中提出了结构现实主义理论,为新现实主义的发展开了先河。沃尔兹的结构分析强调"国家构成结构,结构造就国家"。

新现实主义,主要"新"在它的科学化程度。它以理性主义为宏观理论假定,以国际体系为研究层次,以体系结构为主要自变量,以国家行为为主要因变量,以国际体系无政府性为基本体系条件,构建了一个现实主义的科学理论体系。

12.结构现实主义

肯尼思·沃尔兹在1979年的著作《国际政治理论》中创立了国际体系结构学说,开创了结构现实主义。沃尔兹继承了现实主义的权力政治学说,其理论的核心仍然是权力,但是对古典现实主义进行了重大修正,表现在:第一,国际关系的第一推动力是国际体系的无政府性,而不是人性;第二,无政府条件下国家的第一考虑是生存考虑,而不是盲目追求权力;第三,国家权力是国家生存的手段,不是国家政策的目的;第四,国家权力的第一要素是军事权力。

结构现实主义的主要假定是:第一,国际体系是以无政府性为基本性质的体系。第二,国家是基本行为单位。第三,对体系的稳定和体系单位行为的最重要影响因素是体系结构。体系结构是指国家之间实力的分配,主要是大国之间实力的分布。沃尔兹认为,国际体系结构是自变量,国家行为是因变量,国际体系结构决定国家的国际行为。

总之,结构现实主义理论的基本内涵是:以理性主义为理论前提,以国际体系为基本研究层次,以国际无政府状态为基本特征,以民族国家为基本国际关系行为体,以国际体系结构为自变量,以国家行为为因变量。

13.防御性现实主义

防御性现实主义同样继承现实主义国际体系无政府状态的假设,但认为国际体系中的安全并不是稀缺的,而是充足的。国家获取安全的最佳途径通常是采取防御性的战略,或者说是旨在维持现状的战略。历史上奉行扩张战略的国家往往会引起其他国家的制衡而最终导致失败,作为理性的国家会从中汲取教训,计算扩张的得失损益,进而约束自己的行为。也就是说,无政府的国际体系并不必然导致激烈的冲突和战争,也会促使国家采取温和、慎重和有节制的政策。如果一个国家采取一种不计后果的扩张政策,那么其原因在于国家层次而不是国际层面。

在某些特定情况下,比如当"进攻—防御"的平衡关系有利于进攻一方时,即便同是追求安全目标的国家之间也可能会因"安全困境"的加剧而彼此发生冲突。但在多数情况下,国际体系是平稳的,"安全困境"的问题并不严重,国家动员主要限于对付产生于体系的某些特定的威胁。

14. 进攻性现实主义

进攻性现实主义,又称激进现实主义,由芝加哥大学政治学教授约翰·米尔斯海默率先提出。米尔斯海默结合摩根索的权力论和沃尔兹的结构论,提出了两个基本命题:第一,权力是大国政治的根本,大国为权力而相互竞争;第二,国际体系的无政府特征和权力分配鼓励国家追逐霸权。其理论假定,国际体系恒处于无政府状态、国家均拥有进攻性军事实力、国家永远无法确定他国意图、国家均以生存为首要目标和国家是理性行为体。因此,在一个缺乏集体安全的世界中,大国将权力视为其生存的关键,并通过寻求自身在军事、经济等领域相对权力的最大化来获得最大程度的安全。大国时刻拥有修正主义意图,企图争夺霸权,进攻性战略成为大国应对安全竞争的基本选择,导致世界充斥着永久的大国竞争,这就是大国政治的必然悲剧。

15. 体系结构

沃尔兹的目标体系结构学说认为界定政治结构有三个标准:秩序原则、单位特征、权力分配。国际体系不同于国内体系,其秩序原则是无政府性;国际体系的单位——国家,国家是享有国家主权自主的政治单位,面临着相同的任务——确保生存,不同之处只有一个,即国家实力的大小。因此,在决定国际体系结构的三个重要原则方面,只有权力分配是可变因素,所以沃尔兹的体系结构就被定义为国际体系中的权力分配。大国是国际体系中的主要单位,因此国家体系的权力分配主要是指体系中大国之间的权力分配。而权力是指国家的物质能力,即"经济、军事和其他能力"。因此,国际体系结构就是指体系中大国之间的物质实力分配,并提出"极"的概念来表示国际体系结构的根本特征。例如,一个大国统治国际体系的结构为单极结构,两个大国统治国际体系的结构为两极结构,四五个大国对国际体系有着大致相同的影响的结构则被称为多极结构。

16.霸权稳定论

霸权稳定论认为,霸权体系与国际稳定之间存在因果关系,有一个超级霸权国家建立和维持世界霸权体系有助于世界和平;而且霸权国国力越强,国际社会就越趋于稳定、国际冲突发生的可能性就越小。这一理论最早由查尔斯·金德伯格提出,是指开放和自由的世界经济需要有一个居于霸主或主宰地位的强国。基欧汉首次使用"霸权稳定论"一词,是指由一个国家主宰的霸权结构,非常有益于强大的国际体系的发展,这个体系的运行规则比较明确,并且得到很好的遵守。罗伯特·吉尔平认为,世界秩序不是权力均衡的产物,而是权力垄断的结果。如果在国际竞争中权力最大限度地集中于一个或者两个国家,使这种国家拥有了支配国际体系的垄断权力,那么一种单极结构或霸权体系就形成了,造就并维持国际稳定的是权力的优势。最容易破坏现状稳定性的因素是国际成员之间能力发展的不平稳,这种实力增长的差异最终会导致体系内部发生权力重新分配的根本变革。

17.两极稳定论

沃尔兹的均势理论认为,参与者数量越少的体系越是稳定,而参与者数量越多则越不利于稳定,因此沃尔兹认为两极之间的均势最稳定。国家不是谋求权力最大化,而是寻求权力的平衡分配,且是大国间实力平衡的分配。在两极世界中,大国精力集中,简单的两极关系及其所产生的很大的压力会使两个国家变得保守起来,双方都力图维持现状,所以因判断失误而发动战争的可能性较小;即使发生战争,也是维持均势的战争,目的在于制止另外一个大国建立霸权。两极斗争也给小国带来有利的一面,因为对小国来说,霸权的全球统治并不是他们的利益之所在。

18.多极稳定论

卡尔·多伊奇和戴维·辛格认为多极结构比较稳定。对于任何一个社会体系来说,影响其稳定性的最大威胁是缺乏选择性。而多极结构的不确定性为国家之间提供了更多的有利于体系稳定的互动机会,使权力结构的平衡更易于维持。在体系中,有几个主要国家,他们之间互动的机会较多,国家间也因此形成相互交织的利益。这样,体系本身的灵活性增大,从而减少国家之间的敌意,抑制冲突。而两极体系中,虽然两强的关系是高度共生的,但它们之间可能的互动极其有限。在多极体系内,各方总体权力的不平衡增长并不一定造成较强一方获得对他方的支配地位,因为弱方可能联合起来对抗强方。更重要的是,多极均势在增加体系内部不确定性的同时,还有助于避免反应过度对体系稳定的破坏,有利于避免安全困境和军备竞赛。

19.新古典现实主义

新古典现实主义也坚持权力政治这一核心命题,强调国家对外政策的首要目标并非安全,而是最大限度地维护国家利益,追求国家相对力量的上升,系统压力必须通过单位层次的干预变量加以转化。国际体系既不像进攻性现实主义所说的那样是霍布斯式的,也不似防御性现实主义所认为的那样是平稳的,而是相当模糊的。处于无政府国际体系中的国家很难看清楚安全是稀缺的还是充足的,只能依靠主观经验去解读国际政治现实,即系统压力必须通过单位层次的干预变量加以转化。体系因素和单位因素均对国家行为产生影响,故该理论被称为新古典现实主义。

国内层次变量的重要性体现在:第一,对外决策由精英领导人做出,因此领导人对相对权力的认识至关重要。第二,权力分析必须考察国家与社会的相对力量,以及国家与社会的结构,因为这些因素决定着可以分配给对外政策的国内资源的比例。最后,体系压力决定对外政策的大方向,但不能决定国家行为的具体细节。

20.权力转移理论

权力转移理论是20世纪50年代末期发展起来的、解释战争,特别是大国间战争的学术思想。经过几十年的发展,现已成为国际关系理论中解释大国间权力关系变化,以及这些关系变化究竟将如何影响战争与和平问题的理论分支之一。

第七章

权力转移理论是由美国学者奥根斯基最早提出的。他于1958年出版的《世界政治》一书中考察了近三百年的国际关系史,强烈质疑当时所盛行的均势理论,认为大国间权力关系的变化,从而引发战争的最重要的原因是彼此实力的接近。特别是当大国间权力的再分配出现"持平"趋势时,战争爆发的可能性是最高的。虽然大国权力分配有差异,由于工业化和现代政府效率这两个"车轮"的牵引,即便是后起的大国也非常有可能和以前的大国出现"权力持平",战争就难以避免。

在1968年出版的《世界政治》修订版中,奥根斯基教授进一步修正和阐发了他的"权力持平将导致战争"的理论,认为崛起后的大国常常对现有的国际秩序"不满",而主导性的大国又由于是现有国际秩序的既得利益者,因此想要维持现有秩序,是"满意国家"。这就形成了"满意国家"和"不满意国家"围绕着国际秩序主导权问题的竞争与冲突。"当不满意的国家认为有机会通过战争赢得秩序主导权的时候,他们就会毫不犹豫地通过战争来争取改变现状",战争就此爆发。

1980年,奥根斯基与库格拉教授发表了《战争细账》一书,第一次为大国间"权力持平"与大国地位的"权力转移"将带来战争之间的变量关系,提供数理统计学上的数据证明。他们的结论是,国际关系中"主导国家"的位置因为"权力的重新再分配"而发生转移,则常常在原来的"主导国"和竞争者中引发战争。这是大国战争的"必要条件",但不是"充分条件"。

21. 长周期理论

长周期理论由莫德尔斯基提出,该理论从霸权角度出发,认为全球性政治体系领导权的更替存在周期。该理论假定,世界体系需要一个领导者,世界领导者均脱颖于全球战争,海权是世界领导者的必备条件,每个世界领导者主导的国际体系的周期为100~120年(两个康波的时间)。领导权的周期包括四个阶段:

第一,全球战争阶段。其特征是大范围严重的暴力,全球性战争将决定霸主更替,宣告全球政治体系产生新的领导,进入实力高度集中的新阶段。

第二,世界权力阶段。某个民族国家有实力成为全球领导者并执行新的计划,从而建立以一个新的世界领导国为中心的新的世界秩序。

第三,权威丧失阶段。在该阶段,提出了世界领导者的合法性问题,世界领导国衰落,新的问题进入了全球议程。

第四,权力分散阶段。在该阶段,世界领导国的权力衰落到低点,一个或多个挑战国(原来可能是全球领导者的盟国)组织起新的同盟,向领导国发起挑战。

根据长周期理论,全球战争是体系领导国的选择机制,也是世界政治体系循环周期的一部分,发挥着不可替代的自然选择作用。因此,该理论认为全球战争将继续下去,除非出现某种替代性的全球决策机制,能够决定体系领导权的归属。

22.理想主义

理想主义是西方国际关系理论中形成最早的一个学派,其思想渊源可以追溯至18—19世纪格劳秀斯和康德的思想,核心思想是以道德标准和法理规范作为对外政策和国际关系的原则。它的出现与一战密不可分,是对战争灾难所作的反思的结果。

理想主义认为,人性本是善良的或是可以通过教育和环境而变好的。而在国际关系中,则说明国家的政治行为也可以改变,以致放弃强权政治,建立集体安全。理想主义学说谴责追求强权政治以谋求自身利益的国家行为,主张国家应依据国际法和国际组织的原则行事。

以威尔逊学派为代表的理想主义理论主要包括六点:一是人性可以改造。二是战争可以避免,并由此提出了两个结论——战争的根源不能归于人的罪恶,战争的出现也不是人类的必然产物。三是利益可以调和。四是国际体系可以维持世界和平。国际联盟是理想主义者的希望,也是他们对世界和平信仰从理论到实践的具体体现。五是国际法和国际公约可以保证世界和平。六是舆论和道义也可以确保世界秩序。

23.新自由主义

新自由主义学派是20世纪70年代产生的国际关系理论重要学派,基欧汉和约瑟夫·奈的《权力与相互依赖》一书是新自由主义思潮的代表作,基欧汉的《霸权之后》一书则标志着新自由主义成为成熟的国际政治理论。新自由主义学派认为,无政府状态下的国际合作是可能的,国际行为体之间相互依存、它们建立的国际制度的规约作用,都可以降低战争的危险,加强国家间的合作,并认为国家安全和经济发展问题同等重要。

新自由主义学派认为,虽然体系结构是国际关系的重要因素,但仅仅强调结构是不够的,进程与结构一样都是国际体系的重要特征。所谓进程,就是国际体系中单位之间的互动方式和互动类型。影响国际进程的体系因素有两个:体系结构和国际制度。国际体系结构的变化是相当缓慢的,因此可以假定国际体系结构为常数。在国际体系结构不变的情况下,国际制度就成为国际体系的最主要特征。国际制度和国家行为之间是因果关系,即在国际体系结构不发生变化的情况下,国家仍然会表现出不同的行为和行为取向,导致这些不同行为和行为取向的是国际体系的制度。国际制度促进合作。在承认无政府逻辑和体系结构重要性的同时,新自由主义强调国家可以以绝对收益为基本考虑,国际制度可以通过降低交易成本和减少不确定性减弱无政府状态的负面影响,导致国家的实质性合作。

新自由主义接受了国家是单一、理性的行为体的假设,正因如此,国家才需要国际秩序、合理解决冲突,以最小的代价取得最大的收益。

24.国际制度

国际制度指持续的、相互关联的正式与非正式规则体系,这些规则体系可以界定行为规范,制约国家活动,有助于国家的期望值趋同。国际制度包括三种形式:有着明确规定的规则和章程的政府间国际组织和非政府组织,如联合国和国际红十字会;国际规则,即政府之间经协商同意和达成的、涉及某一问题领域的明确规则,如海洋法、国际货币体系等;国际惯例,指有着非明确规定和谅解、可以帮助国际行为体协调各自的行为,达到期望值趋同的

第七章

非正式制度,如未以明文确定下来之前的外交豁免、非世贸组织国家之间相互给予最惠国待遇的国际互助行为等。国际制度有三个特性,即权威性、制约性和关联性。

25.国际机制

斯坦福大学教授斯蒂芬·克拉斯纳给国际机制下了一个具有相当影响力的定义:"国际机制可以被确定是,在某一特定的国际关系领域中,各个行为主体的期望得以汇集在一起的一系列明确的或暗含的原则、规范、规则和决策程序。原则是对事实、因果关系及公正的信念,规范是由权利与义务所确定的行为标准,规则是对行为的特别规定或禁令,决策程序则是作出和执行共同选择时所通行的实践。"在给出这一颇为烦琐的定义之后,他又小心翼翼地区分了原则、规范和规则、决策程序之间的差别:前两项"提供了国际机制的本质特征,但是可以与原则和规范相匹配的规则和决策程度则很多。因此,后两项的变化只是国际机制内部的变化",而"原则与规范的变化则意味着国际机制本身的变化"。此外,他还提出两项国际机制的外部特征:其一,具有一定的稳定性。它不是一个暂时的安排,其变化与国际权势和利益的转移相联系。其二,国际机制的利益具有长远性。国际机制指导下的行为不是以对短期利益的考虑为基础。

克拉斯纳的定义有两个值得注意的地方:一是国际机制被限定在一个特定的国际关系领域,这就与原来学者用来概括国际关系整体的概念——国际体系区别开来了;二是国际机制包括了一系列的原则、规范及规则与程序,但不包括组织实体。

26.国际合作

国际合作,指为实现一定的利益目标,国际关系行为主体在政策和行动上相互协调、相互适应的行为及其结果。国际合作并不是国家间关系的和谐状态(没有利益冲突),其基本特征是利益冲突和利益趋同并存。虽然国家之间有着利益冲突,但调整各自政策之后,实际或预期效用相吻合,从而克服利益冲突,达到实现共同利益的结果。

27.相对/绝对收益

当国家进行合作已获取某些利益时,它们关注的是利益如何分配。新现实主义强调国家更注重相对利益,即计算自己所得是否多于别人所获;而新自由主义者则认为国家更强调绝对利益,即考虑在合作中自己是否有所收益,不顾及自己的收益比他国是多还是少。

28.合作安全

合作安全以"共同安全"和"综合安全"等安全观念为基础,在安全利益相互冲突的国家之间展开政治和安全对话,加强相互信任,达到相互安全的目的。建立合作安全机制的前提条件比较简单,只要参与各方有避免对抗和冲突的政治意愿,合作安全就能够展开。

冷战期间,欧安会就是两大对立集团为谋求欧洲局势的缓和而建立起来的。20世纪90年代初期,西方国家,主要是亚太国家,更为明确地提出了合作安全概念。当代合作安全的典型是欧安组织和东盟地区论坛。它们的共同特征是:非排他性,即成员的广泛性;合作内容的广泛性,即包括政治、经济、人权、环保等非军事领域里的合作;非强制性,即不建立强制机制。以东盟地区论坛为代表的亚太合作安全还具有亚太模式或"东盟模式"的特性:合作的非正式性和灵活性,主要是非正式的对话和磋商;渐进主义,强调平等和协商一致原则。

29.相互依存

相互依存,指的是一个体系中的行为体或者事件相互影响的情势,其中必然涉及成本和收益。完全均等或纯粹依赖都较为罕见,不对称相互依赖是最常见的情形。不对称相互依赖就是"相互的但不平等的依附关系"。依赖性较少的行为体经常可能把相互依赖关系作为在某一问题上进行讨价还价的筹码或者影响其他问题,这就是在相互依赖关系中政治讨价还价过程的核心所在。

相互依存的成本是短期的敏感性和长期的脆弱性。第一,敏感性指依赖效应的强度和速度,即体系的一个部分的变化在多长时间里引起另一部分发生变化。第二,脆弱性是指改变相互依存体系结构的相对成本,即逃离体系或改变游戏规则的成本。相互依存的收益:一是零和,即你的所失就是我的所得,反之亦然;二是正和,即大家都获益;三是负和,即大家都受损。

30.复合相互依存

复合相互依存指的是国际关系的一种理想状态,其基本特征是:第一,各个社会之间存在多渠道联系,包括政府精英之间的非正式联系或对外部门的正式联系,非政府精英之间的非正式联系,跨国组织的联系。第二,世界政治中各问题之间无明确等级之分,军事安全并不始终居于议事日程首位,内政与外交之间界限模糊。第三,在复合相互依赖占主导地位的情况下,政府不在自己所处的地区内或在某些问题上对其他政府使用武力,武力变成了一种无效的政策工具,军事力量不起主要作用,在多数情况下使用军事力量的结果不仅代价高昂而且还难以预料。例如,从时间上看,复合相互依存源于福利国家的长期发展,尤其是20世纪50年代后的加速发展;从地域上看,复合相互依存主要包括工业化多元主义国家,如西欧、北美、日本、澳大利亚和新西兰。

可以说,权力政治与相互依赖是描述国际关系特征的两种不同理论框架。两种框架都是理想模型而不是现实描述,都不能普遍适用,不可能对世界政治作完美无缺的解释,而只有助于解释某一时期或某个问题领域。没有任何理论能够取代对实际情况进行仔细的分析,而大多数实际情况又将介于两个极端之间。所以在确定哪种解释模式适用于哪种情况或问题之前,关键在于判定理论框架与实际情况的相符程度。

31.贸易和平论

贸易和平论认为对外贸易是获得主导权更为有效的手段。有史以来,国家一直通过军事手段和领土扩张寻求权力。20世纪50年代以来,一批高度工业化的国家崛起,这些国家获得主导权实现繁荣的手段是经济发展和对外贸易。

理查德·罗斯克兰斯被认为是贸易和平论的集大成者。在其《贸易国的兴起》一书中,他提出,如今贸易与合作所带来的益处已远比国家通过军事竞争和领土争夺等传统手段获益更可观,国家可以通过工业技术的发展与国际贸易来改变自己的国际地位,经济是和平的前提。罗斯克兰斯认为,国际体系中存在两种世界:军事世界和贸易世界。在传统的军事政治世界里,国家主要依靠武力征服和领土扩张来壮大自己的力量,各国争权夺利;而在现代贸易世界,国家主要依靠发展经济和贸易,是争夺市场而非权势。

罗斯克兰斯认为,现代化改变了经济生产的特点和基础,使国家使用武力的成本上升、效用下降。在较早时期,拥有领土和丰富的资源是成为强国的关键,而今天,高素质的劳动力、对信息的获得和资本是成功的关键。二战后,最为成功的国家是日本和德国这样的"贸易国",它们选择的策略是推进国际分工,加强相互依存。而美苏依然奉行传统的策略,背上了沉重的军费负担。冷战结束使传统策略的急迫性下降,贸易立国的策略愈加受到许多国家的青睐。在现实中,现代国家重新选择传统的策略,进行军备竞赛和暴力对抗的风险仍然存在,但可能性不大。

32.民主和平论

民主和平论是指从国家政体类型的角度解释国家行为,认为民主国家之间无战争的理论。民主和平论继承和发挥了卢梭、康德,以及威尔逊的自由、人权、民主政治思想,也直接继承了理想主义之衣钵。

行为规范模式认为,在民主国家里,解决内部冲突的方法是妥协,而不是把对手消灭,这种民主政治的规范在与其他国家的关系中得到了外部化。民主国家通常根据民主价值观,理性地与对方和解,以非暴力的方式解决彼此之间的冲突。民主国家与非民主国家的冲突则由非民主国家的规范支配,因为非民主国家倾向于利用民主国家的温和天性,强行解决问题。

结构模式认为,民主之所以能带来和平,原因是民主国家的战争动员过程相当困难和麻烦。除非最后不得不作出战争选择,否则民主过程的复杂性会使领导人不愿意进行动员,发动战争;民主的双方会拿出足够的时间,使外交官能够找到解决冲突的非军事办法。相反,非民主国家的领导人在进行战争动员时受到的结构约束很少,他们也不大关心民意,因此更容易将冲突迅

第七章

速升级到暴力水平。

33.建构主义

建构主义,是冷战后兴起的一种国际关系理论流派,从观念的视角解释了国际关系事实的由来与演变。建构主义认为,国际结构不是物质现象,而是观念现象。这种结构的本质是观念的分配,其构成是行为体的共有观念,即行为体在一个特定社会环境中共同具有的理解和期望。结构中包含不可化约为观念的物质性因素,如国家的实力,物质性因素只有通过社会性结构才能对行为体起到有意义的影响。温特认为,社会结构的形成和存在是行为体社会实践的结果,即行为体之间的互动造就了社会建构。

国际社会结构是国际体系中规则、角色相对稳定有序的分配。结构既是规定性的,也是构成性的。可以提供动机和对行为的限制,同时能够确定行为体的身份和利益,确立行为规范。既定的结构越稳定,其内容越能内化到行为体的行为中(即被行为体理所当然地认为结构是客观存在);结构越制度化,越难以改变。结构不是静态的,而是行为体互动的结果,社会过程可以产生、再造转化结构。结构和行为体相互决定、相互构成。行为体互动形成的结构,将影响行为体和行为体之间的互动,所以行为体和结构总是互构的,任何一方都没有本体优先性。

34.三种无政府文化

温特对文化的定义是"社会共有知识",是社会成员在社会场景中通过互动产生的共同观念,是社会成员共同具有的理解和期望。国际体系文化就是国际社会中这些共有观念的分配,或者说是国际体系中的观念结构。在国际关系领域里,规范、制度等是文化的表现形式,是国家之间的互动实践造就的。国际体系文化的构成是由行动者之间的角色结构决定的,角色结构即指行为体相对主体的位置。

国际体系中可以存在三种角色结构:敌人、对手和朋友,不同的主导角色结构产生不同的主导国际体系文化:一是霍布斯无政府文化是由敌人的角色结构确立的,它的核心内容是敌意。国家相互之间的再现是敌人,行为原则是不承认其作为独立的行为体存在的权利,并且可以无限制使用暴力。二是洛克文化是由竞争对手的角色结构建立的,它的核心内容是竞争。竞争和敌意有着本质的不同:竞争的双方相互承认生存和财产权利,这种承认由主权制度表现出来。竞争对手不像敌人那样具有生死攸关的威胁,不会试图统治和消灭对方。三是康德无政府文化是由朋友的角色结构确立的,核心内容是友谊。在康德文化中,国家之间相互再现为朋友,并为之遵循两条基本规则,即非暴力规则和互助规则。

虽然霍布斯、洛克、康德文化都是在国际无政府状态下的文化形态,但其内涵截然不同,所以不存在一个单一的无政府逻辑。至于哪一种文化占据主导地位则要看作为施动者的国家怎样通过自己的实践活动进行文化建构。这就是温特著名的论断:"无政府状态是国家造就的。"施动者造就结构,结构也建构施动者。

35.英国学派

英国学派诞生于20世纪50年代,该学派认为国家组成的体系不仅是国际体系而且是国际社会。国际体系指国家间的联系和影响促使它们作为整体的部分来行事;国际社会指在国际体系的基础上,国家基于共同利益按照共同规则和制度展开互动。国际关系理论的中心任务就是要回答在无政府状态下有关秩序和维持秩序的规则、规范和制度的一系列具体问题。为此,英国学派把影响国家行为和国家属性的"国际社会"置于其理论研究的中心地位。研究议程包括国际制度、国际规范、国际规则。国际关系是人类关系的一个分支,必须关注安全、秩序和正义等基本价值;把人作为分析的中心,要解释卷入国际关系中的决策者和政策实施者的思想和行动;接受国际无政府状态的前提,认为世界政治是一种无政府状态的社会,具有特别的准则、规范和制度。

在本体论上,英国学派重视理论作用的弱势物质主义、整体主义、历史的发展和传统的演进。在方法论上,反对科学方法,强调理解、规范和历史等传统方法,同时强调现实主义、自由主义、建构主义三大理论流派的融合和交流。

36.国际社会

国际社会是英国学派的核心概念。曼宁最先明确提出这一概念。曼宁认为,在国际上也存在一个社会,就是国际社会。国际社会是一种观念的实体,并不存在一个中央政府,但是它也是有秩序的,国际社会的成员是国家。随后怀特和布尔分别继承和阐明了国际社会的思想。布尔将国际社会定义为:"一个由国家组成的集团,这个集团不仅构成了一个体系,而且通过对话和共同规则及制度,建立了引导相互关系及行为的准则,使所有成员都认识到,他们的共同利益在于维护这些安排。"布尔认为,国际社会的基本目标包括两类:一类是任何社会都共同拥有的,另一类是国际社会独有的。判断一个国际体系是否为国际社会的条件包括三点:各国在实现这些基本目标方面享有共同利益,并形成共同利益的认同;各国之间默契地认同于一系列限定国家行为的规则;国家间应建立一系列确保上述规则行之有效的制度。

37.一体化的功能主义理论

一体化的功能主义理论创立者为英国学者戴维·米特兰尼,其代表作是《有效的和平体制》。米特兰尼认为,20世纪技术问题日益增加,解决这些问题无须借助政治化的意识形态或政治化的民族主义,而需要相关技术专家根据具体的需要或功能实现跨国合作,这样的合作将促进合作网络、国际机制和制度的形成与巩固。由于认识到合作的必要性,在某一功能领域合作的成功将会推动相关国家合作态度的改变,从而实现合作领域的扩展和合作程度的深化,进而使和平规范得以创立,同时减少战争并最终消灭战争。

38.新功能主义

新功能主义继承了功能主义思想,其关注的重点是欧盟,特别是欧盟制度的发展过程。新功能主义强调,福利问题与权力问题不可分割,政治和经济领域的精英人物是推动一体化的关键人物。如果精英们认为,可以从某一超国家组织的活动中获得好处,比如预期到拆除贸易壁垒后,市场将扩大,利润将增加,他们就可能与国外有类似思想的精英进行跨国合作。此外,政府领导人也在发挥作用,因为如果没有国家的参与,专家们的工作无人理睬,难以完成。为满足特定的需要,各国官僚机构中的专家进行合作是推动一体化最有效的方式。外溢是新功能主义的核心概念,即一体化过程中一个领域的问题将会提出另一个领域的问题,或要求另一个领域的解决办法。因此,一体化必然向外延伸,能从一个部门外溢到另一个部门。新功能主义认为,在一体化的初始阶段,外溢仅发生在不同的功能性任务中,但随着中心机构的成长,外溢逐渐会扩展到政治领域。一旦清除了实质性的障碍,中心机构外溢的速度将明显加快,最终将逐步形成超越主权国家的政治共同体。

39.文明冲突论

文明冲突论由哈佛大学政治学者亨廷顿提出,这一理论试图以一种新的视角来解读当今的国际关系和国际政治,为西方特别是美国制定新的国际战略提供理论依据。亨廷顿首次提出文明冲突论是在1993年,1996年他出版了《文明的冲突与世界秩序的重建》一书,全面阐述了文明冲突论。文明冲突论有以下基本观点:

第一,文明的冲突将是未来世界冲突的主导形式。导致文明冲突的原因主要有五点:文明的差异是根本性的;不同文明的相互影响加深,强化了人们的文明意识,加剧了文明之间的敌对情绪;全球经济和社会变革正在把人们从地域属性中分开,削弱了民族国家的地位;西方处于权力顶峰,刺激了其他地区文明意识的发展;文化特性和差异不易改变,也难以用妥协的方式解决,等等。

第二,冷战后的世界将是一个多极、多文明的世界。亨廷顿确认了六种现代文明(印度教文明、伊斯兰教文明、日本文明、东正教文明、儒家文明和西方文明)和两种可能的候选文明(非洲文明和拉丁美洲文明),并认为未来的世界新秩序是这八种主要文明相互影响、合力作用的结果。防止文明战争发生的三个规则是弃权规则、合作调节规则和求同规则。

第三,西方和非西方的对抗将成为冲突的焦点。亨廷顿认为,西方与非西方冲突的根源在于军事、经济、社会制度的竞争和与基本价值观念及思想信仰有关的文化差异。未来国际政治的核心因素,将是西方与非西方的冲突。非西方社会希望走一条现代化但不西化的道路。在可预见的未来,冲突焦点将集中

第七章

在不屑加入西方的儒教和伊斯兰教国家与西方阵营间爆发的纷争。

第四，未来世界新秩序的重建必须以文明为基础。

但批评者认为，文明冲突论只不过是以文明的概念替代了意识形态的概念，以文明的单位替代了国家或国家集团的单位。

40.集体安全

集体安全是国际社会以集体力量威慑或制止任何潜在的侵略行为的安全保障机制，它的原则是"人人为我，我为人人"。理想的集体安全至少具有四个基本特征：第一，非排他性，即建立在普遍性国际安全组织的基础之上；第二，以集体强制力为后盾，具有合法和有效的冲突管理机制；第三，内向性，即没有特定的假想敌，没有对立的敌国和敌对集团；第四，建立在国际法基础之上。

全球性集体安全的实践是一战后成立的国际联盟和二战后成立的联合国。在实践中，全球性集体安全往往面临集体行动的困境，国际联盟的失败和联合国成立以来遭受的各种挫折都表明了这一点。除了全球性集体安全，还存在许多地区层次上的集体安全。地区层次上的集体安全有两种情况：第一种情况是该地区只有一个主导大国，第二种情况是该地区有两个以上的大国。在前一种情况下建立集体安全的前提条件是主导大国的偏好选择，如《美洲国家互助条约》和《独联体集体安全条约》。在后一种情况下建立集体安全的前提条件主要有三条：集体的力量大于任何一国；大国接受国际秩序的现状；大国拥有相似的价值体系和安全观念，例如海湾合作委员会。

41.大国协调

大国协调，指地区内所有大国按照多边主义原则合作管理地区安全事务，主要是调节大国之间的关系，降低安全困境的影响，防止大国冲突。大国协调的特征是排他性和非正式性，即只限于大国合作，而且不需要建立正式的制度和组织。历史上大国协调的典型是1815—1823年的"欧洲协调"。大国协调的基本条件主要有三条：大国之间存在最基本的共同利益，即避免相互间的冲突和战争；没有结盟行为；承诺放弃使用武力。

42.多边主义

多边主义或指一个国家的外交行为取向,或指一种国际互动方式,即地区多边主义或全球多边主义。国际关系理论中的多边主义是在一种广义的行动原则基础上,协调解决三个或更多国家之间的制度安排与理论设想。作为国际制度的多边主义:一是强调协调、制度性安排、包容、集体行动、多数等原则;二是处理各国各民族间某些纷争的社会性安排;三是负责各国政策的沟通与协调;四是禁止排他性、歧视性的前提条件;五是鼓励集体行动的逻辑;六是大多数情况下阻止单个成员拥有否决权。概言之,国家是多边主义的基本行为体,多边主义的基础是普遍的行为原则,在多边主义思想的基础上建立的多方协商与制度规则便称为多边机制,是处于体系层次的多边主义形态。

43.地区主义

地区主义总体上是一种强化各种联系的趋势,常常是一群地理位置临近的国家,为了发展它们共同的政治、经济和战略利益所进行的互动与合作,强调地区内国家在共同观念的基础上形成一系列规制,通过共同行动实现一体化。

地区主义建构需要一定的条件,具体如下:一是形成共同意识。这些国家常常认同地区的地理空间,文化的相似性或者相同的意识形态、共同的威胁观念和共同的政治体系与价值等方面。二是形成共同的制度化框架。通常这种制度化框架最终的体现是形成正式的地区组织,但地区组织构建是现代地区主义的基本层面,而制度建设是地区主义的核心。制度框架可以促进成员国沟通信息、增进理解,减少成员国制定相关政策的交易成本。三是成员国形成共同行为取向。共同意识和共同制度化框架将促使成员国的行为趋同。这些共同行为取向将使成员国形成一致的政策决策,增加成员国对外部的权势,强化地区主义的共同特性。

地区主义的全球发展是二战结束后世界政治中的一个重要现象,地区组织的发展主要有三种形式:综合性地区组织,行动广泛、目标跨过政治军事和经济社会这两种分界线的地区组织;军事联盟型组织,以军事政治为中心定位,提供反对外部行为者的安全性组织;功能性组织,提供经济、社会和政治合作,不涉及或较少涉及安全因素的组织。冷战后,地区主义不再局限于相当狭隘的安全和经济目标,其内容和目标涉及建立在地区基础上包括人权、民主、环境和社会正义的跨国社会与文化网络等方面。

44.国际秩序

布尔认为,无政府社会的要点是促进和保护国际秩序。国际秩序被界定为国际活动的一种模式或安排,支持国际社会那些基本的、主要的或普遍的目标。国际秩序的四种目标:一是维持国际社会;二是拥护成员国的独立;三是维护和平;四是帮助保护所有社会生活的规范基础,包括限制暴力(体现在战争法中)、信守承诺(体现在互惠性原则中)及所有权的稳定性(体现在相互承认国家主权的原则中)。布尔认为这些都是无政府社会最根本的目标,所有这些目标都具有道义性特点,既是为他人也是为自己,而不仅仅是手段性的或完全自利性的。

世界政治的三种秩序:一是社会生活秩序,无论采取何种形式,都是人类关系的一个基本要素;二是国际秩序,是国际体系或国际社会中国家间的秩序;三是世界秩序,是作为整体的全人类之间的秩序。布尔进一步指出,“世界秩序比国际秩序更重要、更根本,因为整个人类社会的最终单位不是国家,而是单个的个人”,国家和国际社会只是暂时的——它们仅仅是人类关系的历史性安排,但是“单个的个人……是永久的和不可毁灭的,在某种意义上由个人组成的团体则不是”。

45.国际正义

国际正义,是指授予国家和民族权利和义务——如自决权利、不干涉权利和所有主权国家被平等对待的权利——的道义准则。主要有两种表现形式:

一是交换正义,即关于程序和互惠的正义,包括国家间要求和反要求的过程。国家如同市场中的公司,每个公司在经济竞争的框架内尽最大努力争取成功,这预先假定了一个公平的比赛场地:所有的公司都根据市场的相同规则比赛;同样,所有的国家按照国际社会的同一规则比赛,正义就是比赛规则的公平性,即同样的规则以同样的方式适用于任何人。国际社会的比赛规则通过国际法和外交实践来表达。这就是交换正义，它是国际正义的主要形式。

二是分配正义，即如何在国家间分配利益的问题。分配正义强调，穷国和弱国应得到特别待遇，如发展援助等。这意味着不是所有国家都按照相同的规则进行比赛，有些国家取得特殊待遇。与交换正义相比，分配正义处于次要地位，因为分配正义涉及的规范事务获得解决的最合适框架是主权国家，分配正义通常被理解为国内政治事务而不是国际政治事务。但是随着全球日益紧密地联系在一起，分配正义的问题已经日益侵蚀到国际关系中。

46.人权理论

在国际社会中，一方面，国家应当相互尊重独立，这是国家主权和不干涉的基本价值；另一方面，国际关系不仅涉及国家，而且涉及个人，不管是哪个国家的公民，都拥有人权。

在不干涉权利和人权之间有时会有冲突，当这种情况发生时，这些价值中哪些应当有优先权？如果人权在一国内部受到大规模侵害，能否有一种人道主义干预？国际社会学派对这些问题主要给出了两种回答：一是多元主义的回答，它强调国家主权的重要性，认为国际社会中的权利和义务授予了主权国家，个人仅有他们自己国家所给予的权利。因此，尊重主权和不干涉原则总是第一位的，国家无权以人权为由干涉他国。二是社会连带主义的回答，强调作为国际社会根本成员的个人的重要性，认为国家既有权利也有义务进行干预，以便缓和人类不幸的极端情况。"这是人道主义干涉的理论：如果某个国家因其所作所为而激起人类良知的义愤，局外人即有责任作出反应。"应当指出，近年来西方国家宣称的"人权高于主权""人权无国界"等论调与国际社会学派的这种人道主义干涉理论有密切的理论渊源。

47.依附论

依附论从经济与政治结合的视角出发，研究发展中国家和发达国家之间的经济不平等关系、由此产生的发展差距、发展中边缘国家不发达的根源，以及可供其选择的发展道路。这一理论在20世纪60年代中期由拉丁美洲一些

第七章

经济学家首先提出,主张改变不合理的国际分工和贸易关系,同时加强发展中国家内部的改革与调整;建立国际经济新秩序;不断调整各国相互关系,力求和谐发展。该理论主要有三种观点:

一是激进主义依附论。弗兰克的"不发达的发展理论",认为宗主—卫星的全球体系和卫星国中心—农村结构的存在使得处于外围的国家日益走向贫困,"外围"的发展与"外围"与"中心"的联系是成反比的。因此,他主张外围与中心"脱钩"。阿明的理论着重强调资本主义的世界经济体系对于"外围"发展的一种制约与剥削性质。他认为:"资本主义已经成为一个世界体系。矛盾并不存在于各个孤立考虑的国家中的资产阶级和无产阶级之间,而是存在于世界资产阶级和世界无产阶级之间。"

二是改良主义依附论。卡尔多索指出,"发展和依附是同时发生、并存的一个过程,而不是相互对立、相互排斥的两个范畴",因此要利用与资本主义世界经济体系的联系来为本国的发展服务,而不是脱离资本主义的世界体系。

三是主流依附论。多斯·桑托斯认为,20世纪五六十年代资本主义发展到跨国垄断资本主义阶段,而发展中国家进入了一个依靠外资实现工业化的阶段。在这一时期,依附研究的重点应在于生产领域,而不是流通领域。当代有三种依附形态,即商业—出口依附、金融—工业依附和技术—工业依附。

48.世界体系

沃勒斯坦认为,世界体系是一个具有单一劳动分工和多元文化的实体。

第一,世界体系最基本的特征就是有一个单一的世界经济作为其存在的基础。世界经济一旦形成,便围绕两个对立关系运行:一是阶级,即无产阶级和资产阶级;二是经济发展程度不同的地理空间的相对位置,即核心区域和边缘区域,而不等价交换和资本积累则是这个体系运行的动力。在资本积累的过程中,不等价交换不仅存在于无产阶级和资产阶级之间,也存在于核心区域和边缘区域之间。世界范围内的劳动分工将世界分为三个地带,即核心区域、半边缘区域和边缘区域。核心区域和边缘区域之间的不等价交换是资本主义运转的基础。

第二,多重国家体系,即世界体系的政治层面。沃勒斯坦认为,国家自产生起就存在于国家体系之中,在国家体系的变化过程中存在两重过程:一是中心区的"中心化"过程,即在世界经济中国家在几个地区不断垄断商品,利用国家机器在世界经济中使其利润最大化,这些国家因之成为核心国家。二是边缘地区的"边缘化"过程,即国家在世界经济中利用不太先进的技术和过多的生产力,因之称为边缘国家。与这种经济两极化相对立的是政治两极化,即在中心区出现了强国,而在边缘区出现了弱国。这一过程不是静止的,而是处于变化之中的。在扩张过程中,各经济角色及其地域也发生了变化,有边缘区上升为半边缘区、半边缘区上升为中心区的正向变化,也有某些国家经济地位下降的逆向变化。

第三,文明是指特殊的世界观、习惯、结构和文化等形成的整体。在这种意义上文明是多元的、历史的,是作为一种特殊性而非普遍性存在的。文化是资本主义世界经济的观念体系,这种观念体系已经发展成为居于主导地位的、把信条个人化和普遍化的自由主义意识形态。尽管在资本主义世界体系之前存在多种文明,但自牛顿力学产生以后,即近代革命和科学至上主义风行以来,"追求科学"成了文明的象征,这一思潮随资本主义世界经济向全球的扩展,而成为一种具有"普遍性"的文明,这种文明长期压抑其他非西方文明。那些处于边缘区域的国家,由于在政治上和经济上都处于边缘区域,因而对于核心区域所创造的文明处于一种微妙的两难境地:拒绝接受则很难享有这种文明带来的好处,如果接受则意味着放弃以前所具有的文明。

49.先验理性主义

先验理性主义指行为者的理性是预先设定的,即在没有历史、经验和实践互动的情况下,行为者被事先设定为具有理性的特征,能够确定自己的利益和对利益的威胁,根据这种判定考虑可能的政策和政策结果,也能够采取以最低成本实现可能实现的最大利益行动。先验理性的根本一点是排除了理性的社会属性,预设行为者的身份或者是特性是给定的,是外在于行为者之间的社会实践活动的。亚当·斯密市场中的公司、沃尔兹系统结构中的国家和基欧汉制度体系中的国家都具有这种先验理性。

50. 后实证主义/后结构主义理论

后实证主义的国际理论尝试结合各种形式的安全问题，主张国际关系是以研究外交事务和关系为主的，国家和非国家的参与者都应该被包含在内。与一般研究高层的国家政治不同的是，国际关系也应该研究世界上较为平常的国际政治——包含了高层与低层的政治部分。因此，性别与种族等议题都是与国际安全有关的，替代了传统上专注于外交和战争的国际关系研究。

后实证主义的理论经常明确地提倡一种伦理学的国际关系研究基准。这在传统的国际关系里通常被排除，因为实证主义的理论在实证的真相和判断的基准之间已经划清了界线，而后实证主义者则主张理论是由现实所构成的。换句话说，由于不受权力影响的知识并不存在，因此完全独立而真实的埋论也是不可能存在的。

后实证主义理论并不试着按照科学或社会学的方向进行。相反地，它试着以研究有关问题的方式来讲述国际关系，以判断国际现状是如何提升某些权力关系的。

51. 软制衡论

概而言之，软制衡论的基本假定就是在权力极端不平衡的条件下，针对霸权国的非军事手段的制衡，是大国间权力互动的主要形式，并有可能成为实现均势的准备阶段。软制衡也是一种现存的国际政治现象，即针对美国的超强实力和咄咄逼人的单边主义行径，世界各主要国家并没有直接挑战美国的军事优势地位，而是采取非军事手段延迟、阻挠和破坏美国的政策。这些政策包括拒绝让出领土和领空的使用权，从外交上进行周旋，从经济上进行阻挠和破坏，通过行动表明相互制衡的决心。

对软制衡现象做了最具代表性和最为理论化解释的要算是美国芝加哥大学政治学教授罗伯特·佩普。佩普认为，在单极体系条件下，霸权国的行为模式更容易对其他国家造成威胁感，从而使这些国家产生较强的"制衡"意愿。不过，在力量极端不平衡的情况下，要进行硬制衡是极其困难的，因为霸权国的权力优势是如此突出,以至于只有绝大多数二等强国或者体系内其他所有国家都联合起来才能产生这样的效果。而在这样一种力量对比下,各国的联合相应地必须具备一个条件,即这种联合过程不能是渐进式的,而只能是所有国家在同一时间全部参与进来。这是因为,只有所有国家同时参加,这种联合才是安全的;否则,那些牵头的国家将担心在其他国家不予配合的情况下会遭到霸权国的强烈报复。在这种担心的作用下,国际社会中原本就存在集体行动的困境将变得更加突出,相关各国可能会犹疑不前,制衡霸权国的均势联盟也将因此而无法产生。

52.新帝国论

"9·11"事件之后,美国出现的一种战略思想或战略取向,其主要观点包括三点:

第一,美国实力超群。当今的美国是罗马帝国消亡以来最为强盛的国家,无论是在经济、军事、科技等物质领域,还是在政治、文化和教育等非物质领域,对于其他大国都享有全面优势地位,是可以堪当"新帝国"角色的唯一超级大国。所以美国决心接受新的挑战,发挥帝国的作用,担负起帝国的重任。

第二,国际安全局势发生了重大变化,美国面临着全新的威胁。至少在近期,美国安全的主要威胁不是其他大国的挑战,而是"失败国家"。这些国家在经济、政治和社会诸领域全面崩溃和失控,成为贩毒、走私、非法移民的滋生地,以及恐怖主义和其他极端分子的庇护所,从而形成了对世界稳定的巨大威胁。小布什政府的《美国国家安全战略》报告明确称,在如今美国面临的最严重危险"在于极端主义和技术的结合""来自衰败的国家"。因此,美国的对外政策必须对此作出反应,应对日益增长的"失败国家"的威胁。

第三,更新手段,维护美国安全,实现美国霸权下的世界稳定。传统的手段比如外交努力、经济援助乃至武力威慑都已经不再有效。例如,由于存在着广泛的腐败和国家职能的崩溃,对这些国家的经济援助已经不能帮助其摆脱困境;"失败国家"没有自己的领土和人民,传统的武力威慑政策根本不起作用。因此,"美国将不得不成为帝国主义者",其政策选择包括:把美国的领导地位与现行国际体制下的国际合法性结合起来,摆脱联合国安理会和联合国大会的烦琐程序,建立美国主导、基本反映美国利益的国际管理体系,其中美国可以任意采取行动,其直接体现是"先发制人"战略;用美国的优势地位建立起美国占据绝对主导地位的单极霸权世界,抑制其他国家试图谋求霸权的挑战倾向。

53.怀特的三种思想传统

20世纪50年代,英国学报代表人物马丁·怀特在总结经典国际关系理论的基础上提出了三种思想传统:一是现实主义,国家间的竞争和冲突与生俱来,否认国际社会的存在;二是理性主义,在无政府状态下,主权国家依据理性和规则可以维持基本的秩序,设法相处下去;三是革命主义,强调人的重要性,相信人类的完美性,最终会形成人类共同体,使人类得到满足和自由。

54.行为主义

行为主义主张使用科学方法研究国家关系,其科学哲学基础是科学实在论,主要观点包括五点:人类行为存在着可以认知的规律;通过实证研究,可以检验、证实这些规律;强调研究过程,注重数据收集、整理和分析的可信性;在研究过程中,价值中立是可能的,主张研究过程不要受价值标准影响;建立不同于应用性研究的纯理论。

55.保守主义的五块理论基石

保守主义的五块理论基石为:集体优先于个体,尊重传统和权威,对人类理性能力的悲观估计,理想社会应建立在不同社会等级和地位的基础上,对私有权的大力强调。

56.搭车战略

搭车战略,是指从国际权势分布的等级结果出发,以减少自己的某些行动自由为代价,与二流大国及其国际体制合作,争取其支持、保护或其他实惠,同时减少甚或消除来自大国及其国际体制的威胁。历史表明个别搭车者甚至有可能最终上升为驾车者。

57.新安全观

新安全观是针对冷战后安全威胁变化的需要，中国提出的一种新的安全观念，包括四个方面，国际安全面临的威胁来源：取决于国家集团之间的政治关系而不是实力差距，一国是否成为威胁取决于一个国家奉行的内外政策；构成国际安全的基本条件：共同利益、相互信任和经济发展；维护持久安全的方法：扩大共同利益、建立相互信任措施和加强经济合作；安全合作的原则是不针对第三方、不干涉内政和平等协商。

58.层次分析法

层次分析法是国际关系研究中的重要方法之一，目的是帮助研究人员辨明变量，并在两个或多个变量之间建立起可供验证的关系假设。该方法最早由肯尼斯·华尔兹在1959年出版的《人、国家与战争》中提出，他认为战争的爆发与三个层次上的因素有关，即他提出的三个著名"意象"（image）——决策者个人因素、国家内部因素和国际系统因素，其中，国际系统的特征对于战争有着直接的、重要的影响。华尔兹明确使用了层次分析法，使他的研究有了科学性和系统性，最终得以把研究重点定位于国际系统层面，建立了以国际系统结构为国家行为主要原因的结构现实主义。

戴维·辛格将层次分析法专门作为国际关系学方法论加以讨论，于1961年发表了《国际关系中的层次分析问题》一文，明确指出层次分析法是国际关系研究的重要方法，并详细讨论了其作用。辛格认为，国际关系的研究包括两个主要层次：国际系统和国家。国际系统是最全面、最具综合特征的层次，使研究人员能够从宏观上把握国际关系的规律；国家则是微观层次，可以使研究人员分析国家政策和行为的细节。这两个层次的关系就像树林与树木，研究人员可以根据自己的研究需要选择分析层次。

辛格之后，国际关系研究者越来越注重层次分析方法的完善和使用，分析层次越来越系统，层次间隔越来越小。詹姆斯·罗斯诺提出了5个分析层次变量：个人、角色、政府、社会、国际系统；布鲁斯·拉西特和哈维·斯塔尔发展了罗斯诺的层次体系，提出了从宏观到微观的6个层次，依次是：世界系统、国际关系、国内社会、国家政府、决策者角色、决策者个人。

59. 前景理论

前景理论是一种行为决策理论。1979年，卡尼曼和特沃斯基发表了《前景理论：风险条件下的决策分析》一文，提出了"前景理论"（Prospect Theory），其主要观点可以概括为：人在决策时往往更加重视财富的变化量而不是最终量。人们对损失与获益的认知是不对称的，在面临获益时行为趋于风险规避，当面临损失时则趋于风险接受，因而偏好在概率上是非线性的。因此，前景理论挑战了预期效用理论的理性预期、风险回避和效用最大化。

前景理论将决策过程分为"编辑"和"评价"两个阶段，编辑阶段对不同的可能性结果进行初步分析，得出简化的结果，即"框定"。在评价阶段，决策者对编辑得到的简化结果进行评估，选择价值最高的决策。

一般认为，前景理论的一些结论对于外交决策研究具有重要意义：一是决策之时，决策者往往更加重视财富（包括利益、名誉、声望等）的变化量而不是最终量；二是损失厌恶，即涉及收益时，人们表现出风险厌恶，而涉及损失时，人们表现为风险寻求；三是框定依赖，即决策者会因为情景或问题表达的不同而对同一组选项表现出不同的偏好序列；四是决策中存在确定性效应，即相对于某种不确定的收益来说，决策者赋予确定性收益更多权重。

60. "双层博弈"理论

"双层博弈"理论（two-level game）由罗伯特·普特南提出，指参与国际谈判的谈判者同时身处两个层面的博弈，不仅要在第一层面上与国外对手进行谈判并达成协议，且必须在第二层面上使协议被有权反对或阻止协议实施的国内成员接受。

双层博弈的复杂性在于，民族国家政府的决策既能被本国国内接受，同时又要得到其他国家政府的同意，而其他国家政府也要考虑本国国内接受的可能性。所以在国际谈判中，国内层次的博弈最为重要。为此，普特南提出了获胜集合（win-sets）概念。获胜集合，指国际协议在国内行为体（包括政府部门、利益集团、各社会阶层）中获得批准的可能性。批准，既指正式的投票程序(如美国宪法规定,国际条约需要参议院2/3以上的赞成票才能通过),也指非正式的形式(如社会舆论的反应)。获胜集合越大,国际协议越可能达成;获胜集合越小,越难以达成协议。获胜集合的大小取决于国家权力的分配、领导人的政策偏好、政治制度及谈判战略等因素。

双层博弈模式的特点在于,把决策者个人因素、国家内部因素和国际体系因素三个层次综合起来,从内政与外交互动的视角来进行分析,而不是国际、国内两个因素简单、机械地叠加。首先,它假定国家领导人同时在做两件事,即处理国内政治和国际政治事务。其次,它认为一个国家的外交战略和策略既受到其他国家是否接受的限制,也受到在国内能否得到批准的制约。所以外交是一个战略互动的过程。

61. 自我实现的预言

美国社会学家罗伯特·金·默顿在1948年最早提出了自我实现的预言理论。人们对未来的预期会塑造其自身对现实的看法和对世界的认知,继而影响其当下的行为选择,一步步陷入其对未来构想的世界之中,这是一种认知世界的图式。

在国际关系中,自我实现的预言是由于国家间彼此意图不明确或者缺乏信任,由于担心对方会对自己突然发动进攻或采取敌对性行为而对其进行防范和遏制,这种防范和遏制可能会影响到对象国的正常发展和正常与发起国进行互动。尤为关键的是,这种遏制政策会被认为是对对象国的敌对性行为和威胁性行为,对象国为了防止发起国对自己进行"预防性战争"和"先发制人战略"不得不加强防范,这反过来又刺激发起国采取进一步的行动。如此循环往复形成恶性循环,最终导致两国关系恶化到不可救药的地步。

在国际关系史上,领导人或决策者的观念塑造未来世界的例子,并不鲜见。比如美苏对峙时期,在一些研究者看来,美苏在二战后,其实是存在合作的可能与空间的,但由于意识形态对抗所带来的极度负面认知与敌意,形成了双方决策部门的核心观念,两国由此陷入对抗局面,负面预言成真。

参考文献

一、中文著作

1.蔡拓主编:《国际关系学》,高等教育出版社,2011年。

2.曹玮:《国际关系理论教程》,中国社会科学出版社,2020年。

3.陈岳、田野、王联:《国际政治学学科地图》(第二版),北京大学出版社,2021年。

4.陈岳:《国际政治学概论》(第四版),中国人民大学出版社,2020年。

5.陈志敏、肖佳灵等:《当代外交学》,北京大学出版社,2008年4月。

6.陈志瑞、周桂银、石斌主编:《开放的国际社会:国际关系研究中的英国学派》,北京大学出版社,2006年。

7.楚树龙:《国际关系基本理论》,清华大学出版社,2003年。

8.方连庆主编:《国际关系史(近代卷)》(上、下册),北京大学出版社,2006年。

9.方连庆主编:《国际关系史(现代卷)》,北京大学出版社,2006年。

10.方连庆主编:《国际关系史(战后卷)》(上、下册),北京大学出版社,2006年。

11.宫少朋、朱立群、周启朋:《冷战后国际关系》,世界知识出版社,2003年。

12.顾关福:《战后国际关系:1945—2010》,天津人民出版社,2010年。

13.何春超主编:《国际关系史(一九四五——一九八〇)》(第二版),法律出版社,2004年。

14.景跃进、张小劲:《政治学原理》(第三版),中国人民大学出版社,2015年。

15.李宝俊:《当代中国外交概论》,中国人民大学出版社,1999年。

16.李景治:《当代世界经济与政治》,中国人民大学出版社,2004年。

17.李少军:《国际政治学概论》(第五版),上海人民出版社,2019年。

18.梁守德、洪银娴:《国际政治学理论》(第二版),北京大学出版社,2013年。

19.林宏宇:《国际问题研究理论与实践》,中国科学文化出版社,2005年。

20.刘德斌主编:《国际关系史》(第二版),高等教育出版社,2018年。

21.刘德斌主编:《国际关系史》,高等教育出版社,2003年。

22.倪世雄:《当代西方国际关系理论》(第三版),复旦大学出版社,2018年。

23.浦兴祖等主编:《西方政治学说史》,复旦大学出版社,1999年。

24.浦兴祖主编:《当代中国政治制度》,复旦大学出版社,1999年。

25.秦亚青:《国际关系理论:反思与重构》,北京大学出版社,2012年。

26.秦亚青:《权力·制度·文化:国际关系理论与方法研究文集》,北京大学出版社,2007年。

27.秦亚青编:《西方国际关系理论经典导读》,北京大学出版社,2009年。

28.秦亚青等:《国际体系与中国外交》,世界知识出版社,2009年。

29.秦亚青主编:《大国关系与中国外交》,世界知识出版社,2011年。

30.秦亚青主编:《理性与国际合作:自由主义国际关系理论研究》,世界知识出版社,2008年。

31.秦亚青主编:《文化与国际社会:建构主义国际关系理论研究》,世界知识出版社,2006年。

32.曲星、钟龙彪:《当代中国外交》,中国人民大学出版社,2012年。

33.时殷弘:《现当代国际关系史(从16世纪到20世纪末)》,中国人民大学出版社,2006年。

34.宋伟:《国际关系理论》,上海教育出版社,2011年。

35.孙关宏、胡雨春、任军锋:《政治学概论》(第二版),复旦大学出版社,2008年。

36.唐士其:《西方政治思想史》(修订版),北京大学出版社,2008年。

37.唐贤兴主编:《近现代国际关系史》,复旦大学出版社,2022年。

38.唐晓、王为、王春英:《当代西方政治制度导论》(第三版),中国人民大学出版社,2022年。

39.唐晓、杨帆:《政治科学基础》,世界知识出版社,2007年。

40.王帆、曲博主编:《国际关系理论:思想、范式与命题》,世界知识出版社,2013年。

41.王沪宁主编:《政治的逻辑》,上海人民出版社,2004年。

42.王缉思:《国际政治的理性思考》,北京大学出版社,2006年。

43.王浦劬等:《政治学基础》(第四版),北京大学出版社,2018年。

44.王绳祖主编:《国际关系史(17世纪中叶—1945年)》(第二版),法律出版社,2004年。

45.王逸舟:《国际政治概论》,北京大学出版社,2012年。

46.王逸舟:《当代国际政治析论》(增订版),上海人民出版社,2015年。

47.王逸舟:《西方国际政治学:历史与理论》(第三版),上海人民出版社,2018年。

48.王逸舟编:《全球政治与国际关系经典导读》,北京大学出版社,2009年。

49.肖月、朱立群主编:《简明国际关系史(1945—2002)》,世界知识出版社,2002年。

50.谢益显:《中国当代外交史》,中国青年出版社,2009年。

51.邢悦、詹奕嘉:《国际关系通识》,北京大学出版社,2023年。

52.邢悦编著:《国际关系学入门》(增订版),北京大学出版社,2017年。

53.徐大同主编:《西方政治思想史》,天津教育出版社,2000年。

54.徐大同主编:《现代西方政治思想》,人民出版社,2007年。

55.徐进、阎学通编:《国际安全理论经典导读》,北京大学出版社,2009年。

56.许嘉等:《"英国学派"国际关系理论研究》,时事出版社,2008年。

57.许嘉等:《美国国际关系理论研究》,时事出版社,2008年。

58.孙学峰、阎学通、张聪:《国际关系实用研究方法》(第三版),北京大学出版社,2021年。

59. 阎学通、何颖:《国际关系分析》(第三版),北京大学出版社,2017年。

60. 阎学通:《国际政治与中国》,北京大学出版社,2005年。

61. 颜声毅:《当代中国外交》(第二版),复旦大学出版社,2009年。

62. 燕继荣:《政治学十五讲》,北京大学出版社,2004年。

63. 杨光斌:《政治学导论》(第五版),中国人民大学出版社,2019年。

64. 俞正梁:《全球化时代的国际关系》(第三版),复旦大学出版社,2020年。

65. 袁明主编:《国际关系史》,北京大学出版社,2023年。

66. 张季良:《国际关系学概论》,世界知识出版社,1989年。

67. 张历历:《当代中国外交简史》,上海人民出版社,2015年。

68. 张小明:《国际关系英国学派——历史、理论与中国观》,人民出版社,2010年。

69. 赵进军主编:《新中国外交60年》,北京大学出版社,2010年。

70. 赵晓春:《发达国家外交决策制度》,时事出版社,2003年。

71. 周敏凯:《国际政治学新论》,复旦大学出版社,2004年。

72. 胡宗山、唐鸣:《国际政治学》,华中师范大学出版社,2016年。

二、英文译著

1. [英]R. P. 巴斯顿:《现代外交》,赵怀普、周启朋、刘超译,世界知识出版社,2002年。

2. [美]W. 菲力普斯·夏夫利:《政治科学研究方法》,新知译,上海人民出版社,2006年。

3. [加]阿米塔·阿查亚、[英]巴里·布赞:《全球国际关系学的构建:百年国际关系学的起源和演进》,刘德斌等译,2021年。

4. [美]阿诺德·沃尔弗斯:《纷争与协作——国际政治论文集》,于铁军译,世界知识出版社,2006年。

5. [英]爱德华·卡尔:《20年危机(1919—1939)国际关系研究导论》,秦亚青译,世界知识出版社,2005年。

6.[美]保罗·肯尼迪:《大国的兴衰》,陈景彪等译,国际文化出版公司,2006年。

7.[美]彼得·卡赞斯坦、罗伯特·基欧汉、斯蒂芬·克拉斯纳:《世界政治理论的探索与争鸣》,秦亚青等译,上海人民出版社,2018年。

8.[法]达里奥·巴迪斯拉特:《国际关系理论》(第三版修订增补版),潘革平译,社会科学文献出版社,2010。

9.[美]多尔蒂、普法尔茨格拉夫:《争论中的国际关系理论(第五版)》(中译本第二版),阎学通等译,世界知识出版社,2013年。

10.[美]汉斯·摩根索:《国家间政治——权力斗争与和平》(第七版),徐昕等译,北京大学出版社,2006年。

11.[英]赫德利·布尔:《无政府社会——世界政治秩序研究》(第二版),张小明译,世界知识出版社,2003年。

12.[美]赫尔姆赖克·布莱克:《二十世纪欧洲史》,人民出版社,1984年。

13.[美]亨利·基辛格:《大外交》,顾淑馨、林添贵译,海南出版社,2001年。

14.[美]卡伦·明斯特、伊万·阿雷奎恩-托夫特:《国际关系精要》(第七版),潘忠歧译,上海人民出版社,2018年。

15.[英]克里斯·布朗、克尔斯腾·安利:《理解国际关系》(第三版),吴志成、刘丰、刘佳译,中央编译出版社,2010年。

16.[澳]克里斯蒂安·罗伊-斯米特、[英]邓肯·斯尼达尔:《牛津国际关系手册》,方芳等译,译林出版社,2019年。

17.[美]肯尼思·华尔兹:《人,国家与战争:一种理论的分析》,信强译,上海人民出版社,2012年。

18.[美]肯尼斯·华尔兹:《国际政治理论》,信强译,苏长和校,上海人民出版社,2017年。

19.[美]罗伯特·A.帕斯特:《世纪之旅——七大国百年外交风云》,胡利平等译,上海人民出版社,2001年。

20.[美]罗伯特·基欧汉、约瑟夫·奈:《权力与相互依赖》(第四版),门洪华译,北京大学出版社,2012年。

21.[美]罗伯特·基欧汉:《霸权之后——世界政治经济中的合作与纷争》,苏长河等译,上海人民出版社,2006年。

22.[美]罗伯特·基欧汉编:《新现实主义及其批判》,郭树勇译,北京大学出版社,2003年。

23.[美]罗伯特·吉尔平:《世界政治中的战争与变革》,宋新宁、杜建平译,上海人民出版社,2007年。

24.[加]罗伯特·杰克逊、[丹]乔格·索伦森:《国际关系学理论与方法》(第四版),吴勇、宋德星译,中国人民大学出版社,2012年。

25.[美]罗伯特·杰维斯:《国际政治中的知觉与错误知觉》(增订版),秦亚青、魏玲译,上海人民出版社,2023年。

26.[英]马丁·怀特:《权力政治》,宋爱群译,世界知识出版社,2004年。

27.[加]诺林·里普斯曼:《新古典现实主义国际政治理论》,刘丰、张晨译,上海人民出版社,2017年。

28.[英]乔纳森·哈斯拉姆:《马基雅维利以来的现实主义国际关系思想》,张振江、卢明华译,中央编译出版社,2009年。

29.[美]塞缪尔·亨廷顿:《文明的冲突与世界秩序的重建》(修订版),周琪等译,新华出版社,2018年。

30.[美]斯蒂芬·范·埃弗拉:《战争的原因:权力与冲突的根源》,何曜译,上海人民出版社,2018年。

31.[美]斯蒂芬·沃尔特:《联盟的起源》,周丕启译,上海人民出版社,2018年。

32.[美]小约瑟夫·奈、[加]戴维·韦尔奇:《理解国际冲突与合作:理论与历史》(第十版),张小明译,上海人民出版社,2018年。

33.[美]亚历山大·温特:《国际政治的社会理论》,秦亚青译,上海人民出版社,2014年。

34.[美]约翰·罗尔克:《世界舞台上的国际政治》(第9版),宋伟等译,北京大学出版社,2005年。

35.[美]约翰·米尔斯海默:《大国政治的悲剧》(修订版),王义桅、唐小松译,上海人民出版社,2021年。

三、英文著作

1.Allison, Graham T., *Essence of Decision: Explaining the Cuban Missile Crisis*, 2nd ed., Longman, 1999.

2.Baldwin, David A., eds., *Neorealism and Neoliberalism: the Contemporary Debate*, Columbia University Press, 1993.

3.Beitz, Charles R., *Political Theory and International Relations*, Princeton University Press, 1979.

4.Booth, Ken, and Smith Steve, cds., *International Relations Theory Today*, Polity Press, 1995.

5.Burchill, Scott, and Andrew, Linklater with Richard Devetak, Matthew Paterson and Jacqui True, *Theories of International Relations*, St. Martin's Press, 1996.

6.Buzan, Barry, *From International to World Society: English School Theory and the Social Structure of Globalization*, Cambridge University Press, 2004.

7.Donnelly, Jack, *Realism and International Relations*, Cambridge University Press, 2000.

8.Gilpin, Robert, *War and Change in World Politics*, Cambridge University Press, 1981.

9.Jackson, Robert H., and Georg S. Rensen, *Introduction to International Relations: theories and Approaches*, Rev. and expanded 2nd ed., Oxford University Press, 2003.

10. Keohane, Robert, eds., *Neorealism and Its Critics*, Columbia University Press, 1986.

11.Keohane, Robert O., *International Institutions and State Power: Essays in International Relations Theory*, Westview Press, 1989.

12.Modelski, George, *Long Cycles in World Politics*, Macmillan, 1987.

13.Organski, A.F.K., and Jacek Kugler, *The War Iedger*, University of Chicago Press, 1980.

14.Snyder, Jack L., *Myths of Empire: Domestic Politics and International Ambition*, Cornell University Press, 1991.

15.Wight, Martin, *International Theory: the Three Traditions*, Holmes&Meier for the Royal Institute of International Affairs, 1992.